PERMANEÇA SEGURO NO APRENDIZADO ONLINE

Não faltam histórias sobre os perigos da internet, mas algumas medidas simples podem ajudar muito para garantir que sua experiência online seja segura e sem preocupações. Siga estas diretrizes:

- Efetue pagamentos de cursos, livros e afins apenas em sites seguros, com https:// como prefixo.
- Crie um documento único de texto ou planilha para manter suas informações de login. Proteja-o com senha. Assim, só precisa se lembrar de uma senha, em vez de diversas.
- Nunca revele sua(s) senha(s) a ninguém.
- Não revele informações pessoais aos colegas de sala. Mantenha certa privacidade.
- Se precisar fornecer informações de contato ao seu professor ou colegas de curso ao fazer um trabalho em grupo, não revele nada além do necessário para o projeto, como e-mail da instituição educacional e seu número de celular.

PERGUNTAS PARA AVALIAR CURSOS ONLINE

Há muitas instituições oferecendo cursos online, mas nem todos são iguais. Para ajudá-lo a decidir em qual se matricular, faça estas perguntas ao pesquisar os programas online e suas equipes:

- Esta instituição ou curso é credenciado e aprovado pelo MEC?
- Os cursos são de autoaprendizado ou ministrados por professores?
- Quantas horas por semana cada curso ou disciplina levará?
- Qual é a proporção de professores por aluno?
- Qual é a taxa de retenção de alunos?
- Quem são os professores e que tipo de treinamento recebem?
- Quando as aulas começam?
- E se eu precisar interromper o curso temporariamente?
- Há auxílio financeiro disponível?
- Quais são os requisitos mínimos de tecnologia (software e hardware) para fazer um curso online nesta instituição?
- Quais são as competências tecnológicas mínimas que o aluno deve ter para fazer um curso online nesta instituição?
- Vou precisar estar online em horários específicos com meu professor ou colegas de sala?

Aprendizado Online

Para leigos

COMUNIQUE-SE CLARAMENTE

A comunicação é vital em todos os formatos educacionais, e na educação online não é diferente. As dicas a seguir podem ajudá-lo a se comunicar online de forma eficaz:

- Vá direto ao ponto. A escrita sucinta é valorizada.
- Sempre faça referência a outros autores — use os métodos certos de citação! Seu professor lhe orientará quanto a isso.
- Não digite em caixa alta. É como se estivesse gritando.
- Saiba que qualquer coisa escrita pode ser mal interpretada. Escreva como se fosse para sua avó — use linguagem educada e profissional, sem indiretas e sarcasmo.
- Se está fazendo um projeto em grupo, copie o professor nos e-mails para que ele saiba sobre o progresso do grupo.
- Não tenha medo de usar o telefone. Tudo bem ligar para seu professor se tiver dúvidas.
- Não faça postagens excessivas nos fóruns de discussão. Se o professor pedir duas postagens, quatro até passa, mas quatorze é demais!
- Se possível, informe sobre circunstâncias especiais o quanto antes (emergências familiares, férias e assim por diante), não após o fato.

HÁBITOS DE ALUNOS ONLINE BEM-SUCEDIDOS

Alguns dos alunos mais bem-sucedidos são aqueles que aprendem a autodisciplina quanto aos seus hábitos de estudo. Aquela pressão que ocorre nas aulas presenciais está ausente no ambiente online. Portanto, é importante considerar as sugestões a seguir para estabelecer bons hábitos de estudo online:

- Estabeleça um horário de estudo e acesse o curso com frequência (diariamente, se possível).
- Imprima o conteúdo programático, as informações de contato do professor e o calendário do curso no primeiro dia.
- Leia cuidadosamente todas as rubricas (documentos explicando os critérios de avaliação das tarefas) e as diretrizes, além de revisar as tarefas antes de começá-las e enviá-las.
- Descubra como usar a biblioteca de sua instituição. Busque fontes confiáveis para suas atividades, não dependendo do Google ou da Wikipédia.
- Faça uma verificação dupla das citações e referências, buscando a precisão. Evite o plágio!
- Faça as tarefas em um processador de textos e salve tudo antes de transferi-las para o ambiente online.
- Participe ativamente e interaja com seus colegas e professor. Não se acanhe.

Aprendizado Online

para leigos

Aprendizado Online

Para leigos

Susan Manning e Kevin E. Johnson

PREFÁCIO DE Joan Vandervelde
Escola de Educação
Universidade de Wisconsin-Stout

ALTA BOOKS
EDITORA
Rio de Janeiro, 2023

Aprendizado Online Para Leigos

Copyright © 2023 da Starlin Alta Editora e Consultoria Eireli.
ISBN: 978-65-5520-877-1

> Translated from original Online Learning For Dummies. Copyright © 2021 by Wiley Publishing, Inc. ISBN 978-1119756866. This translation is published and sold by permission of John Wiley, the owner of all rights to publish and sell the same. PORTUGUESE language edition published by Starlin Alta Editora e Consultoria Eireli, Copyright © 2023 by Starlin Alta Editora e Consultoria Eireli.

Impresso no Brasil — 1ª Edição, 2023 — Edição revisada conforme o Acordo Ortográfico da Língua Portuguesa de 2009.

Dados Internacionais de Catalogação na Publicação (CIP) de acordo com ISBD

M283a Manning, Susan
  Aprendizado Online Para Leigos / Susan Manning, Kevin E. Johnson ; traduzido por Alberto Streicher. - Rio de Janeiro : Alta Books, 2023.
  416 p. : il. ; 16cm x 23cm. – (Para Leigos)

  Tradução de: Online Learning For Dummies
  Inclui índice.
  ISBN: 978-65-5520-877-1

  1. Educação. 2. Aprendizado. 3. Aprendizado Online. I. Johnson, Kevin E. II. Streicher, Alberto. III. Título. IV. Série.

2023-291
CDD 370
CDU 37

Elaborado por Vagner Rodolfo da Silva - CRB-8/9410

Todos os direitos estão reservados e protegidos por Lei. Nenhuma parte deste livro, sem autorização prévia por escrito da editora, poderá ser reproduzida ou transmitida. A violação dos Direitos Autorais é crime estabelecido na Lei nº 9.610/98 e com punição de acordo com o artigo 184 do Código Penal.

A editora não se responsabiliza pelo conteúdo da obra, formulada exclusivamente pelo(s) autor(es).

Marcas Registradas: Todos os termos mencionados e reconhecidos como Marca Registrada e/ou Comercial são de responsabilidade de seus proprietários. A editora informa não estar associada a nenhum produto e/ou fornecedor apresentado no livro.

Erratas e arquivos de apoio: No site da editora relatamos, com a devida correção, qualquer erro encontrado em nossos livros, bem como disponibilizamos arquivos de apoio se aplicáveis à obra em questão.

Acesse o site www.altabooks.com.br e procure pelo título do livro desejado para ter acesso às erratas, aos arquivos de apoio e/ou a outros conteúdos aplicáveis à obra.

Suporte Técnico: A obra é comercializada na forma em que está, sem direito a suporte técnico ou orientação pessoal/exclusiva ao leitor.

A editora não se responsabiliza pela manutenção, atualização e idioma dos sites referidos pelos autores nesta obra.

Produção Editorial
Grupo Editorial Alta Books

Diretor Editorial
Anderson Vieira
anderson.vieira@altabooks.com.br

Editor
José Ruggeri
j.ruggeri@altabooks.com.br

Gerência Comercial
Claudio Lima
claudio@altabooks.com.br

Gerência Marketing
Andréa Guatiello
andrea@altabooks.com.br

Coordenação Comercial
Thiago Biaggi

Coordenação de Eventos
Viviane Paiva
comercial@altabooks.com.br

Coordenação ADM/Finc.
Solange Souza

Coordenação Logística
Waldir Rodrigues

Gestão de Pessoas
Jairo Araújo

Direitos Autorais
Raquel Porto
rights@altabooks.com.br

Produtor Editorial
Thiê Alves

Produtores Editoriais
Illysabelle Trajano
Maria de Lourdes Borges
Paulo Gomes
Thales Silva

Equipe Comercial
Adenir Gomes
Ana Carolina Marinho
Ana Claudia Lima
Daiana Costa
Everson Sete
Kaique Luiz
Luana Santos
Maira Conceição
Natasha Sales

Equipe Editorial
Ana Clara Tambasco
Andreza Moraes
Arthur Candreva
Beatriz de Assis
Beatriz Frohe

Betânia Santos
Brenda Rodrigues
Caroline David
Erick Brandão
Elton Manhães
Fernanda Teixeira
Gabriela Paiva
Henrique Waldez
Karolayne Alves
Kelry Oliveira
Lorrahn Candido
Luana Maura
Marcelli Ferreira
Mariana Portugal
Matheus Mello
Milena Soares
Patricia Silvestre
Viviane Corrêa
Yasmin Sayonara

Marketing Editorial
Amanda Mucci
Guilherme Nunes
Livia Carvalho
Pedro Guimarães
Thiago Brito

Atuaram na edição desta obra:

Tradução
Alberto Streicher

Copidesque
Vivian Sbravatti

Revisão Gramatical
Rafael Fontes
Thaís Pol

Diagramação
Lucia Quaresma

Revisão Técnica
Andrea Filatro
Especialista em educação a distância

Editora afiliada à: ASSOCIADO

 ALTA BOOKS GRUPO EDITORIAL

Rua Viúva Cláudio, 291 — Bairro Industrial do Jacaré
CEP: 20.970-031 — Rio de Janeiro (RJ)
Tels.: (21) 3278-8069 / 3278-8419
www.altabooks.com.br — altabooks@altabooks.com.br
Ouvidoria: ouvidoria@altabooks.com.br

Sobre os Autores

Susan Manning é diretora estratégica de sucesso (CSS) na Credly, uma empresa de credenciais digitais. Até conquistar essa posição, Susan era mais conhecida como professora online, desenvolvendo professores e preparando--os para ensinar online. Ela dava cursos sobre aprendizado online, design instrucional, ferramentas tecnológicas, sala de aula síncrona e trabalho em grupo online para a Universidade de Wisconsin-Stout e para a Online Network da Universidade de Illinois. Também deu aula de inglês como segunda língua na Waubonsee Community College.

A carreira online de Susan começou quando lhe pediram para investigar a possibilidade de formar voluntários de alfabetização digital. Sabendo que ela mesma necessitava de formação adicional e desenvolvimento de competências, tornou-se então aluna online e obteve sua certificação como professora de cursos online pela Universidade de Illinois. Foi a partir desse mundo que ela reconheceu o valor das credenciais alternativas, que se encaixam perfeitamente com seu trabalho na Credly. Eterna aprendiz, Susan estuda continuamente e ganha novas credenciais que dizem mais sobre suas atuais aptidões e competências do que seus diplomas enferrujados. Dito isto, ela tem doutorado em Educação de Adultos pela Ball State University, mestrado em Equipe Estudantil Universitária pela Bowling Green State University e graduação em Comunicação pela Truman State University.

Kevin Johnson é diretor de aprendizado a distância (e-learning) na Seattle Central College. Ele usa pronomes masculinos (ele, dele) e, há mais de trinta anos, trabalha com educação e segue descobrindo como utilizar a tecnologia a seu favor.

O interesse de Kevin pela tecnologia começou quando tinha quatorze anos e aprendeu a programar sozinho, o que o levou a ser programador da Universidade de Illinois aos quinze anos. Alguém se lembra dos terminais PLATO? Desde então, ele ganhou experiência e passou a dar aulas em ambientes acadêmicos e empresariais. Também ocupou cargos administrativos inspecionando a área de aprendizado online, supervisionando o ensino e desenvolvendo e apoiando o corpo docente.

Kevin conheceu Susan depois de obter mestrado em Educação, enquanto trabalhava no programa de desenvolvimento docente da Making the Virtual Course a Reality (MVCR — Tornando os Cursos Virtuais uma Realidade). Os dois já deram muitas aulas (individualmente e juntos) sobre pedagogia online, ferramentas tecnológicas, web design e comunicação síncrona. Eles fizeram tudo isso enquanto trabalhavam a distância, o que é uma prova do poder da educação e do trabalho nessa modalidade.

Dedicatória

Dedicamos este livro a nossas famílias e às comunidades que nos apoiaram em nossas jornadas. Não chegamos até aqui sem uma boa orientação fundacional dos pais, seguida de lições aprendidas com os filhos, o trabalho e os amigos. Cada um de vocês sabe a quem nos referimos.

Gostaríamos também de mencionar aqueles que trabalham a distância e no aprendizado online. Durante a pandemia da Covid-19, nossos amigos e colegas ajudaram muito capacitando rapidamente os professores, dando apoio aos estudantes e até mesmo ajudando funcionários a aprender a trabalhar remotamente. Eles trabalharam incansavelmente durante meses para ajudar tanto o corpo docente quanto os estudantes a serem bem-sucedidos. Eles são mais do que merecedores dos nossos elogios. OBRIGADO!

Tempo e Espaço

Algo interessante aconteceu: a pandemia da Covid-19, por isso esta atualização. Agora, mais do que nunca, as pessoas estão trabalhando e aprendendo online, e muitos de vocês precisam de orientação. Esta edição aborda as mudanças a partir deste tempo e espaço. No entanto, ambos os autores reconhecem a rapidez com que as coisas mudam! Também estamos cientes de que alguns leitores vêm a este mundo online sem ter tido escolha. Nenhum de nós tem uma bola de cristal, mas prevemos que aprender e trabalhar remotamente se tornará ainda mais comum pós-pandemia, portanto, independentemente de estar lendo este livro para ter sucesso em um curso acadêmico ou para descobrir como acompanhar o treinamento no local de trabalho, estamos aqui para ajudar você.

Agradecimentos dos Autores

Não escrevemos este livro sozinhos. Primeiramente, queremos agradecer a toda a equipe editorial da Wiley, por passar a impressão de que somos muito inteligentes, sobretudo Elizabeth Stilwell, Paul Levesque e Becky Whitney. Também tivemos ajuda, encorajamento e insights das seguintes pessoas (listadas alfabeticamente):

Christie Fierro, nossa revisora técnica, por seu trabalho neste livro. Sua experiência no assunto nos trouxe insights maravilhosos que contribuíram para um livro melhor.

Joan Vandervelde, coordenadora de Desenvolvimento Profissional Online da Universidade de Wisconsin-Stout, que trabalha sem parar para ajudar alunos e professores, por ter gentilmente escrito o Prefácio.

Também queremos agradecer às nossas equipes de trabalho, respectivamente. Nossa gratidão pelas equipes que apoiam, criticam e nos convencem a fazermos nosso melhor.

Por fim, gostaríamos de agradecer a nossas famílias. Em alguns momentos, estivemos um pouco distraídos ou ficamos um pouco ranzinzas, e vocês sempre estiveram ao nosso lado.

Sumário Resumido

Prefácio. xxiii

Introdução 1

Parte 1: Apresentando um Tipo Diferente de Aprendizado 7

CAPÍTULO 1: Planejando Sua Jornada de Aprendizado Online 9

CAPÍTULO 2: Características e Benefícios do Aprendizado Online 25

CAPÍTULO 3: Equipamentos e Habilidades de que Precisa para Ter Êxito 45

Parte 2: Preparando-se para Aprender 67

CAPÍTULO 4: Descobrindo o que Está Disponível Online 69

CAPÍTULO 5: Fazendo Sua Tarefa: Avaliando Instituições 91

CAPÍTULO 6: Inscrevendo-se e Garantindo a Grana 113

CAPÍTULO 7: Sendo Aceito e Preparando-se para as Aulas 129

CAPÍTULO 8: Preparo Mental e Mindset Tecnológico 147

Parte 3: A Sala Virtual: Aluno Nota 10. 163

CAPÍTULO 9: Navegando pelo AVA. 165

CAPÍTULO 10: Conhecendo as Pessoas de Sua Sala (e dos Bastidores) . 185

CAPÍTULO 11: Comunicando-se com Clareza Online. 205

CAPÍTULO 12: Desenvolvendo Bons Hábitos de Estudo 225

CAPÍTULO 13: Pegando o Jeito da Dinâmica de Grupo 249

CAPÍTULO 14: Reconhecendo que Somos Todos Globais 267

CAPÍTULO 15: Entendendo a Netiqueta e o Comportamento Ético 279

CAPÍTULO 16: Terminando e Enviando Suas Tarefas. 295

CAPÍTULO 17: Criando Seu Portfólio 317

Parte 4: Considerações Especiais sobre o Aprendizado Online 333

CAPÍTULO 18: Educação no Ensino Fundamental e Médio 335

CAPÍTULO 19: Acessibilidade na Educação Online 353

Parte 5: A Parte dos Dez 369

CAPÍTULO 20: Dez Mitos sobre o Aprendizado Online 371

CAPÍTULO 21: Dez Melhores Práticas para Alunos Online 379

Índice 385

Sumário

PREFÁCIO XXIII

INTRODUÇÃO. 1

    Sobre Este Livro. 2

    Convenções Usadas Neste Livro 2

    Só de Passagem. 3

    Penso que... 3

    Como Este Livro Está Organizado 4

        Parte 1: Apresentando um Tipo Diferente
        de Aprendizado. 4

        Parte 2: Preparando-se para Aprender. 4

        Parte 3: A Sala Virtual: Aluno Nota 10 5

        Parte 4: Considerações Especiais sobre o
        Aprendizado Online 5

        Parte 5: A Parte dos Dez 5

    Ícones Usados Neste Livro 5

    Além Deste Livro 6

    De Lá para Cá, Daqui para Lá 6

PARTE 1: APRESENTANDO UM TIPO DIFERENTE DE APRENDIZADO. 7

CAPÍTULO 1: **Planejando Sua Jornada de Aprendizado Online 9**

    Examinando as Características e as
    Vantagens da Educação Online 10

        A natureza da educação online 10

        Alguns prós do aprendizado online. 11

    Conhecendo a Tecnologia e as Habilidades de que
    Precisa para Ter Êxito. 12

    Vendo Como se Tornar Aluno Online 13

        Encontrando cursos disponíveis 13

        Avaliando programas 14

        Inscrevendo-se em um curso e garantindo o
        dinheiro necessário 15

        Sendo aceito e preparando-se para as aulas 16

        Atitude é tudo 17

    Tornando-se um Aluno Excelente 17

        Conhecendo sua sala de aula virtual. 17

Conhecendo o professor, colegas de sala
e outras pessoas importantes 18
Comunicando-se com clareza. 18
Fortalecendo seus hábitos de estudo. 19
Trabalhando bem em grupo. 19
Fazendo parte de um mundo maior 20
Apresentando boas maneiras e ética online 20
Fazendo e entregando tarefas 21
Voltando a estudar novamente 21
Analisando Algumas Situações Especiais da
Educação Online. 22
Alunos do jardim da infância até o ensino médio. 22
Alunos com deficiência 23

CAPÍTULO 2: **Características e Benefícios do**
Aprendizado Online. 25
O que Diferencia o Aprendizado Online da Educação
Tradicional? 26
Conectando-se ao aprendizado e às
pessoas pela internet 26
À sua conveniência 28
Nada de inatividade!. 30
Quem se Beneficia da Educação Online? 30
Adultos além da idade tradicional de faculdade 31
Alunos tradicionais de faculdades 35
Melhor idade e aposentados 36
Alunos de ensino médio e homeschooling 37
Conhecendo as Potenciais Armadilhas 39
O aprendizado online não é mais fácil 39
Debates espontâneos face a face não são a norma. 39
Definindo Se Está Pronto para Se Unir ao Mundo do
Aprendizado Online 40
Avaliando sua própria disciplina. 40
Sabendo como você aprende. 41
Sendo paciente e tolerante. 43

CAPÍTULO 3: **Equipamentos e Habilidades de que**
Precisa para Ter Êxito 45
Verificando Sua Prontidão Tecnológica. 46
Atendendo aos requisitos mínimos de hardware. 46
Atendendo aos requisitos de software. 52
Estabelecendo uma conexão confiável com a internet . . . 55
Testando Suas Habilidades Tecnológicas 57
Lendo e rolando a tela com eficiência. 57
Digitando de forma rápida e precisa. 57
Organizando pastas 59
Navegando na internet 60

Baixando e instalando programas. 61
Usando o e-mail 62
Permanecendo Seguro Online 63
Fazendo pagamentos seguros 63
Lembrando-se das senhas e protegendo-as. 65
Garantindo a segurança pessoal 66

PARTE 2: PREPARANDO-SE PARA APRENDER. 67

CAPÍTULO 4: **Descobrindo o que Está Disponível Online 69**

Examinando Diferentes Programas e Cursos Online 70
Ganhando créditos extras. 70
Obtendo certificações e outras credenciais. 72
Permanecendo atualizado e reciclando para o trabalho
com MOOCs 73
Continuando sua educação por hobby ou lucro. 74
Descobrindo Quais Instituições Oferecem
Cursos e Programas Online 76
Universidades 76
Faculdades e centros universitários 79
Educação com base em competências. 79
Outras instituições para desenvolvimento
profissional, treinamento e certificações 80
Escolas virtuais para crianças e adolescentes 81
Verificando Diferentes Estruturas de Cursos Online 82
100% online ou cursos híbridos. 82
Cursos ministrados por professor versus cursos de
autoaprendizado 83
Recursos que deve acessar em cursos presenciais 86
Cursos assíncronos versus síncronos. 87
Terminando Mais Rápido com Cursos e
Programas Acelerados. 87
Benefícios e desafios dos programas acelerados. 88
Dicas para completar cursos acelerados com êxito. 88

CAPÍTULO 5: **Fazendo Sua Tarefa: Avaliando Instituições 91**

Focando Suas Necessidades em uma Instituição 92
Considerando seus interesses 92
Determinando se pode pagar por um curso 93
Verificando o tamanho das turmas (e a proporção de
alunos por professor) 93
Sabendo quanto tempo pode comprometer e como
poderá gastá-lo. 94
Planejando-se: Descobrindo se poderá
transferir seus créditos 97
Encontrando uma Instituição Credenciada/Autorizada 98
Reconhecendo os dois tipos de credenciamento. 99
Vendo os benefícios do reconhecimento. 101

Sumário XV

Determinando se um programa online é reconhecido . . 102

Outros fatores que contribuem com a
credibilidade de uma instituição 103

Conversando com as Pessoas Certas 104

Conversando com um conselheiro
acadêmico sobre a instituição 105

Perguntando a um membro do corpo
docente sobre o curso 108

Conversando com outros alunos sobre
suas experiências 109

Limitando Suas Opções 111

CAPÍTULO 6: **Inscrevendo-se e Garantindo a Grana 113**

Inscrevendo-se em um Curso Online 114

Formulários básicos de inscrição 114

Redação pessoal 116

Cartas de recomendação 119

Resultados de Exames 120

Olha o prazo! 120

Mão amiga: O recrutador, orientador ou conselheiro . . . 120

Calculando os Custos do Curso Online 121

Descobrindo Como Pagará as Aulas Online 123

Você precisa de auxílio financeiro? 124

Que tipos de auxílio financeiro estão disponíveis? 124

Solicitando Auxílio Financeiro Federal 125

Sabendo se tem direito ao auxílio 125

Preenchendo e enviando a
FAFSA (exclusivo para os EUA) 126

CAPÍTULO 7: **Sendo Aceito e Preparando-se para as Aulas 129**

Descobrindo Se Foi Aceito ou Rejeitado 129

Inscrevendo-se nas Matérias 131

Criando um plano com seu orientador acadêmico 131

Escolhendo suas primeiras matérias. 132

Juntando as informações necessárias para se inscrever . 134

Navegando pelos processos de inscrição 135

Tomando providências para quando
não há vagas em uma matéria. 136

Dúvidas? Conversando com seu orientador 137

Obtendo Orientação. 137

Determinando se uma orientação
está disponível e/ou se é necessária 138

Diferenciando os tipos de orientação. 138

Participando da orientação. 141

Comprando Livros. 142

Sabendo de quais livros didáticos precisa 142

Decidindo onde comprar seus livros. 143

Comprar novo ou usado — Eis a questão 145

xvi   Aprendizado Online Para Leigos

CAPÍTULO 8: **Preparo Mental e Mindset Tecnológico** **147**

Assumindo a Atitude Certa 148
   Entendendo os mindsets fixos e de crescimento.......148
   Reconhecendo que a idade é só um número 150
Conhecendo as Ferramentas que Pode Usar 150
   Sistema de gestão de aprendizagem: LMS.............150
   Aprendizado em seu próprio ritmo.................152
   Fazendo prints.................................153
   Ferramentas adicionais 155
   Armazenamento e nuvem........................155
   Salvando o que precisa 156
Você Não Precisa Saber Tudo........................159
Dominando Rapidamente Novas Ferramentas 161

PARTE 3: A SALA VIRTUAL: ALUNO NOTA 10 163

CAPÍTULO 9: **Navegando pelo AVA.......................... 165**

Chegando ao Seu AVA 166
   Usando o endereço certo e configurando
   algumas opções de internet.......................166
   Fazendo login e descobrindo a interface 167
   Encontrando a página inicial do seu curso.............169
Localizando e Entendendo Documentos Cruciais..........171
   Conteúdo programático 172
   O calendário...................................173
   Sistema de notas...............................176
Módulos e Mais: Entendendo a Organização
de Conteúdos 179
Participando de Sessões ao Vivo 181
   Descobrindo o valor do horário de atendimento virtual.181
   Acessando o escritório virtual.....................183

CAPÍTULO 10: **Conhecendo as Pessoas de Sua Sala (e dos Bastidores).................................... 185**

Conhecendo o Pessoal com Quem Terá Mais Contato 186
   Familiarizando-se com seu professor 186
   Interagindo com os colegas de sala..................191
Vendo Quem Está nos Bastidores 194
   Notando convidados e observadores.................194
   Solicitando suporte técnico........................195
   Deixa eu "dar um Google" para você.................199
   Recebendo suporte acadêmico 200
   Desenvolvendo seu sistema pessoal de suporte 202

CAPÍTULO 11: Comunicando-se com Clareza Online **205**

Conferindo os Métodos de Comunicação Online 206
   Comunicação do professor com a turma
   em comunicados e notícias 206
   Comunicação entre os alunos nos debates 208
   Comunicação individual via e-mail ou mensagens 209
Criando e Divulgando Sua Persona Online 211
   Exibindo traços positivos de personalidade online 212
   Desenvolvendo relacionamentos 215
Participando dos Debates 216
   Entendendo por que precisa debater 216
   Organizando os debates de diferentes formas 217
   Descobrindo as exigências do debate 220
   Evitando postar demais 221
Aproveitando as Redes Sociais 221
   Beneficiando-se da comunicação fora da sala virtual . . . 222
   Evitando distrações 224

CAPÍTULO 12: Desenvolvendo Bons Hábitos de Estudo **225**

Separando Tempo para Aprender 226
   Estudando em seu horário mais produtivo 227
   Fazendo login diariamente 227
   Calculando de quanto tempo precisa para
   tarefas mais longas 227
   Separando tempo suficiente por semana 229
Navegando com Eficiência na Internet 230
   Mantendo várias janelas abertas 230
   Evitando tempo perdido com links quebrados 232
   Usando a marcação de favoritos 233
Lendo Sabiamente 235
   Descobrindo o que precisa ler 235
   Imprimir ou não? Eis a questão! 237
   Aumentando o tamanho da fonte 238
   Tomando notas do que lê 239
   Mantendo controle de tudo que já leu 240
Visitando a Biblioteca 242
   Acessando a biblioteca 242
   Fazendo pesquisas online 244
   Assistindo a tutoriais no site da biblioteca 248
Estudando Offline 248

CAPÍTULO 13: Pegando o Jeito da Dinâmica de Grupo **249**

Fazendo do Seu Grupo Online um Sucesso 250
   Apresentando-se no fórum do grupo 251
   Definindo um líder e outras funções 252
   Estabelecendo um cronograma 253

Reunido-se em tempo real 254
Usando ferramentas colaborativas 255
Sendo paciente 261
Resolvendo Conflitos 261
Compreendendo os conflitos que pode ter
(e lidando com eles). 261
Informando seu professor sobre problemas. 264

CAPÍTULO 14: Reconhecendo que Somos Todos Globais 267
Montando o Palco para o Aprendizado Global 267
Conhecendo Gente do Mundo Todo. 268
Reconhecendo o valor da diferença cultural 270
Acesso a especialistas do mundo todo. 270
Acessando a Internet Globalmente 271
Considerando custos da internet residencial 271
Conectando-se fora de casa 271
Conhecendo as restrições. 273
Turbinando Seu Tempo de Estudo 273
Reconhecendo as diferenças dos
cursos online ao redor do mundo. 273
Ajustando-se aos diferentes fusos horários. 275
Participando de grupos de estudo 275

**CAPÍTULO 15: Entendendo a Netiqueta e o
Comportamento Ético. 279**
Definindo e Usando a Netiqueta 280
Comunicando-se de forma educada e respeitosa 280
Evitando estereotipar. 283
Reconhecendo a Importância da Ética Online. 284
Sendo honesto no que escreve 284
Sendo íntegro ao cumprir sua palavra 284
Respeitando a privacidade e a confidencialidade. 285
Pedindo antes de reutilizar tarefas prévias 285
Evitando o Plágio 286
Definindo plágio e conceitos relacionados. 286
Obtendo evidências de plágio 287
Citando fontes adequadamente 288
Verificando seu próprio trabalho. 291
Conhecendo as penalidades para plágio 292

CAPÍTULO 16: Terminando e Enviando Suas Tarefas. 295
Entendendo as Ramificações da Rubrica 296
Decompondo a rubrica 296
Usando as rubricas a seu favor 298
Introdução à Escrita 298
Examinando estilos diferentes de escrita. 298

Sumário xix

Sabendo o que se espera de sua escrita 300
Demonstrando pensamento crítico. 302
Fazendo Diferentes Tipos de Tarefa 303
Dominando artigos e projetos 303
Participando das discussões. 305
Fazendo quizzes ou provas. 306
Enviando Tarefas. 308
Onde salvou aquele arquivo? 308
Anexos! Subindo artigos e projetos. 309
Enviando posts de discussão 310
Botão Enviar em quizzes e provas. 310
Dicas para enviar qualquer tarefa 311
Entenda Como e Quando Usar Mídia 311
Usando imagens 312
Usando infográficos 312
Usando áudio 313
Usando vídeo. 314

CAPÍTULO 17: **Criando Seu Portfólio** **317**

Desenvolvendo um Conjunto de Trabalhos. 318
Entendendo como usar um e-Portfólio 319
Vendo os componentes tradicionais de um e-Portfólio .319
Escolhendo um método para criar seu e-Portfólio. 323
Desenvolvendo um e-Portfólio de sucesso 325
Transferindo seu portfólio atual para a internet. 327
Ajuda para Conseguir um Emprego. .328
Aproveitando o aconselhamento profissional
em sua instituição. 328
Examinando outros sites de empregos 329
Criando rede de contatos 330

PARTE 4: CONSIDERAÇÕES ESPECIAIS SOBRE O APRENDIZADO ONLINE 333

CAPÍTULO 18: **Educação no Ensino Fundamental e Médio. 335**

Entendendo Por que as Crianças Estão
Fazendo Aulas Online. 336
Querendo estar online. 336
Precisando estar online 337
Vendo as Diferenças entre Educação Online para
Crianças e Adultos 338
Questões de segurança infantil .338
Envolvimento reforçado dos pais. 340
Mais oportunidades em tempo real nos EUA 341
A necessidade de atividades offline. 342

XX **Aprendizado Online Para Leigos**

Conferindo Diferentes Tipos de Escolas Virtuais
para Crianças e Adolescentes nos EUA 343
Escolas públicas. 343
Instrução terceirizada e escolas autônomas 347
Escolas particulares online 348
Fazendo a Matrícula no Ensino Fundamental
e Médio Online 350
Encontrando os cursos certos 350
Confirmando os créditos antes de fazer as aulas. 351
Entendendo os acordos de articulação 352

CAPÍTULO 19: **Acessibilidade na Educação Online 353**

Determinando se os Cursos Desejados São Acessíveis 355
O curso segue os padrões de acessibilidade?. 355
Os cursos foram testados para acessibilidade? 358
Como a instituição vai me ajudar se eu não
puder acessar as informações do curso? 359
Informando uma Deficiência à Sua Instituição Online 361
Entendendo por que e quando é necessário informar . . 361
Descobrindo que informações divulgar 363
Considerando a privacidade. 364
Usando a Tecnologia Assistiva Online 365
Lendo sites com leitores de tela. 366
Transcrevendo e legendando arquivos de
áudio e vídeo. 366
Considerando opções de acomodação para
sessões síncronas. 368

PARTE 5: A PARTE DOS DEZ. 369

CAPÍTULO 20: **Dez Mitos sobre o Aprendizado Online 371**

O Aprendizado Online Acontece em
Qualquer Momento e Lugar. 371
Só Crianças Fazem Cursos Online 372
O Curso Online É uma Boa Maneira de Aprender a
Usar Seu Computador. 373
É Preciso Ser um Gênio em Informática para
Fazer um Curso Online 373
O Aprendizado Online É Mais Fácil que o Presencial 374
Os Cursos Online Têm Menos Qualidade
do que os Presenciais 375
O Aprendizado Online É Sempre Independente. 375
O Aprendizado Online É Menos Pessoal que o Tradicional. . 376
Você Precisa de uma Webcam 376
Todo Mundo Cola Online. 377

CAPÍTULO 21: Dez Melhores Práticas para Alunos Online 379

Trate o Aprendizado como um Trabalho 380

Resistência — Não Velocidade 380

Administre Suas Expectativas 381

Calendário: Seu Melhor Amigo 381

Lute a Seu Favor: Peça Ajuda 382

Esteja Presente na Sala (E Deixe Seu Professor
Saber Disso). 382

Dê Feedback Construtivo. 383

Os Intervalos São Bem-vindos 383

Dormir É um Santo Remédio. 384

Agradeça. 384

ÍNDICE 385

Prefácio

Quando penso nos sessenta professores online que supervisionei desde 1996, no topo da lista estão a Dra. Susan Manning e Kevin Bowersox-Johnson. Ambos são professores online premiados com mais de vinte anos de experiência na concepção e no ensino de cursos e certificações online aplicando um conjunto consistente das melhores práticas comprovadas do aprendizado nessa modalidade.

Acima de tudo, os autores entendem como orientar e guiar alunos online novatos de modo que sejam aprendizes online proficientes.

Como coordenadora de Desenvolvimento Profissional Online, observei as ferramentas tecnológicas melhorarem e avançarem drasticamente. No entanto, continuo ouvindo professores e tutores dizerem a mesma coisa que antigamente: os professores desejam que os alunos remotos compreendam as expectativas do aprendizado online e tenham um guia de sucesso com o passo a passo.

Este livro é um valioso compilado de lições aprendidas e um recurso para que os novos aprendizes virtuais naveguem pelas complexidades do aprendizado online. Ele responde a perguntas sobre como fazer com que a experiência produza um aprendizado significativo que permaneça para a vida toda. Além disso, ensina como localizar cursos online legítimos e evitar fraudes.

Seguir as etapas deste livro o ajudará a conseguir concluir um microcurso, um campo de treinamento, um treinamento virtual de vendas corporativas ou de integração de funcionários, bem como um programa completo de graduação.

Sim, você pode procurar no Google e obter as mesmas coisas online, mas este livro fornece estratégias específicas para potencializar o aprendizado agora e no futuro, conforme os adultos mudam de carreiras e se recapacitam.

Aprendizado Online Para Leigos é um livro que o guiará e motivará a continuar aprendendo de forma conveniente em seu tablet ou notebook, ou até mesmo em seu smartphone!

Joan Vandervelde

Coordenadora de Desenvolvimento Profissional na Universidade de Wisconsin-Stout
Proprietária da InstructOnline.com LLC

Introdução

De acordo com o instituto de pesquisas Babson Survey Research Group, as matrículas online cresceram por quatorze anos consecutivos. Quase todos os estudantes universitários acessam documentos e recursos do curso por meio de portais online. Um em cada três alunos do ensino superior faz pelo menos um curso totalmente online. Isso é muito aprendizado na internet! E, considerando que o ensino superior não está limitado aos jovens de 18 a 22 anos, quer dizer que muitos desses estudantes online podem ser mais velhos e estar menos familiarizados com as ferramentas que vêm junto no pacote. É por isso que escrevemos este livro — para os muitos alunos que se encontram no ensino superior online, e confusos.

E então temos a pandemia da Covid-19 de 2020. Do dia pra noite, faculdades de tijolo e cimento tiveram que mudar para opções online. Universitários foram instruídos a terminarem o semestre remotamente. Embora esse tipo de instrução de emergência não fosse ideal para o corpo docente ou os estudantes, trouxe um reconhecimento sobre a grande diferença entre o aprendizado online e os modelos presenciais.

Além disso, os altos e baixos da economia global levaram mais alunos de volta à faculdade para se reciclar ou acrescentar credenciais no currículo. Entretanto, equilibrar trabalho, família e compromissos cívicos com a faculdade é, na melhor das hipóteses, uma tarefa árdua. As opções online permitem que os alunos atendam às suas necessidades de desenvolvimento profissional nos horários mais convenientes e de uma forma que pode ser mais flexível com seus estilos de vida. Essa pode ser parte da razão pela qual as matrículas online vêm se multiplicado nos últimos anos.

Quinze anos atrás, quando tentávamos explicar às pessoas que lecionamos cursos universitários online, ouvíamos: "Como isso funciona?" Hoje, ouvimos histórias sobre familiares ou colegas que fazem cursos online, mas muitas perguntas ainda permanecem. Há um pouco de controvérsia, também, na medida em que os estudantes podem não ter outra escolha senão fazer um curso a distância, e muitas vezes ficam perdidos, sem uma diretriz adequada de orientadores e professores.

Independentemente de idade ou experiência, alunos que sabem o que querem e que estão dispostos a se esforçar são os maiores vencedores no mundo da educação. *Aprendizado Online Para Leigos* ajuda os alunos a se tornarem vencedores nas salas de aula online ao explicar exatamente como isso funciona. Estaremos ao seu lado, desde o processo de decisão sobre se esta é a melhor opção para você, passando pela inscrição e matrícula, até as habilidades de que precisa para ser bem-sucedido.

Sobre Este Livro

Aprendizado Online Para Leigos não é um livro altamente acadêmico escrito para eruditos. É um livro para pessoas comuns que se veem confrontadas com possibilidades online. Pode confiar neste livro quando precisar compreender rapidamente algo sobre o aprendizado online. Considere estes exemplos:

» **Se é um profissional que precisa turbinar o currículo para subir na carreira,** podemos mostrar como se organizar e começar um curso.

» **Se quer estudar em tempo integral mas está faltando grana,** podemos orientar onde pode conseguir auxílios financeiros.

» **Se quer fazer cursos online mas fica perdido com a tecnologia envolvida,** podemos demonstrar os tipos de ferramentas que usará para os debates em sala e para enviar as tarefas.

» **Se é aluno do ensino médio e está pensando em formas não tradicionais de ensino,** podemos dar as informações de que precisa. Também falamos sobre alunos com deficiências.

Dependendo de quem você é e do que precisa em termos de aprendizagem online, pode pular entre as partes deste livro para encontrar exatamente o que precisa. (Não se preocupe — não vamos reclamar se quiser ler de cabo a rabo!)

Convenções Usadas Neste Livro

Usamos diversas convenções padronizadas ao longo deste livro:

» Termos novos estão *em itálico.* Tentamos usar o menos possível de jargão, mas, como a educação online utiliza um vocabulário levemente novo, alguns termos são inevitáveis. As palavras em itálico são seguidas por definições em termos leigos. (Também usamos itálico para palavras que queremos enfatizar.)

» As palavras-chave em listas ficam **em negrito,** para destacar o mais importante.

» Você verá diversos sites — era de se esperar, visto que estamos falando de aprendizado *online*, né? Outra coisa, perceba que nem sempre colocamos aquele endereço enorme, apenas a informação básica que precisa digitar em seu navegador. Por exemplo, `www.vimeo.com`, e irá direto para a página!

Só de Passagem

É claro, nossos egos esperam que você leia e digira cada palavra. Mas os realistas em nós sabem que está ocupado e talvez queira ler apenas o material essencial. Portanto, se precisar pular algumas coisas devido a limitações de tempo, seguem algumas sugestões:

» **Os boxes (em cinza) contêm informações interessantes mas que não são cruciais para compreender a educação online.** Pode pular esses boxes, especialmente se entender o contexto do material em que estão inseridos.

» **Usamos o ícone Papo de Especialista para qualquer tópico que talvez exija um pouco mais de explicação sobre algo e como funciona.** No entanto, não é o propósito deste livro dar um parecer em detalhes técnicos. Portanto, pode fazer uma leitura dinâmica nos parágrafos marcados com esse ícone ou até mesmo pulá-los, se preferir.

Penso que...

Como forma de nos ajudar a focar o que escrever, fizemos diversas pressuposições sobre você, caro leitor, cara leitora, ao escrevermos este livro. Acreditamos que você:

» **Sabe o básico sobre computadores.** Esperamos que isso seja um fato. Se não for, talvez queira dar uma olhada no Capítulo 3 e então decidir se a educação online realmente é para você.

» **Está considerando voltar a estudar e vem buscando alternativas em seu tempo livre.** Talvez esteja curioso sobre como funciona o aprendizado online e quer ter uma noção antes de escolher uma faculdade ou curso. Neste caso, tem bastante tempo e pode ler o livro de cabo a rabo.

» **Sabe o que quer estudar.** Sabemos que nem todo mundo sabe exatamente o que quer estudar ou qual carreira seguir após a formatura. Demos nosso melhor para, ao mesmo tempo, falarmos com aqueles que querem participar de um curso totalmente online assim como aqueles que buscam explorar opções e talvez façam só uma parte do curso online.

» **Está fazendo um curso online, não faz ideia do que acontecerá e precisa de informações rapidamente!** É assim que a maioria dos alunos online se encontra na primeira vez diante de um curso online. Se já está matriculado, talvez queira pular para a Parte 3 e aprender sobre o que precisa para se destacar.

Introdução   3

» **É professor online (ou foi recentemente forçado a virar um) e está curioso sobre as diversas maneiras como os cursos online são estruturados e como os alunos e professores interagem no ciberespaço.** Este livro pode ajudá-lo a ver o aprendizado online sob a perspectiva dos alunos, podendo inspirá-lo a tentar algumas ideias novas. Sabe o quê? Pode até inspirar você a considerar fazer um curso online como uma forma de crescer profissionalmente.

» **É professor online e precisa que seus alunos estejam mais bem-preparados para fazerem cursos online.** Talvez seus alunos estejam vindo para sua sala de aula virtual despreparados, com falsas expectativas sobre o aprendizado online. Neste caso, considere recomendar este livro para a biblioteca da faculdade, de modo a ajudar seus futuros alunos a se ajustarem mais rapidamente ao seu curso online.

Como Este Livro Está Organizado

Aprendizado Online Para Leigos está estruturado em cinco partes. Elas estão organizadas para que você possa começar percebendo o panorama do aprendizado online e depois passar pelo processo de decisão e de matrícula, mergulhar nos cursos e ser bem-sucedido, saindo então da esfera educacional e aplicando suas novas habilidades e conhecimentos.

Parte 1: Apresentando um Tipo Diferente de Aprendizado

Nesta parte, apresentamos o panorama básico do aprendizado online. Discutimos o que talvez precise considerar sobre o aprendizado online para ver se é realmente um cenário adequado para você. Além disso, damos uma visão geral das competências tecnológicas que precisa ter antes de fazer um curso online.

Parte 2: Preparando-se para Aprender

Se não estudou nos últimos dez anos, ficará surpreso! Quase tudo está online, desde catálogos de cursos a matrículas e até orientações ao vivo. Esta parte pega você pela mão, caminhando pelos processos que precisa seguir para selecionar um programa ou curso apropriado, candidatar-se à vaga e fazer a matrícula. Também lhe dizemos por que precisa ter a atitude certa para aprender online.

Parte 3: A Sala Virtual: Aluno Nota 10

É nesta parte que falamos sobre as especificidades de como a aprendizagem online funciona. Com base em anos de ajuda a novos alunos para que se ajustem aos cursos online, percorremos com você as atividades e processos comuns que precisa conhecer como aluno online. Isso inclui habilidades de comunicação, identificação de documentos e recursos importantes em um curso e a compreensão de seu papel e tarefas como aprendiz. Mesmo que já tenha feito um curso online anteriormente, pode se surpreender com os detalhes que abordamos.

Parte 4: Considerações Especiais sobre o Aprendizado Online

Um dos truísmos sobre educação online é que ela oferece mais possibilidades educacionais para pessoas que talvez não tenham acesso a um sistema educacional mais tradicional. Isso inclui estudantes mais jovens (aqueles do jardim de infância até o ensino médio) e estudantes com deficiências. As salas de aula online abraçam a diversidade e abordamos isso nesta parte do livro.

Parte 5: A Parte dos Dez

Todos os livros da *Para Leigos* terminam com um breve resumo de informações essenciais e dicas. Em nossa Parte dos Dez, incluímos dez mitos sobre a educação online e as dez melhores práticas para cuidar de si mesmo enquanto estuda online.

Ícones Usados Neste Livro

Como é costume em qualquer livro da *Para Leigos*, usamos alguns ícones padronizados. Veja a seguir o que significam e como deve interpretá-los:

DICA

Usamos este ícone para destacar estratégias e técnicas que aprendemos enquanto alunos online e também com nossos ex-alunos.

LEMBRE-SE

Qualquer informação marcada com este ícone vale a pena ser memorizada.

CUIDADO

Este ícone denota as coisas com as quais precisa ter cautela. Fazer anotações dessas informações pode ajudá-lo a evitar dores de cabeça desnecessárias.

PAPO DE ESPECIALISTA

Usamos este ícone quando sentimos que precisamos dar mais informações contextuais sobre um assunto — coisas interessantes, mas que não são essenciais para que compreenda o panorama.

Além Deste Livro

Além das páginas que está lendo neste momento, este livro vem com uma folha de cola gratuita que oferece diversas pérolas de sabedoria relacionadas ao aprendizado online. Você pode acessá-la no site da editora Alta Books, www.altabooks.com.br. Procure o título do livro. Faça o download da Folha de Cola completa, bem como de erratas e possíveis arquivos de apoio.

De Lá para Cá, Daqui para Lá

Entendemos que sua situação é específica para você e que talvez não precise necessariamente das mesmas informações que os outros leitores. Sinta-se à vontade para olhar o sumário e decidir qual capítulo poderá melhor atender às suas necessidades. Nossa recomendação é que, se for novato na ideia do aprendizado online, comece no Capítulo 1 para ter uma introdução e vá lendo o livro em sequência. Se já estiver fazendo um curso online, pode ir à Parte 3 para obter dicas sobre como se dar bem durante as aulas.

Esperamos de verdade que esta leitura seja não apenas agradável, mas que também o ajude a tomar decisões importantes, que lhe dê as perguntas certas a serem feitas em sua jornada acadêmica e que o prepare bem para suas aventuras online.

Desejamos sorte em sua jornada online e prosperidade em suas futuras carreiras e aventuras acadêmicas.

1

Apresentando um Tipo Diferente de Aprendizado

NESTA PARTE...

Explore o panorama do aprendizado online.

Avalie os benefícios do aprendizado online.

Estime sua própria atitude quanto ao aprendizado online.

Examine os requisitos técnicos para um aprendizado online eficaz.

NESTE CAPÍTULO

» **Entendendo do que o aprendizado online se trata**

» **Vendo o processo de como se tornar um aluno online**

» **Descobrindo o que é necessário para ter êxito nas aulas online**

» **Examinando grupos especiais que podem se beneficiar de cursos online**

Capítulo **1**

Planejando Sua Jornada de Aprendizado Online

O lá! Seja bem-vindo ao mundo do aprendizado online. Estamos entusiasmados que você tenha escolhido este livro para ajudá-lo a mergulhar no aprendizado online e saber o que é preciso para ter sucesso nas salas de aula dessa modalidade. Aqui, exploramos os aspectos internos e externos do aprendizado online. Compartilhamos histórias pessoais — tanto do ponto de vista dos professores quanto dos alunos — como uma forma de ajudá-lo a entender o que se espera dos alunos e de superar as ocasionais falsas expectativas dos novos alunos online. Queremos deixar claro que isso está relacionado ao aprendizado por meio de um curso universitário, bem como de treinamentos no local de trabalho; em ambos os cenários, a mudança para o aprendizado online demanda novas habilidades.

Talvez tenha algumas perguntas específicas sobre o aprendizado online, como estas:

» O que é o aprendizado online e como ele é diferente da sala de aula tradicional?

» Quais instituições oferecem programas ou cursos online e como encontrá-las?

» Que tipo de computador e habilidades técnicas preciso ter para ser um aluno online bem-sucedido?

» Que tipo de tarefas terei que fazer, como terei que fazê-las e como serei avaliado?

» Quais recursos estão disponíveis se precisar de ajuda?

Nossa esperança é que tenhamos conseguido criar um recurso que responda a essas perguntas e muitas outras, a fim de ajudá-lo a ter sucesso como aluno online. Neste capítulo, você começa sua jornada pelo mundo virtual do aprendizado online.

Examinando as Características e as Vantagens da Educação Online

Em poucas palavras, o aprendizado online usa a internet para apoiar o aprendizado. Trata-se de conectar o aluno a materiais educacionais por meio dela. O aprendizado online combina um estudante (você), um conteúdo programático (determinado pela faculdade ou pelo professor/tutor) e uma conexão com a internet. Nesta seção, apresentamos algumas características e benefícios do aprendizado online; abordamos os dois tópicos com mais detalhes no Capítulo 2.

A natureza da educação online

O conteúdo entregue como parte de um curso online e a forma como você prova que está aprendendo podem variar muito. Esta lista descreve alguns formatos comuns:

» **Ler o material, participar de discussões online com colegas de sala e enviar tarefas ou designs no fim do curso.** Este é provavelmente o projeto mais comum. Você completa as tarefas quando lhe é conveniente, mas dentro das diretrizes estabelecidas pelo professor. Por exemplo, se ele disser que você precisa postar discussões até segunda-feira à meia-noite, você pode estudar durante o fim de semana e publicar suas ideias no fórum de discussão antes de começar sua semana de trabalho. Esses cursos são frequentemente facilitados por um professor (eles são chamados de "ministrados por professor") que não apenas compartilha sua experiência na área, mas também ajuda a guiá-lo durante todo o processo de aprendizagem online.

» **Ler o material e depois fazer uma prova.** Este é nosso método menos favorito, e muitos estudantes o acham horrivelmente monótono. Entretanto, para alguns assuntos, você pode passar rapidamente as informações básicas contextuais e seguir em frente. Em geral, há pouca interação com os colegas. De fato, em alguns cursos de autoaprendizado, você não tem interação com seus colegas e pouca interação com o professor.

» **Ler o conteúdo, conectar-se a uma conferência ao vivo e ouvir o professor ou interagir com os colegas.** Você pode fazer uma prova ou enviar tarefas posteriormente para demonstrar sua compreensão. Este método *síncrono* (em tempo real) de aprendizado online tornou-se bastante popular, especialmente para treinamento no local de trabalho e desenvolvimento profissional. Entretanto, ele requer que ajuste sua agenda para acomodar as aulas, assim como faria com uma aula tradicional. Esses cursos também são ministrados por professores e, às vezes, incluem apresentações de colegas.

LEMBRE-SE

No Capítulo 2, fornecemos mais exemplos de como a natureza da educação online é única. Entretanto, queremos enfatizar uma mudança de atitude no aprendizado online: o aluno (você!) deve assumir a responsabilidade de aprender o material. Não há um professor na sala para incomodá-lo ou dizer quando é hora de fazer o login. É claro que os professores maravilhosamente motivadores e compassivos querem ver seu sucesso, e comunicam-se com frequência com você para mantê-lo engajado, mas a natureza do aprendizado online exige que o aluno assuma o comando e complete o trabalho.

Então, que tipo de aluno prospera nesse tipo de cenário educacional?

» **Alguém que precisa de flexibilidade de horário para fazer o curso:** Se você não tiver momentos livres até às 23h por causa das inúmeras exigências da vida, mas quer realmente aprender, um curso online que pode concluir à 1h da manhã pode funcionar. (Esperamos que você consiga dormir até mais tarde pela manhã!)

» **Alguém que organiza confortavelmente a agenda e controla bem o tempo:** Se é bom na elaboração de um plano e se mantém fiel a ele, o aprendizado online pode ser para você. Embora o professor possa fornecer um cronograma e prazos para as tarefas, você tem que incluí-las em seu estilo de vida.

» **Alguém com boas habilidades de leitura e escrita:** Visto que muito do que precisa saber vem por meio de livros didáticos ou sites, você precisa ser um bom leitor antes de fazer um curso online. Além disso, a maneira de mostrar que conhece o material exige a elaboração de resumos e pequenos artigos. Habilidades claras e concisas de comunicação escrita lhe rendem um 10.

» **Alguém confortável com tecnologia:** Posteriormente neste capítulo, falamos mais sobre isso, mas o básico é que um curso online exige familiaridade com computadores. Aqui não é o local para aprender sobre o assunto.

Alguns prós do aprendizado online

Os cursos online e as oportunidades para aprender cresceram constantemente em popularidade durante a última década. Veja apenas algumas razões pelas quais o aprendizado online é popular:

» **Você pode adaptar o curso à sua agenda.** Quem não está abarrotado com demandas de trabalho, família e comunidade hoje em dia? Poucos de nós têm grandes períodos de tempo disponíveis para as aulas, mas podemos ter uma hora aqui ou ali. Em um curso online, você pode fazer o login e estudar sempre que se encaixar em sua agenda. Talvez perceba que estudar durante uma hora logo pela manhã ou durante o intervalo do almoço é exatamente o que precisa para voltar ao ritmo acadêmico.

» **Você pode economizar tempo e dinheiro.** Mesmo que sua faculdade local esteja a 10km de sua casa, o processo de pegar seu material, chegar à faculdade, encontrar estacionamento e caminhar até a sala de aula leva 30 minutos. Economize combustível e tempo estudando em casa!

» **Em alguns casos, os cursos são mais rápidos e você conclui antes.** Com prós e contras, muitos programas online aceleraram o curso tradicional de 1 semestre em 8 semanas. Embora possa fazer apenas um curso de cada vez (ou dois, ao longo de um semestre de 16 semanas), esses cursos passam rápido! A boa notícia é que esses tipos de programas normalmente funcionam o ano inteiro e permitem que o aluno se forme mais rapidamente do que de outra forma. (Vá para o Capítulo 4 para obter mais informações sobre as aulas aceleradas.)

» **Parte dos conflitos e discordâncias entre alunos nas aulas tradicionais ficam para trás no mundo virtual.** Ninguém sabe se você é tímido, se tem língua presa ou se tem múltiplas tatuagens quando é aluno online. O que os outros querem saber são suas ideias e como as comunica em relação ao conteúdo do curso. Muitos alunos acham essa situação libertadora.

Conhecendo a Tecnologia e as Habilidades de que Precisa para Ter Êxito

DICA

Muitos estudantes não tradicionais ou adultos se esquivam da educação online porque temem que suas habilidades de informática não sejam suficientes ou porque se preocupam com a necessidade de um computador de última geração. Não deixe que tais pensamentos o afastem de seus objetivos acadêmicos. A maioria das instituições fornece suporte tecnológico e listas detalhadas de hardware, software e requisitos de competência. A família, os amigos e sua biblioteca local também podem servir como excelentes pontos de apoio quando seu computador travar ou quando ficar sem acesso à internet.

Não nos interprete mal, no entanto: alguns requisitos mínimos devem ser cumpridos a fim de aprender adequadamente online. O Capítulo 3 descreve a tecnologia de que precisa e todas as habilidades necessárias para estudar online. Em resumo, as pessoas que fazem cursos online devem ter acesso ao seguinte hardware e software básicos:

» Computador com monitor, teclado e mouse (um notebook conta!).

» Conexão confiável de internet.

» Navegador (por exemplo, Chrome, Microsoft Edge ou Safari).

» Caixinhas de som, microfone ou headset com microfone (opcional, mas pode ser exigido em alguns cursos).

» Software de processamento de texto, como Word ou Google Docs.

» Software de apresentação, como PowerPoint ou Keynote.

Além disso, você deve conseguir fazer as seguintes tarefas básicas antes de começar um curso online:

» Abrir o navegador e acessar determinado site (ou *URL*).

» Enviar e receber e-mails com anexos.

» Abrir um processador de texto, formatar e salvar/recuperar documentos.

» Ler e navegar facilmente por sites.

» Digitar de forma rápida e precisa.

» Organizar pastas no HD do seu computador ou em dispositivos externos.

» Baixar e instalar programas.

» Executar um antivírus.

Vendo Como se Tornar Aluno Online

Depois de ter uma ideia do que pode estar envolvido na educação online e um bom domínio das competências tecnológicas de que talvez precise, você pode voltar sua atenção para encontrar o curso e a faculdade certos e garantir seu lugar na sala. Também é necessário conhecer o processo para se inscrever em uma faculdade e se preparar para as aulas. Apresentamos as noções básicas nesta seção.

Encontrando cursos disponíveis

Presumimos que você sabe o que quer estudar — por exemplo, sabe se é história da arte ou administração de empresas. Dito isso, você quer fazer um curso ou dois, ou precisa de uma graduação ou de um certificado? Perguntamos isso pois influencia como encontrará um curso online. Escolher determinado curso significa investir mais tempo e dinheiro no processo de aprendizagem. Se você é como a maioria das pessoas, o que mais influencia é a questão financeira, e sempre queremos tomar a melhor decisão.

CAPÍTULO 1 **Planejando Sua Jornada de Aprendizado Online**   13

DICA

Veja algumas possibilidades, e talvez queira explorar todas as quatro:

» **Se precisa de um ou dois cursos em uma área:** Pesquise cursos tecnólogos, com duração de dois anos, ou seja, menor que os cursos de graduação. Os tecnólogos têm como foco o desenvolvimento de habilidades específicas, enquanto as graduações formam um profissional mais completo.

» **Se está buscando uma pós-graduação em sua área profissional:** Visite a instituição onde obteve seu diploma de graduação e veja se ela oferece cursos online. Você já tem um relacionamento com essas pessoas, e pode ser que os processos de inscrição e admissão sejam simplificados.

» **Se precisa se reciclar para turbinar a carreira:** Verifique com as associações profissionais. Cada vez mais associações oferecem cursos e certificações por meio de programas online. Ter certificados reconhecidos pela indústria pode ser exatamente o que precisa.

» **Se não faz ideia de onde começar:** Faça uma busca na internet para explorar as possibilidades nas principais instituições online. Evitamos deliberadamente listar faculdades populares, porque o cenário muda rapidamente! Além disso, cada aluno precisa fazer sua lição de casa em termos de pesquisa de programas credenciados e de boa reputação. Dito isso, se encontrar uma perspectiva interessante, esteja preparado para receber solicitações de mais informações no momento em que enviar um formulário online.

CUIDADO

Se fizer uma pesquisa no Google, as faculdades listadas no topo são, na maioria das vezes, faculdades privadas. Tenha cuidado quando se trata disso! Muitas estão muito mais interessadas em receber seu dinheiro do que em oferecer uma boa educação. Mais tarde, falaremos sobre como verificar as instituições credenciadas. O topo da lista pode não se equiparar ao topo em qualidade!

Pule para o Capítulo 4 para ver explicações mais detalhadas sobre o processo de encontrar cursos e programas disponíveis online.

Avaliando programas

LEMBRE-SE

Independentemente de querer se matricular em um único curso ou em um programa de graduação, você deve selecionar uma faculdade que seja respeitada e credenciada. Não gaste seu dinheiro em uma fábrica de diplomas que não ensina nada e desperdiça seu tempo. No Capítulo 5, detalhamos como determinar o credenciamento de uma faculdade, mas podemos lhe dizer antecipadamente que isso deve estar óbvio. Quando visitar o site da faculdade ou revisar o material impresso, deve ver as credenciais listadas.

Após verificar o credenciamento, vale a pena considerar outros fatores ao avaliar cursos online (consulte o Capítulo 5 para obter mais detalhes e perguntas a fazer aos orientadores acadêmicos, professores e outros estudantes):

» **Estilo geral do curso:** São cursos de autoaprendizado, em que você lê e faz provas ou eles envolvem o aluno em discussões e participação ativa? Você precisa encontrar um curso que atenda às suas expectativas sobre o que o aprendizado deve ser idealmente. Além disso, considere se vai estudar em seu próprio horário ou se terá que participar de aulas realizadas via webconferência.

» **Tamanho da turma:** Quantos alunos são permitidos na sala virtual? Se você for um de vinte, é uma proporção aceitável. Agora, se for um de cinquenta, provavelmente o professor estará sobrecarregado e a qualidade de sua interação será diferente.

» **Taxas de conclusão e retenção:** Essa é uma estatística reveladora. Quantos alunos de fato completam os cursos ou graduações? Se apenas 20% dos iniciantes chegam à linha de chegada, talvez os cursos sejam malconcebidos, difíceis ou enfadonhos demais etc. Vale a pena explorar isso com um orientador ou um conselheiro.

» **Formação e experiência dos professores:** Quem ensina nesta faculdade? Que tipos de credenciais os professores possuem, incluindo treinamento em tecnologia? Surpreendentemente, você não precisa considerar se o corpo docente é de tempo integral ou meio período, porque muitos professores online são na verdade *especialistas no assunto*, com credenciais profissionais impressionantes em suas disciplinas. A questão mais crucial é se eles sabem o que estão fazendo quando lecionam online.

» **Serviços de apoio disponíveis ao aluno:** Quem o ajudará a se matricular, selecionar os cursos certos na sequência certa e se virar com a tecnologia, por exemplo? E se você precisar de adaptações para uma deficiência? Faculdades e programas de qualidade oferecem esses serviços estudantis desde o início; você sabe que tem uma equipe inteira para ajudá-lo.

Inscrevendo-se em um curso e garantindo o dinheiro necessário

Se é estudante adulto, talvez se lembre do longo processo de inscrição na faculdade, no qual você preencheu formulários, escreveu uma redação, fez o vestibular e assim por diante. Provavelmente recebeu orientações no ensino médio para essas etapas. Alguns desses processos são os mesmos online, só que tudo pela internet. Outros processos são um pouco diferentes. Por exemplo, talvez não precise de exames de admissão, como ENEM ou vestibular. Os históricos escolares podem ser enviados online.

O Capítulo 6 fornece uma visão geral de todo o processo. Pode surpreendê--lo que a inscrição em um programa online e depois o acompanhamento com a matrícula ainda envolva uma espécie de orientador. No mundo digital, isso geralmente envolve uma comunicação contínua com um representante da faculdade. Por exemplo, se precisar saber mais sobre um programa, talvez lhe peçam para preencher um formulário online. Esse formulário gera um telefonema, e logo haverá alguém lhe orientando.

LEMBRE-SE

É preciso pensar não apenas no processo de inscrição, mas também considerar o custo do curso. Fazer uma faculdade não é barato, a menos que você entre em alguma universidade pública. Na verdade, segundo o Censo do Ensino Superior de 2020, mais de 87% das instituições de ensino superior são particulares. Entretanto, assim como pode considerar a ajuda financeira para cursos tradicionais, também deve explorar isso para programas online (veja o Capítulo 6). Suas opções financeiras podem incluir

» **Bolsas com base em histórico escolar, dados demográficos ou outros critérios:** Esse dinheiro não precisa ser devolvido.

» **Bolsas governamentais concedidas com base em necessidades financeiras:** Para participar, você deve primeiro preencher os documentos disponíveis em http://prouniportal.mec.gov.br/.

» **Empréstimos, por meio de programas governamentais ou particulares:** A data em que precisa pagar e as taxas de juros dependem de onde fez o financiamento.

LEMBRE-SE

Os cursos online são mais baratos do que os tradicionais presenciais? Sim, provavelmente. A mensalidade pode até ser a mesma, mas você economiza por não ter que pagar custos de transporte. Outras despesas, como creche para os filhos, podem ou não afetá-lo. Por exemplo, talvez um pai ou uma mãe consiga estudar enquanto as crianças dormem ou fazem seus próprios deveres de casa; outros podem precisar enviar os filhos à creche enquanto se concentram nos estudos.

DICA

Algumas faculdades oferecem bolsa auxílio e talvez você seja elegível para receber a assistência. Porém, é preciso estar matriculado em um curso de graduação ou pós-graduação. Verifique com a instituição os detalhes do que pode estar disponível, assim como seu processo. É aqui que a seleção de uma instituição com um conjunto completo de serviços estudantis realmente compensa.

Sendo aceito e preparando-se para as aulas

Após sua inscrição em uma instituição, sua solicitação e materiais complementares (históricos, cartas de referência e redações) são revisados pela instituição. É claro que, inteligente que é, você será aceito. Geralmente, a notificação de aceitação chega via e-mail ou pela publicação no site da instituição. Se por qualquer razão não for aceito, não entre em pânico: os candidatos a vagas nos cursos podem não ser aceitos por inúmeros motivos, muitos dos quais são meramente administrativos. No Capítulo 7, discutimos com mais detalhes o que fazer após ser aceito e descrevemos estratégias para seguir em frente caso não seja.

Após ser aceito, é preciso fazer a matrícula. Esse processo também é concluído online. A maioria das instituições, mesmo as que lecionam presencialmente, solicitam que o aluno acesse um site, no qual poderá ver o catálogo de cursos da instituição, e se matricule, podendo também escolher as matérias optativas em alguns casos. Esses sites também fornecem uma lista dos livros didáticos necessários para cada matéria. Se tiver dúvidas sobre qual curso ou quais matérias escolher, fale com seu orientador acadêmico para resolver esses detalhes.

Imagine que já se matriculou e está prestes a começar as aulas. O que ainda deve fazer? Orientar-se! Qualquer faculdade decente proporciona alguma forma de orientação. Pode ser uma série de tutoriais pré-gravados para guiá-lo sobre os processos tecnológicos comuns ou um convite para participar de um webinar ao vivo para ver como funciona. A orientação em sua forma mais simples pode consistir no recebimento de um documento com procedimentos impressos. Veja detalhes completos no Capítulo 7.

Atitude é tudo

Pense na última vez em que precisou fazer algo que nunca havia feito. O que o ajudou a ter sucesso? Sua atitude foi provavelmente uma grande parte da equação. Ter uma *mentalidade de crescimento* significa que está disposto a tentar novas maneiras de aprender, mesmo que não consiga de primeira. E, se fracassar, tal atitude transforma o fracasso em outra tentativa. Ter uma mentalidade de crescimento resume-se a dar pequenos passos rumo a um objetivo.

Com uma mentalidade de crescimento, você assimilará todos os novos termos relacionados com o aprendizado online. Vai experienciar o Sistema de Gestão de Aprendizagem — às vezes denominado pela sigla em inglês, LMS (Learning Management System), ou pelo termo em português, Ambiente Virtual de Aprendizagem (AVA) — e trabalhar na nuvem. São novas formas muito interessantes de aprender!

O mais importante, você precisa considerar-se capaz disso. Falamos sobre a mentalidade certa no Capítulo 8.

Tornando-se um Aluno Excelente

Após se matricular para as aulas, é hora de começar a aprender. Essa tarefa pode ser um pouco estressante, sobretudo se faz tempo que não estuda. No entanto, como a maioria das coisas na vida, um pouco de preparo ajuda muito. Nesta seção, apresentamos o básico para ajudá-lo.

Conhecendo sua sala de aula virtual

Para ter sucesso no aprendizado online, é importante estar preparado e tirar um tempo necessário para se familiarizar com sua sala de aula. Em muitos casos, as instituições até abrem a sala de aula virtual um ou dois dias antes do início oficial das aulas. Aproveite essa oportunidade para fazer o login e se familiarizar com os seguintes aspectos:

- Estrutura geral do curso.
- Notificações do professor.
- Informações de contato do professor.
- Grade curricular.
- Calendário.
- Regras e normas do curso (incluindo as avaliações).

Pule para o Capítulo 9 para encontrar várias dicas sobre a sala de aula virtual.

Conhecendo o professor, colegas de sala e outras pessoas importantes

Você pode até pensar que está sozinho em sua jornada de aprendizado só porque não está fisicamente na mesma sala ou edifício que seu professor e colegas de classe. Nada poderia estar mais longe da verdade. De fato, alguns de nossos alunos compartilharam conosco que se sentem *mais* conectados com seus colegas online do que com aqueles com quem estudam presencialmente.

Ao fazer cursos online, você tem uma abundância de apoio acadêmico e técnico. Além de poder se conectar com seu professor e colegas, a maioria das instituições também o conecta com consultores acadêmicos, pessoal de apoio técnico, palestrantes convidados e muito mais. Consulte o Capítulo 10 para obter mais informações sobre como conhecer todas as pessoas da sala de aula e de fora dela também.

DICA

Se alguma vez se sentir sozinho, não hesite em entrar em contato com alguém. Um modo de permanecer conectado aos colegas é formar um grupo de estudo virtual que se reúne em tempo real (de forma síncrona) semanalmente para discutir o conteúdo do curso e as próximas tarefas. Você pode fazer isso por meio de várias ferramentas online gratuitas, como Google Meet ou Zoom.

Comunicando-se com clareza

Embora possa ter oportunidades de se comunicar com seus professores e colegas via áudio e/ou vídeo, a maior parte da comunicação ocorre por meio de texto. Portanto, comunicar-se por escrito de forma clara, concisa e respeitosa é importante.

LEMBRE-SE

Os cursos online empregam dois padrões de escrita: formal e casual. É importante seguir as dicas do professor e escrever de acordo com o padrão de cada curso em particular. Na maioria das vezes, porém, os fóruns de discussão e as tarefas iniciais utilizam habilidades formais de escrita, ao passo que as respostas aos colegas e as perguntas são muito mais informais.

18   PARTE 1 **Apresentando um Tipo Diferente de Aprendizado**

O Capítulo 11 oferece detalhes completos sobre como se comunicar claramente online.

Fortalecendo seus hábitos de estudo

Com a liberdade vem a responsabilidade. Tal afirmação não poderia ser mais verdadeira quando se trata de desenvolver bons hábitos de estudo online. Como aluno online, você tem mais liberdade para escolher os dias e horários em que vai estudar e completar as tarefas. Isso pode parecer atraente até que família e amigos queiram ir ver o último filme de ação ou seu filho lhe suplique para ler seu livro favorito pela 400ª vez. Desenvolver um horário rígido para estudar é importante para dar conta das leituras e tarefas.

Não só é útil ter um cronograma de estudos definido, mas também é preciso estabelecer habilidades de estudo eficientes e eficazes para maximizar a produtividade. Procurar padrões dentro de sua agenda de cursos, favoritar sites importantes, como o da biblioteca, e escrever postagens iniciais offline são coisas que pode fazer para usar seu tempo de forma mais eficiente. Vá para o Capítulo 12 para obter informações sobre o desenvolvimento de bons hábitos de estudo para aulas online.

Trabalhando bem em grupo

Sim, você leu corretamente esse título: trabalho em grupo. O fato de seu professor e seus colegas não estarem em sua localização geográfica não o exime das tarefas de grupo. Pesquisas mostram que trabalhar em grupo é tremendamente benéfico, e conseguir isso em um ambiente online requer habilidade, paciência e muita comunicação. Para alguns, isso não será uma surpresa, porque cada vez mais pessoas trabalham remotamente. Seu trabalho é um gigantesco projeto em grupo!

Como em qualquer tarefa em equipe, você pode fazer algumas coisas para ajudar a tornar o trabalho em grupo mais eficiente e eficaz (como pode ver no Capítulo 13):

» Comunicar-se o quanto antes e sempre que possível.

» Resumir o projeto e dividi-lo em tarefas gerenciáveis.

» Delegar tarefas para os membros da equipe.

» Estabelecer regras.

» Documentar o progresso.

LEMBRE-SE

A maioria dos conflitos entre os membros do grupo resume-se a um ou mais integrantes que não fazem sua parte. Documentar o progresso, ou a falta dele, e manter seu professor a par ajuda a manter a responsabilidade de cada membro e auxilia seu professor a mediar melhor a resolução de conflitos quando necessário.

Fazendo parte de um mundo maior

Um dos aspectos mais emocionantes do aprendizado online é que você pode conhecer outras pessoas do mundo todo e aprender com elas. A internet abriu possibilidades que seus avós não poderiam ter imaginado. Não é raro ter estudantes de vários continentes em um único curso.

Ser um *aluno global* significa ter respeito pelas diferenças culturais. Também exige que considere as diferenças de fusos horários e que seja útil, e não crítico, quando se trata de resolver problemas que possam surgir de diferenças linguísticas.

No Capítulo 14, além de descrevermos como é estar em uma sala de aula global, falamos sobre como trabalhar e estudar a distância.

Apresentando boas maneiras e ética online

Um problema quando nos comunicamos por texto na maior parte do tempo é que qualquer um pode interpretar mal o que está escrito. Portanto, evite as piadas, bem como a publicação de conteúdos questionáveis. Você também precisa reconhecer quando e onde abordar indivíduos quando surgirem problemas. Se estiver tendo problemas com um colega, comunique-se de forma educada e privada diretamente com a pessoa. É importante incluir o professor, que pode facilitar a resolução, se necessário.

Caso seu problema seja com o professor, pode ter uma abordagem diferente. Por exemplo, você já esteve em um curso presencial quando alguém questionou um professor rudemente ou de outra forma inapropriada? Na maioria dos casos, o professor ganha e o aluno acaba parecendo um idiota. O mesmo acontece no ambiente online. Se precisar questionar seu professor ou outro colega, poste a pergunta ou a preocupação de forma privada e respeitosa. Por sua vez, o professor também deve comunicar suas preocupações de forma privada, juntamente com outras informações pessoais, tais como sua nota e comentários das tarefas.

Ser respeitoso e honesto também inclui postar conteúdo original e dar os créditos quando necessário ao postar o trabalho de outra pessoa. Você deve citar fontes em tarefas formais e em tudo que postar, enviar por e-mail ou apresentar. Se a ideia não for sua, mostre a fonte! Se tiver dúvidas se deve ou não citar algo, ou se não estiver familiarizado com a maneira correta de citar fontes, pergunte ao seu professor ou a um bibliotecário. Discutimos esse tópico e outros relacionados ao comportamento ético no Capítulo 15.

CUIDADO

As instituições frequentemente fornecem aos professores ferramentas para verificar a originalidade das tarefas. Elas incluem a comparação de suas tarefas com um banco de dados de outras tarefas, conteúdo da internet e dissertações.

Conheça as diretrizes de sua instituição para citar fontes e desenvolver trabalhos originais. Algumas faculdades consideram plágio reutilizar o trabalho de um curso em outro. As penalidades para o plágio podem ser bastante severas, incluindo a expulsão. Novamente, se tiver dúvida se pode ou não fazer algo, pergunte. Não fique no achismo.

Fazendo e entregando tarefas

Algumas pessoas acreditam que, em um curso online, só é preciso ler o material e depois fazer uma prova. Isto é parcialmente verdade, mas não tão comum quanto se possa pensar. Os professores online usam uma variedade de técnicas de avaliação para determinar seu nível de compreensão. Como aluno online, você pode ser solicitado a responder perguntas sobre as leituras, escrever uma redação ou artigo que analisa e avalia pesquisas, fazer uma apresentação oral ou criar um projeto para compartilhar com a turma. Todas essas técnicas de avaliação formal exigem que você crie algo de maneira acadêmica com as devidas citações e formatações de estilos, dependendo da orientação de seu professor.

A forma como envia cada tipo de tarefa também pode diferir. Talvez tenha que postar sua tarefa em um fórum público de discussão para que outros possam ler e responder. Ou, então, pode ser solicitado a enviar seu trabalho para um link online privado ao qual somente o professor tem acesso. Há também outros métodos de envio. Eles dependem da tarefa, da finalidade da tarefa e da preferência de seu professor. A maioria das aulas online utiliza uma variedade de métodos de envio.

Falamos detalhadamente sobre como concluir e enviar diferentes tipos de tarefas no Capítulo 16.

Voltando a estudar novamente

Muitos alunos online voltam a estudar para iniciar uma nova carreira ou para ganhar uma promoção em seu emprego atual após a graduação. Ter em mente por que você está estudando e acompanhar seu progresso pode ajudá-lo a se manter no caminho certo e a se preparar para essa transição. Alguns programas de graduação exigem que os estudantes desenvolvam e mantenham um portfólio eletrônico, também conhecido como *e-Portfólio* — pense nele como um currículo online que permite aos visitantes convidados ver seu histórico acadêmico ou profissional, exemplos de tarefas e outras informações pertinentes. Saiba mais sobre este tópico e outros relacionados com a volta às aulas no Capítulo 17.

Analisando Algumas Situações Especiais da Educação Online

A educação online abre o acesso para os alunos que têm dificuldades em outros contextos. Nesta seção, mostramos como certos grupos de estudantes podem ser atendidos por meio do aprendizado online. Começamos com uma discussão sobre onde o grupo mais jovem — estudantes de ensino domiciliar (homeschooling) e médio — se encaixa, e depois passamos a alunos com deficiências.*

Alunos do jardim da infância até o ensino médio

Às vezes os alunos mais novos querem ou precisam de uma estrutura de aprendizado diferente da que as instituições tradicionais oferecem. Isso inclui crianças que se enquadram nestas amplas categorias (entre outras):

» **Crianças atletas ou atrizes que precisam viajar:** Ao passo que precisavam de professores particulares, agora podem acompanhar a instituição online.

» **Crianças que vivem em áreas onde as instituições não oferecem cursos avançados ou especializados.** Isso descreve muitas comunidades rurais. Os cursos online podem preencher tais lacunas.

» **Alunos que querem evitar más influências de drogas ou facções:** Os alunos online podem se concentrar nos estudos.

» **Alunos que repetem e correm o risco de atrasar a conclusão:** O processo de compensar as matérias em dependência costumava significar aulas nas férias; agora, ele inclui aulas online.

Em alguns casos, particularmente nos Estados Unidos, os estados apoiam a educação online para crianças desde o jardim de infância até o ensino médio, geralmente em instituições particulares. Os estudantes desses estados podem fazer cursos online para complementar ou aumentar as grades curriculares tradicionais. Ou então, podem optar por renunciar totalmente à educação tradicional e fazer apenas cursos online. No Capítulo 18, discutimos a educação online para crianças de todas as idades, incluindo como ela difere da educação online para adultos, a variedade de instituições online disponíveis para crianças, e o processo de matrícula.

---

* N. da E.: No Brasil, o homeschooling ainda não é legalizado na maioria dos estados, embora haja projetos de lei para sancioná-lo.

Alunos com deficiência

As aulas online oferecem uma excepcional oportunidade educacional alternativa para pessoas com deficiência. Os alunos com deficiências físicas podem evitar o incômodo de ter que ir até a instituição e se movimentar pela sala de aula física. Para aqueles com transtornos de aprendizagem, a tecnologia pode ajudar em atividades como o prolongamento da duração das provas e a verificação ortográfica de documentos. Entretanto, dependendo da deficiência específica de uma pessoa e do conhecimento da instituição com relação à criação de conteúdos acessíveis, o aprendizado online ainda pode apresentar dificuldades.

Leis estaduais e federais continuam a ser criadas exigindo que as instituições desenvolvam todos os materiais de forma acessível. Entretanto, nem todos os responsáveis pela criação de cursos online estão cientes dessas regulamentações ou são treinados sobre como implementar as diretrizes. Portanto, os sites, os ambientes virtuais de estudo e o conteúdo dos cursos podem às vezes carecer de estruturas de design que atendam aos padrões de acessibilidade. No Capítulo 19, fornecemos uma lista de perguntas que você pode fazer para ajudar a determinar se uma instituição está preparada para acomodar suas necessidades de aprendizagem.

A lei oferece aos alunos com deficiências o direito de acesso igualitário à informação em um formato comparável ao de seus pares que não têm deficiências. No entanto, com esse direito vem a responsabilidade. Para receber adaptações apropriadas e razoáveis, as pessoas devem voluntariamente revelar e documentar sua deficiência antes que as adaptações sejam feitas. As adaptações, baseadas nas necessidades de cada indivíduo, são geralmente determinadas com a ajuda da equipe pedagógica especializada da instituição. Saiba mais sobre esse processo no Capítulo 19.

24   PARTE 1 **Apresentando um Tipo Diferente de Aprendizado**

NESTE CAPÍTULO

» **Comparando o aprendizado online com o tradicional**

» **Vendo quem é aluno online**

» **Tendo cuidado com algumas desvantagens potenciais**

» **Considerando os traços necessários para ter sucesso**

Capítulo **2**

Características e Benefícios do Aprendizado Online

P eça a praticamente todos do mundo civilizado para descrever uma escola e provavelmente lhe falarão sobre um lugar físico — um abrigo com teto, mesas e cadeiras —, bem como as pessoas que assumem papéis específicos, como professor ou aluno. O professor decide o que deve ser ensinado, passa as informações aos alunos e atribui notas para indicar o progresso. Os alunos se sentam com atenção, fazem o trabalho prescrito pelo professor e executam tarefas ou fazem provas que medem o quanto alcançaram. Esse é o modelo tradicional de ensino, que é familiar para a maioria das pessoas. Mesmo uma escola em uma comunidade rural com apenas uma sala se encaixa nessa descrição.

No entanto, pergunte a alguém sobre o aprendizado online e provavelmente receberá uma perspectiva diferente. Quase todos aprendem online! Seja participando de um treinamento da sua empresa, seja assistindo a um curso gratuito sobre finanças pessoais, seja vendo um vídeo no YouTube sobre como trocar um fusível no carro — você está aprendendo online. Após a chegada da internet, o mundo vem mudando cada vez mais do ensino em sala de aula para o aprendizado online.

Neste capítulo, separamos alguns fatores que diferenciam a experiência online da educação tradicional. Ao dar uma olhada em quem está aprendendo online e o que estão ganhando com a experiência, juntamente com uma autoavaliação honesta de sua parte, você conseguirá decidir se esse tipo de aprendizado é adequado para sua realidade.

O que Diferencia o Aprendizado Online da Educação Tradicional?

Talvez não se recorde da vida sem a internet, mas não faz muito tempo que as únicas opções de aprendizado eram frequentar uma escola tradicional ou ter aulas por correspondência enviadas pelo correio. Em resposta a uma crescente demanda por alternativas, algumas faculdades começaram a oferecer aulas à noite ou nos fins de semana para acomodar adultos trabalhadores. Isso mudou quando a internet passou a estar disponível para todos. Posteriormente, os cursos online entraram na moda como uma forma de aprender "em qualquer lugar e a qualquer hora". Ainda assim, seu formato permaneceu semelhante ao que as pessoas conheciam há um século; o professor dirigia o aprendizado. Hoje, as pessoas sabem muito mais sobre como aprender, sobretudo online. Nesta seção, comparamos o modelo tradicional de aprendizado com o mundo do aprendizado online.

Conectando-se ao aprendizado e às pessoas pela internet

O aprendizado online usa a internet para aprender. Ele trata de conectar o estudante a materiais educacionais por meio da internet. Como mostramos ao longo deste livro, o aprendizado online pode acontecer de várias formas e estilos, mas o uso subjacente da internet e de suas tecnologias é fundamental. Aulas, comunicação e avaliação (notas) acontecem por meio da internet. Nas seções seguintes, descrevemos os dois principais modelos para tal comunicação e avaliação: ministrado por professor e autoaprendizado.

Você não está sozinho: Cursos ministrados e facilitados por professor

O modelo mais comum de aprendizado online em programas educacionais formais é ministrado ou facilitado por professores. Isso significa que um professor determina o conteúdo e o ritmo da instrução. De certa forma, isso não é diferente de uma experiência tradicional em sala de aula. Em um curso online de qualidade, você interage frequentemente com esse professor, seja de forma privada via e-mail, seja pública em áreas de discussão, da mesma forma que você teria discussões abertas em uma sala de aula tradicional ou conversas privadas reservadamente. Falamos mais sobre como funciona a discussão online no Capítulo 10.

Às vezes, os professores online são conhecidos como facilitadores. Ao contrário do que você possa pensar como educação tradicional, com um professor falando e os alunos absorvendo as informações, um *facilitador* fornece recursos para os alunos considerarem e depois facilita sua compreensão por meio de uma série de discussões ou atividades. Embora a facilitação aconteça em salas de aula tradicionais com discussões presenciais, ela assume um significado especial na educação online. Normalmente, os cursos ministrados por professores exigem que os alunos interajam uns com os outros e todos seguem o mesmo horário, de modo que estão sempre conscientes de que outros estão fazendo o curso com eles. Explicamos mais sobre as pessoas que provavelmente encontrará em sua sala de aula online no Capítulo 9.

LEMBRE-SE

Nem toda oportunidade de aprender está ligada a um programa formal. Se estiver fazendo um curso de dois anos por meio de sua faculdade local, consideramos isso como formal. Se começar um curso de quatro semanas no Udemy (um portal de educação online de autoaprendizado), isso é informal. No entanto, em ambos os casos, você está aprendendo online.

LEMBRE-SE

Na maioria dos casos, os professores estão presentes no ambiente online, assim como estão em um ambiente tradicional. No entanto, o que eles fazem com seu tempo no ambiente pode ser um pouco diferente do que se espera que um professor faça em uma sala de aula tradicional. Em vez de expor o conteúdo, o professor pode postar uma série de slides narrados que criou. Ou então, pode extrair respostas adicionais em uma discussão, em vez de dizer as respostas à classe.

Certo, às vezes você está sozinho: Cursos de autoaprendizado

Outro modelo prevalecente de aprendizagem online é o *autoaprendizado*: instruções dadas a você por meio de um computador, sem ter um professor junto. Você acessa as lições, segue as instruções e devolve as tarefas necessárias — uma prova sobre o material demonstrando sua compreensão, por exemplo. Um computador corrige a prova. Você faz as aulas em seu próprio ritmo, sem intervenção ou orientação de um professor, e não tem nem como saber se outros alunos estão na sala de aula com você. Talvez seja o único aluno ou um de mil.

No mundo dos negócios, o autoaprendizado é a forma mais comum de educação online. Muitos treinamentos corporativos são ministrados por meio de programas virtuais que parecem semelhantes aos slides do PowerPoint, às vezes com áudio ou vídeo anexados. No final da apresentação, é comum ter uma autoavaliação no programa. Como aluno, você toma as decisões e controla o ritmo da instrução com um simples clique do mouse.

Vejamos um exemplo: em algum momento, servidores públicos foram solicitados a completar um treinamento sobre ética que foi disponibilizado online. Alguns completaram o treinamento em vinte minutos, enquanto outros precisaram de duas horas, dependendo do ritmo de leitura e da familiaridade com a tecnologia. O programa resumia informações básicas sobre leis federais que proibiam fazer campanhas eleitorais, aceitar presentes e assim por diante. Então, os servidores foram instruídos a considerar diferentes cenários e selecionar as respostas mais éticas. Os resultados foram avaliados e cada funcionário recebeu um certificado de conformidade.

Consegue imaginar o custo para reunir todos os servidores de modo a completarem o mesmo treinamento em salas de aula? Não apenas seria tempo perdido no trabalho, mas também as instalações precisariam ser consideradas, e o tempo de deslocamento talvez estaria envolvido. O modelo de autoaprendizado foi muito menos dispendioso.

LEMBRE-SE

Em um curso de autoaprendizado, você segue seu próprio ritmo com pouca ou nenhuma participação do professor. Em um curso ministrado por professor, você segue um horário estabelecido e interage com ele e com outros alunos.

À sua conveniência

Em nossa opinião, uma das melhores características da educação online é sua conveniência: você estuda quando quiser. Digamos que trabalhe como supervisor e faça o terceiro turno, das 23h às 7h. Talvez consiga incluir aulas matutinas, mas é provável que seu biorritmo o coloque em um estado grogue após o trabalho. Você poderia dormir um pouco e depois acordar e fazer uma aula noturna antes do seu turno, mas então quando fará as tarefas? E amanhã à noite, quando seu filho tiver um jogo de futebol? Não seria ótimo adaptar o curso de acordo com seu horário? Em muitos casos, o aprendizado online pode acomodar sua agenda pessoal. Nas seções seguintes, definimos dois tipos de horários para cursos online: aprendizado assíncrono e aprendizado em tempo real (síncrono).

Aprendizado assíncrono

Uma das perguntas mais comuns relacionadas ao aprendizado online é: "Que horas as aulas acontecem?" Para responder a essa pergunta, você precisa entender o significado de *assíncrono*. Quando uma aula é assíncrona, ela não acontece em um horário determinado. Não há sincronização de horários. Você não precisa estar na aula em um horário específico, como 9h ou 18h30.

LEMBRE-SE

Isso não significa que não há um cronograma. As aulas assíncronas podem ter dia e horário definidos para a entrega de tarefas e atividades. Por exemplo, talvez precise entregar uma tarefa até meia-noite de segunda-feira. Quando você faz a tarefa, no entanto, depende inteiramente de você. Se for bom para sua rotina às 5 da manhã quando o bebê acorda para se alimentar, então esse é o horário da sua aula! Por outro lado, se preferir estudar depois do noticiário das 23h, pode estudar nesse momento. Por não ter horários sincronizados, os alunos podem fazer os cursos quando lhes for conveniente.

RAÍZES DA EDUCAÇÃO A DISTÂNCIA

Talvez esteja curioso sobre as origens da educação a distância. A educação online é apenas uma extensão do que começou em 1728 quando Caleb Phillips começou a vender aulas de estenografia na *Boston Gazette*. Nos Estados Unidos, assim que o serviço postal começou a funcionar, instituições como a Chautauqua College of Liberal Arts de Nova York e a International Correspondence School ofereceram aulas por correspondência, a antiga versão do autoaprendizado. Enquanto isso, na Europa, a Universidade de Londres foi a primeira a oferecer cursos a distância, em 1858. Aprender a qualquer hora e em qualquer lugar não é novidade!

Perceba que o aprendizado assíncrono representa uma grande diferença entre a educação online e a tradicional. Embora possa fazer mais ou menos matérias de acordo com sua disponibilidade, poucas faculdades tradicionais permitem que vá às aulas só quando lhe for conveniente. Por outro lado, a maioria dos cursos online pressupõe que você estudará quando lhe for conveniente, desde que envie as tarefas de acordo com o cronograma prescrito.

Aprendizado síncrono (em tempo real)

A outra opção de educação online, que tem crescido a passos largos recentemente, é o aprendizado síncrono. Pense na explosão de reuniões e webinars online, e de oportunidades de ver outras pessoas enquanto não estão no mesmo espaço físico. Nessa situação, você recebe um cronograma com os horários nos quais precisa estar disponível e instruções explícitas sobre o software necessário para se conectar com outras pessoas.

O aprendizado síncrono em tempo real aproxima-se mais da educação tradicional; o encontro começa em horário determinado. Os cursos e as empresas utilizam o tempo síncrono de algumas maneiras diferentes:

» **Alguns professores solicitam o encontro virtual da turma para que possam dar a aula em tempo real.** Isso também permite que interajam com alunos para saberem se estão acompanhando bem as aulas.

» **Muitas empresas passaram a oferecer treinamentos online como aprendizado síncrono.** O que talvez fosse um encontro presencial, agora é uma webconferência.

» **Alguns professores ficam à disposição online em horário comercial ou informal para responder às perguntas dos alunos.** Talvez não tenham um cronograma específico de conteúdo para esses momentos, mas ficam abertos às necessidades dos alunos.

» **Como vemos no Capítulo 13, talvez desenvolva um trabalho em grupo.** Um encontro síncrono é um método excelente de fazer bastante coisa em pouco tempo.

CAPÍTULO 2 **Características e Benefícios do Aprendizado Online** 29

Tenha em mente que esses encontros sincronizados ou agendados não exigem que esteja no mesmo lugar físico. Embora possa ter que ficar online em um horário específico, você faz isso do conforto de sua casa, escritório ou quarto de hotel. E pode até usar pijama, se quiser, e ninguém vai ficar sabendo (a menos que se levante e se afaste da tela enquanto sua webcam estiver ligada)!

DICA

O mundo empresarial adora reuniões síncronas. Há anos as empresas vêm economizando tempo e dinheiro oferecendo parte do treinamento aos funcionários por meio de webinars síncronos e reuniões online. Embora a equipe possa estar em cidades diferentes, todos aparecem ao mesmo tempo online. Confira esta lista com alguns softwares comuns de conferência online:

- **Zoom:** `https://zoom.us`
- **Microsoft Teams:** `https://www.microsoft.com/pt-br/microsoft-teams/download-app` (Ou disponível no pacote Microsoft Office 365)
- **Google Meet:** `https://meet.google.com/`
- **GoToMeeting:** `www.gotomeeting.com`
- **WebEx:** `www.webex.com`

Nada de inatividade!

De acordo com os alunos online, uma surpresa é o fato de não poderem ficar inativos ou escondidos no fundão. Reconheça: em um curso tradicional, você poderia ir à aula, sentar-se no fundo da sala e nunca proferir uma palavra. O professor pode ou não saber que você está presente. Em um curso online, isso não é provável. Há mais chances de que um professor esteja acompanhando seus logins e a qualidade e quantidade de suas mensagens de discussão. Se não fizer o login por algum tempo, muitos professores virão à sua procura. Você receberá um e-mail ou um telefonema perguntando sobre sua inatividade.

DICA

Determine horários regulares para acessar o curso e estudar. Recomendamos três ou quatro vezes por semana. Assim, o professor não vai precisar vir atrás de você.

Quem se Beneficia da Educação Online?

Pergunte a alguns dos 6,3 milhões de estudantes que tiveram aulas online em uma faculdade ou universidade norte-americana em 2016, e eles lhe falarão sobre os benefícios substanciais do aprendizado online. Sim, você leu esse número corretamente! De fato, o instituto de pesquisas Babson Survey Research

Group, juntamente com seus parceiros, o Sloan Consortium, Pearson e Tyton, também afirma que mais de dois terços de todas as instituições norte-americanas oferecem algum tipo de curso online. No Brasil, segundo o Censo do Ensino Superior de 2020, quase 15% do total dos cursos são ofertados na modalidade a distância. O setor está em alta, mas quem está se matriculando? Esta seção explica que tipos de alunos acham as aulas online vantajosas.

Adultos além da idade tradicional de faculdade

Se está trabalhando, criando uma família ou tentando administrar muitos papéis diferentes, é provável que se sinta um pouco pressionado com relação ao tempo. Adultos ocupados, como os das seções seguintes, migram para cursos online porque podem determinar quando e onde estudar.

Profissionais turbinando a carreira

Quer progredir na carreira? Conseguir um diploma avançado ou cursos diretamente relacionados ao seu trabalho pode ajudá-lo a fazer isso. Você não apenas adquire os conhecimentos e habilidades de que precisa, mas os empregadores também o considerarão muito mais motivado do que o trabalhador médio. Considere estes exemplos:

» O chefe de Sandra queria que as vendas da empresa passassem para a modalidade online, mas ninguém no escritório entendia como gerenciar sites na internet. Sandra se matriculou em uma série de cursos online na faculdade local e se tornou um ativo valioso para a empresa.

» Carlos trabalhava como engenheiro para uma linha de trem de carga. Seu trabalho o levava por todo o continente, dificultando a inscrição em um curso tradicional. Como ele queria passar para uma função gerencial, as aulas online se encaixaram perfeitamente em seu estilo de vida. Ele conseguiu completar um curso e se manter nos trilhos!

» Karine fez seu mestrado em enfermagem online enquanto trabalhava como enfermeira cirúrgica em um hospital local. Sua graduação extra possibilitou que ela desse aula em cursos de enfermagem e supervisionasse outros. Isso significou mais dinheiro!

» Michael vendia financiamentos imobiliários, mas estava a fim de trabalhar com recursos humanos. Embora tivesse iniciado a faculdade, ainda não havia se formado. Terminar sua graduação online lhe permitiu procurar trabalho em sua área de interesse de forma tão competitiva quanto qualquer outro graduado.

DICA

Se está buscando avançar na carreira e pensa que fazer um curso online pode lhe beneficiar sob uma perspectiva de gestão de tempo, procure um programa que atenda a adultos que trabalham. Aproveite a oportunidade para conversar com um representante, seja por telefone, seja por bate-papo online, e pergunte quantos alunos completam o curso. Isso lhe dará uma boa ideia de quantos alunos estão satisfeitos, bem como a faculdade e o corpo docente estão atentos para garantir que suas propostas funcionem para os alunos. Consulte o Capítulo 5 para obter mais informações sobre como pesquisar diferentes faculdades.

Pais ocupados

Constituir uma família não é fácil. Seus filhos precisam e merecem seu tempo e atenção. Eles também precisam ser alimentados e banhados, ter seus deveres de casa checados, ser levados para o treino de futebol, e muito mais! Mas e se você for pai e quiser (ou precisar) voltar a estudar? Quais são os benefícios da educação online em comparação às faculdades tradicionais?

» **Possível economia com creches/babá.** Por um lado, não recomendamos tentar ser um aluno sério com crianças pequenas correndo ao seu redor; não dá para se concentrar adequadamente quando sua atenção está dividida entre manter seu filho seguro, amado e engajado e responder uma pergunta de discussão. Entretanto, é razoável pensar que haverá momentos de silêncio em que poderá se concentrar nos estudos e não terá que pagar uma creche ou uma babá. Economize esse dinheiro para aqueles momentos em que precisa fazer uma prova online e não pode se distrair de jeito nenhum.

» **Você não perde tempo no trânsito.** Você pode estudar de casa ou de seu local de trabalho (com permissão, é claro), mas não é necessário passar mais tempo se deslocando à faculdade. Isso significa mais tempo para a família, no fim. Muitos pais estudam na mesa da sala de jantar enquanto as crianças em idade escolar fazem suas próprias tarefas de casa. A "escola" começa logo após a louça ser lavada.

» **Estudar na presença dos filhos passa uma mensagem poderosa sobre a educação por toda a vida, seus valores e a necessidade de equilibrar trabalho, família e estudos.** Sim, talvez eles possam ver isso se você for ao curso noturno duas vezes por semana. Entretanto, consideramos ser qualitativamente diferente quando seus filhos testemunham você fazendo o login todo dia e acompanhando de fato o que está acontecendo na sala de aula.

Então, como pai ocupado, quando você deve fazer as tarefas? Para pais de crianças muito pequenas, a hora do cochilo delas significa hora da aula. Muitos pais que fazem aulas online dedicam esses momentos de silêncio para pegar o computador e completar as tarefas das aulas.

CRESCIMENTO DA FORMAÇÃO ALTERNATIVA

Analisar a contração de uma dívida de empréstimo estudantil e as crises financeiras dos últimos anos faz com que mais adultos reconheçam o valor da formação alternativa, que pode ser um certificado em design gráfico ou um curso curto sobre habilidades de inteligência artificial na IBM. A conclusão do curso pode (ou não) significar horas de crédito. O mais importante sobre uma formação alternativa é que ela normalmente se alinha com as reais habilidades e competências procuradas pelos empregadores. É uma melhoria de carreira que não requer um curso universitário completo.

Uma formação universitária pode ser maravilhosa; os autores têm várias! No entanto, se você pode conseguir uma certificação reconhecida pela indústria em menos de um ano e começar em um bom emprego no final, por que não fazer isso?

Em um estudo feito pela University Professional and Continuing Education Association (UPCEA) e pela Pearson, líder na oferta de serviços educacionais, 73% das instituições de educação superior nos Estados Unidos indicam que estão cientes e se preparando para a formação alternativa. Isso trará ainda mais oportunidades para os alunos online.

Enquanto um diploma pode ser representado por uma lista das matérias feitas, muitas formações alternativas são representadas como credenciais ou selos digitais. Esses formulários digitais exibem informações específicas sobre as habilidades e competências adquiridas e o que o aluno é capaz de fazer como resultado. Elas não são relatadas pelo próprio aluno, mas são verificadas pela instituição.

DICA

E se não estiver disponível para seus filhos durante o dia, mas trabalha das 8h às 17h? Você tem algumas opções:

» Levante-se mais cedo e estude durante uma hora todas as manhãs antes de acordar as crianças.

» Se está trabalhando fora de casa, combine com seu chefe para poder fazer suas aulas online em sua mesa durante o almoço.

» Considere alguns cursos que pode fazer enquanto se desloca para o trabalho (não pode estar dirigindo!). Seus amigos "verdes" podem não gostar que você imprima todo o curso para ler no ônibus/trem, mas e se for só o livro didático? Que tal responder a uma pergunta de discussão à moda antiga, com papel e lápis, e depois publicá-la online? Ou então pode colocar a leitura em dia com a ajuda de um tablet.

» Pegue seu notebook quando os filhos estão fazendo a tarefa deles. Além de acompanhar as aulas, você dará um exemplo excelente de habilidades de estudo a eles!

CAPÍTULO 2 **Características e Benefícios do Aprendizado Online** 33

>> Fique uma hora a mais acordado após os filhos terem ido dormir para fazer suas aulas.

LEMBRE-SE

Somente estabelecendo um cronograma você conseguirá administrar o trabalho, a família e a faculdade. Isso também é verdade para o aprendizado tradicional — para sobreviver, você deve estabelecer um horário regular para o estudo e se manter fiel a ele. (História verdadeira: seus humildes coautores procuraram o ensino online porque eram pais trabalhadores e foi a única maneira capaz de conciliar.)

Pessoas com problemas de transporte

Não há locomoção envolvida na educação online, então os alunos que tenham alguma preocupação com isso podem fazer as aulas facilmente. Por exemplo:

>> Se mora em uma área rural e tem que dirigir até mesmo 20 minutos para a faculdade local, isso pode se tornar uma provação difícil no inverno. Contraste isso com ficar quentinho em casa enquanto completa o curso. E você gasta menos com combustível, estacionamento e manutenção do veículo.

>> E se tem algum problema de saúde que lhe impede de dirigir, ficando dependente de outros para o transporte? De novo, se estudar online, será completamente independente e não precisará de ajuda com o deslocamento.

>> Nem todos moram em locais com acesso a ônibus e trens para ir à faculdade. A educação online elimina a necessidade de conseguir um transporte particular e de pagar por ele ou de pegar carona com estranhos.

>> Se levarmos isso um pouco mais longe, verá que a educação online abre a possibilidade de ter aulas de qualquer lugar do mundo. Pode parecer algo bobo de se considerar, mas você pode morar em São Paulo e fazer faculdade em Santa Catarina, sem custos de viagem. Em um curso universitário que a coautora Susan ministrou, ela tinha alunos da Grã-Bretanha, da Coreia e de Dubai, assim como da América do Norte.

Pessoas com deficiências

Normalmente, as deficiências podem ser classificadas em dois tipos principais: físicas e de processamento de informações (dificuldade de aprendizado).

Caso tenha deficiências físicas, seja por problemas de mobilidade, seja por deficiência auditiva, seja por deficiência visual, talvez considere o ambiente online mais propício para estudar. Veja alguns destaques:

>> **Mobilidade:** Pessoas que usam cadeiras de rodas ou outros equipamentos de apoio, como muletas, bengalas ou andadores, podem ficar em casa e estudar. Sem preocupações com a acessibilidade em calçadas e prédios.

>> **Cegueira:** Caso seja cego e use um leitor de tela como o JAWS para completar seu curso online, talvez precise solicitar auxílio para algumas coisas, mas a instituição deve ter alguém para lhe ajudar a contornar isso.

> **Surdez:** A menos que o curso tenha uma grande parte em áudio, como no estudo de idiomas, as pessoas surdas em geral podem ler o material das aulas. Quando parte do conteúdo for em vídeo ou áudio, versões alternativas em texto ou com interpretação em Libras estão normalmente disponíveis.

Os alunos com deficiências de aprendizagem comprovadas também podem ter sucesso no ambiente online. A maioria das instituições tem um departamento ao qual os alunos com deficiência podem recorrer. Esse departamento não apenas apoia os alunos, mas também treina professores e funcionários sobre como fazer as acomodações necessárias para que todos os alunos tenham sucesso no ambiente online.

LEMBRE-SE

As deficiências não se limitam ao que os outros podem ver. Os alunos com distúrbios de ansiedade, por exemplo, podem precisar de tempo adicional para provas. Isso pode ser resolvido facilmente online, desde que siga os mesmos processos para solicitar as adaptações.

Pule para o Capítulo 19 para ter mais detalhes sobre como as pessoas com deficiências físicas e de aprendizado podem administrar os cursos online.

Alunos tradicionais de faculdades

De acordo com um relatório de 2018 intitulado "Grade Increase: Tracking distance education in the United States" [Aumento das Notas: Acompanhando a educação a distância nos EUA], o Babson Survey Research Group — juntamente com seus parceiros Sloan Consortium, Pearson e Tyton — determinou que mais de 80% dos inscritos em cursos online em 2017 eram alunos de graduação. Você provavelmente pode calcular que isso significa que um número considerável está na faixa etária tradicional de 18 a 24 anos. Para os alunos dessa idade, há algumas vantagens reais em estudar online.

Suplementando o curso

Uma pequena variação do aprendizado online é chamada de *curso semipresencial*, *híbrido* ou com *aperfeiçoamento virtual*. Isso significa que alguns dos recursos e atividades são deslocados da sala de aula tradicional para o ambiente online. Por exemplo:

> Talvez precise ver uma apresentação online antes de ir para a aula tradicional.
>
> Talvez faça todas as provas online e não na sala de aula.
>
> Talvez seja solicitado a participar de uma discussão online entre as aulas.

Em alguns casos, os professores que lecionam cursos mistos eliminam um dos horários de aula. Por exemplo, se sua turma se reúne às segundas, quartas e sextas-feiras, seu professor pode transferir o encontro presencial de sexta-feira para online. Para um aluno com a idade tradicional, isso significa ter algumas horas adicionais disponíveis para outras atividades.

CAPÍTULO 2 **Características e Benefícios do Aprendizado Online** 35

Conseguindo créditos extras

Que tal terminar seu curso antes e colocar o diploma novinho e brilhante para trabalhar mais cedo? Se tiver tempo em sua agenda e puder acomodar uma sobrecarga de créditos, saiba que fazer um curso extra online pode ajudá-lo a acelerar seu programa acadêmico. Ou então pode usar as férias para se atualizar online.*

Considere o exemplo da Aline. Ela sempre voltava para a casa dos pais nas férias de verão e trabalhava como salva-vidas em um clube próximo. No entanto, ela também se matriculou em um curso que concedia seis horas de crédito na universidade. Ela não estudava em tempo integral, mas o curso extra exigia um pouco de disciplina. Depois de três verões, ela tinha eliminado quase um ano completo de faculdade!

CUIDADO

Antes de tentar fazer cursos de férias em uma instituição diferente, verifique se é possível transferir os créditos.

Dormindo até mais tarde

Se é um universitário clássico (solteiro e sem filhos), nem todo o seu tempo é gasto estudando. Talvez tenha um emprego ou pode estar envolvido em atividades no campus que consomem um tempo considerável. Não nos concerne o que você faz com seu tempo social, mas é um fator significativo na vida da maioria dos jovens de 18 a 24 anos.

Poucos universitários clássicos gostam de acordar para uma aula que começa às 8h da manhã. Se estudar online, pode estabelecer um horário que funcione melhor para você. Isso significa que pode dormir até mais tarde se precisar. Desde que administre seu tempo com eficiência, é possível ser aluno online e ter uma vida social (e talvez um emprego!).

Melhor idade e aposentados

Pessoas que estão na melhor idade ou aposentadas desfrutam de um estilo de vida ativo atualmente. Isso inclui o uso da internet. Não se deixe enganar pela vovó: como informa o grupo Pew Research, a adoção da tecnologia entre os idosos nunca foi tão alta. Alguns estão fazendo cursos online para diversão pessoal ou como "reciclagem" para trabalhos após a aposentadoria.

Os idosos se beneficiam da educação online pelas mesmas razões que todos os outros (ver exemplos nas seções anteriores), mas a conveniência e o fato de não precisarem se locomover até a faculdade se destacam. Além disso, eles têm uma vantagem sobre a maioria dos outros na medida em que parecem administrar melhor seu tempo.

---

* N. da E.: No Brasil, nem todas as faculdades/universidades adotam o sistema de créditos para a graduação. Verifique as condições com sua instituição de preferência.

Para os jovens aposentados, o aprendizado online pode proporcionar uma forma de reciclagem para uma nova carreira. Os militares que se encontram à procura de trabalho na casa dos quarenta anos podem começar a se preparar para seu futuro sem ter que sair da base. Por exemplo, o Primeiro-Sargento Earl recebeu uma aprovação especial para lecionar enquanto estava servindo na Coreia do Sul; a universidade era nos Estados Unidos. Após ser dispensado e retornar aos EUA, ele tinha a experiência necessária para procurar e conseguir um emprego.

Professores, especialmente universitários, gostam de se aperfeiçoar para continuar lecionando após se aposentarem. Ao se inscreverem em cursos online, podem atualizar suas habilidades e adquirir novos conhecimentos sobre os processos de ensino e aprendizagem, de modo que tenham mais chances como professores de meio período ou adjuntos. Um aposentado ainda pode viajar e lecionar (com uma conexão estável de internet, é claro).

Alunos de ensino médio e homeschooling

Talvez a principal área de crescimento e desenvolvimento no aprendizado online tenha impacto sobre os alunos do ensino médio e de homeschooling. Abordamos esse tópico no Capítulo 18, mas vamos revisar o básico aqui, focando os benefícios do aprendizado online para crianças.

Mesmo antes de a Covid-19 fazer sua primeira aparição, muitas instituições dos EUA ofereciam opções online para seus alunos. Em 2017, quase 60% das instituições públicas ofereciam pelo menos um curso online. (São números do Centro Nacional de Estatísticas Educacionais dos EUA.) Na era digital atual, o aprendizado online tem os seguintes benefícios distintos para os jovens estudantes:

» **Aumenta as habilidades tecnológicas.** Considere que a maioria dos trabalhos administrativos requer agora habilidades tecnológicas. Com a globalização dos negócios e da indústria, a colaboração com colegas em todo o mundo é comum para os trabalhadores do conhecimento. As crianças que adquirem habilidades de comunicação mediadas por computador já compreendem como colaborar online. O aprendizado online ensina habilidades do século XXI.

» **Ajuda os pais dos alunos em homeschooling (ensino domiciliar) a planejarem os conteúdos.** Na América do Norte, o ensino domiciliar é regulado de forma inconsistente. Ter uma fonte de qualidade para instrução permite aos pais selecionar e supervisionar os conteúdos programáticos. Embora as instituições públicas ainda atendam aos desígnios dos governos, os pais podem decidir quais são os cursos mais apropriados para seus filhos.

» **Permite que as crianças sigam seu próprio ritmo.** As instituições virtuais para crianças e adolescentes, sobretudo nos Estados Unidos, têm mais chances de serem adequadas ao ritmo individual com a supervisão dos pais. Quer dizer, se seu filho tem facilidade com matemática e consegue terminar a matéria em oito semanas, ele pode passar para o próximo nível sem esperar. Caso ele precise de mais tempo, isso também pode ser acomodado.

CAPÍTULO 2 **Características e Benefícios do Aprendizado Online** 37

» **Facilita lidar com problemas de saúde.** Para crianças com necessidades médicas ou deficiências, a educação online permite que a família administre as questões de saúde sem interromper o aprendizado. Por exemplo, uma criança com diabetes grave pode monitorar os níveis de açúcar no sangue comendo alguma coisa enquanto estuda. Em uma sala de aula tradicional, ela provavelmente teria que ir a outro lugar para lanchar, resultando em perda de tempo de aprendizagem.

» **Oferece maior flexibilidade de horários.** Reduzir o tempo que os alunos passam na escola aumenta o tempo para outras atividades. Em alguns casos, os adolescentes trabalham em estágios significativos, adquirindo habilidades adicionais que complementam sua educação online. Para crianças que se destacam nas artes ou no atletismo e precisam de tempo adicional para a prática, a educação online se encaixa em seus estilos de vida. Não só podem programar o aprendizado antes e depois dos treinos e ensaios, mas também a escola não para por causa das viagens para apresentações e eventos.

» **Atende necessidades especiais que as escolas tradicionais não conseguem.** As escolas têm um limite de número de aulas que podem oferecer, especialmente em áreas rurais. A disponibilidade e a experiência dos professores e as restrições financeiras da instituição de ensino às vezes determinam os cursos que os alunos fazem. Para os alunos que procuram mais variedade, a educação online pode servir. Os alunos não estão limitados ao que está disponível em sua própria escola, mas podem aproveitar uma ampla rede de cursos disponíveis. Eles podem encontrar muitos desses cursos em uma escola virtual. Nos locais onde o ensino domiciliar é legalizado, isso equivale à formação obrigatória, visto que esses cursos e programas seguem as mesmas diretrizes federais.

Programas de atendimento a alunos superdotados permitem que alunos do ensino médio façam matérias mais desafiadoras em um nível mais alto que as escolas tradicionais. Além disso, esses cursos muitas vezes contam como crédito universitário. Os colégios virtuais colocam esses programas ao alcance daqueles cujas escolas não os oferecem. Mesmo os estudantes que não estudam totalmente online podem ter acesso aos tipos de aulas que desejam e precisam por meio desses programas online. É claro, muita atenção: verifique a disponibilidade desses programas em sua região, bem como a aplicabilidade dos créditos online.

DICA

Quer mais informações sobre a educação online e o homeschooling? Visite o site da Associação Nacional de Educação Domiciliar: `https://www.aned.org.br/`. Para a realidade dos EUA, veja `https://aurora-institute.org` [site em inglês].

Conhecendo as Potenciais Armadilhas

O aprendizado online tem suas armadilhas. Uma delas, especialmente para jovens que frequentam escolas online, é o cyberbullying; mostramos como lidar com ela no Capítulo 18. As seções seguintes descrevem mais algumas realidades que você deve considerar antes de se inscrever em um curso online.

O aprendizado online não é mais fácil

Contrário à crença popular, o aprendizado online não é mais fácil do que a educação tradicional. Como explicamos neste capítulo, grande parte da educação online é ministrada por professores e segue um cronograma específico. Embora você possa escolher quando e onde estudar, não tem como escolher o conteúdo. Se estiver fazendo um curso online de história, vai estudar o mesmo material que estudaria se estivesse sentado em uma sala de aula tradicional. O assunto não é "diluído". Entretanto, há diferenças significativas na maneira de obter as informações e no que você faz com elas.

Visto que o aprendizado online exige que os alunos assumam mais responsabilidade por seu próprio aprendizado, ele pode ser mais desafiador! Talvez tenha que se esforçar um pouco mais para entender os conceitos, e é bem provável que seja solicitado a fazer mais do que ler um capítulo e fazer uma prova. Você é obrigado a usar o pensamento crítico, compartilhar suas ideias por escrito (não apenas falando) e demonstrar que entende o material de outras maneiras além das provas. Falamos mais sobre isso no Capítulo 16, mas você deve estar preparado para provar que está aprendendo!

Além disso, o aprendizado online é mais desafiador para aqueles com dificuldades na administração do tempo e com suas habilidades de estudo. Alguns alunos acham mais fácil assistir à aula presencial porque a presença física do professor os motiva a completar as tarefas. Se isso o descreve, talvez tenha dificuldades com um curso online. (Mostraremos mais adiante neste capítulo como avaliar sua própria disciplina e determinar suas chances de sucesso online.)

CUIDADO

Se estiver considerando matricular-se em um curso online porque acha que será um estudo fácil e independente, pense duas vezes! Leia com atenção os materiais do curso antes da matrícula. Há boas chances de que o curso exija uma quantidade substancial de tempo dedicado e que você tenha que cumprir prazos definidos.

Debates espontâneos face a face não são a norma

Anteriormente neste capítulo, falamos sobre o aprendizado assíncrono — acessar materiais do curso e completar tarefas em seu próprio ritmo. Quando esse termo é aplicado aos debates e discussões — uma característica comum dos cursos online —, talvez um aluno poste um comentário à 1h da manhã e outro não possa responder antes das 17h. Como aluno online, você precisa aprender a ser paciente nessas circunstâncias. (Mais adiante neste capítulo, discutiremos a importância da paciência e da tolerância para o sucesso online.)

Considerando o tempo de resposta, pode ser mais difícil manter uma conversa em ambientes assíncronos. Na ausência da linguagem corporal e do caráter imediato, os mal-entendidos também podem assumir uma vida própria. Se você leu algo que João postou e não entendeu o que ele quis dizer, talvez tire o rumo do debate à 1h da manhã! Quando alguém percebe e todos acabam se entendendo, um tempo valioso foi perdido. O foco também pode ter se perdido.

Definindo Se Está Pronto para Se Unir ao Mundo do Aprendizado Online

E aí, acha que é um bom candidato para o aprendizado online? Nas próximas seções, avaliaremos algumas das características e qualidades que lhe darão êxito. Vamos ver como se sai!

Avaliando sua própria disciplina

LEMBRE-SE

Uma das primeiras áreas que você precisa avaliar é a qualidade de sua autodisciplina. Alguns de nós têm mais disciplina do que outros. Faça a si mesmo as seguintes perguntas para avaliar seu nível:

» **Você tem iniciativa?** Quando se trata de completar uma tarefa, não importa se acha que vai gostar, você é aquele que começa sem muito estímulo? Se sim, é mais provável que tenha sucesso online. Quando receber tarefas de seu professor, precisará estabelecer um cronograma pessoal para que elas sejam concluídas. O primeiro passo é começar! Os procrastinadores não se dão bem na educação online.

» **Você é persistente?** E se o computador travar e você não conseguir completar uma tarefa como lhe foi instruído? E se tiver que ser feita em um processador de texto e você quebrar quatro dedos? Qual é a probabilidade de desistir quando as tarefas são desafiadoras ou as coisas não correm como planejadas? Há momentos em que a tecnologia falha, os membros do grupo desaparecem e os documentos se perdem. A persistência e a resolução de problemas de forma criativa e eficiente podem fazer com que o aluno online supere esses desafios. É importante se comunicar com o professor no início do problema. Informe-o sobre o que você está preparado para fazer para remediar sua situação. (A propósito, no caso de dedos quebrados, pergunte se pode gravar as tarefas em um arquivo de áudio.)

» **Você administra bem seu tempo?** Que ferramentas e estratégias = utiliza para administrar o tempo? Você utiliza um calendário pessoal? Agenda horários ou atividades rotineiras? Administrar seu tempo online o tornará um estudante de sucesso. Será preciso dedicar tempo de estudo e acompanhamento com logins regulares. Talvez também esteja fazendo malabarismos com o trabalho e a família. A educação online requer habilidades efetivas de gestão de tempo.

» **Consegue trabalhar sozinho?** Mesmo que grande parte dos trabalhos online seja feita em grupos ou em colaboração com outros estudantes, a maior parte do seu tempo online é independente. Consegue realizar tarefas por conta própria? Ou precisa que outros estejam presentes? Para ter sucesso em um curso online, é preciso ter a habilidade de trabalhar sozinho e de pensar independentemente. Por exemplo: quando um problema o deixa bloqueado, é importante tentar encontrar respostas de forma autônoma antes de perguntar ao professor. Isso mostra que você tem um espírito independente e que resolve os problemas sem choramingar — ninguém gosta de um chorão! —, isso mostra também muita iniciativa, uma qualidade que é sempre valorizada.

Sabendo como você aprende

Pense em como aprendeu na escola tradicional. Os indivíduos acessam e processam informações de diversas maneiras. Nesta seção, falamos sobre como as pessoas aprendem. Saber como você aprende melhor pode ajudá-lo a selecionar os tipos de aulas que melhor combinam com seu estilo de aprendizado — bem como a se concentrar nas habilidades de estudo que lhe são mais eficazes.

As estratégias de aprendizagem podem ser descritas mais simplesmente por três preferências: visual, auditiva e tátil ou cinestésica. Isso significa que você prefere receber informações usando seus olhos, ouvidos ou por movimento físico. Seu cérebro então o ajuda a processar informações usando sua preferência. Dito isso, esteja ciente de que nem todos concordam que os estilos de aprendizagem fazem uma diferença significativa na qualidade do aprendizado. É mais um indicador de sua *preferência*.

DICA

Aqui temos dois testes de estilo de aprendizagem online que pode fazer para ajudá-lo a determinar como aprende melhor (você pode encontrar outros fazendo uma pesquisa na internet sobre testes de estilo de aprendizagem):

» **UFAM:** `https://edoc.ufam.edu.br/bitstream/123456789/3588/1/Teste-estilo-de-apredizagem.pdf`

» **Vark:** `https://vark-learn.com/questionario/`.

Visuais

As pessoas que preferem aprender visualmente gostam de ler e olhar as imagens. Gostam de trabalhar com palavras que estão em uma página. No ambiente online, os alunos visuais preferem ler conteúdos ou artigos, olhar gráficos e imagens e receber informações por meio dos olhos. A página pode ser de um livro físico ou a tela do computador. A propósito, a maioria das pessoas é visual.

Se você gosta de acessar as informações visualmente, vai se sair bem com os requisitos de leitura. Se não encontrar gráficos ou imagens suficientes para ajudá-lo a aprender, peça alternativas ao seu professor. Às vezes, os livros didáticos vêm com sites correspondentes que oferecem apresentações em PowerPoint e outros materiais de apoio.

Auditivos

Os alunos auditivos preferem ouvir informações, e seus cérebros processam os sons. Já conheceu alguém que o escuta atentamente, mas nunca toma notas e ainda se lembra do que você disse? É provável que essa pessoa seja um aluno auditivo. Seus ouvidos absorvem as informações e o cérebro as armazena e processa. Os auditivos adoram ouvir histórias, a propósito. Em um curso online, eles são imediatamente atraídos a programas com som, como slides com narração ou vídeos.

Os alunos auditivos podem ter um pouco de dificuldade com o estilo de muitos cursos que apresentam bastante leitura de textos. Entretanto, hoje em dia, mais professores estão incluindo podcasts e arquivos de áudio, assim como apresentações em vídeo como parte de seus cursos. Eles também podem narrar apresentações em PowerPoint para ajudar os alunos auditivos a entender melhor o material.

Precisa de uma estratégia para trabalhar com a preferência auditiva? Leia em voz alta para si mesmo. Quando ler os posts de seus colegas de classe, dê a cada um deles uma "voz" separada.

Não tenha medo de procurar materiais adicionais por conta própria. Não consegue entender bem a terceira lei de Newton? Você ficaria surpreso com o que pode encontrar no YouTube, como materiais que são preparados para crianças do ensino fundamental, mas que ainda fazem sentido e divertem ao mesmo tempo.

Cinestésicos ou táteis

Talvez você seja melhor descrito como alguém que gosta de agir antes de ler as orientações ou de ouvir as instruções. Se for seu caso, talvez seja um aluno tátil ou cinestésico! Os cinestésicos gostam de colocar seu corpo em movimento para aprender. É muito simplista dizer que isso significa que o indivíduo precisa se movimentar para receber ou processar informações, mas, quando as oportunidades permitem que novas ideias sejam colocadas em prática, o aprendizado fica mais fácil. Digamos que você queira aprender um conceito relacionado à química. Pode ler a respeito ou ouvir uma palestra, mas, quando começa a fazer os experimentos, faz mais sentido. É o fazer que ajuda a incorporar essa nova informação.

DICA

Clicar com o mouse do computador não conta como movimento. Entretanto, independentemente de quando ou onde estiver estudando, pode se levantar e caminhar, comer, fazer pausas frequentes e de alguma forma deixar seu nervosismo e movimento se soltarem enquanto estuda.

Sendo paciente e tolerante

Raramente nos dizem que paciência e tolerância são qualidades necessárias para a sobrevivência acadêmica. Entretanto, a sala de aula se tornou global, e a tecnologia é agora um fator. Nas seções seguintes, descrevemos as facetas do aprendizado online que requerem sua paciência e tolerância.

LEMBRE-SE

O aprendizado online difere do ensino tradicional em muitos aspectos. É o método do século XXI para adquirir informações, colocá-las em prática e interagir com outros alunos. É natural ter algumas dúvidas, mas só vai aprender de verdade se entrar na sala de aula virtual com um sentimento de maravilha e possibilidades.

Experimentando novos métodos e tecnologias de aprendizado

O aprendizado online exige muito da maioria dos alunos. Muitos dos procedimentos e processos são incômodos, e o professor pode fazer uso de novas ferramentas tecnológicas. A maneira como você se adapta a esses desafios adicionais pode fazer a diferença em sua sobrevivência geral online. A lista a seguir descreve algumas das ferramentas ou métodos que podem aparecer nas aulas online (consulte o Capítulo 3 para obter mais detalhes sobre tecnologia e as habilidades tecnológicas necessárias):

» **Trabalho em grupo:** Muito comum online. Os professores organizam os alunos em duplas ou em pequenos grupos de discussão para resolverem problemas.

» **Wiki:** Uma página web que muitas pessoas podem editar. É uma ferramenta simples usada em trabalhos em grupo. Se souber editar um documento do Word, saberá editar uma wiki.

» **Blog:** Uma página web usada de duas formas diferentes. Podem apenas lhe pedir para acessar um blog e ler as publicações. Ou, talvez lhe peçam para manter um blog — meio que um diário público — sobre o que vivencia nas aulas.

» **Webinar:** Uma sessão ao vivo na qual pode ouvir uma pessoa apresentando e ver imagens. Os professores que dão aula ao vivo geralmente realizam webinars.

» **Chat:** Comunicação instantânea quando precisa fazer uma pergunta ou tomar uma decisão em grupo.

» **Podcasts:** Arquivos de áudio que pode baixar e ouvir em seu computador, smartphone ou outro dispositivo.

CAPÍTULO 2 **Características e Benefícios do Aprendizado Online**   43

Reconhecendo diferentes tipos de pessoas na sala de aula

Leve sua mente de volta aos dias de glória no colégio. Há boas chances de que tinha um sabe-tudo, muito provavelmente um queridinho do professor e o palhaço da turma. Quer saber? Eles estão agora na modalidade online.

Se ficava particularmente irritado com um certo tipo de personalidade quando estava em uma turma tradicional, deve se preparar para encontrar o mesmo tipo de pessoa online. Desta vez, no entanto, você reconhecerá as características por meio de comportamentos de escrita. O sabe-tudo responderá aos posts de todos os outros usando referências formatadas de acordo com a ABNT. O queridinho do professor vai escrever frases radiantes para bajulá-lo. E o palhaço da turma sempre terá um trocadilho.

LEMBRE-SE

Provavelmente há muitas outras maneiras de descrever as pessoas. É suficiente dizer que a tolerância volta a ser relevante aqui. É importante se dar bem quando estiver online, evitar se envolver em mensagens ofensivas e se concentrar em seu próprio estudo — não no de todos os outros. Consulte os Capítulos 9, 10 e 11 para obter muitas dicas sobre como se relacionar bem com outros online.

Contando até dez quando ficar bravo

LEMBRE-SE

Quando alguma coisa não sair como esperava na sala de aula virtual, conte até dez antes de reagir. Se ler um comentário que lhe pareça indelicado ou maldoso, não dê uma resposta desagradável. Dizemos muito mais sobre netiqueta no Capítulo 15, mas o ponto principal é que você precisa escrever de maneira civilizada no mundo online. As emoções são muitas vezes "lidas" incorretamente na comunicação escrita, e isso causa problemas definitivos.

É aqui que a natureza assíncrona do aprendizado online também é uma vantagem real. Se João escrever algo que seja ofensivo na quinta-feira à noite, Kelly pode esperar até sexta-feira para ver se outros notaram e disseram algo diplomaticamente. Senão, ela pode então responder com uma cabeça mais fria.

> **NESTE CAPÍTULO**
>
> » **Assegurando o equipamento certo**
>
> » **Confirmando suas habilidades tecnológicas**
>
> » **Cuidando da segurança online**

Capítulo **3**

Equipamentos e Habilidades de que Precisa para Ter Êxito

Quando se trata de ferramentas tecnológicas e cursos online, dois componentes são essenciais para seu êxito: equipamento e competências tecnológicas.

» Seu *equipamento* inclui coisas como computador e dispositivos extras que o ajudam a interagir online, como webcam, fones de ouvido e microfone. O equipamento também inclui os programas e aplicativos que você usa para navegar na internet, escrever documentos e realizar outras tarefas digitais.

» As *competências tecnológicas* se referem às habilidades básicas necessárias para o aprendizado online.

Não se assuste com essas palavras. Saber logo de início o que vem pela frente será de ajuda para seu êxito posterior. Neste capítulo, explicamos o que precisa para obter sucesso no aprendizado online.

CAPÍTULO 3 **Equipamentos e Habilidades de que Precisa para Ter Êxito** 45

Verificando Sua Prontidão Tecnológica

A primeira coisa de que precisa para fazer um curso online é um computador confiável que atenda aos padrões mínimos de seu curso ou programa. A maioria dos computadores novos atende imediatamente aos padrões mínimos de hardware e software de muitas instituições. Para programas e cursos que exigem os encontros em tempo real pela internet, também será necessário ter caixas de som, microfone e às vezes webcam. Poucos cursos exigem uma câmera, mas ter uma pode contribuir para que você se sinta mais conectado com seu professor e colegas quando se reunir em tempo real. Além disso, cursos mais técnicos, como aqueles focados na criação de vídeo, podem exigir hardware e software mais específicos. E, é claro, você precisa de uma conexão confiável com a internet.

Nas seções seguintes, explicamos o que você precisa para atender aos requisitos mínimos de hardware e software para a maioria das aulas online, e descrevemos a importância de uma conexão de internet rápida e confiável. Com a popularização de dispositivos móveis como tablets e smartphones, seríamos relapsos em não falar também sobre o uso, os prós e os contras desses dispositivos para o aprendizado online.

Atendendo aos requisitos mínimos de hardware

Cada curso online tem requisitos mínimos de hardware. Esses padrões são determinados pela tecnologia utilizada para fornecer o conteúdo do curso. Cursos que utilizam muitos materiais de áudio e vídeo exigem hardware melhor do que aqueles que usam apenas materiais em texto.

A maioria das instituições tem um site no qual exibem os requisitos mínimos e recomendados de hardware. Se, após alguns minutos de busca, você não conseguir encontrar a página de requisitos de computador no site de uma instituição ou organização, não hesite em pegar o telefone e ligar para eles para perguntar. Um bom programa também fornece uma lista de requisitos mínimos e uma lista de hardware e software adicionais que você poderá encontrar ao estudar com eles. Caso contrário, uma vez iniciado um curso, seu professor lhe fornecerá uma lista de quaisquer requisitos adicionais que vão além da lista anunciada pela instituição.

A Tabela 3-1 mostra um exemplo do que você pode ver na página de requisitos de computador de uma instituição. As colunas mostram diferentes tipos de hardware e os requisitos tanto para PCs quanto para Macs. A maioria dos computadores com dois anos de idade ou mais recentes atende a esses requisitos.

PARTE 1 **Apresentando um Tipo Diferente de Aprendizado**

TABELA 3-1 Exemplo de Requisitos de Hardware

Hardware	PC — Windows	Mac	Chromebook
Processador	2 ou mais GHz	Dual-core Intel i5 ou melhor	Intel Core m3 ou melhor
RAM	4–8GB	4–8GB	4–8GB
HD	256GB	256GB	32GB (mínimo)
Resolução de monitor	1024 x 768	1024 x 768	1024 x 768
Caixas de som	Placa de som com fones de ouvido ou caixas de som externas	Placa de som com fones de ouvido ou caixas de som externas	Placa de som com fones de ouvido ou caixas de som externas
Microfone	Necessário para participar de reuniões virtuais com o professor; um headset com microfone é altamente recomendado.	Necessário para participar de reuniões virtuais com o professor; um headset com microfone é altamente recomendado.	Necessário para participar de reuniões virtuais com o professor; um headset com microfone é altamente recomendado.
Webcam (opcional)	720p	720p	720p

À medida que apresentamos diferentes componentes de hardware nas próximas seções, tenha em mente que essas informações são apenas uma visão geral. Cada sistema operacional usa seu próprio método de navegação para encontrar informações, de modo que, ao falarmos sobre se seu computador atende a certos requisitos, talvez seja necessário consultar o manual de seu computador ou um recurso adicional para ajudá-lo a determinar como localizar as informações necessárias. Sugerimos que procure outros livros específicos para o seu computador — consulte os títulos disponíveis em www.altabooks.com.br.

DICA

Se planeja adquirir um computador novo para as aulas online, verifique com a instituição se você pode comprar o computador com desconto. Muitas instituições têm acordos com fabricantes de computadores para fornecer a seus alunos hardware e software com desconto. Por exemplo, várias faculdades utilizam o Microsoft 365, que é uma versão online do pacote Microsoft Office. Como parte desse acordo, os estudantes podem muitas vezes fazer o download gratuito de uma versão desktop do software para seu computador pessoal enquanto estão matriculados. Se a instituição não oferece descontos, você ainda deve descobrir seus requisitos mínimos antes de fazer uma compra. É uma boa ideia imprimir os requisitos mínimos e levar a impressão com você para a loja de sua escolha. Fazer isso pode ajudar o vendedor a garantir que você compre um computador que atenderá às suas necessidades educacionais. Se tiver uma identificação de estudante, leve-a com você e pergunte se a loja também oferece um desconto para estudantes.

Velocidade do processador

A *velocidade do processador* refere-se a quão rápido seu computador consegue processar informações e fornecer a você, o usuário, o resultado de saída; ela é medida em gigahertz (GHz). Quanto mais complicada for a tarefa, mais tempo o computador leva para fornecer a saída. Cursos online que utilizam materiais mais complicados, como arquivos de áudio e vídeo, requerem uma velocidade de processamento mais rápida — em outras palavras, mais gigahertz.

Os computadores adquiridos nos últimos dois anos não devem ter problemas para atender aos requisitos de velocidade do processador. Se seu computador for um modelo mais antigo, verifique novamente para ter certeza de que seu processador é rápido o bastante.

DICA

A maioria dos computadores disponibiliza uma tela que resume os componentes físicos:

» **Se está usando um computador com Windows 10:** Pode digitar **sistema** na barra de pesquisa do Windows, geralmente onde está a lupa. Em seguida, clique no aplicativo Informações do Sistema quando ele aparecer. Se tiver uma janela do Explorador de Arquivos aberta, também pode clicar com o botão direito do mouse diretamente no link Este Computador no painel de navegação à esquerda (veja o box "O básico sobre o botão direito", mais adiante neste capítulo) e então escolher Propriedades no menu que aparece. Isso o leva a uma tela que resume a versão do sistema operacional do computador, a velocidade do processador e a quantidade de memória (veja a Figura 3-1). Note que outras versões do sistema operacional Windows podem exigir passos diferentes para encontrar a mesma informação.

» **Usuários Mac:** Pode clicar na maçã (no canto superior esquerdo da barra do menu) e depois na opção Sobre Este Mac no menu que aparece, para ver um sumário semelhante (veja a Figura 3-2).

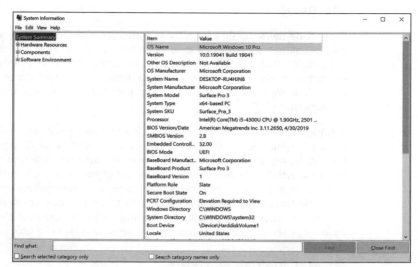

FIGURA 3-1: Um resumo dos componentes físicos de um computador com Windows Vista.

FIGURA 3-2: Um resumo dos componentes físicos de um computador com Mac OS X.

CAPÍTULO 3 **Equipamentos e Habilidades de que Precisa para Ter Êxito**   49

Memória

O papel da memória do computador é auxiliar o processador armazenando temporariamente instruções e outras informações para um processamento mais rápido. Programas de computador, também conhecidos como *aplicativos* — Microsoft Word, por exemplo — exigem que os computadores tenham uma quantidade específica de memória disponível para uso. A memória é medida em gigabytes (GB).

A capacidade atual de memória de seu computador pode ser encontrada na mesma página que a velocidade do processador (veja a seção anterior e as Figuras 3-1 e 3-2). A maioria dos computadores mais novos já vem com muita memória. Entretanto, se seu computador for alguns anos mais antigo, talvez não atenda aos requisitos mínimos para fazer um curso online. Se for este o caso, fale com a equipe de suporte técnico da instituição ou com um revendedor de computadores para aumentar a memória do seu computador. Dependendo da idade de seu computador, aumentar a memória pode ser o suficiente.

Hard drive (Disco rígido)

O HD do seu computador é onde todos seus arquivos são armazenados. Isso inclui os arquivos necessários para executar o sistema operacional do computador e os aplicativos instalados. Pense no disco rígido como um arquivo digital. A quantidade de informação que pode ser armazenada no disco rígido do computador depende da capacidade dele. Os HDs mais novos são medidos em gigabytes ou terabytes (TB). Os mais antigos eram medidos em megabytes (MB).

As instituições podem pedir que você tenha um disco rígido com espaço suficiente para instalar programas adicionais e armazenar documentos, como tarefas.

Monitor

O *monitor* é o dispositivo que exibe a saída do seu computador. A exibição de um monitor é baseada em dois componentes: tamanho e resolução. Há diversos tamanhos de monitores com base em suas medidas diagonais em polegadas. Por exemplo, um monitor de 20 polegadas mede 20 polegadas, do canto superior esquerdo até o canto inferior direito. No entanto, um monitor de 20 polegadas tem apenas uma tela visível de 18,8 polegadas. Essa disparidade é importante porque a imagem é desenvolvida usando pixels, e o número de pixels que pode caber em um determinado espaço é medido em termos de largura por altura. Por exemplo, em um monitor com uma resolução de 640 x 480, há 640 pixels na horizontal e 480 pixels na vertical. Quanto maior o tamanho do monitor, maiores os pixels precisam ser para preencher o espaço. A maioria das instituições exige que você tenha um monitor com resolução mínima de 1024 x 768. Um monitor de 17 polegadas é melhor; entretanto, monitores entre 15 e 21 polegadas também devem ser adequados. Mesmo os monitores de 13,3 polegadas em nossos notebooks exibem 1024 x 768 pixels muito bem.

Caixinhas de som e microfone

Muitos cursos online utilizam arquivos de áudio e vídeo como apoio às matérias. Para ouvir a parte de fala de cada um desses arquivos, você precisa de um bom alto-falante ou de um headset (ou fones de ouvido). A maioria dos computadores vem com alto-falantes no momento da compra. Os alto-falantes devem funcionar bem. Entretanto, sua família e outras pessoas de sua casa podem preferir que você use fones de ouvido, para reduzir as distrações. Não se apresse nem compre nada caro. Os fones de ouvido que você usa para ouvir música funcionarão muito bem. Seu computador deve ter uma placa de som integrada e um plug de conexão para os fones de ouvido. O plug pode estar localizado na frente ou atrás do computador. Ou, se usa um notebook, ele deve estar em um dos lados. A maioria dos plugs para fones de ouvido tem um pequeno ícone de fones acima do plug ou próximo a ele.

Alguns professores também podem pedir que participe de uma webconferência utilizando aplicativos da internet. Esses aplicativos permitem que professores e estudantes se comuniquem de várias maneiras, inclusive por meio da voz na internet. Para isso, você precisa ter um microfone. Muitos computadores, especialmente os notebooks, têm microfones embutidos. Esses podem funcionar, mas recomendamos que você compre um headset barato que incorpore um microfone. Procure gastar até R$50 para o conjunto básico.

Webcam

Alguns programas ou cursos podem exigir que você tenha uma *webcam*, que é uma câmera para seu computador. Quando você a liga, os participantes da chamada o veem sentado em frente ao computador, como se estivessem olhando através de sua tela. Uma webcam pode ser necessária por alguns motivos.

Primeiro, talvez precise fazer apresentações síncronas e podem pedir que compartilhe sua imagem enquanto fala.

Segundo, a instituição pode exigir uma webcam se um serviço de fiscalização for usado para as provas. Alguns desses serviços solicitam que você acesse um site e ligue sua webcam para que possam confirmar sua identidade e monitorar seu ambiente durante uma prova. A maioria dos notebooks e Chromebooks vem com uma webcam embutida. Se tiver um desktop, talvez precise comprar uma câmera separada.

Notebook e Chromebook

Um *notebook* é um sistema completo de computador que é compacto e fácil de levar para qualquer lugar. Você pode comprá-los com o sistema operacional Windows ou Mac (Macbook), que atende ou excede os requisitos mínimos que mencionamos na seção anterior. O Chromebook é um tipo de notebook que utiliza o sistema operacional Google Chrome. Ele é projetado especificamente para executar aplicativos baseados em nuvem, muito parecido com smartphones e tablets. Devido à limitação de usar somente aplicativos baseados em nuvem, o

Chromebook é muitas vezes mais barato do que um notebook. Na maioria das vezes, você pode realizar grande parte de seu trabalho em um Chromebook, mas recomendamos que verifique os requisitos mínimos de sua instituição antes de fazer o investimento. Muitos programas especializados não podem ser instalados em um Chromebook. A maioria dos Chromebooks e notebooks vem com uma webcam embutida.

Dispositivos móveis

Acredite ou não, a maioria dos dispositivos móveis atende aos requisitos mínimos necessários para realizar muitas tarefas de aprendizado online, incluindo a participação em sessões síncronas. Por exemplo, muitas instituições oferecem seus cursos online usando um aplicativo específico do sistema de gestão de ensino, no qual os alunos fazem login em sua sala de aula virtual e acessam o conteúdo do curso. A maioria dos sistemas de gestão da aprendizagem — Canvas, por exemplo — tem um aplicativo para o aluno que pode ser usado em um smartphone ou tablet para acessar o curso. O mesmo vale para ferramentas de comunicação síncrona, como o Zoom. Os alunos podem usar um aplicativo para entrar em uma sessão ao vivo com seu professor e colegas e participar em tempo real diretamente do telefone ou tablet. Isso pode ser conveniente para aqueles em trânsito que querem assistir a um vídeo no ônibus para o trabalho ou ler um artigo necessário sob uma árvore no almoço. Embora esses dispositivos tragam muita conveniência e acesso à experiência de aprendizado, nem sempre são a melhor ferramenta para o estudo; portanto, recomendamos que não sejam usados como o principal dispositivo para participar de seu curso online. Por exemplo, os dispositivos móveis frequentemente têm problemas quando se trata de criar conteúdo como redações, fazer testes e provas e participar de discussões online.

LEMBRE-SE

Alguns computadores mais novos têm webcams embutidas diretamente no monitor. Caso seu computador não tenha, você pode comprar uma por cerca de R$50, talvez menos. Ao comprar uma webcam, o mais importante é garantir que ela seja compatível com o sistema operacional do seu computador. As que funcionam com computadores Mac não necessariamente funcionam nas máquinas com Windows 10. Se uma webcam for solicitada para seu curso e você não tiver certeza de qual comprar, entre em contato com a equipe de suporte técnico da instituição. Eles provavelmente podem recomendar uma ou duas.

Atendendo aos requisitos de software

Após ter seu equipamento de hardware, você precisa instalar o software correto (se ainda não o tiver em seu computador). Os *aplicativos de software* são os programas utilizados para completar tarefas específicas. Os dois mais importantes que você precisa instalar em seu computador para fazer um curso online são um navegador de internet e um programa como Microsoft Office ou Google Suite (ambos são "pacotes de produtividade" que incluem componentes como processamento de texto, e-mail e planilhas eletrônicas). Outros aplicativos também podem ser requeridos pela instituição ou por um professor individual, dependendo do conteúdo do curso.

DICA

Para verificar os requisitos de software para um curso, verifique a descrição do curso. A maioria das instituições anuncia os requisitos de software, caso sejam além dos requisitos padrão, para lhe dar tempo suficiente para adquirir o software antes do início das aulas. Não se esqueça de verificar as lojas online para possíveis descontos na compra.

Navegador de internet

O aplicativo que lhe permite conectar-se e interagir via internet é chamado *navegador de internet*. Todos os computadores comprados em uma loja de varejo padrão hoje em dia vêm com um navegador de internet. As máquinas com Windows vêm com o Microsoft Edge pré-instalado. Macs vêm com Safari e Chromebooks vêm com Google Chrome. Esses navegadores, na maioria dos casos, funcionam muito bem, mas também incentivamos você a verificar quais navegadores funcionam melhor para sua organização. (Mais adiante neste capítulo, explicamos como obter uma conexão de internet confiável.)

Por exemplo, alguns sistemas de gestão da aprendizagem, como o Canvas, funcionam melhor com o Google Chrome, e talvez precise instalá-lo como outra opção. É uma boa ideia ter pelo menos duas opções de navegador, só para garantir.

CUIDADO

Infelizmente para os usuários Mac, algumas ferramentas online — incluindo as usadas nos cursos — funcionam apenas nas máquinas com Windows. Esse problema vem diminuindo e, esperamos, não afetará a possibilidade de se matricular em um curso online. No entanto, lembre-se de verificar os requisitos de software com a instituição antes da matrícula.

Acesso ao e-mail

Para programas acadêmicos, você se comunica com a secretaria e com a coordenação antes mesmo de iniciar os cursos. Após a matrícula, algumas instituições lhe fornecem uma conta de e-mail e instruções sobre como acessá-la. Em geral, essas instituições exigem que a conta seja utilizada para tudo relacionado com o curso. Por outro lado, permitir que os alunos utilizem uma conta de e-mail externa de sua escolha está se tornando cada vez mais popular. Recomendamos a criação de uma conta gratuita no Google (`http://gmail.com`) estritamente para as comunicações acadêmicas. Isso ajuda a separar suas coisas pessoais das relacionadas com seu estudo.

DICA

A comunicação com instituições acadêmicas pode se tornar parte de seu histórico acadêmico. Portanto, se for permitido usar um endereço de e-mail pessoal, escolha um que seja de natureza mais profissional — por exemplo, `Kevin-Johnson@gmail.com` e não `oReidaCocadaPreta@gmail.com`.

CAPÍTULO 3 **Equipamentos e Habilidades de que Precisa para Ter Êxito** 53

Processador de texto

As tarefas que você não completa online provavelmente serão feitas usando um programa de processamento de texto, como o Microsoft Word. Por exemplo, talvez lhe peçam para escrever um ensaio e entregá-lo diretamente ao seu professor. Para tanto, você usaria um programa de processamento de texto para escrever o trabalho, salvar o arquivo e depois enviá-lo ao professor.

DICA

Caso não tenha um programa de processamento de texto instalado em sua máquina e sua instituição não exija um programa específico, há muitas opções disponíveis de aplicativos de processadores de texto online atualmente. Talvez queira considerar o uso de um aplicativo como Google Docs ou Word (Microsoft 365). A maior diferença entre esses dois aplicativos baseados na internet é que o Google é gratuito e o Microsoft 365 requer uma assinatura anual. Ambos vêm com um conjunto de programas que incluem processador de texto, planilha eletrônica e aplicativos de apresentação. Ambos também permitem o compartilhamento de arquivos e a colaboração em tempo real. Isso significa que você e um colega podem editar o mesmo documento ao mesmo tempo a partir de computadores e locais diferentes.

Antivírus

Sempre que estiver navegando na internet, é importante considerar o uso de um software de proteção contra vírus, como Bitdefender (`www.bitdefender.com.br`) ou Norton (`https://br.norton.com/`), que protegem seu computador de aplicativos maliciosos criados para prejudicar o hardware e os arquivos do computador.

Após ser instalado, o antivírus pode monitorar as comunicações de entrada e os anexos vindos de outros computadores. Ele também pode verificar os sites que você está visitando para ver se representam algum perigo. Quando vírus são encontrados, o software alerta sobre o perigo.

DICA

Como os vírus de computador estão sempre mudando, é preciso adquirir um aplicativo que acompanhe essas mudanças. Alguns programas têm a opção de atualizar automaticamente, enquanto outros requerem que você faça isso de forma manual. Recomendamos que atualize seu antivírus pelo menos uma vez por semana.

LEMBRE-SE

Para reduzir o risco de pegar vírus, siga estas diretrizes ao navegar pela internet:

» Fique longe de sites que não conhece.

» Não abra anexos de e-mails vindos de pessoas que não conhece.

» Não abra anexos de e-mails que parecem suspeitos, mesmo vindos de pessoas que conhece. Por exemplo, não abra um anexo que não tem nome no assunto, que pareça algo bobo ou fora de contexto.

» Não se esqueça de desligar seu computador (ou pelo menos a conexão de internet) sempre que não o estiver usando.

Programas adicionais

Dependendo do curso que estiver fazendo, seu professor pode solicitar que você adquira e instale programas adicionais. Por exemplo, se estiver em um curso de negócios, é provável que precise de um aplicativo de planilhas, como o Microsoft Excel. Ou, se estiver fazendo doutorado, poderá ser necessário instalar um pacote de software de estatística como o SPSS para realizar pesquisas. Muitas empresas de software mudaram para uma estrutura de compras baseada em assinaturas. Já se foram os dias em que você comprava um programa, instalava-o em seu computador a partir de um CD e depois usava essa versão do software o tempo que quisesse antes de atualizar para outra versão. Agora, você compra uma assinatura mensal ou anual e precisa criar um perfil no site do fornecedor ao adquirir seu software. Ao executar o software em seu computador, é necessário fazer o login, e há uma verificação se está atualizado e pago. Embora você não possa mais continuar por anos — pulando versões se quiser economizar dinheiro —, pelo menos tem a certeza de que sempre terá a versão mais recente do produto.

Estabelecendo uma conexão confiável com a internet

Ao fazer um curso online, a internet é sua conexão vital com o professor, colegas e materiais do curso. Portanto, um serviço de internet confiável é essencial para seu sucesso. Você não só precisa de uma conexão de internet rápida e confiável em casa, mas também deve ter opções alternativas, no caso da conexão falhar.

A velocidade da internet é medida em megabits por segundo (Mbps). Essa é também a forma como a maioria dos fornecedores de acesso à internet (ISPs) determina o custo. Quanto mais Mbps você quiser, mais rápida será a velocidade de sua internet — e mais cara também. Antes de assinar um contrato com um fornecedor, certifique-se de que ele possa oferecer a velocidade e a disponibilidade de serviço necessárias para fazer um curso online. Algumas instituições lhe informam a velocidade mínima de upload e download necessárias para se conectar ao sistema. Mesmo que não saiba o que estes números significam, você ainda pode perguntar aos fornecedores em potencial se conseguem atender a esses requisitos. Algumas recomendações gerais de velocidade baseadas em atividades padrão de aprendizado online incluem as descritas nesta lista:

» **0–5 Mbps:** Essa velocidade é boa para funções básicas, como navegar na internet e verificar e-mails. Isso equivale aproximadamente ao serviço 3G de celular, caso esteja usando seu telefone como um hotspot. Isso não é recomendado para cursos online que requerem comunicação síncrona, usando vídeo.

» **5–50 Mbps:** Funciona muito bem para funções mais complexas (incluindo chamadas de vídeo) se apenas um dispositivo de cada vez estiver acessando a internet. Isso equivale aproximadamente ao serviço de celular 4G/LTE e pode funcionar com muitos cursos online.

» **50–100 Mbps:** Bom para tarefas mais complexas, incluindo streaming e chamadas de vídeo enquanto a internet está sendo acessada por múltiplos dispositivos. Embora haja velocidades muito mais rápidas disponíveis, isso deve ser suficiente para os alunos online padrão.

CUIDADO

Nossa experiência nos diz que a conexão à internet utilizando equipamento via satélite pode ser problemática. O atraso entre a Terra e o satélite pode fazer com que o sistema fique fora. Infelizmente, o resultado é que você não pode fazer o login.

Se vive em uma área com opções limitadas de conexão à internet e teme que a velocidade da conexão pode não ser adequada, você deve

» **Entrar em contato com a instituição e explicar sua situação.** Veja se o pessoal do suporte técnico tem outras ideias.

» **Solicitar um serviço de internet com opção de cancelamento gratuito e com devolução do dinheiro após um período de teste.** Assim você pode ver se funciona sem ter que se comprometer com um contrato de 1 ou 2 anos, sem saber se vai atender às suas necessidades.

LEMBRE-SE

Acredite em nós quando lhe dizemos que, às vezes, quando o prazo para uma tarefa está acabando, sua conexão com a internet — mesmo uma que é tipicamente confiável — vai cair. Isso pode ser frustrante, impedindo-o de entregar tarefas e/ou de participar de reuniões síncronas. Portanto, você deve ter um plano B para acessar seu curso. Algumas sugestões incluem o uso do seu smartphone como um hotspot temporário, sua biblioteca pública, um shopping ou uma cafeteria próxima.

Testando Suas Habilidades Tecnológicas

Depois de ter o hardware certo, o software certo e uma conexão confiável com a internet, agora você precisa de algumas habilidades tecnológicas. Saber logo de cara como estão suas competências tecnológicas pode ajudá-lo a decidir se seria uma boa ideia fazer um curso introdutório de informática ou ler alguns livros a respeito antes de se matricular em um curso online. As próximas seções descrevem as habilidades que você precisa ter.

Lendo e rolando a tela com eficiência

Muitas das informações que você recebe ao participar de um curso online são fornecidas diretamente na tela. Embora imprimir seja sempre uma opção, as tarefas nem sempre estarão disponíveis em formatos de processamento de texto que você pode salvar e imprimir com facilidade. Portanto, é preciso conseguir ler as informações na tela rapidamente e saber como rolar a tela. Para rolar, basta encontrar as barras de rolagem na parte inferior e no lado direito da janela. A barra de rolagem inferior permite rolar para a esquerda e direita, enquanto a barra de rolagem à direita permite rolar para cima e para baixo. Alguns mouses têm rodas de rolagem e recursos de toque que permitem a rolagem rápida.

Maximizar a janela na tela inteira também é útil porque reduz a necessidade de rolar. Se usa Windows, pode maximizar a tela clicando no ícone Maximizar na parte superior direita da janela ativa. Os usuários de Mac podem clicar no botão verde na parte superior esquerda da janela ativa. Ambos os botões estão localizados na borda da janela ativa.

DICA

Saber como dar zoom no texto dentro do seu navegador também pode ser útil. Na maioria dos navegadores, há opção de mais ou menos zoom no menu. Porém, pode ser diferente em seu navegador.

LEMBRE-SE

Faça pausas com frequência. Isso ajuda a reduzir a fadiga ocular e pode aumentar sua produtividade em longo prazo. Uma paradinha simples de dois minutos para tomar água ou ir ao banheiro faz maravilhas para sua produtividade.

Digitando de forma rápida e precisa

Como a maioria da comunicação em cursos online ocorre via texto, você precisa conseguir digitar de forma rápida e precisa. Velocidade e precisão são ainda mais importantes durante reuniões síncronas, nas quais talvez tente responder a perguntas em tempo real. (Explicamos o aprendizado síncrono em detalhes no Capítulo 2.)

SALVANDO SEUS ARQUIVOS NA NUVEM

A computação em nuvem é uma forma de oferecer serviços relacionados a dados em que o usuário final (você) pode acessar arquivos e programas, desde que esteja conectado à internet. "A nuvem" é o lugar etéreo no qual esses dados são armazenados. Serviços como Google e Microsoft oferecem agora espaço em disco rígido na nuvem. Esses espaços de armazenamento agem exatamente como o disco rígido que está conectado ao seu computador; eles apenas estão localizados em outro lugar e são acessíveis por meio da internet. A vantagem de usar o armazenamento em nuvem é que você não precisa se preocupar quando esquece seus arquivos em casa e quer trabalhar neles durante o almoço ou a viagem. Em geral, esses programas têm um sistema que se conecta ao seu computador e os faz parecer e agir como qualquer outro drive em sua máquina. Isso permite que você crie pastas e trabalhe em arquivos onde estiver e depois salve-os de volta na nuvem, para que permaneçam sempre atualizados.

LEMBRE-SE

Conseguir digitar rapidamente reduz o tempo necessário para completar tarefas e participar de discussões online. Embora o corretor ortográfico seja uma ferramenta maravilhosa, a habilidade de digitação precisa é sempre mais desejável. Um corretor ortográfico automático muitas vezes "corrige" de forma errada, substituindo a palavra pretendida por uma com grafia parecida mas que altera o significado da frase. Portanto, não importa o quanto digite bem ou o quanto use um corretor ortográfico, sempre revise seu trabalho antes de entregá-lo.

Não importa se coloca os dedos corretamente sobre o teclado ou se digita com um dedo de cada mão, "catando milho". Ninguém saberá como você digita. Entretanto, se precisar praticar, talvez queira considerar um curso de digitação que o ajude a aprender a digitar e forneça testes cronometrados que informem sua velocidade e precisão. Exemplos são TypingClub, `www.typingclub.com/digitacao`, e Senselang, `https://sense-lang.org/typing/tutor/keyboardingPT.php?key=brasil`.

Transformar o que você fala em texto também é uma opção para aqueles que talvez sofram com a dolorosa síndrome do túnel do carpo ou tenham artrite. Antigamente, era necessário comprar um software especializado para poder aproveitar tais recursos, mas hoje em dia essa funcionalidade está incorporada na maioria dos sistemas operacionais — incluindo dispositivos móveis. (Talvez você até já tenha usado esse recurso para enviar mensagens de texto.) A funcionalidade permite que você use um microfone para converter sua fala em texto. Por exemplo, todas as novas versões do Microsoft Word, incluindo a versão online, têm o comando Ditar, que transforma sua fala em texto, então pode fazer isso no Windows, em Macs, Chromebooks e dispositivos móveis. Alguns programas e dispositivos vêm com suporte de treinamento de precisão para ajudá-lo a aprender padrões específicos de fala.

58   PARTE 1 **Apresentando um Tipo Diferente de Aprendizado**

Organizando pastas

Já teve que passar um tempo procurando arquivos no seu computador e não os encontrou? Isso geralmente acontece por dois motivos:

» Os alunos são desorganizados e salvam seus arquivos em lugares diferentes no disco rígido.

» Os alunos salvam arquivos diferentes em diversos dispositivos, esquecendo-se de qual pendrive ou pasta foi utilizado.

Recomendamos que você defina um lugar no qual salvar todos os arquivos do curso, seja no disco rígido do seu computador, seja em um drive na nuvem (veja o box "Salvando seus arquivos na nuvem"), e faça backups com frequência. Também recomendamos que organize seus arquivos digitais da mesma forma que organizaria os arquivos físicos, usando pastas e subpastas.

Imagine um armário com três gavetas. Na gaveta superior, você armazena informações pessoais. Na do meio, arquivos de trabalho. E na terceira gaveta, coloca os arquivos da faculdade. No mundo digital, pensamos nessas gavetas como pastas. Portanto, você pode criar três pastas em seu disco rígido com os títulos Casa, Trabalho e Faculdade, respectivamente.

Agora imagine abrir a gaveta inferior, na qual armazena as informações de sua faculdade. Dentro do arquivo físico, você poderá colocar uma pasta suspensa com o nome da instituição. Só como exemplo, suponha que esteja matriculado na Faculdade Espertalhão. Então, dentro dessa pasta suspensa, você pode criar uma pasta de arquivo para cada uma das matérias que faz naquela instituição. Sua estrutura de arquivo digital deve seguir o mesmo conceito. Portanto, dentro da pasta Faculdade, você precisa criar uma subpasta com o nome Faculdade Espertalhão e, depois, uma subpasta dentro dela para cada uma das matérias que faz, por exemplo, INGLÊS BÁSICO.

Com uma estrutura organizacional padrão em seu disco rígido, você consegue salvar e encontrar as informações de forma rápida e fácil, sempre que precisar. Consistência é o segredo. A Figura 3-3 é uma tela da estrutura do HD no qual Kevin salva seus arquivos escolares. Observe que, para cada semestre, ele cria uma pasta para cada curso. Dentro de cada uma delas, ele então cria quatro subpastas: Admin para arquivos administrativos, tais como o conteúdo programático; Assignments para os arquivos das tarefas; Discussions para os posts originais de debates; e Resources para arquivos adicionais fornecidos pelo professor durante todo o período do curso.

CAPÍTULO 3 **Equipamentos e Habilidades de que Precisa para Ter Êxito**

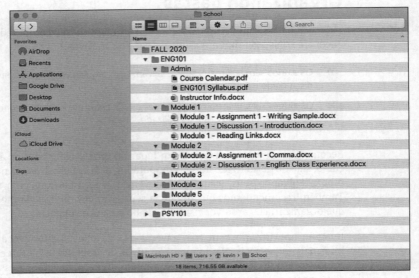

FIGURA 3-3:
Exemplo de uma estrutura de arquivos no computador.

Navegando na internet

Conseguir acessar a internet e navegar nela é uma das habilidades mais importantes de que precisa ao fazer um curso online. As habilidades específicas de navegação que você deve ter incluem:

» **Abrir o navegador:** Localize o ícone de seu aplicativo de navegação na internet no menu Iniciar (Windows) ou Dock (Mac) e clique nele.

» **Acessar um URL específico:** Digite o endereço HTTP na barra de endereços no topo da janela do navegador — por exemplo, `http://google.com`. Na maioria dos casos, pode deixar o `http://` de fora e apenas digitar o endereço, como `google.com`. O navegador presume automaticamente que é um endereço HTTP.

» **Navegar para a página anterior:** Use o botão Voltar do navegador no topo da tela, que mostra uma seta apontando para a esquerda.

» **Abrir um link em uma guia ou janela nova:** Clique com o botão direito no link e selecione se quer abrir uma nova guia ou uma nova janela.

» **Alterar entre guias ou janelas abertas:** Para abrir uma nova guia ou janela, clique no menu Arquivo e escolha Nova Janela ou Nova Guia. Para alterar entre guias, clique na guia desejada com o mouse ou pressione Control (Ctrl) e Tab no teclado. Para alterar entre janelas, clique na janela desejada na barra de tarefas.

» **Recarregar a página atual:** Clique no botão Recarregar em seu navegador ou pressione F5 no teclado.

» **Redimensionar a janela do navegador:** Clique e arraste o canto inferior direito para redimensionar a janela conforme desejar, ou use o botão Redimensionar no canto superior direito (Windows) ou esquerdo (Mac) da janela do navegador.

» **Localizar e abrir arquivos baixados:** Acesse a pasta `Downloads` em seu disco rígido e dê um clique duplo no arquivo baixado.

» **Fazer uma busca usando Google ou outro mecanismo de busca:** Acesse `http://google.com` e insira sua palavra ou frase na caixa de busca. Depois, clique em qualquer um dos links fornecidos na página de resultados.

DICA

Se não tiver alguma das habilidades anteriores, não se preocupe: nenhuma delas leva muito tempo para ser dominada — o importante é que você saiba como fazê-las. Se precisar de ajuda, talvez queira dar uma olhada na última edição do livro *Internet Para Leigos*, de John R. Levine e Margaret Levine Young (Alta Books).

Baixando e instalando programas

No início deste capítulo, falamos sobre a possibilidade de precisar comprar ou baixar e instalar programas. É preciso saber como fazer isso. A maioria dos programas de software comerciais agora pode ser comprada online. Mesmo que os adquira em uma loja física, você recebe apenas as instruções e um código de instalação. Normalmente, é preciso baixar e salvar o software em seu disco rígido, localizar e executar o arquivo, clicando duas vezes sobre ele e seguir as instruções com o passo a passo exibidas na tela. Para os usuários do Chromebook, é só acessar o Google Play e comprar aplicativos (apps), assim como faz em dispositivos móveis.

Ao descobrir qual software será necessário no início do processo, saberá melhor se você mesmo pode instalá-lo ou se precisa de assistência. Se precisar de assistência, pode tentar ligar para o suporte técnico da instituição, mas, dependendo do programa a ser instalado, talvez não consigam ajudá-lo. (O Capítulo 10 detalha as tarefas com as quais o suporte técnico pode ajudá-lo.) Entretanto, sempre é possível encontrar uma loja local com pessoal técnico à disposição para ajudá-lo, cobrando uma taxa. Aquele parente ou amigo que manja tudo de computador também pode ser útil.

LEMBRE-SE

Ao comprar e baixar software, saiba qual sistema operacional seu computador usa, quanta memória ele tem e quanto espaço no disco rígido está disponível. Consulte a seção "Atendendo aos requisitos mínimos de hardware", no início deste capítulo, para saber as informações do seu computador.

O BÁSICO SOBRE O BOTÃO DIREITO

Caso nunca tenha ouvido o termo *clicar com o botão direito*, um mouse tem dois lados. A maioria dos cliques que você faz quando navega na internet é com o botão esquerdo (e os usuários destros fazem isso com seu dedo indicador). Mas o outro lado também funciona! Você normalmente usa o lado direito quando deseja exibir um menu de opções que pode ser executado, dependendo da localização do cursor. Portanto, quando dizemos "clique com o botão direito", você deve usar o mouse ou o touchpad para destacar ou selecionar as palavras ou o ícone e depois clicar na metade direita do mouse. Para os "canhotos" de plantão, recomendamos que localize o Painel de Controle (Windows) ou Preferências do Sistema (Mac) de seu computador e mude o botão primário para o lado direito, onde seu dedo indicador está posicionado. Para você, quando dizemos "clique com o botão direito", queremos dizer "clique com o botão esquerdo". Já está confuso?

Usuários Mac, também é possível usar Control+clique. Usuários de notebook e Chromebook, dá para colocar dois dedos no touchpad ao clicar.

Usando o e-mail

Uma das formas mais comuns de comunicação ocorre por meio do correio eletrônico, também conhecido como e-mail. Ele é usado para se comunicar com seus colegas e professor. Como mencionamos na seção "Acesso ao e-mail", algumas instituições lhe fornecem uma nova conta de e-mail para uso acadêmico. Outras podem exigir que você lhes forneça uma conta pessoal. Neste caso, recomendamos a abertura de uma conta gratuita de e-mail com um serviço como o Gmail do Google (`mail.google.com`) apenas para uso acadêmico.

Veja a seguir uma lista de tarefas comuns relacionadas ao correio eletrônico que você deve conseguir realizar:

» **Abrir seu aplicativo de e-mail:** Localize o ícone de seu aplicativo de e-mail no menu Iniciar (Windows) ou Dock (Mac) e clique nele — por exemplo, Microsoft Outlook ou Mail. Se estiver usando uma conta de e-mail baseada na internet, abra seu navegador, acesse o site e faça o login usando seu usuário e senha.

» **Verifique as mensagens novas:** As novas mensagens geralmente são baixadas automaticamente e listadas em negrito. Para forçar o computador a verificar se há mensagens novas, clique no botão Enviar e Receber ou Obter Mensagens.

» **Verifique a pasta `Spam` ou `Lixo` em busca de mensagens que foram parar no lugar errado:** Clique na pasta `Spam` ou `Lixo` para abri-la e verifique se há mensagens que foram parar lá por engano. Caso isso tenha ocorrido, clique no botão Não É Spam ou Enviar para Caixa de Entrada para reclassificar a mensagem. Ao fazer isso, seu programa de e-mail deve começar a se lembrar de quais mensagens não devem ser enviadas para a pasta `Spam` ou `Lixo`.

» **Escreva novas mensagens para um ou mais destinatários:** Clique no botão Escrever Nova Mensagem ou Nova Mensagem. Digite os endereços de e-mail

62   PARTE 1 **Apresentando um Tipo Diferente de Aprendizado**

dos destinatários no campo Para, separando cada um com um espaço, vírgula ou ponto e vírgula, dependendo do programa que utilizar. Insira endereços de e-mail no campo BCC (Blind Carbon Copy, ou Cópia Oculta) se quiser enviar uma mensagem para várias pessoas, mas sem que elas saibam para quem a mensagem foi enviada também.

» **Anexe um documento à mensagem:** Clique no botão Anexar Documento, encontre o arquivo desejado e clique na opção de anexar o arquivo à mensagem.

» **Abra mensagens com anexos:** Clique na mensagem desejada na caixa de entrada. Clique no anexo e faça o download do arquivo em seu computador. Localize a pasta Downloads e dê um clique duplo no arquivo.

» **Edite um documento e reenvie-o como anexo:** Edite o documento, selecione Arquivo ⇨ Salvar Como, e salve-o no local desejado em seu HD. Volte ao aplicativo de e-mail e clique em Escrever Nova Mensagem ou Responder dentro de uma mensagem existente. Siga o procedimento para anexar um documento à mensagem.

DICA

Se precisar de ajuda para aprender a usar o e-mail, há alguns recursos que pode explorar. Se o aplicativo estiver em seu computador, pode usar o recurso de Ajuda embutido no aplicativo, encontrado na barra de menu na parte superior da tela. Se você usa um sistema de e-mail baseado na internet, é muito provável que veja na tela um link de Ajuda que o leva a um site com descrições detalhadas, capturas de tela e tutoriais em vídeo sobre como usar o aplicativo. Se tudo der errado, acesse o YouTube (www.youtube.com) e faça uma pesquisa sobre o que precisa, acrescentando a palavra **tutorial**. Por exemplo, ao pesquisar **Tutorial para anexar documento no Gmail**, vários vídeos explicando como fazer isso aparecerão.

Permanecendo Seguro Online

À medida que você começa a usar mais a internet, é ainda mais importante entender quando e onde fornecer certas informações em um contexto online. Nas seções a seguir, explicamos como fazer pagamentos seguros, lembrar e proteger suas senhas, e garantir sua segurança pessoal.

Fazendo pagamentos seguros

LEMBRE-SE

É preciso ter certeza de que está de fato protegido ao fazer pagamentos online. Tanto ao se matricular para o curso quanto ao comprar livros ou encomendar materiais de estudo online. Antes de inserir o número de seu cartão de crédito ou informações de contato em qualquer página da internet, esteja certo de que pode confiar no fornecedor e de que o site é seguro. Há uma forma rápida de garantir isso: verifique o endereço do seu site. Se a letra s aparecer após http no endereço, você está visitando um site seguro.

Por exemplo, se acessar Amazon.com (ou Amazon.com.br no Brasil) para procurar alguma coisa para comprar, pode ver que o endereço, http://www.

CAPÍTULO 3 **Equipamentos e Habilidades de que Precisa para Ter Êxito**   63

amazon.com, sempre começa com http://. Isso porque está só olhando e não precisa compartilhar informações particulares. Porém, quando estiver pronto para fazer o pedido e pagar, pode ver que http://www.amazon.com muda para https://www.amazon.com. Isso significa que agora a conexão é segura e que qualquer informação que compartilhar é particular entre você e o site.

Os prints a seguir mostram exemplos de sites seguros e não seguros. A Figura 3-4 mostra um site que está em uma página segura. Ao digitar o site em seu navegador preferido, note que o URL começa com https. A letra s significa seguro, e o símbolo do cadeado também indica que a página é segura. Não se esqueça de conferir se ela está lá antes de fornecer informações particulares, sobretudo financeiras. A Figura 3-5 mostra uma página não segura do mesmo site. Perceba agora que o URL do site começa com http. Como mostra este exemplo, os sites não precisam ser seguros em todas as páginas, apenas nas que informações particulares estão sendo inseridas ou mostradas.

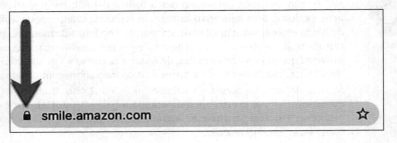

FIGURA 3-4: Exemplo de URL de um site seguro.

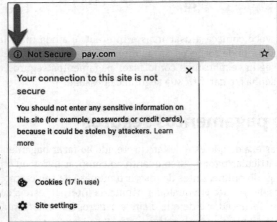

FIGURA 3-5: Exemplo de URL de um site não seguro.

Lembrando-se das senhas e protegendo-as

Uma coisa que nunca falha quando você se torna parte da comunidade da internet é o número de logins e senhas de que precisa aonde quer que vá. Não é raro que alunos online tenham três ou quatro senhas diferentes apenas para acessar informações acadêmicas, dependendo das tecnologias utilizadas.

LEMBRE-SE

Pensar em uma senha pode ser divertido! A maioria das instituições requer 8 a 12 caracteres para uma senha e muitas pedem uma combinação de letras, números, maiúsculas e, às vezes, símbolos. Para sua própria segurança, não escolha o óbvio; em vez disso, pense em algo único para você, semelhante a uma placa de carro da vaidade. Você dará uma risadinha toda vez que entrar no sistema. Por exemplo, um caçador de fantasmas pode selecionar "EVJ2fntsms!" (Eu vejo dois fantasmas!) A senha "2cris1CA*" pode ser perfeita para alguém com duas crianças pequenas e um cachorro grande.

LEMBRE-SE

Com relação às senhas, temos aqui duas práticas perigosas que deve evitar:

» Não escreva suas senhas em uma nota adesiva que cola em seu monitor ou em um pedaço de papel que é a primeira coisa que vê quando abre a gaveta superior de sua mesa. Essa é uma prática comum, mas perigosa. Certifique-se de que suas informações estejam seguras dos olhares públicos.

» Não deixe que seu computador lembre as senhas para você. Isso é especialmente verdadeiro se você compartilha seu computador ou usa um notebook que leva consigo a lugares diferentes. Se seu computador for roubado, a pessoa que o roubou agora tem acesso às suas informações seguras.

» Não utilize a mesma senha para todos os sites protegidos. Embora pareça inofensivo e eficiente, ter a mesma senha para tudo o torna vulnerável se suas informações forem comprometidas. Escolha uma senha diferente para cada site, e mude suas senhas com frequência.

DICA

Uma forma de se lembrar de todas suas senhas e mantê-las em segurança é armazenando em um programa criptografado de gestão de senhas, como 1Password `https://1password.com` [em inglês]. Esses programas também ajudam a gerar senhas aleatórias para deixar sua senha mais segura. A vantagem deles é que você precisa se lembrar apenas de uma única senha — aquela que é usada para desbloquear o programa gerenciador de senhas. A maioria deles vem com plugins seguros de navegador que permitem acessar senhas imediatamente ao visitar um site em que uma senha é necessária. Após digitar a senha de seu programa, ele preenche automaticamente suas credenciais de login e senha para você. Os gerenciadores de senhas também podem ser acessados online ou por meio de dispositivos móveis para que estejam sempre com você.

LEMBRE-SE

Nunca forneça suas informações de senha a ninguém, nem mesmo ao pessoal de suporte técnico. Talvez eles precisem redefinir sua senha existente a fim de resolver um problema em particular, mas devem ter acesso a tudo o que precisam sem pedir que você compartilhe sua senha.

CAPÍTULO 3 **Equipamentos e Habilidades de que Precisa para Ter Êxito** 65

Garantindo a segurança pessoal

LEMBRE-SE

Na seção anterior, discutimos a proteção de suas informações pessoais e suas senhas, e a importância de fornecer certas informações apenas em sites seguros. Há outro tipo de segurança de que você deve estar ciente ao participar de um curso online: sua segurança pessoal. Não queremos assustá-lo; queremos simplesmente lembrá-lo de permanecer seguro ao se comunicar online. Veja algumas diretrizes importantes:

» **Informações particulares devem permanecer particulares.** Não revele muito sobre si mesmo. Quase todo curso online pede aos alunos que participem de uma atividade para quebrar o gelo. Muitas vezes, isso inclui revelar suas informações pessoais, incluindo família, hobbies e localização geográfica. Compartilhe esse tipo de informação sempre de forma sensata. Por exemplo, sinta-se à vontade para dizer que é casado com dois filhos e que vive em São Paulo. No entanto, não publique os nomes de seus filhos ou fotos deles no colégio. A divulgação de condições médicas também é inapropriada. Seus colegas de classe realmente não precisam saber que você tem síndrome do intestino irritável.

» **Proteja suas informações de contato:** Talvez precise fornecer informações de contato ao seu professor ou a colegas quando estiver trabalhando em um projeto em grupo. Novamente, forneça apenas as informações necessárias para completar o projeto. Por exemplo, é importante informar seu endereço de e-mail e possivelmente até mesmo um número de telefone, mas não seu endereço residencial. Um professor que precise enviar informações para sua casa deve ter acesso a essas informações por meio da instituição acadêmica. Se for solicitado a fornecer essas informações, sinta-se à vontade para questionar educadamente por que elas são necessárias e com quem elas serão compartilhadas.

» **Permaneça seguro ao se encontrar presencialmente com os colegas de sala:** Às vezes, temos alunos que vivem na mesma área geográfica matriculados em nossas aulas. Nessa situação, eles costumam perguntar se podem se encontrar pessoalmente para concluir projetos em grupo. Como professores, achamos que a ideia é boa; no entanto, esteja seguro ao se encontrar com colegas de classe pela primeira vez. Recomendamos sempre reunir-se em um local público, como um restaurante ou café, durante o horário comercial comum. Como precaução, pode ser importante também notificar seu professor de que está planejando se reunir e informar o dia e a hora. Depois disso, pode passar a ele um resumo do que você realizou.

2 Preparando--se para Aprender

NESTA PARTE...

Descubra como avaliar suas opções institucionais.

Aprenda as manhas do processo de matrícula.

Controle seus custos educacionais com ajudas financeiras.

Matricule-se e prepare-se para sua primeira aula.

NESTE CAPÍTULO

» **Analisando os vários tipos de programas e cursos online**

» **Buscando cursos em uma variedade de organizações**

» **Pesquisando diferentes estruturas de cursos online**

» **Estabelecendo estratégias para fazer cursos online acelerados**

Capítulo **4**

Descobrindo o que Está Disponível Online

Depois que seu apetite para aprender online for aguçado, como encontrar a oferta certa de curso? Talvez se surpreenda com a variedade de instituições e organizações que oferecem cursos online e como esses cursos foram agrupados para a obtenção de diplomas. Este capítulo o guia pelos muitos lugares onde pode encontrar diferentes tipos de cursos online e as várias maneiras pelas quais são organizados. Por fim, analisamos os cursos acelerados e como eles funcionam, especialmente nos Estados Unidos.

Examinando Diferentes Programas e Cursos Online

Sejamos francos: a maioria dos adultos evita estudar porque isso significa muito trabalho. Entretanto, eles têm boas razões para continuar aprendendo, incluindo promoções de emprego, maior potencial de ganho, status elevado e desenvolvimento pessoal. O surpreendente é que instituição e aprendizado estão se tornando sinônimo de aprendizado online. Dito isto, nesta seção discutimos aspectos que você deve considerar ao analisar os programas e cursos online.

Para você, qual é a importância de ganhar créditos universitários por seu trabalho? Você tem tempo e recursos para fazer cursos suficientes para completar uma graduação? Ou precisa apenas de alguns cursos para desenvolvimento profissional ou aperfeiçoamento de habilidades? Uma certificação específica seria o selo de aprovação profissional de que você precisa? Talvez queira aprender sobre um tópico para ajudá-lo em sua vida pessoal, como pintura ou adestramento de cães. Sua resposta a essas perguntas determina os tipos de programas online que são melhores para você.

Ganhando créditos extras

Se decidiu fazer um curso online em uma faculdade ou universidade, há boas chances de que esteja procurando ganhar algum tipo de crédito tradicional por seu trabalho. E está certo! Esta seção descreve os tipos de crédito que você pode ganhar por seus esforços — especificamente, créditos para cursos de graduação ou pós-graduação, créditos para programas de certificados acadêmicos e créditos para o ensino médio. Você pode ganhar créditos universitários tradicionais em instituições de ensino superior de 2 e 4 anos (que abordamos mais adiante neste capítulo) se tiver concluído seus estudos no ensino médio. Se ainda estiver no ensino médio, pode ganhar créditos por meio de programas online credenciados que atendem às suas necessidades únicas.*

Créditos para graduação e pós-graduação

Sim, você pode concluir uma graduação inteira online! No Brasil, há programas de bacharelado, licenciatura e tecnólogo, mestrados e até doutorados online. Você também pode usar aulas online para complementar os cursos presenciais em uma instituição tradicional. Se seguir nossas sugestões para procurar um curso em diferentes instituições (mais adiante neste capítulo), provavelmente verá isso nas informações de marketing que encontrar.

---

* N. da E.: O sistema de créditos tem como referência o sistema educacional dos EUA.

LEMBRE-SE

As faculdades juntam cursos/disciplinas para uma graduação online como fazem para uma graduação que você faria da forma tradicional. A graduação consiste em cursos ou disciplinas obrigatórios que você deve fazer e alguns eletivos. Somente ao atingir o número necessário de horas de crédito na combinação certa de cursos obrigatórios e eletivos é que o diploma é conferido. O número de horas depende do tipo de diploma que está procurando, do estado em que está estudando e da instituição individual. No entanto, em geral, estas são as expectativas nos Estados Unidos:**

» **Associado:** Normalmente requer cerca de 60 horas de crédito e pode representar os dois primeiros anos de um bacharelado.

» **Bacharel:** Requer entre 124–128 horas de crédito.

» **Mestrado:** Requer entre 32–36 horas além do bacharelado. Alguns programas requerem até 44 horas de crédito.

» **Doutorado:** Requer cerca de 60–75 horas de crédito além de um bacharelado e da aprovação em exame abrangente com dissertação indicando uma pesquisa original.

Ao se inscrever em um curso superior, o número de horas de crédito que você receberá ao concluí-lo deve estar evidente no cronograma do curso ou nas informações de marketing. As instituições normalmente são transparentes quanto ao número de horas creditadas a determinado curso, pois isso pode fazer diferença no número total de horas concedidas que contam para um diploma. Por exemplo, nas faculdades americanas, um curso semestral típico concede três horas de crédito. Ao observar o número do curso, você pode dizer se esses créditos são horas de graduação ou de pós-graduação:

» Qualquer curso com um número entre 100 e 400 em seu nome (por exemplo, PSY101) indica crédito de graduação, que é o que você precisa para um curso de associado ou bacharel.

» Cursos nomeados com números 500 e acima são créditos de pós-graduação, adequados para mestrados e doutorados.

Você pode ter visto ou ouvido anúncios comerciais afirmando que pode terminar um curso em apenas 18 meses. Esses programas são voltados para adultos que já ganharam algum crédito de graduação e agora estão prontos para completar um bacharelado. Essa nova reviravolta na educação online é na verdade uma continuação de um antigo modelo de educação de adultos. Tal modelo, que começou há algumas décadas, estabeleceu um programa noturno e de fim de semana para adultos trabalhadores. Alguns programas "aceleraram" seus cursos ao comprimir um curso de 16 semanas em 8 semanas, mas nem sempre. A questão era que se podia ir ao trabalho durante o dia e fazer as atividades acadêmicas no fim de semana. O modelo atual de educação online oferece ainda mais comodidade, pois você não precisa fazer tudo no sábado ou no domingo.

** N. da E.: No Brasil, além do mestrado e doutorado, o ensino superior consiste em cursos de tecnólogo, com duração de 2 a 3 anos; bacharelado, com duração de 4 a 5 anos e licenciatura, com duração de 4 anos.

Como estuda do conforto de sua casa ou escritório, pode se engajar no aprendizado durante toda a semana.

PAPO DE ESPECIALISTA

Um fator que você pode experimentar em programas de graduação online é o uso de *turmas*. Simplificando, isso significa que, ao começar uma série de cursos para a conclusão de uma graduação, você progride com o mesmo grupo, ou turma, de estudantes ao longo de toda a graduação. Se o João estiver em sua primeira disciplina, ele deverá estar na última também — e em todas as disciplinas entre elas! Muitos acreditam que os laços formados entre um grupo de alunos online são mais fortes do que aqueles em turmas presenciais e mais propensos a influenciar os alunos a persistirem positivamente ao longo do curso. Se João é seu amigo, ele pode convencê-lo a não desistir quando a coisa apertar. Além disso, sob uma perspectiva administrativa, é mais fácil de acompanhar as turmas, o que muitas vezes permite que uma instituição ofereça mais datas de início para que os alunos não tenham que esperar vários meses para começar as aulas.

Créditos de ensino médio

No sistema educacional americano, o crédito do ensino médio funciona um pouco como o crédito universitário, pois você precisa ganhar o número certo de créditos do curso e os *tipos* certos. Porém, tal exigência varia de estado para estado nos Estados Unidos. Por exemplo, em um estado você pode precisar de quatro anos de inglês, enquanto em outro, pode conseguir a aprovação com apenas três. No território americano, dependendo do estado em que vive e se faz homeschooling ou frequenta uma escola tradicional, pode ganhar todos ou parte de seus créditos do ensino médio por meio de escolas online.

Obtendo certificações e outras credenciais

Talvez esteja interessado em uma mudança de carreira ou queira tomar um novo rumo dentro de sua área atual. Uma certificação pode ser exatamente o que precisa, e você pode ganhar várias online.

Uma *certificação* é uma espécie de miniatura de diploma que significa educação continuada seguindo um currículo planejado e intencional. Ela oferece apenas o que você precisa para uma área ou tarefa profissional específica. Por exemplo, se estudar para uma certificação em desenvolvimento web, não terá que fazer cursos de informática em programação COBOL, mas precisará de instrução gráfica e multimídia. Se estiver estudando para obter uma certificação como assistente odontológico, não precisa fazer um curso de redação, mas precisa de cursos de radiologia e diagnóstico.

Tipicamente, uma certificação é muito mais curta do que uma graduação tradicional. Se pensar em tecnólogo como um diploma de 2 anos e bacharelado como um diploma de 4 anos, a certificação é um diploma de 1 ano. Por exemplo, nos Estados Unidos, você pode obter uma certificação em transcrição médica por uma média de 44 horas de crédito. Interessado em segurança privada? Um certificado está disponível por apenas 50 horas de crédito.

Outro ponto a ter em mente é que algumas certificações podem levar a outras graduações. Por exemplo, se ganhar uma certificação em aprendizado online, alguns desses cursos podem contar para um diploma de mestrado na mesma instituição. Se acha que a certificação pode levá-lo adiante, tire essa dúvida com os funcionários da instituição.

LEMBRE-SE

Cada vez mais instituições oferecem certificação online, incluindo cursos tradicionais oferecidos por universidades, centros universitários e faculdades. Programas de qualidade são verdadeiramente benéficos, pois permitem aos estudantes ampliar seu desenvolvimento profissional enquanto continuam a trabalhar em tempo integral. Cada instituição define seus próprios requisitos para diplomas e certificados com base em padrões estabelecidos pelo Ministério da Educação. É preciso comparar cuidadosamente ao analisar múltiplos programas. Faça uma pesquisa e veja quais cursos são necessários e se eles são de seu interesse.

DICA

Uma das melhores fontes de informação para um programa de certificação é sua associação profissional. Leia os boletins profissionais e pergunte aos profissionais sobre os tipos de certificados e credenciais valorizados nesse campo.

Permanecendo atualizado e reciclando para o trabalho com MOOCs

Não precisamos lhe dizer como o mundo profissional se tornou competitivo. A maioria dos empregadores está procurando evidências claras de habilidades atualizadas, incluindo habilidades técnicas e interpessoais. Mais empregadores estão contratando com base nas habilidades (em vez de utilizar um diploma como requisito principal). Como aluno, você tem muitas opções para aprender por meio de fornecedores online, como Coursera e Udemy. Essas empresas às vezes oferecem versões gratuitas de seus cursos; ou, por um pagamento mínimo, você pode obter um certificado de conclusão verificado. Tópicos como análise de big data e inteligência artificial são definitivamente turbinadores de carreira. Se não precisa do crédito acadêmico, mas precisa do histórico e de alguma experiência prática, essas podem ser boas opções. Sempre que melhorar suas habilidades profissionais, poderá lucrar com promoções e aumentos salariais. (No Capítulo 17, discutimos como você pode documentar sua experiência e trabalho por meio de um e-Portfólio, isso enriquece o certificado básico.)

A maioria desses cursos é o que chamamos de *cursos online abertos e massivos*, também conhecidos como MOOCs [da sigla em inglês]. Você pode ser um dos 10 mil alunos. Os MOOCs seguem um cronograma — não se deixe enganar. Às vezes, você é solicitado a enviar tarefas e a avaliar o trabalho de outros estudantes. Os princípios do bom aprendizado online se aplicam tanto aos MOOCs quanto a qualquer outra experiência de aprendizado online.

Continuando sua educação por hobby ou lucro

Os cursos online não estão limitados a programas de graduação ou certificados. Você pode realmente se divertir online! Por exemplo, pode fazer um curso de *feng shui*, a antiga prática chinesa de orientação de objetos para alcançar resultados desejáveis.

Interesse pessoal

Já pensou em sua genealogia, mas não sabe como começar a pesquisar e documentar seu legado? Há um curso online para isso. Que tal aprender uma segunda língua? Fotografia digital? Esses exemplos mostram a diversidade dos cursos online.

Que tipos de instituições oferecem tais cursos? Para ser honesto, você pode encontrar um curso de graça ou bem barato ao abrir seu mecanismo de busca favorito (como Google ou Yahoo!) e digitar **curso online + *<tema de interesse>***. Experimente — vai se surpreender! Esses cursos podem não ter o apoio de uma instituição, e você não ganhará crédito, mas encontrará as informações que procura. Por exemplo, o coautor Kevin recentemente fez um curso online de fotografia, no qual aprendeu as nuances da fotografia digital. Ele pagou uma taxa para a escola de fotografia e completou o trabalho online. Se está preocupado com a qualidade, pode conduzir uma busca no Google para ver se há alguma avaliação do curso ou programa específico para o que está interessado em fazer.

Se está procurando uma instituição para apoiá-lo, pode descobrir que sua faculdade local oferece vários cursos online voltados para interesses pessoais. Os tópicos podem incluir aqueles listados anteriormente, além de história da arte, nutrição, parentalidade e muito mais. Em geral, esses cursos fazem parte do catálogo de desenvolvimento comunitário das instituições ou de cursos livres.

Desenvolvimento pessoal

Em muitos campos, os profissionais são incentivados ou obrigados a concluir anualmente cursos de desenvolvimento profissional. No sistema educacional americano, por exemplo, no estado de Illinois, por diretrizes de financiamento estaduais para programas de educação de adultos financiados por subsídios, os professores devem completar seis horas de desenvolvimento profissional por ano fiscal. Portanto, se quiser manter seu emprego, é necessário completar essas seis horas de treinamento de alguma forma. Se for um profissional médico ou odontológico e quiser manter sua licença, precisará ganhar um número prescrito de créditos de educação continuada por ano. Esses tipos de cursos podem ser encontrados em instituições que concedem diplomas nessas áreas. Por exemplo, se precisa de créditos para lecionar, faz parte da lógica que você pesquise uma faculdade que concede diplomas em educação.

Além disso, cada vez mais associações profissionais oferecem desenvolvimento profissional online. Elas sabem que os profissionais apreciam a conveniência de aprender a qualquer hora, em qualquer lugar. Você pode encontrar muitas oportunidades fazendo uma busca por *<sua área>* **+ cursos online**. Nos Estados Unidos, por exemplo, a Associação de Serviços Bibliotecários para Jovens Adultos oferece a seus membros cursos online relacionados às suas necessidades profissionais. Você pode encontrar essas oportunidades pesquisando *<sua associação>* **+ cursos online** em seu mecanismo de busca preferido.

Basta certificar-se de que qualquer crédito de curso de desenvolvimento profissional que obter será aceito pela associação profissional que o está exigindo. Para saber, visite o site da associação e procure declarações relativas à aceitação de créditos online. Por exemplo, se for dentista e visitar a página de educação continuada da Associação Norte-americana de Odontologia, verá uma declaração clara sobre os limites dos estados quanto ao número de horas que podem ser ganhas em cursos online de autoaprendizado.

Treinamento em compliance

Nos negócios e na indústria, o treinamento em compliance é responsável pela maioria das ofertas de cursos. Que tipo de treinamento? Pode envolver treinamento de ética, segurança e dados materiais, ou preparação para emergências. Outros exemplos incluem processos e procedimentos para requisição de fundos, ou políticas essenciais. Todos esses são cursos que você pode encontrar online. O fornecedor mais comum é o departamento de recursos humanos de sua empresa.

DICA

O treinamento de compliance funciona bem como um curso de autoaprendizado, portanto, você não deve se surpreender se estiver no curso sozinho. Entretanto, tenha em mente que sua participação, as páginas ou conteúdo que lê e as notas podem ser enviados à empresa para acompanhamento. Discutiremos os cursos de autoaprendizado com mais detalhes mais adiante neste capítulo, na seção "Cursos ministrados por professor versus cursos de autoaprendizado".

Descobrindo Quais Instituições Oferecem Cursos e Programas Online

Quer esteja interessado em fazer um ou dois cursos online ou concluir uma graduação completa online, o processo de busca por ofertas de educação online não é muito diferente da pesquisa de opções pela educação tradicional. Primeiro, você precisa determinar que tipo de instituição melhor atende às suas necessidades. Está procurando um diploma de bacharelado ou superior? Se sim, precisa de um curso de pelo menos 4 anos. Nesta seção, nós o acompanhamos em suas escolhas de acordo com o tipo de instituição, para que saiba o que procurar.

Universidades

Muitas universidades, tanto públicas quanto privadas, oferecem cursos de bacharelado e pós-graduação online. Também podem oferecer certificados e cursos de enriquecimento pessoal. Algumas são escolas tradicionais presenciais; outras são completamente virtuais, sem nenhum lugar físico para ir. Discutimos como obter informações sobre os cursos desses dois tipos de instituições nas seguintes seções.

DICA

Espera aí! Antes de sair escolhendo aleatoriamente, considere as recomendações a seguir, que podem lhe economizar tempo:

» **Se está completando uma graduação que começou em uma instituição tradicional:** Recomendamos que vá à instituição onde estudou e fale com alguém sobre quais cursos podem estar disponíveis online. Salte para a seção "Instituições presenciais".

» **Se está começando uma graduação do zero:** Você precisa decidir entre os tipos de instituições de que falamos nas seções seguintes: presencial ou totalmente online. Leia as próximas duas seções para saber como encontrar as informações necessárias.

» **Se apenas precisa de um ou dois cursos por interesse pessoal ou para desenvolvimento profissional:** Recomendamos que pesquise as instituições locais. Você não só mantém seu dinheiro em seu estado, mas também estará mais perto se precisar ir até o campus por qualquer motivo. Além disso, não esqueça as opções online, como Coursera, Udemy e EdX.

Instituições presenciais

Se digitar *cursos online* em um mecanismo de busca (como Google, Yahoo! ou MSN), apenas algumas das instituições da lista resultante são instituições tradicionais com campi físicos. Por exemplo, você pode encontrar a Universidade Federal de Pernambuco ou a Fundação Getúlio Vargas. Elas oferecem seus programas e aulas tanto nos campi tradicionais quanto pela modalidade online.

As instituições presenciais tradicionais não aparecem no topo dos resultados da busca. Elas estão competindo contra as gigantes online, e seus investimentos em marketing não estão tendo muito sucesso. Entretanto, o modelo presencial ainda é digno de consideração — você só precisa tomar um caminho diferente para reunir as informações necessárias:

» Em vez de sugerir que você faça uma pesquisa aberta, recomendamos que vá diretamente ao site da instituição. Uma vez na página inicial, procure links com os termos Aprendizado Online, Educação Online, Cursos Online, Ensino a Distância ou Cursos EAD. Se não for óbvio encontrar informações sobre as opções online, procure um link com o termo Departamento Acadêmico ou Futuros Alunos e veja se os cursos online são mencionados lá.

» É útil saber o tipo de graduação que está procurando e a escola, faculdade ou departamento acadêmico em que ela normalmente se enquadra. Por exemplo, se quiser se tornar professor, procure na Faculdade de Educação ou algo semelhante. Se quiser um diploma em negócios, procure Escola de Negócios ou um nome similar.

CUIDADO

» Depois de encontrar o caminho para o departamento correto, você pode começar a selecionar na lista de cursos. Procure links para os horários dos cursos, em vez do catálogo de cursos.

O catálogo de uma instituição lhe diz quais disciplinas você precisa fazer para uma graduação completa, mas talvez não informe se é possível fazê-la online.

» Veja se a instituição lhe dá a oportunidade de escolher as formas em que uma determinada disciplina é oferecida. Isso é normalmente descrito no cronograma de cursos da instituição. As melhores instituições deixam claro em quais modalidades cada disciplina é oferecida. (Posteriormente neste capítulo, falamos sobre o aprendizado híbrido — uma combinação de métodos de ensino online e tradicionais.)

» Após estar certo de que a instituição de fato oferece cursos online ou graduação nos quais você está interessado, faça um acompanhamento. Envie um e-mail ou faça um telefonema para o departamento em que está interessado. Solicite mais informações.

FACULDADE: UMA PALAVRA, DOIS USOS

A Faculdade Casper Líbero e a Faculdade de Educação usam a palavra *faculdade*, mas em contextos diferentes. Entenda:

- A palavra "faculdade" pode ser parte do nome da instituição. No Brasil, faculdade é a instituição de ensino superior que oferta uma quantidade menor de cursos focados em uma área específica do conhecimento. Em comparação, um centro universitário engloba uma ou mais áreas de conhecimento, enquanto em uma universidade oferecem também programas de mestrado e doutorado, além de prestarem atendimento à comunidade.

- A palavra "faculdade" também pode descrever um grupo de departamentos ou programas que oferecem cursos com as mesmas bases, mas com experiência distinta. Esse é frequentemente o caso em instituições maiores, nas quais as graduações são mais altamente diferenciadas. Um exemplo é uma Faculdade de Negócios dentro de uma universidade que oferece graduações em empreendedorismo, administração, marketing e contabilidade.

Instituições totalmente online

Ao pesquisar *cursos online* em seu mecanismo de busca favorito, outros nomes além daqueles de instituições tradicionais aparecem. Instituições de grandes grupos privados como Estácio, Unip, Cruzeiro do Sul, Ser Educacional, Uninove e Unicesumar têm crescido em popularidade, e agora são facilmente citadas nos meios de comunicação e nos mecanismos de busca online.

Ao pesquisar as faculdades e universidades, não deixe de fazer as perguntas que discutimos em mais detalhes no Capítulo 5. Você não quer gastar dinheiro em um programa que não atende às suas necessidades ou fazer matérias de um modo que não se alinhe com suas preferências de aprendizado. Por exemplo, após pesquisar uma instituição, talvez você descubra que o programa funciona mais como autoestudo, sendo que tem pouca ou nenhuma interação com o professor. Se o acesso e o engajamento com o professor forem importantes para você, é necessário deixar esses programas de lado.

Na maioria dos casos, você preenche um formulário online com seu nome, endereço de e-mail, número de telefone e outras informações básicas, tais como o tipo de programa que está considerando. É provável que receba um telefonema — tipo, imediatamente (essas instituições são muito rápidas) — ou mais informações por e-mail.

Preencher formulários online, enviar um e-mail diretamente à instituição ou telefonar para saber o que está disponível são ótimas maneiras de obter informações, mas elas têm alguns inconvenientes:

78   PARTE 2 **Preparando-se para Aprender**

> Você entra para a lista de envio de e-mails de propaganda, e sua caixa de entrada aumenta exponencialmente.

> Você começa a receber ligações durante o jantar.

> Talvez seja contatado por instituições não credenciadas. (O Capítulo 5 explica a importância do credenciamento.)

> Talvez tenha tantas escolhas que não saiba o que fazer.

Talvez também verá caixa pop-up com uma cara aparentemente amigável perguntando se tem perguntas. É provável que seja um *bot*, que é uma ferramenta de inteligência artificial para responder a perguntas e ajudá-lo a encontrar mais informações. Não temos nada contra bots; apenas esteja ciente de que talvez não vai falar com alguém de carne e osso.

Faculdades e centros universitários

O processo de busca de cursos online em uma faculdade ou centro universitário é semelhante ao que você experimentaria em uma universidade, porém é mais provável que possa ir diretamente às listas de cursos que especificam a modalidade online. Em suma, pode ser que veja um ícone brilhante dizendo Cursos Online Aqui! na página inicial da faculdade. Isso significa que não terá tanta dificuldade para encontrar informações sobre os cursos online disponíveis.

Se não vir um link óbvio para Aprendizado Online, Educação Online, Cursos Online, Educação a Distância ou Cursos EAD, siga os mesmos passos que daria para uma instituição presencial. (Listamos essas etapas no início deste capítulo.)

LEMBRE-SE

As faculdades de dois anos são famosas por vincular suas ofertas de cursos e programas às necessidades da indústria local. Se está procurando os cursos mais recentes e melhores que se conectam às oportunidades de trabalho locais, as instituições de dois anos fazem um bom trabalho.

Educação com base em competências

Imagine que você não tenha que fazer um curso específico (ou uma sequência de disciplinas) para obter habilidades básicas de negócios. Talvez algumas sugestões de atividades de aprendizado estejam disponíveis online, mas o que realmente conta é sua capacidade de provar o que sabe — ou o que pode fazer, por meio de amostras do seu trabalho, ou *e-Portfólio*. (Veja o Capítulo 17 para saber mais sobre esse tópico.) Isso é o melhor da educação baseada em competência.

A educação baseada em competências está disponível online. Ela permite aos estudantes selecionar atividades de aprendizado que apoiem as competências. Por exemplo, talvez seja necessário estudar três áreas separadas na gestão da cadeia de suprimentos para passar na avaliação nessa área. Muitas vezes, em vez de fazer um curso tradicional com um professor, o aluno tem um tutor que o orienta para o autoaprendizado. Quando reunidos, a tutoria, as atividades de aprendizado e as avaliações resultam em créditos. Nos Estados Unidos, a Universidade Western Governors vem trabalhando nessa área há décadas. O conceito não é novo, mas ganhou popularidade porque é bastante conveniente para adultos que trabalham e muitas vezes inclui uma avaliação do aprendizado anterior (por meio de experiências de vida) que pode dar um impulso ao adulto.

Outras instituições para desenvolvimento profissional, treinamento e certificações

Encontrar um programa de certificação online é semelhante à busca de cursos online em universidades, centros universitários e faculdades. Mais uma vez, você precisa saber o que está procurando, e também que tipo de instituição lhe servirá melhor.

Digamos que queira obter uma certificação em transcrição médica. Usando seu mecanismo de busca padrão, você descobrirá que pode obter tal certificação em universidades, centros universitários e faculdades, algumas com operações presenciais e outras totalmente online. (Você encontrará até programas que são vendidos por empresas e não oferecem crédito tradicional, mas nós não os recomendamos.)

Veja algumas perguntas para ajudá-lo a se decidir:

» A área de estudo é principalmente introdutória e associada a um curso de tecnólogo, como transcrição médica ou saúde aliada? Em caso afirmativo, procure uma instituição que ofereça cursos de tecnólogo.

» A área de estudo está mais alinhada com uma área que requer um bacharelado? Isso inclui áreas como informática e educação, nas quais certificações muitas vezes significam promoções de emprego. Nesse caso, não deixe de fazer perguntas sobre transferência de créditos ou procure uma instituição que possa oferecer diplomas de pós-graduação.

» Você precisa ganhar créditos de educação continuada para manter uma licença ou para conseguir emprego? Talvez uma associação profissional em sua área recomende instituições. É igualmente provável que a associação ofereça o treinamento ou a certificação. Comece no site da associação.

» Seu empregador recomendou treinamento de habilidades específicas (por exemplo, gestão de banco de dados)? Pode ser que o departamento de recursos humanos já tenha uma assinatura de um provedor que oferece tal treinamento online. Esse é um grande negócio!

LEMBRE-SE

Ao procurar qualquer curso individual, leia cuidadosamente as informações prévias para saber se ele está disponível para você de forma independente ou se você só pode fazer isso se estiver matriculado em um programa específico de graduação.

Escolas virtuais para crianças e adolescentes

Nos Estados Unidos, um número crescente de estudantes do ensino médio e de homeschooling está buscando a educação online, seja para compensar créditos, adiantar os estudos ou estudar completamente online na modalidade de homeschooling. Onde você pode encontrar escolas virtuais de ensino fundamental e médio? Veja uma lista de sugestões:

» Se for estudante do ensino médio tradicional e precisa refazer uma disciplina que reprovou (chamado *recuperação de crédito*), vá à secretaria da escola. Sério, comece lá e veja se alguém conhece programas que possam atender às suas necessidades.

» Se não conseguir a resposta lá, recomendamos fazer uma busca por <*seu estado*> + `escola virtual` em qualquer bom mecanismo de busca. Por exemplo, digitar `Texas + escola virtual` nos leva à Escola Virtual do Texas (`www.txvsn.org`) [este e os próximos sites têm conteúdo em inglês], e digitar `Illinois + escola virtual` nos leva à Escola de Ensino Médio de Illinois (`www.ilvirtual.org`). Ambas são instituições virtuais nos Estados Unidos.

A propósito, a maioria das instituições virtuais de ensino médio exige que seus professores tenham as mesmas credenciais que qualquer outro professor do ensino médio presencial. Nos Estados Unidos, a contratação de professores certificados pelo estado garante que estejam familiarizados com os padrões estaduais e ajuda os alunos a se prepararem melhor para completar com sucesso os testes padronizados e a se formarem.

» No território americano, se não encontrar um site que seja de uma escola estadual, talvez veja um link para um grupo privado. K12 (`www.k12.com`) e Connections Academy (`www.connectionsacademy.com`) são dois exemplos.
Acredite se quiser, mas a maioria da educação online de ensino fundamental e médio tem sido terceirizada para agências privadas. Os distritos escolares fazem contratos com esses grupos para fornecer cursos online. Ao contratar serviços pagos, eles obtêm professores treinados para lecionar cursos bem desenvolvidos e interativos.

CUIDADO

É importante certificar-se de que o programa pesquisado conceda créditos — não dá para perder tempo em cursos que não contarão para o diploma do ensino médio. Uma boa instituição diz imediatamente o que conta ou não de acordo com as exigências legais.

Imagine que está procurando cursos online específicos em uma instituição virtual. Depois de acessar o site da instituição, deve encontrar um link para Cursos ou Currículo. Você pode ler as descrições dos cursos, os procedimentos de matrícula e muito mais no site. Como sempre, não deixe de considerar apenas programas credenciados.

Pule para o Capítulo 18 para saber mais sobre educação online para crianças e adolescentes.

CAPÍTULO 4 **Descobrindo o que Está Disponível Online**

Verificando Diferentes Estruturas de Cursos Online

Depois de descobrir um curso de que precisa em sua instituição de escolha, sua próxima consideração deve ser a estrutura dele. Por *estrutura*, entendemos se o curso é completamente online ou uma combinação de online e presencial, orientado por professor ou de autoaprendizado, e síncrono ou assíncrono. Se procurou um curso universitário recentemente, talvez já reconheça que uma grande variedade de estruturas está disponível. Esta seção o ajuda a entender algumas das diferenças.

LEMBRE-SE

Antes de chegarmos às diferentes estruturas de curso, vale a pena estabelecer uma linha de base para as aulas em geral. Cada curso normalmente tem estes dois componentes:

» **Conteúdo:** A essência do curso, ou o que você deve aprender. O conteúdo de um curso de contabilidade é contabilidade. O conteúdo de um curso de história é a história de qualquer época que esteja estudando, e assim por diante.

» **Avaliação:** Uma boa palavra para descobrir qual nota você ganha. Em muitos casos, as provas determinam sua nota, mas também podem ser determinadas por um trabalho ou projeto final.

Os cursos ideais também incluem um terceiro componente: a prática. Em outras palavras, em algum lugar entre o conteúdo e a avaliação, o estudante pode praticar o que está sendo aprendido, seja por meio de tarefas de casa, seja por pequenos trabalhos, seja por outras atividades.

100% online ou cursos híbridos

Uma consideração importante para os cursos deve ser se são completamente online ou uma mescla de aulas online e tradicionais:

» **100% online:** Um curso 100% online significa exatamente isto: você completa todas as atividades online. Você pode se matricular em um curso em uma instituição localizada em qualquer parte do mundo, porque não precisaria viajar. (Encontre outros benefícios de aulas totalmente online no Capítulo 2.) Devido à popularidade dos cursos online, as instituições identificam prontamente quais opções estão online.

» **Aprendizado híbrido:** Essa forma diferente de aprendizado online é bastante popular. Os cursos híbridos são uma combinação de atividades online e sala de aula tradicional. Os professores gostam desse formato porque podem fazer parte da instrução online, liberando assim o tempo de aula para outras atividades. Por exemplo, o professor pode pedir que você leia artigos, responda a questionários ou assista a palestras pré-gravadas online. No horário das aulas no campus, os professores podem ter grupos de trabalho em projetos, laboratórios ou promover discussões em sala de aula.

CUIDADO

Os principais benefícios do aprendizado híbrido são o contato humano e a responsabilidade. Provavelmente os alunos não farão corpo mole ou procrastinarão quando um professor está ao vivo com eles todas as semanas. E ainda assim, o aluno pode trabalhar em outros materiais do curso de forma assíncrona e se beneficiar da independência e do pensamento reflexivo que muitas vezes acompanham os cursos online.

Uma desvantagem óbvia do formato híbrido é que você precisa morar perto o suficiente para ir até o campus para as reuniões regularmente agendadas. Caso se matricule em um curso em uma faculdade que fica a três horas de casa, isso pode ser um incômodo significativo, para não mencionar a despesa desnecessária.

CUIDADO

Algumas faculdades não divulgam adequadamente que há necessidade de atividades online com aulas presenciais. Por exemplo, você poderia se matricular em um curso de administração de empresas que se reúne às segundas e quartas-feiras e descobrir na primeira semana que também deve fazer login duas vezes por semana e completar as atividades online. Por essa razão, aconselhamos que pergunte sobre a estrutura de um curso antes de se matricular e investir seu dinheiro. Se o orientador acadêmico ou secretário não puder responder à sua pergunta, pergunte diretamente ao professor.

Cursos ministrados por professor versus cursos de autoaprendizado

No Capítulo 2, esboçamos brevemente a diferença entre os cursos ministrados por professor e os de autoaprendizado, mas analisamos um pouco mais profundamente as diferenças nas próximas seções.

Cursos ministrados por professores

Um curso *ministrado por professores* é exatamente o que você pensa que é: um professor determina o que acontece com o conteúdo, o ritmo de instrução e a avaliação. Veja alguns traços distintivos desse tipo de curso, que é o mais comum por aí:

» Em um curso ministrado por professores, os alunos seguem um cronograma distinto e toda a turma faz o conteúdo ao mesmo tempo. Enquanto você lê e completa as atividades do "módulo 2", o resto da turma também o faz. Normalmente, você encontra a programação afixada no calendário ou dentro do conteúdo programático. (Consulte o Capítulo 9 para saber mais sobre esses documentos e como localizá-los em sua sala de aula online.) Se for procrastinador, esse tipo de curso pode ajudá-lo a se manter em dia.

» Você não só interage com seus colegas, mas também tem uma comunicação regular com o professor. Ele está presente e virtualmente "visível" por meio de anúncios regulares e interação em discussões públicas.

» Se estiver inscrito em um curso síncrono — em tempo real, com um componente de conferência online —, ele é ministrado por um professor. Este está presente e

DICA

"visível" por meio do software de webconferência. Isso é comum em ambientes comerciais.

Não deixe de ler os anúncios regulares postados pelo professor. Fazer isso não só o mantém em dia e dentro do prazo, mas também o ajuda a evitar parecer bobo ao fazer uma pergunta que ele pode já ter abordado.

Você também vê o professor pela comunicação privada. À medida que completa as tarefas e as entrega, o professor se comunica com você e fornece feedback. Isso pode ser por e-mail privado ou no boletim eletrônico. Essa comunicação lhe lembra que a sala de aula virtual tem um professor ao vivo e que você não está sozinho. (Discutimos todos os diferentes métodos de comunicação online no Capítulo 11.)

» Você não vê o curso inteiro de uma só vez. Esse fato pode ser uma das características mais distintivas de um curso ministrado por um professor. Muitos professores preferem liberar o conteúdo aos poucos, de acordo com o progresso dos alunos. Em outras palavras, se você estiver na quarta semana de um curso de oito semanas, talvez não consiga ver o conteúdo da semana cinco em diante. Você vê apenas a semana atual de estudo. Essa estratégia mantém todos os alunos no mesmo lugar e evita que as discussões fiquem desarticuladas e confusas.

DICA

Caso esteja em um curso que utiliza o método de liberação gradativa de conteúdo e saiba antecipadamente que viajará, informe ao seu professor as datas em que estará na estrada. Pergunte se é possível visualizar alguns dos conteúdos com antecedência para não ficar para trás se tiver dificuldades tecnológicas para se conectar à internet.

LEMBRE-SE

Anteriormente neste capítulo, mencionamos três componentes básicos de um curso online: conteúdo, avaliação e prática. É mais provável que um curso ministrado por professor tenha o componente prático, porque alguém está disponível para verificar suas tarefas e atividades menores. Seu aprendizado pode ser avaliado por outros meios que não as provas tradicionais. Se pensar nisso, é preciso ser um humano real para ler o artigo de alguém e determinar se ele faz sentido. Um computador não pode avaliar esse tipo de tarefa tão bem quanto um professor. Se a prática do que está aprendendo for importante para você, uma aula ministrada por professor é sua melhor opção.

Cursos de autoaprendizado

Em um curso de autoaprendizado, de autoestudo ou autoaprendizado, você está por conta própria para determinar seu cronograma, portanto, se tem iniciativa por conta própria, provavelmente vai gostar deste tipo de curso. O conteúdo, ou o que deve aprender, é predeterminado. Ao acessar o curso, normalmente você descobre que ele foi dividido em módulos ou unidades, então clica na primeira unidade, lê o conteúdo e segue o curso em seu próprio ritmo. Você pode demorar mais nas áreas desafiadoras e passar rapidinho por aquelas que são mais fáceis.

Em um ambiente de negócios, os cursos de autoaprendizado são em geral estruturados em interfaces simples de softwares. A janela em sua tela pode se parecer com a da Figura 4-1.

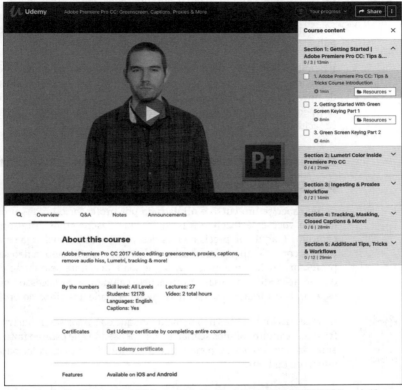

FIGURA 4-1: Interface de um típico curso de autoaprendizado.

Fonte: "Leadership: Effective Critical Skills", curso PD Online, Alexandria, VA: ASCD. ©2009 ASCD. Reproduzido com permissão. Saiba mais sobre a ASCD em www.ascd.org. ASCD® e PD Online™ são marcas registradas da ASCD.

Esses cursos têm ferramentas de navegação para ajudá-lo a transitar pelo conteúdo. Você provavelmente verá setas no fundo para ajudá-lo a avançar e um menu à esquerda. Essas ferramentas são usadas para acessar o conteúdo em seu próprio ritmo.

Só porque um curso é de autoaprendizado não significa que um professor não esteja disponível para ajudá-lo quando tiver perguntas ou preocupações. Considere o caso de Alex. Querendo aprender melhores habilidades de digitação, ele se matriculou em um curso online por meio de sua faculdade. As informações introdutórias vieram de um professor que orientou Alex no processo de download e instalação de software especial para as atividades das aulas. Todas as lições foram disponibilizadas quando o curso começou e puderam ser concluídas a qualquer momento durante o período de oito semanas. Não havia reuniões agendadas e Alex podia seguir seu próprio ritmo.

DICA

Mesmo os cursos de autoaprendizado muitas vezes têm professores designados para monitorar o que está acontecendo. O importante é saber o que essa pessoa faz. Vocês terão contato regular durante todo o curso ou apenas no início ou no final? É possível telefonar para fazer perguntas? Ao identificar um potencial curso de autoaprendizado, veja se o professor tem um e-mail disponível e pergunte. Se nenhum for designado para o curso, tenha cautela.

E quanto à avaliação? Como o responsável pelo curso sabe que você aprendeu o conteúdo? No mundo dos negócios, na maioria das vezes isso ocorre por meio de provas tradicionais. Depois de ler ou ouvir uma parte do conteúdo, você faz um pequeno quiz que está embutido no programa. Esses quizzes testam sua capacidade de lembrar ou aplicar o que acabou de ouvir.

Determinando se o curso que quer é ministrado por professores ou é de autoaprendizado

Como saber se um curso é ministrado por professor ou é de autoaprendizado quando você está fazendo a pesquisa que descrevemos anteriormente neste capítulo? É aqui que precisa ler as descrições dos cursos. Veja se elas incluem termos como "com professores". Se nada for mencionado, a não ser o nome do professor, envie um e-mail a essa pessoa e pergunte se o curso é no formato de autoaprendizado. Essas informações o ajudam a ter sucesso pois sabe o que esperar. Isso também lhe dá um ar de sagacidade aos olhos do professor.

CUIDADO

Às vezes, as instituições não mencionam que os cursos são ministrados por professores, e muitos alunos se matriculam pensando que estarão fazendo cursos de autoaprendizado. Vale a pena perguntar antes de se matricular para não perder tempo ou dinheiro.

Recursos que deve acessar em cursos presenciais

É preciso mencionar que mesmo cursos presenciais requerem algum conhecimento de aprendizado online. Você pode ser solicitado a acessar o conteúdo programático no sistema de gestão de aprendizado (LMS) da instituição. Recursos adicionais de aprendizado, como slides e guias de estudo, podem ser colocados online. Ou, talvez precise enviar tarefas ou fazer provas online. Isso não é o mesmo que fazer um curso online, mas requer a habilidade de poder acessar o site, navegar com eficiência e se comunicar adequadamente.

Cursos assíncronos versus síncronos

Como explicamos em detalhes no Capítulo 2, a maioria dos cursos online são assíncronos por natureza: você faz as atividades quando lhe for conveniente. Desde que cumpra os prazos das tarefas, não terá problemas. Entretanto, os professores também podem ter componentes síncronos para seus cursos, tais como reuniões semanais, e alguns professores exigem presença ou participação. Por exemplo, quando o coautor Kevin leciona, ele organiza uma hora semanal de atendimento durante a qual avalia as tarefas e introduz material extra. Embora seus alunos não sejam obrigados a comparecer, eles gostam do contato pessoal. Essas sessões são gravadas para que aqueles que não podem comparecer possam assistir depois.

LEMBRE-SE

As especificidades sobre os componentes síncronos e/ou assíncronos de um curso devem estar disponíveis na descrição do curso (explicamos como encontrá-las no início deste capítulo). No entanto, não deixe de perguntar a um orientador acadêmico sobre a possibilidade de um componente síncrono se você não vir nenhuma referência a tais sessões. Melhor prevenir do que remediar.

Terminando Mais Rápido com Cursos e Programas Acelerados

Os professores (incluindo seus humildes coautores) adorariam que você acreditasse que aprender é divertido, mas a verdade é que pode ser uma grande dor de cabeça e atrapalhar a vida real. Por essa razão, você pode realmente apreciar a velocidade em terminar um curso online.

Agora que as faculdades e universidades descobriram um mercado pronto de alunos ocupados que querem aprender em seu próprio ritmo, elas querem matricular e manter esses clientes. Um modo eficaz de conseguir isso é garantir que os cursos mantenham o interesse dos alunos e progridam rapidamente. Com isso em mente, muitas instituições oferecem cursos acelerados, que são cursos tradicionais de dezesseis semanas condensados para a metade do tempo. Na verdade, oito semanas é uma duração comum para um curso online.

Nesta seção, descrevemos os prós e os contras da educação online acelerada e damos algumas dicas para sobreviver a tais programas e cursos.

DICA

Os catálogos e descrições dos cursos especificam quais cursos são acelerados? Não, não necessariamente. Depende de você, leitor inteligente, fazer as contas. Se vê um curso de três horas de crédito com datas de início/fim indicando que ele dura oito semanas, ele é acelerado. Um curso tradicional se estenderia por um semestre, ou dezesseis semanas.

Além disso, se perceber materiais de marketing que recomendam fazer um único curso de cada vez, é provavelmente porque são acelerados e exigentes. Afinal de contas, você está encaixando dezesseis semanas de conteúdo em menos tempo.

Benefícios e desafios dos programas acelerados

A boa notícia é que os cursos acelerados geralmente lhe ensinam informações que pode aplicar imediatamente. Você já ouviu a expressão "Aula dada, aula estudada"? Esse é o mantra do design instrucional para cursos acelerados. Os cursos exigem que os alunos apliquem o conteúdo imediatamente por meio de tarefas contínuas. Quanto mais você usar as informações, mais chances terá de aprendê-las e retê-las.

Obviamente, se um curso é acelerado, você aprende mais informações em menos tempo. Em teoria, é possível concluir um curso na metade do tempo. Entretanto, a realidade é que a quantidade de informações que recebe depende de sua própria capacidade de absorver informações. Em outras palavras, se seu jarro (cérebro) estiver cheio de buracos (distraído ou desorganizado), não importa quanta água (conhecimento) você coloca. Nunca vai absorver tudo!

LEMBRE-SE

O mesmo ocorre com cursos acelerados. Sim, você recebe mais informações em menos tempo, mas é preciso estar certo de que terá tempo e estratégias de estudo para processar essas informações.

Dicas para completar cursos acelerados com êxito

DICA

Como ter êxito em um curso acelerado? Veja algumas diretrizes:

» **Matricule-se em apenas um curso de cada vez até saber que consegue acompanhar.** Você pode até mesmo encontrar programas de graduação que limitam o número de cursos e disciplinas que pode fazer simultaneamente no início, por essa mesma razão.

» **Estabeleça um cronograma definitivo de estudos.** A procrastinação não funciona bem online, mesmo para cursos de autoaprendizado. Recomendamos logins diários. (Fornecemos diretrizes gerais para bons hábitos de estudo no Capítulo 12.)

» **Estabeleça objetivos razoáveis de estudo.** Você não precisa responder a todas as postagens de discussão. Verifique os requisitos do curso, e exceda-os um pouco, sem exagero.

» **Se está com pouco tempo e precisa ler posts de discussão, responda aos primeiros dos autores originais.** A menos que seu professor diga que "você deve ler cada post", não tem problema pular algumas respostas aqui e ali.

» **Desenvolva um método para salvar links e recursos que gostaria de acessar posteriormente.** Para algumas pessoas, isso significa manter um documento aberto onde colam links e URLs. Para outros, significa abrir uma conta em uma ferramenta de favoritos sociais (como https://historio.us/ — em inglês). A questão é que você não precisa ler tudo imediatamente.

» **Salve projetos de um curso para outro.** Isso não é necessariamente para que possa republicá-los, mas para que utilize os recursos e métodos que já empregou anteriormente.

» **Alinhe as tarefas com seu trabalho.** Quando for possível, faça projetos de aprendizagem que também beneficiam seu trabalho. Ao fazer isso, você pode usar o tempo de trabalho para fazer as tarefas acadêmicas e o tempo de estudo para fazer suas atividades profissionais.

» **Antecipe-se, se possível.** Aproveite uma semana mais calma para adiantar os conteúdos da próxima.

» **Lembre-se de que a intensidade só durará oito semanas.** Há um grande conforto em saber que isso não durará para sempre, mesmo se adora o curso.

» **Se precisa desenvolver uma tese em seu curso, tente relacionar todas as suas tarefas com ela.** Escolha um tema logo no início dos estudos e pesquise diferentes perspectivas ao longo das disciplinas.

» **Separe tempo logo de início para o básico.** Aproveite para ler o conteúdo programático, familiarizar-se com a navegação e começar a ler os textos.

» **Aproveite as ferramentas síncronas.** Usar telefone, ferramentas de conferência online e outros itens é mais produtivo do que escrever e-mails quando está realizando um trabalho em grupo, especialmente durante o processo de organização.

90   PARTE 2 **Preparando-se para Aprender**

NESTE CAPÍTULO

» **Decidindo se um programa ou curso atende suas necessidades**

» **Encontrando uma instituição credenciada**

» **Fazendo as perguntas certas ao pesquisar instituições**

» **Selecionando instituições para se matricular**

Capítulo **5**

Fazendo Sua Tarefa: Avaliando Instituições

Uma das decisões mais difíceis que você precisa tomar quando decide voltar a estudar é qual instituição frequentar, especialmente quando considera a educação online. Durante a pandemia da Covid-19, as instituições mudaram muitos de seus programas e graduações para um formato totalmente online. Embora a mudança pretendesse ser temporária, esses programas foram reestruturados para funcionar bem online, e alguns deles ficaram permanentemente assim, e os estudantes nunca mais voltaram ao campus físico. Os alunos, portanto, têm mais opções para cursos e graduações totalmente online, tanto no Brasil como no exterior. Isso também significa que há mais concorrência para as faculdades. Como resultado, há também mais pressão para desenvolverem cursos online de qualidade que se concentram no aprendizado e na satisfação do estudante. Mais, mais e mais! É a oferta e a demanda!

Independentemente de qual instituição você escolha, há algumas diretrizes universais que podem ajudá-lo no processo de tomada de decisão. Este capítulo traz informações importantes sobre o que procurar e perguntas a fazer ao avaliar várias instituições.

CAPÍTULO 5 **Fazendo Sua Tarefa: Avaliando Instituições** 91

Focando Suas Necessidades em uma Instituição

Ao considerar o investimento financeiro de ter acesso à educação, você deve ver a si mesmo como um consumidor. Abordar a educação dessa maneira ajuda a organizar seus pensamentos e priorizar seus desejos e necessidades.

Considere o processo de compra de um carro. Quando o dinheiro está contado, o que você realmente precisa é de um veículo confiável que o leve do ponto A ao ponto B. Embora possa querer portas e janelas elétricas, partida sem chave, assentos aquecidos, um sistema de navegação e um teto solar, na verdade, não precisa disso tudo. Portanto, você é forçado a priorizar os recursos de acordo com o que precisa, com o que gostaria de ter e com o que pode passar. Também é preciso decidir quanto pode gastar. Ao tomar essas decisões antes de ir para a concessionária, você garante uma interação mais suave com o vendedor e se protege de ser induzido a comprar mais do que realmente precisa ou pode pagar. Você também ajuda o vendedor a melhor atender suas necessidades com o carro certo.

Preparar-se para entrar em um curso, especialmente online, é muito parecido com a compra de um veículo: você precisa priorizar suas necessidades e determinar quanto pode pagar, seja agora, seja pagando o empréstimo mais tarde. Por exemplo, se você trabalha, tem filhos e está com poucos recursos para uma creche, os cursos totalmente online sem obrigações presenciais podem ser sua prioridade máxima.

Na próxima seção, ajudamos você a desenvolver um checklist de elementos a serem considerados ao procurar participar de programas ou cursos online. Essas considerações incluem a avaliação das ofertas de programas/cursos, tipos e tamanhos das aulas, quanto tempo levam e se seus créditos/horas anteriormente obtidos serão transferidos.

Considerando seus interesses

A primeira coisa que deve decidir é o que você quer de sua educação. Se quiser avançar profissionalmente, verifique com os profissionais de carreira o tipo de diploma de que precisa. Por exemplo, se é enfermeiro e quer lecionar, talvez precise fazer um mestrado em enfermagem. Nem todas as instituições oferecem cursos de pós-graduação. Da mesma forma, há profissões que você pode exercer sem um diploma. Saber especificamente o que quer pode ajudá-lo a escolher uma instituição com o curso certo e a ênfase que atenda às suas necessidades. (A *ênfase* é a área específica dentro do assunto no qual quer se concentrar; por exemplo, dentro da educação, as ênfases incluem conteúdo programático e instrução, organização e liderança, e tecnologia instrucional e educação a distância, para citar algumas.)

Se não tem certeza do que quer fazer profissionalmente e deseja explorar múltiplas opções, considere uma instituição na qual possa ganhar experiência diversificada. Uma sugestão é matricular-se nos cursos básicos que são exigidos por quase todas as graduações e depois fazer cursos eletivos em uma variedade de campos nos quais possa estar interessado.

Em segundo lugar, decida se quer fazer algum de seus cursos em um campus tradicional. Em caso afirmativo, pesquise as instituições perto de você para ver se oferecem um programa que atenda aos seus objetivos acadêmicos. Talvez você precise pesquisar um pouco para saber que porcentagem dos cursos dentro do programa é oferecida online e com que frequência. Caso contrário, você precisa procurar programas que sejam oferecidos totalmente online.

Ao pesquisar uma instituição (para obter dicas sobre esse tópico, veja a seção posterior, "Conversando com as Pessoas Certas"), lembre-se de descobrir se a instituição exige que os alunos estejam no campus durante qualquer parte do programa. Algumas instituições exigem um programa de orientação presencial à custa do estudante. Essa pode ser uma experiência muito útil para o estudante, mas a participação implica em viagens e outras despesas.

Determinando se pode pagar por um curso

A educação não é barata. Portanto, o custo pode ser um fator determinante para seus estudos em uma instituição específica. Mesmo que diferentes instituições ofereçam graduações e cursos similares, podem variar muito em custo, especialmente entre cursos técnicos e faculdades ou universidades particulares. É importante não só saber se pode pagar a mensalidade, mas também deve descobrir se o programa no qual quer se matricular tem taxas adicionais, como materiais e serviços. Caso opte por fazer uso da ajuda financeira (veja o Capítulo 6), você precisa saber o custo estimado do seu curso e quanto deverá pagar por mês após a formatura. Fornecemos algumas perguntas específicas sobre os custos posteriormente neste capítulo, e detalhamos as opções de ajuda financeira no Capítulo 6.

Verificando o tamanho das turmas (e a proporção de alunos por professor)

Após refinar sua busca e selecionar algumas instituições que atendam às suas necessidades acadêmicas, pode começar a se concentrar em outros detalhes importantes, incluindo o tamanho da turma. É importante considerar instituições que ofereçam turmas que não sejam nem muito grandes nem muito pequenas, mas do tamanho certo. No ambiente online, o tamanho das turmas é importante. Se a turma for muito grande, o professor pode ter dificuldade em fornecer um feedback de forma adequada e administrar as discussões do curso, deixando você com pouca ou nenhuma orientação. Se a turma for muito pequena, talvez tenha dificuldade para manter o diálogo e o curso pode parecer chato e monótono. Do ponto de vista do professor, nós gostamos de turmas com 18 a 25 alunos.

Caso esteja buscando um programa mais independente com menos interação, uma turma menor pode se ajustar melhor ao seu estilo de aprendizado. Entretanto, a maioria das pesquisas indica que interação, comunicação e colaboração são peças importantes para programas online de sucesso. Os modelos independentes, também conhecidos como autoaprendizado, tendem a ser mais comuns no ambiente educacional corporativo, embora haja alguns no ambiente acadêmico. Se um alto nível de independência é importante para você, não deixe de discutir isso com seu conselheiro acadêmico de forma antecipada.

DICA

Há algumas restrições para conseguir o financiamento estudantil com relação a alguns cursos. Verifique com sua instituição de escolha. Isso quer dizer que precisará pagar a mensalidade integral. No entanto, sempre tente negociar um desconto!

Quando a educação online entrou em cena pela primeira vez em meados dos anos 1990, muitas instituições a viram como uma oportunidade de ganhar muito dinheiro colocando várias centenas de alunos em uma turma porque não estavam restritos pelo espaço físico. Foi uma ideia desastrosa. Os professores ficaram tão sobrecarregados com os números que não conseguiam dar qualquer tipo de atenção pessoal ou feedback de qualidade em um tempo razoável. Os cursos passaram a ser de autoaprendizado, e o professor foi simplesmente usado como pessoa de contato para responder a perguntas.

Muito foi aprendido desde então, mas algumas instituições ainda têm turmas com um tamanho irrealista que impedem os professores de fornecer instrução de qualidade. Portanto, descubra quantos alunos estarão em sua turma antes de se matricular.

Onde pode encontrar essa informação? Peça para falar com um representante do curso ou um orientador acadêmico. Eles saberão os limites das turmas e o histórico de matrículas.

LEMBRE-SE

No ambiente acadêmico, recomendamos que as turmas tenham um professor para cada 18 a 25 alunos.

Sabendo quanto tempo pode comprometer e como poderá gastá-lo

Um dos aspectos mais subestimados em relação à educação online é a quantidade necessária de tempo para completar um curso. O tempo exato que leva para participar com sucesso de um curso online é diferente para cada pessoa.

Um cálculo comum para determinar quanto tempo você deve dedicar ao curso é pegar o número de créditos dele e multiplicar por três. Por exemplo, um curso de três créditos deve exigir um mínimo de nove a doze horas de seu tempo por semana. Esse cálculo é feito supondo que o curso tenha 16 semanas de duração. Portanto, se estiver considerando um programa acelerado (veja o Capítulo 4 para mais informações), pense em quanto tempo extra isso acrescenta e determine se sua agenda permite esse nível de comprometimento.

Diversos fatores podem afetar quanto tempo você gasta em sua educação online. Esboçamos esses aspectos nas seções seguintes.

A curva de aprendizado em tecnologia

A maioria das instituições tem algum tipo de fórmula para determinar quanto tempo os estudantes precisarão gastar em tarefas para ganhar o respectivo número de créditos para um curso. No entanto, elas não consideram as proficiências de um indivíduo em informática, o que pode ter um impacto drástico no tempo que leva para completar as tarefas. Os alunos que levam mais tempo para navegar na internet ou aprender novas tecnologias precisam de mais tempo para completar as tarefas.

DICA

Ao pesquisar programas e cursos, pergunte sobre quais tecnologias são utilizadas e se há uma consistência em seu uso de semana a semana e de aula a aula. Isso o ajuda a entender que tipo de curva de aprendizagem talvez precise considerar ao administrar seu tempo. Você também pode perguntar se a instituição oferece orientações aos alunos sobre como utilizar suas ferramentas tecnológicas. Por exemplo, muitas instituições oferecem programas de orientação online ensinando aos alunos como usar sua plataforma de EAD, a principal fonte para a entrega do conteúdo do curso. Pergunte se pode acessar o sistema antes do início de seus cursos e consulte-o com a frequência necessária. (Falamos mais sobre plataformas de EAD no Capítulo 9.)

DICA

Pergunte se os cursos são "abertos" antes do dia oficial da aula. Às vezes, essa é uma política institucional; em outros momentos, cabe a cada professor. Isso permite que você entre, dê uma olhada e comece a se familiarizar com o ambiente da sala de aula virtual, sem a pressão de ter que aprender a se virar por lá com os prazos iminentes das tarefas.

LEMBRE-SE

No início, aprender a tecnologia da educação online leva tempo. Entretanto, com o tempo e com o uso repetido, ela fica mais fácil e rápida. Mesmo o aprendizado de tecnologias mais novas se torna mais fácil e acessível. Com a experiência obtida, você começará a notar características semelhantes e estruturas de navegação dentro de produtos semelhantes. Por exemplo, não importa qual navegador de internet você usa. Sabe que, quando abrir o programa, verá um lugar para digitar o URL, um botão Voltar e um botão Avançar. Essas funções podem estar em um local diferente em navegadores diferentes (Internet Explorer e Chrome, por exemplo), mas você sabe que as funções estão lá em algum lugar e onde procurá-las.

Encontros síncronos

Embora os encontros síncronos tenham alguns benefícios ótimos, eles consomem tempo e podem frustrar os alunos se não souberem a respeito previamente. Portanto, é importante saber com antecedência se o programa ou curso que está considerando requer encontros ao vivo e, se for o caso, em que dia e horário serão realizados. Assim, pode determinar se sua agenda permitiria que você assista à aula, assim como que tipo de arranjos no trabalho e/ou com as crianças precisaria fazer.

DICA

Confirme o fuso horário também. A maioria das sessões síncronas ocorrem à noite, mas 19h em um lugar pode ser 16h em outro, e isso pode ser um desafio com os horários do trabalho e de deslocamento.

Requisitos do curso

Por fim, e mais importante, você precisar ter certeza de que tem tempo suficiente em sua agenda para fazer o curso. Isso inclui realizar as tarefas de leitura, ler e postar nos fóruns de discussão e cuidar de outros documentos importantes, tais como o conteúdo programático e detalhes de tarefas. Também inclui o tempo necessário para realmente concluir tarefas, provas e projetos em grupo.

LEMBRE-SE

No ambiente presencial, a regra é que os alunos precisarão de duas ou três horas de estudos para cada hora em sala de aula. Para uma turma que se reúne durante três horas por semana, o tempo total gasto em aula e nos estudos seria de nove a doze horas semanais. Nas aulas online, os alunos devem esperar gastar aproximadamente a mesma quantidade de tempo total. O tempo que não é gasto em uma sala de aula física é gasto participando de discussões online e fazendo outras tarefas.

LEMBRE-SE

O cálculo anterior presume que o curso segue o ritmo padrão. Em um programa acelerado, a mesma quantidade de informação é apresentada na metade do tempo, aumentando drasticamente a quantidade de tempo necessário. Dependendo do curso, a carga horária pode dobrar, embora nem sempre seja o caso. Talvez seja necessário reservar de quinze a vinte horas por semana para um curso de três créditos em um programa acelerado. Agora você sabe por que recomendamos fazer apenas um curso de cada vez ao participar de um programa acelerado.

Planejando-se: Descobrindo se poderá transferir seus créditos

Vale a pena pensar no futuro ao decidir se matricular em uma faculdade ou universidade. Talvez você comece sua graduação online e a termine presencialmente, ou talvez planeje fazer o contrário. Considere as possibilidades futuras e certifique-se de que a instituição que escolher aceita essas possibilidades.

Trazendo os créditos de outra instituição

Muitos programas online aceitam créditos de outras instituições credenciadas. Entretanto, há diversas variáveis utilizadas para decidir se os créditos são transferíveis. Por exemplo, alguns programas de pós-graduação exigem apenas um diploma de graduação de uma faculdade credenciada e os créditos das matérias individuais não são uma preocupação. Entretanto, outros programas de pós-graduação exigem matérias específicas que podem ou não ter sido parte de seu currículo de graduação.

Outra variável é o tempo. É mais provável que os cursos concluídos recentemente sejam aceitos para transferência. Caso tenham se passado vários anos, a instituição pode pedir que você refaça certas matérias. Por exemplo, ciências, tecnologia, engenharia e matemática em geral têm um prazo de validade de sete anos, enquanto os cursos de pós-graduação podem ter outro prazo. Verifique com a instituição pretendida.

DICA

Quer tenha concluído as matérias recentemente, quer há muito tempo, lembre-se de pedir à instituição para avaliar seu histórico escolar antes de tomar sua decisão final sobre onde se matricular. Talvez tenha que pagar uma taxa de matrícula não reembolsável, mas vale a pena saber antecipadamente se haverá aproveitamento de estudos.

Após ser informado de que poderá fazer aproveitamento de estudos, certifique-se de obter uma transcrição oficial indicando quais créditos serão transferidos. Esse deve ser um documento formal em papel timbrado da instituição com um selo oficial, assinado por um administrador. Isso lhe proporciona proteção caso precise de evidências de transferência devido a mudanças de pessoal administrativo dentro da organização.

Mudando de uma instituição online para outra

Se quiser mudar de uma instituição online para outra, o processo deve ser exatamente o mesmo descrito na seção anterior. Mais uma vez, o fato de seus créditos terem sido obtidos em uma instituição credenciada não garante que serão totalmente transferidos, mas o credenciamento sem dúvida será uma qualificação mínima.

Mais para frente: As instituições vão aceitar as matérias que cursei online?

Depois de fazer cursos ou de terminar uma graduação online, talvez queira continuar estudando. Dependendo da instituição que escolheu frequentar, muitas pessoas que revisam seu histórico escolar nem mesmo saberão que o programa ou curso que fez era online. Esse é especialmente o caso de instituições que têm ofertas de cursos tanto no campus quanto online. Portanto, a transferência de cursos de uma instituição online para uma presencial não deve ser problema. Entretanto, o mesmo conceito de preparação antecipada se aplica aqui.

Se está transferindo créditos de um programa totalmente online e teme que seus créditos não sejam transferíveis, não se preocupe: desde que faça sua lição de casa ao escolher uma instituição online, você não deve ter problemas para transferir créditos — presumindo que estejam alinhados com o programa para o qual deseja transferir.

Se já souber no momento da matrícula em um programa online que planeja se transferir para outra instituição em alguns anos, pesquise tanto a instituição online como a presencial você tem em vista, e descubra se as matérias de uma poderão ser aproveitadas na outra. Fazer um pouco mais de pesquisa e verificar essa parte burocrática antes pode lhe poupar várias dores de cabeça no caminho.

DICA

Ao fazer sua pesquisa, não hesite em ligar e pedir ajuda a consultores ou outras pessoas. Talvez não esteja claro no site da instituição se os créditos específicos que ganhou de outra instituição serão aceitos. Para ter acesso rápido ao atendimento, veja se o site da instituição oferece um bate-papo ao vivo no qual você pode se conectar imediatamente com alguém que responda a perguntas, sem o incômodo de tentar descobrir para quem exatamente ligar.

Encontrando uma Instituição Credenciada/Autorizada

Em geral, voltar a estudar significa investir em seu futuro. Esse investimento não é barato, então é importante ter a certeza de que não está jogando dinheiro fora.

Antes de tudo, você deve procurar uma instituição que seja autorizada e credenciada. Esse é um processo pelo qual uma instituição cumpre com padrões de qualidade predeterminados. Tais padrões de credenciamento são determinados e monitorados pelo Ministério da Educação (MEC).

Nesta seção, falamos sobre as formas de determinar a credibilidade e a qualidade de uma instituição.*

---

* N. da E.: Algumas referências são ao sistema educacional dos EUA. Para a realidade brasileira, acesse o site do MEC.

Reconhecendo os dois tipos de credenciamento

As próprias instituições podem ser reconhecidas, e também os cursos oferecidos. (E sim, uma instituição reconhecida pode ter cursos não reconhecidos.)

O primeiro tipo é o credenciamento institucional, o que significa que todas as partes da instituição trabalham bem em conjunto para cumprir sua missão geral. Particularmente nos Estados Unidos, existem organizações nacionais e regionais de concessão de credenciamento. Embora a acreditação nacional possa parecer um nível mais elevado, a regional tende a ser mais confiável. Com relação ao credenciamento regional, os Estados Unidos estão divididos em seis regiões, que são atendidas por oito organizações. (Veja o box "Agências de credenciamento regional dos EUA" para descobrir quais agências cobrem quais estados).

O segundo tipo de credenciamento é chamado de especializado, ou programático. Isso significa que um programa específico dentro da instituição completou com sucesso o processo de credenciamento relevante à sua área. Por exemplo, se observar o programa educacional da Universidade de Eastern Illinois, verá que ele é credenciado pelo nível especializado da Comissão de Instituições da Associação de Faculdades e Escolas do Centro Norte e pelo Conselho Nacional de Credenciamento de Educação de Professores dos EUA para a preparação de professores do ensino fundamental e médio e pessoal de serviços escolares. Isso significa que essa faculdade atende aos padrões gerais de qualidade acadêmica, além dos padrões específicos para a formação de futuros professores. A maioria dos credenciadores especializados confere o status somente a programas dentro de uma instituição credenciada regionalmente. Entretanto, este nem sempre é o caso. Alguns credenciam instituições que não são credenciadas regionalmente.

LEMBRE-SE

Ao pesquisar universidades, centros universitários e faculdades, investigue se a instituição é credenciada e, em caso afirmativo, em que nível. Não se surpreenda se descobrir que alguma faculdade é credenciada no nível da instituição, mas não no nível do programa. Depende simplesmente dos programas que a instituição oferece e do nível de conclusão do programa oferecido. Nos Estados Unidos, por exemplo, a maioria das faculdades comunitárias oferece cursos de matemática suficientes para atender aos pré-requisitos gerais de estudos, mas não oferecem um diploma em matemática. Portanto, não é provável que elas tenham um programa de matemática credenciado.

AGÊNCIAS DE CREDENCIAMENTO REGIONAL DOS EUA

Apresentamos neste box uma lista dos credenciadores regionais reconhecidos pelo Departamento de Educação dos EUA como qualificados para conferir o credenciamento a instituições que atendam a seus padrões de qualidade predeterminados. Diferentes agências concedem credenciamento a diferentes tipos de instituições. Por exemplo, uma agência pode credenciar instituições técnicas, enquanto outra pode credenciar instituições de ensino superior. Para obter uma lista completa de agências regionais e nacionais, e seu escopo de reconhecimento, como reconhecido pelo Departamento de Educação dos EUA, visite o site `www2.ed.gov/admins/finaid/accred/accreditation_pg6.html`.

Eis a lista [sites com conteúdo em inglês]:

- **Associação de Faculdades e Escolas dos Estados Centrais, Comissão de Ensino Superior dos Estados Centrais (MSCHE):** Atendendo Delaware, Distrito de Colúmbia, Maryland, Nova Jersey, Nova York, Pensilvânia, Porto Rico e Ilhas Virgens dos EUA.

  `www.msche.org`

- **Associação de Escolas e Faculdades de New England, Comissão de Ensino Superior (NEASC–CIHE):** Atendendo Connecticut, Maine, Massachusetts, New Hampshire, Rhode Island e Vermont.

  `https://neasc.org`

- **Associação de Escolas e Faculdades de New England, Comissão de Instituições Técnicas e de Carreiras (NEASC–CTCI):** Atendendo instituições de ensino médio com programas técnicos, bem como instituições de ensino superior e universidades que fornecem principalmente educação técnica para certificados, associados e bacharéis em Connecticut, Maine, Massachusetts, New Hampshire, Rhode Island e Vermont.

  `https://ctci.neasc.org`

- **Associação de Escolas e Faculdades Norte Central, Comissão de Aprendizado Superior (NCA–HLC):** Atendendo Arizona, Arkansas, Colorado, Illinois, Indiana, Iowa, Kansas, Michigan, Minnesota, Missouri, Nebraska, Novo México, Dakota do Norte, Ohio, Oklahoma, Dakota do Sul, Virgínia Ocidental, Wisconsin e Wyoming, incluindo escolas da Nação Navajo.

  `www.hlcommission.org`

- **Comissão Noroeste de Faculdades e Universidades (NWCCU):** Atendendo Alasca, Idaho, Montana, Nevada, Oregon, Utah e Washington.

  `www.nwccu.org`

- **Associação Sul de Faculdades e Escolas, Comissão de Faculdades (SACS):** Atendendo Alabama, Flórida, Geórgia, Kentucky, Louisiana, Mississippi, Carolina do Norte, Carolina do Sul, Tennessee, Texas e Virgínia.

  https://sacscoc.org

- **Associação Oeste de Escolas e Faculdades, Comissão de Credenciamento para Faculdades Comunitárias e Júnior (WASC-ACCJC):** Atendendo faculdades comunitárias e júnior na Califórnia, no Havaí, nos territórios norte-americanos de Guam e Samoa Americana, na República de Palau, nos Estados Federados da Micronésia, na Comunidade das Ilhas Mariana do Norte e na República das Ilhas Marshall.

  https://accjc.org

- **Associação Oeste de Escolas e Faculdades, Comissão de Credenciamento para Faculdades Seniores e Universidades (WASC-ACSCU):** Atendendo faculdades seniores e universidades na Califórnia, no Havaí, nos territórios norte-americanos de Guam e Samoa Americana, na República de Palau, nos Estados Federados da Micronésia, na Comunidade das Ilhas Mariana do Norte e na República das Ilhas Marshall.

  www.wscuc.org

PAPO DE ESPECIALISTA

Para obter e manter o status de credenciamento, uma instituição deve participar de um processo contínuo que avalie seus recursos, programas, avaliações e autoavaliações. O resultado final é que uma instituição credenciada tem que documentar como está cumprindo os padrões de qualidade. O processo de credenciamento inicial pode levar mais de dois anos para ser concluído. Depois disso, o ciclo se repete aproximadamente a cada sete a dez anos, dependendo das diretrizes estabelecidas pelo Ministério da Educação.

Vendo os benefícios do reconhecimento

O status de reconhecimento é importante tanto para você quanto para a instituição. Sob o ponto de vista da instituição, isso proporciona credibilidade e status dentro da comunidade acadêmica, e se torna uma importante ferramenta de marketing. As instituições reconhecidas também conseguem atrair mais estudantes mais qualificados, como você.

Dentre os benefícios sob sua perspectiva como aluno estão:

>> Saber que os padrões de qualidade foram avaliados e cumpridos.

>> Poder fazer seu marketing pessoal para possíveis empregadores que buscam candidatos de instituições e programas reconhecidos.

>> Aumentar suas chances para a pós-graduação. Ter um diploma de graduação de uma instituição reconhecida é praticamente um requisito mínimo ao se candidatar a uma pós-graduação. Embora isso não garanta que conseguirá eliminar matérias, certamente será de grande ajuda.

>> Ter mais chances de obter ajuda financeira. Os alunos de instituições não reconhecidas podem não ter o direito de assistência acadêmica, como os programas federais de reembolso e de auxílio.

Determinando se um programa online é reconhecido

A maioria das instituições se orgulha de seu status de reconhecimento e quer exibi-lo. Portanto, determinar se uma instituição é reconhecida geralmente não é difícil. Na maioria dos casos, pode descobrir visitando o site da instituição e clicando no link Sobre Nós ou Institucional. Se não conseguir encontrá-lo no site, seu orientador acadêmico com certeza poderá compartilhar essas informações com você.

CUIDADO

A demanda por métodos alternativos de educação para atender às necessidades de adultos ocupados aumentou drasticamente na última década. Infelizmente, como resultado, várias instituições tentaram capitalizar rapidamente essa situação criando fábricas de diplomas, que são instituições não reconhecidas que oferecem diplomas rápidos e online sem padrões de qualidade ou corpo docente devidamente treinado. Veja algumas coisas com as quais tomar cuidado e que podem identificar uma instituição como uma fábrica de diplomas:

>> A instituição tem um nome muito parecido com o de uma universidade bem conhecida.

>> A instituição não é reconhecida nem autorizada pelo MEC.

>> Os alunos conseguem se formar em pouquíssimo tempo comparado com outras instituições. Ninguém consegue se formar em trinta dias, acredite.

>> Não há critérios de admissão. Por exemplo, se está pesquisando um curso de especialização em enfermagem que não exige nenhuma experiência clínica, tenha cuidado.

>> O custo para frequentar a instituição é muito menor do que qualquer outra faculdade ou universidade que oferece o mesmo curso.

Em resposta, surgiu um movimento igualmente agressivo para estabelecer padrões de qualidade para cursos online. Nos Estados Unidos, organizações como a Quality Matters (www.qualitymatters.org — em inglês) fornecem às instituições referências e um processo que podem utilizar para garantir a qualidade na forma como oferecem cursos online. As instituições podem conduzir outras avaliações internas. Como o credenciamento é institucional e inclui a educação tradicional em sala de aula, bem como aulas online, não deixe de perguntar a todas as instituições de seu interesse como monitoram a qualidade de seus programas online.

Outros fatores que contribuem com a credibilidade de uma instituição

Ao conduzir suas pesquisas sobre o status de autorização e reconhecimento de uma instituição, você também deve procurar outros sinais de que ela é confiável. Nesta seção, apresentamos alguns critérios adicionais para avaliar programas e cursos online. Eles incluem prêmios e reconhecimentos recebidos, assim como as pesquisas realizadas na instituição. Na maioria dos casos, as instituições destacam essas informações em seus sites como uma forma de potencializar as campanhas de marketing.

Prêmios e reconhecimento nacionais

Um dos melhores indicadores de qualidade é o reconhecimento nacional de organizações profissionais. Dois tipos de prêmios são concedidos especificamente para programas acadêmicos online ou cursos individuais. O primeiro tipo de prêmio se concentra na integridade acadêmica e no currículo geral de um programa, na taxa de graduação e/ou nas contribuições para a área. Esses prêmios são patrocinados pelas principais organizações profissionais dentro das disciplinas características do curso.

Vários prêmios também podem ser obtidos especificamente pelo desenvolvimento e implementação de cursos online individuais baseados em design de qualidade. Para ganhar o prêmio, os professores devem demonstrar que seu curso online cumpriu padrões de qualidade específicos baseados em pesquisa e melhores práticas da educação online.

Outros prêmios nos quais pode ficar de olho são aqueles outorgados aos professores. Os prêmios do corpo docente por trabalho na área ou excelência no ensino são ambos indicadores de qualidade.

DICA

Quality Matters é uma organização líder no fornecimento de padrões de qualidade baseados em pesquisa para o desenvolvimento de cursos online nos EUA. No sistema americano, uma pergunta que pode ser feita às instituições é se elas se inscrevem e treinam os professores seguindo padrões de projetos como os da Quality Matters. Devido aos custos de assinatura para participar do programa, algumas instituições criaram seus próprios padrões com base em critérios similares. A parte mais importante é que a instituição reconhece a necessidade de tais padrões, oferece oportunidades profissionais com relação a eles e reconhece e promove os professores cujos cursos atendem aos padrões.

Liderando as iniciativas de pesquisa sobre a EAD

Outro indicador de qualidade é se o corpo docente estuda o impacto da educação online — por exemplo, nos Estados Unidos, a Peen State World Campus, em University Park; a Universidade de Wisconsin, em Madison; a Universidade Nova Southeastern, em Fort Lauderdale; e a Universidade de Indiana, em Bloomington, são todas conhecidas por suas pesquisas em educação online. Embora em geral tais pesquisas sejam realizadas localmente e dentro da Faculdade de Educação, os resultados podem ser usados para treinar professores de outros departamentos e instituições ao redor do mundo. Isso pode lhe dizer muito sobre a atitude da instituição em relação à educação a distância: aqueles que pesquisam a educação online tendem a apoiá-la.

Participação em consórcios

Uma última consideração é a filiação a um consórcio, ou grupo de instituições com os mesmos interesses. A participação não garante qualidade ou reconhecimento, mas aqueles que aderem são mais propensos a oferecer programas e serviços legítimos. Ao aderir a um consórcio, as instituições têm acesso a treinamento, pesquisa de campo e práticas de ponta que ajudam a garantir a qualidade.

Nos EUA, o consórcio mais conhecido é o Online Learning Consortium (`https://onlinelearningconsortium.org`), uma comunidade de instituições comprometidas a melhorar seu próprio entendimento e práticas relacionadas à qualidade do aprendizado online, híbrido e digital.

No Brasil, o Consórcio Cederj foi criado em 2000, com a finalidade de democratizar o acesso ao ensino superior público, gratuito e de qualidade na modalidade Educação a Distância (EaD). Reúne instituições públicas do Rio de Janeiro como CEFET, UENF, UERJ, UFF, UFRJ, UFRRJ e UNIRIO.

Conversando com as Pessoas Certas

Agora que lhe demos algumas coisas para pensar ao escolher uma instituição acadêmica, é hora de apresentá-lo a algumas pessoas importantes para conversar: seu conselheiro acadêmico, o corpo docente e outros estudantes. Nesta seção, apresentamos uma lista de perguntas que pode fazer a cada uma dessas pessoas.

A comunicação com uma variedade de pessoas que têm tanto uma conexão interna (professores e funcionários pagos pela instituição) como externa (estudantes) pode ajudá-lo a obter múltiplas perspectivas em relação ao programa em potencial ou a um curso em particular. Elas podem acontecer por telefone ou via e-mail. De qualquer forma, sempre ajuda estar preparado e anotar suas perguntas com antecedência.

DICA

Ao falar sobre temas que afetam sua posição acadêmica ou situação financeira, solicite que qualquer decisão tomada seja documentada por escrito ou documente você mesmo a conversa. Por exemplo, depois que um coordenador lhe disser que a carga horária de uma graduação anterior será aceita, envie um e-mail resumindo o acordado e solicite uma resposta de confirmação. Isso o protege caso haja uma mudança de coordenador e precise justificar suas ações para outra pessoa.

Conversando com um conselheiro acadêmico sobre a instituição

Em alguns casos, o primeiro contato que você terá com qualquer instituição é um conselheiro/orientador acadêmico. O papel dessa pessoa é duplo. Sua primeira tarefa é servir como um elo entre o público e a instituição. O recrutamento de novos estudantes é geralmente uma tarefa primária dessa pessoa, embora algumas instituições separem a função e tenham recrutadores dedicados que levam você ao conselheiro acadêmico quando manifestar mais interesse em se matricular na instituição.

A segunda e mais importante tarefa de um conselheiro acadêmico é ajudar você a planejar suas aventuras acadêmicas. O conselheiro acadêmico responde a perguntas, coleta seus dados e o conduz pelo processo de matrícula. O orientador deve estar disponível para ajudá-lo não apenas durante o processo inicial de inscrição e matrícula, mas também ao longo de sua carreira acadêmica, quando necessário. Aproveite o conhecimento dessa pessoa e tente obter o máximo de informação possível antes de decidir se matricular. Mais uma vez, quanto mais preparado estiver antes de conhecer seu conselheiro, melhor. Portanto, seguem algumas perguntas que deve estar pronto para fazer:

> **Quais cursos estão disponíveis?** Pode parecer uma pergunta simples, mas é importante. Saber quais cursos estão disponíveis, e quando, ajuda você a decidir quando pode começar a fazer as aulas e em que ordem. Por exemplo, se precisa fazer uma matéria introdutória como pré-requisito para outras matérias, deve então saber quando ela será oferecida.

> **Quais pré-requisitos preciso?** Aqui temos de novo o assunto do planejamento. Determinar os pré-requisitos de cada matéria lhe diz a ordem em que precisa fazê-las. Prestar atenção a esses detalhes o ajuda a evitar perder um semestre porque precisa esperar que uma das matérias de pré-requisito seja oferecida.
>
> Se precisar de matérias adicionais porque algumas que já havia cursado não foram aceitas, precisará saber se estão sendo oferecidas. Caso contrário, talvez tenha que fazê-las em outro lugar primeiro.

> **Qual é a taxa de retenção de alunos — quer dizer, quantos alunos retornam para o período seguinte?** Esta pergunta é reveladora. Ter um pequeno número de estudantes desistindo por uma razão ou outra é bastante comum em

todos os programas acadêmicos. Entretanto, você precisa ter cuidado com os programas que têm uma taxa de retenção inferior a 85%.

Uma boa pergunta complementar a ser feita é se o programa documenta o motivo pelo qual os estudantes desistem. Em caso afirmativo, pergunte sobre as razões mais comuns para a desistência. Isso pode lhe dizer se os alunos estão desistindo por motivos pessoais ou do próprio programa. Se um grande número de alunos desistir porque o programa é muito difícil, pois requer mais tempo do que o esperado, ou porque é mais difícil aprender a tecnologia utilizada do que o conteúdo das matérias, seja cauteloso quanto a se matricular.

» **Que tipos de serviços acadêmicos estão disponíveis?** Esta pergunta é extremamente importante para os estudantes que fazem cursos online. É preciso estar seguro de que a instituição pode lhe fornecer uma variedade de recursos a distância. Por exemplo, pergunte se ela fornece acesso a serviços como biblioteca, tutoria acadêmica e desenvolvimento de carreira após a graduação.

Não deixe de perguntar como esses serviços são prestados. Algumas instituições oferecem aos alunos online os mesmos serviços que aos seus alunos presenciais, então é preciso ir até o campus. Descubra se a instituição está preparada para fornecer esses serviços a distância usando uma variedade de tecnologias.

» **Qual é a taxa de colocação dos formandos no mercado de trabalho?** Fazer essa pergunta é uma ótima maneira de descobrir a reputação do programa. Também pode ajudá-lo a avaliar como é o mercado de trabalho da área que está considerando estudar.

» **Quais são as qualificações do corpo docente?** Se os cursos são ministrados por professores de tempo integral, titulares ou adjuntos, é menos importante do que as qualificações mínimas para lecionar no curso. Ter uma ideia das qualificações dos professores ajuda a compreender as habilidades e os conhecimentos daqueles que fornecerão a instrução.

» **Quando preciso me decidir e matricular?** Ao fazer essa pergunta, certifique-se de conhecer os vários prazos para que não se sinta pressionado a tomar uma decisão imediatamente. Note que algumas instituições podem oferecer um desconto para começar mais cedo se as matrículas no momento não estiverem tão altas quanto eles querem. Mesmo assim, faça questão de tirar o tempo que for necessário para tomar a decisão certa para você.

» **Quanto tempo dura cada período?** Os alunos geralmente perguntam isso porque querem saber se a instituição vai interferir em férias já programadas, em um casamento familiar ou em outro evento. O bom da educação online é que, desde que você tenha um computador com acesso à internet, ainda pode ir à faculdade. Entretanto, se estiver planejando férias em um local onde não terá acesso à internet (ou se realmente não quiser interromper sua lua de mel para estudar), não se surpreenda se a instituição ou o professor individual lhe pedir para fazer a aula em outro horário. A participação é uma parte tão grande da educação online que, se não puder participar, não valerá a pena.

» **Quando as aulas começam?** Algumas instituições fornecem apenas duas datas de início por ano: fevereiro ou agosto. Outras instituições, especialmente as que oferecem programas acelerados, permitem que os alunos iniciem as aulas em muitas outras datas. Se precisar usar a ajuda financeira, certifique-se de que ela esteja disponível quando você quiser começar. O momento de seu início pode impedi-lo de conseguir o financiamento estudantil. (Para saber mais sobre os fatos financeiros da educação online, veja o Capítulo 6).

» **Tem alguma taxa adicional?** É importante saber se deverá pagar taxas adicionais além das de inscrição e mensalidades. Essas taxas adicionais podem incluir taxas por hardware, software ou serviços do campus. Os serviços do campus podem incluir itens como um endereço de e-mail da instituição, espaço no servidor para armazenamento de arquivos, uma assinatura de e-Portfólio ou outros serviços similares. A instituição não deve incluir taxas padrão para serviços fornecidos apenas aos alunos presenciais, como enfermaria ou acesso à academia — coisas das quais você obviamente não poderá participar.

» **Qual é o custo dos livros e de outros materiais necessários?** Livros não são baratos, e algumas pessoas se surpreendem com o quanto um único livro didático pode custar. Você conseguirá organizar melhor seu orçamento se souber qual será o custo médio dos livros e materiais por período. Livros didáticos e materiais são atualizados com frequência, então talvez não consiga chegar a um valor exato, mas deve conseguir ter uma boa estimativa.

» **Quantos alunos podem ser matriculados por curso?** Você se lembra de nossa discussão anterior sobre os benefícios e desafios de cursos que são muito pequenos ou muito grandes? Essa pergunta pode ajudá-lo a determinar se seu professor talvez tenha dificuldades em dar um feedback de qualidade pelo simples número de alunos na turma.

» **Quanto tempo leva para me formar?** A resposta a essa pergunta depende de quantas matérias você faz ao mesmo tempo e se a instituição exige que você siga uma sequência prescrita de cursos/matérias. Também é importante descobrir se há um período máximo de tempo para a obtenção do diploma. Alguns programas exigem que os alunos completem o curso dentro de 6 ou 7 anos.

» **Qual é a política de reembolso?** A resposta a essa pergunta o informará até quando pode sair de um curso e ainda receber reembolso total. A maioria das instituições lhe devolve uma porcentagem de quanto pagou com base em quando você decidiu abandonar um curso. Por exemplo, pode ser que tenha três dias para desistir de um curso para obter o reembolso total, ou receber 50% do seu dinheiro de volta se desistir antes do final da segunda semana.

» **Como os alunos online podem fazer reclamações para a instituição?** As instituições que oferecem cursos online aos alunos devem ter um processo de reclamação em vigor que proporcione medidas claras que os alunos possam tomar para apresentar uma reclamação. Pode ser que o processo seja concluído e acompanhado totalmente a distância, utilizando tecnologias como e-mail, telefone e videoconferência.

» **E se precisar parar temporariamente?** A vida tem suas necessidades e às vezes os alunos precisam parar o curso temporariamente devido a outros compromissos. Você deve saber qual é a política da instituição sobre isso e

CAPÍTULO 5 **Fazendo Sua Tarefa: Avaliando Instituições** 107

de que maneira afetará eventos como a data de sua formatura e a concessão de financiamento estudantil. Também é importante saber por quanto tempo poderá ficar parado e quando poderá recomeçar. Entenda que o fato de parar e reiniciar seus estudos pode atrasar sua formatura por vários meses, dependendo da frequência com que as matérias necessárias são oferecidas.

DICA

O Programa de Proteção e Defesa do Consumidor, mais conhecido como PROCON, é um órgão da Secretaria de Estado do Desenvolvimento Econômico Sustentável criado em 1988 para atender a uma disposição constitucional, visto que o artigo 170 estabelece a defesa do consumidor como um dos princípios gerais da atividade econômica. Verifique a instituição desejada no PROCON do seu estado, para saber se ela está atingindo os padrões mínimos de qualidade para a educação a distância, incluindo o fato de manter diretrizes claras sobre custos, reembolsos e reclamações. Para acessar o site do PROCON em seu estado, use o endereço a seguir, inserindo a sigla do seu estado onde está em negrito: (https://www.procon.sc.gov.br).

Perguntando a um membro do corpo docente sobre o curso

Durante o contato com o orientador acadêmico, peça para falar com um membro do corpo docente sobre o curso no qual quer se matricular. Alguém que leciona dentro do programa pode lhe dar uma perspectiva diferente, especificamente no que diz respeito ao conteúdo programático, aos tipos de tarefas e ao compromisso de tempo necessário para participar com sucesso do programa. Algumas perguntas importantes para fazer são:

CUIDADO

Se a instituição não quiser deixá-lo falar com um professor, considere a possibilidade de pesquisar outras instituições. A disponibilidade do corpo docente antes de se matricular pode ser indicativa da disponibilidade deles após sua matrícula. No entanto, por outro lado, seja paciente e dê a seu orientador tempo suficiente para localizar um professor que esteja disponível para falar com você.

>> **Que tipo de treinamento é exigido do corpo docente nesta instituição?** Esta é uma pergunta útil porque permite descobrir se os professores são obrigados a participar do desenvolvimento profissional específico da educação online.

108   PARTE 2 **Preparando-se para Aprender**

LEMBRE-SE

A maioria dos programas exige que os professores tenham experiência na matéria que lecionam. No entanto, nem todos exigem que os professores tenham qualquer experiência com o ensino online. Instituições que requerem ou fornecem treinamento adicional específico para esse tópico tendem a ter professores mais bem preparados para lecionar online.

» **O que posso esperar em relação ao volume das atividades?** Esta pergunta pode parecer repetitiva, mas fazê-la a um membro do corpo docente dentro do programa lhe dá uma ideia das expectativas dos professores em relação ao tempo que você deve planejar gastar com as atividades acadêmicas.

» **Qual é o tempo padrão de resposta dos professores?** Ao perguntar isso a um membro do corpo docente, você está meio que pressionando-o para ver seu nível de comprometimento em responder rapidamente às perguntas via e-mail ou telefone. Você deve receber uma resposta parecida com esta: "Os professores desta instituição são obrigados a responder às perguntas dos estudantes dentro de 48 horas. No entanto, muitos professores, incluindo eu mesmo, estão comprometidos com o sucesso dos alunos e verificam os e-mails e fazem login no curso algumas vezes ao dia. Isso garante uma resposta rápida para que os alunos possam avançar com os estudos." Talvez você não receba exatamente esse nível de compromisso, mas definitivamente não vai querer ouvir que o corpo docente verifica os e-mails apenas duas vezes por semana.

» **Como obtenho ajuda, se precisar?** Será útil fazer esta pergunta logo após a anterior. Ela permite ver se o programa em que deseja se matricular tem um processo estabelecido para obter ajuda. A resposta desejada deve ser algo assim: "Dentro de cada curso, os alunos encontrarão as informações de contato necessárias para o professor, o suporte técnico e o aconselhamento acadêmico, incluindo endereços de e-mail, números de telefone e outras informações importantes necessárias para entrar em contato conosco para obter ajuda. Há também um fórum público de discussão no curso em que você pode fazer perguntas aos seus colegas, assim como ao seu professor. Desta forma, os alunos podem participar das respostas às perguntas uns dos outros, e talvez consigam até responder com mais rapidez do que o professor, simplesmente porque estão em um número maior."

Conversando com outros alunos sobre suas experiências

Para obter uma verdadeira compreensão do que pode vivenciar no curso, pergunte ao orientador se é possível obter as informações de contato de um aluno atual ou de um recém-formado no programa. Essa pessoa pode responder às suas perguntas de uma forma que ninguém mais responderá, e as informações obtidas provavelmente serão as mais valiosas para você em sua busca. Entretanto, não se surpreenda se algumas instituições hesitarem em fazer isso. Não é necessariamente porque não querem compartilhar as informações; elas apenas querem proteger a privacidade de seus alunos. Você vai querer que eles façam o mesmo por você, caso se matricule.

DICA

Muitos alunos compartilham suas experiências em redes sociais, como o LinkedIn. Verifique se a instituição tem um perfil no LinkedIn e se as pessoas

CAPÍTULO 5 **Fazendo Sua Tarefa: Avaliando Instituições**   109

se identificam publicamente como alunos, atuais ou já formados. Se for o caso, você pode enviar uma mensagem educada perguntando sobre sua experiência.

Você notará que as perguntas a seguir são mais abertas do que aquelas que sugerimos anteriormente — isso é para que possa ter uma conversa mais informal:

» **Como está sendo/foi sua experiência?** Perguntar isso abre uma ampla gama de opções e permite que a pessoa pense sobre quais foram suas experiências mais importantes. Ao fazer essa pergunta, você poderá descobrir sobre a parte acadêmica, sobre quanto tempo precisa dedicar ou até mesmo sobre a rede geral de apoio fornecido pela instituição.

» **Qual é a melhor parte?** A resposta a essa pergunta é importantíssima, assim como se a pessoa está entusiasmada em respondê-la. Pode ser bastante encorajador ouvir alguém todo animado contando sobre as coisas maravilhosas que o programa tem a oferecer.

» **O que o deixou frustrado?** Para ter um panorama do curso, você deve perguntar o que a pessoa vê como aspectos positivos e negativos do programa. Entretanto, tenha cuidado com essa pergunta: mesmo sendo importante, é bom não se concentrar muito nos aspectos negativos. Busque respostas abertas e honestas que vão direto ao ponto. Como seres humanos, todos nós temos a capacidade de encontrar o negativo em qualquer coisa. Tente manter-se focado no panorama e não nos detalhes, porque as experiências de cada aluno são diferentes.

» **Como você avaliaria a qualidade?** Obter a perspectiva de um aluno sobre a qualidade de um programa não tem preço. Isso permite que você saiba se a pessoa recomendaria o programa a outros, e por quê. Fazer essa pergunta a um graduado que entrou recentemente no mercado de trabalho também pode ajudá-lo a determinar se as informações e habilidades aprendidas no programa puderam ser aplicadas no local de trabalho.

» **Como são os professores?** Ao fazer essa pergunta, você obtém a percepção de uma pessoa sobre as qualificações e habilidades de ensino do corpo docente. Mais uma vez, lembre-se de permanecer focado no panorama. Tente evitar saber de todos os aspectos negativos ou positivos de cada professor (embora não prejudique saber com qual professor você deve ansiar para ter aulas).

Limitando Suas Opções

Certo, então você foi apresentado a uma variedade de pessoas, fez perguntas e documentou as respostas. E agora? É hora de decidir qual instituição vai frequentar. Considere a seguinte lista de itens ao tomar sua decisão final. Considere também fazer um gráfico que o ajude a avaliar os prós e os contras de cada instituição com base nestes itens:

» **Parte acadêmica:** O curso atende meus objetivos acadêmicos?

» **Custo:** Consigo pagar o curso, ou há ajuda financeira disponível? Caso faça um financiamento estudantil, quais serão as condições de pagamento? Vou conseguir pagá-los?

» **Volume de atividades:** É um volume que consigo acompanhar com base na minha situação de vida/trabalho atual, ou consigo reorganizar minha agenda para acomodar as atividades acadêmicas que acontecerão?

» **Tempo:** A duração do curso ou do programa é viável com base no volume de atividades? Consigo me formar dentro de um período de tempo razoável?

» **Recursos disponíveis:** Que tipos de recursos estão disponíveis se precisar de ajuda (biblioteca, suporte técnico, ajuda acadêmica, aconselhamento e assim por diante)? Esses recursos são adequados com base em minhas necessidades?

» **Independência:** Qual é o nível de independência que terei no curso? Haverá trabalhos em grupo? Qual é o nível de envolvimento dos professores? Vou poder estudar seguindo meu próprio ritmo?

» **Adequação geral:** No geral, este curso se adequa à minha personalidade e às minhas preferências de aprendizado?

CAPÍTULO 5 **Fazendo Sua Tarefa: Avaliando Instituições** 111

112   PARTE 2 **Preparando-se para Aprender**

> **NESTE CAPÍTULO**
>
> » **Entendendo o processo de inscrição**
>
> » **Juntando formulários e documentos necessários**
>
> » **Estimando os custos acadêmicos**
>
> » **Decidindo como pagar pelo curso**
>
> » **Obtendo ajuda financeira do governo**

Capítulo 6

Inscrevendo-se e Garantindo a Grana

Depois de decidir qual curso quer fazer e onde, o próximo passo é se inscrever em uma faculdade. (É claro, algumas pessoas se inscrevem em mais de uma faculdade de cada vez, mas o Capítulo 5 pode ajudá-lo a restringir a seleção.) Na primeira parte deste capítulo, nós o acompanhamos no processo de inscrição. Em seguida, apresentamos os formulários que você usará, bem como algumas estratégias para fazer com que sua inscrição fique em destaque.

O restante deste capítulo aborda a questão de 1 milhão de dólares: quanto custará sua educação, e como você pagará por ela? (Ok, a mensalidade e outras despesas podem não custar de fato 1 milhão de dólares, mas quando você estiver somando todas as suas despesas, pode parecer que sim.) Nós lhe damos uma visão geral dos custos da mensalidade, bem como detalhes sobre o programa de ajuda financeira federal.

Inscrevendo-se em um Curso Online

Quando tiver decidido em qual faculdade ou universidade se inscrever, provavelmente já terá preenchido um formulário de informações online para receber mais detalhes sobre as ofertas da instituição. (Consulte o Capítulo 4 para obter mais detalhes sobre este tópico.) Depois que der esses primeiros passos preliminares e informar às instituições seu endereço de e-mail, elas compartilham o processo de inscrição. Você recebe um e-mail com links para formulários e instruções, incluindo as taxas que podem estar envolvidas. Muitas vezes, versões impressas também estão disponíveis.

Este processo é semelhante ao das faculdades presenciais: preencha os formulários de inscrição, escreva uma ou duas redações e envie documentos que mostrem suas realizações e seu grau de estudo até o momento. Nas seções seguintes, descrevemos um típico processo de inscrição, que não é específico a nenhuma instituição individual. Desta forma, você pode ver os tipos de informação que a maioria das faculdades solicita e então se preparar de acordo.

LEMBRE-SE

Nas seções seguintes, falamos apenas sobre a inscrição em instituições online. Se quiser se inscrever em um programa online por meio de sua faculdade local, provavelmente será solicitado a completar o processo de inscrição no campus, o que pode incluir testes de matemática ou de português.

LEMBRE-SE

Caso se inscreva para mais de uma instituição ao mesmo tempo, precisará preencher formulários específicos de cada uma. No entanto, talvez possa enviar o mesmo currículo ou redação para mais de uma.

Formulários básicos de inscrição

Sua viagem começa com a papelada. Você encontrará formulários tanto em formato digital quanto em papel. Em vez de usar versões em papel, talvez seja solicitado a preencher formulários online. As instituições que usam formulários em papel podem direcioná-lo para um site no qual você pode baixar e imprimir seus próprios formulários.

Informações demográficas preliminares

Cada faculdade na qual se inscreve precisa de informações básicas sobre você, incluindo as seguintes:

» **Informação de contato:** Endereço residencial, e-mail (porque agora também se vive no espaço virtual, além de no físico) e seu número de telefone mais confiável.

» **Informações pessoais:** Sua etnia e cidadania, bem como estado civil e comprovante de serviço militar.

> **Planos acadêmicos:** O tipo de curso que pretende fazer.

> **Estudos anteriores:** Dados sobre o ensino médio e quaisquer créditos universitários que já obteve.

LEMBRE-SE

Se está se candidatando para entrar antes na faculdade para que possa ganhar créditos universitários enquanto ainda está no ensino médio, o processo de candidatura pode ser um pouco diferente. Pode exigir que você obtenha permissão de um dos pais ou conselheiro (ou de ambos) e passe por alguns passos adicionais. Vale a pena fazer isso se conseguir dar conta do processo. Muitos estudantes hoje em dia estão se formando no ensino médio com apenas alguns créditos de distância de obterem o diploma universitário ao mesmo tempo. [Nota da editora: No Brasil, de acordo com o artigo 44 da Lei de Diretrizes Básicas, a educação superior fica disponível apenas aos alunos que concluíram o ensino médio.]

LEMBRE-SE

Caso se inscreva em uma instituição no campus que oferece cursos online, essas informações demográficas são idênticas às que forneceria para assistir às aulas no campus. Portanto, você também poderá ser questionado sobre atividades extracurriculares, distinções, histórico familiar e experiência de trabalho. Caso se candidate a uma instituição especializada em cursos online, é menos provável que lhe perguntem sobre esses extras.

Histórico acadêmico

Você precisa fornecer o histórico acadêmico para as instituições em que está se inscrevendo. Em geral, este item precisa ser enviado diretamente da instituição para a faculdade para a qual você está se candidatando. Em outras palavras, cópias feitas em casa em sua impressora não serão suficientes. A boa notícia é que, em muitos casos, a faculdade à qual você está se candidatando aceitará uma cópia não oficial temporariamente, como forma de manter a bola rolando. Nessa inscrição condicional, assumindo que tudo o mais está em ordem, você é aceito para iniciar o programa sem atrasos. No entanto, tem um prazo para fornecer à instituição uma cópia original de seu histórico. Para fazer isso, entre em contato com o colégio ou outras faculdades e peça que enviem essas credenciais eletronicamente. Faça o acompanhamento para ter certeza de que foram enviadas. Se as credenciais não forem recebidas em tempo hábil, você poderá ser proibido de se matricular para o próximo período. Além disso, durante esse período de espera, você não receberá ajuda financeira.

LEMBRE-SE

Você deve fornecer às instituições o histórico acadêmico original que é feito diretamente na antiga instituição. A maioria das instituições oferece agora um serviço online para solicitar e pagar por históricos escolares online, o que lhe permite encomendar vários históricos escolares e enviá-los para diferentes instituições. Em alguns casos, o processo agora é digital, o que ajuda a agilizar o processo de solicitação.

Currículo

Em muitos programas de pós-graduação, as instituições solicitam um currículo em sua inscrição. Elas querem ver a conexão entre sua experiência de trabalho e seus planos acadêmicos. Não se preocupe se esses itens não corresponderem, especialmente se estiver em transição para uma nova carreira. Caso não saiba o que escrever ou como organizar o currículo, recomendamos a leitura de *Résumés For Dummies,* [Currículo Para Leigos, em tradução livre] de Laura DeCarlo.

Papelada de auxílio financeiro

Aqui, listamos os auxílios financeiros como um tipo de documento que talvez precise, e falamos muito mais sobre o assunto na seção "Descobrindo Como Pagará as Aulas Online", posteriormente neste capítulo.

Taxas de inscrição

Você não achava que poderia se inscrever sem ter que pagar taxas, né? Sim, é preciso pagá-las mesmo que pareça que você é quem está fazendo todo o trabalho. As taxas variam de acordo com a instituição, mas a maioria fica entre R$50 e R$100.

Redação pessoal

Algumas instituições exigem uma redação pessoal como parte do processo de inscrição. Assim, elas podem não apenas saber mais sobre os candidatos, mas também ver suas habilidades de redação e criatividade, o que é especialmente importante para os candidatos a programas de pós-graduação. Não é possível obter um mestrado sem ter que escrever uma quantidade significativa de material e, quando progredir tanto assim nos estudos, o mínimo que se espera é que saiba o que está fazendo.

Outras instituições não exigem mais uma redação pessoal. Por exemplo, as instituições que oferecem programas de bacharelado presumem que os alunos que se inscrevem já aprenderam a escrever. Da mesma forma, as instituições particulares que não oferecem aulas de reforço esperam que os alunos já saibam escrever.

Se lhe pedirem para colocar seus pensamentos no papel, dê uma olhada nas próximas seções para ter uma visão geral dos tópicos sobre os quais precisa escrever, dicas para criar uma boa redação e trechos de algumas redações.

O que talvez precise escrever

Caso esteja se inscrevendo para um curso de graduação, é provável que seja solicitado a escrever um texto descrevendo sua experiência profissional ou atividades extracurriculares prévias. Isso dá à instituição uma oportunidade de conhecê-lo um pouco melhor.

Além dessas informações introdutórias, talvez lhe peçam para desenvolver uma redação mais longa. Em geral, ela tem uma ou duas páginas. Veja a seguir diversos temas comuns de redação:

» Avalie uma experiência significativa de sua vida e descreva como ela o afetou.

» Analise uma questão de significado pessoal e explique por que é importante.

» Identifique e descreva uma pessoa que exerceu uma influência significativa em você e explique essa influência.

» Escolha seu próprio tópico.

CUIDADO

A escolha de seu próprio tópico pode permitir a criatividade, mas não há desculpa para a má redação. Você ainda tem que seguir as convenções-padrão e mostrar boa gramática e organização. Tenha cuidado para não se abstrair demais caso escolha seu próprio tópico.

As redações de pós-graduação são completamente diferentes: as instituições sondam sua motivação para continuar sua educação, assim como sua experiência profissional. Elas querem candidatos com exposição profissional prévia, pois isso enriquece a experiência em sala de aula. O trabalho lhe dá histórias para compartilhar e insights para oferecer. Por exemplo, se procura uma pós-graduação em educação, talvez precise escrever um texto sobre o ensino de filosofia que mistura suas crenças pessoais sobre educação com sua experiência de trabalho.

Se está indo direto da faculdade para a pós-graduação, escreva sobre uma experiência como voluntário ou estagiário que possa relacionar com seus estudos. Afinal, você deve ter *alguma* razão convincente para querer permanecer na instituição. Diga ao leitor o que o levou a amar essa área e como suas experiências se encaixam.

O que os avaliadores estão buscando

As instituições podem dizer muito sobre sua preparação acadêmica e sua motivação pessoal a partir de seu trabalho escrito. Se seu trabalho estiver cheio de erros gramaticais ou não tiver uma organização básica, eles saberão que você precisa de ajuda para remediar a situação. Por outro lado, se sua mecânica de redação (gramática, pontuação e ortografia) estiver bem, os avaliadores podem analisar sua criatividade, sua capacidade de analisar e pensar criticamente e suas habilidades gerais de comunicação escrita. Isso é bom!

DICA

Quais outros fatores deve ter em mente? Dê uma olhada nestas dicas:

> **Os avaliadores não estão em busca de redações estereotipadas:** Seguir a regra de 5 parágrafos — introdução e proposta de tese, três parágrafos de suporte e uma conclusão — é fácil. Tente ir um pouco além. As pessoas que leem as redações leem *muitas* delas, então, a sua precisa se destacar.

> **Faça uma introdução e uma conclusão fortes.** Os avaliadores gostam de textos que começam com uma porrada e terminam com uma explosão.

> **Os detalhes contam.** Dê suporte a quaisquer opiniões ou asserções com detalhes. Evite comentários vagos e infundados. Por exemplo, caso diga que muitas pessoas fazem cursos online, apoie sua asserção com informações de uma fonte confiável: "O Departamento de Educação Norte-Americano mostra que aproximadamente 6,6 milhões de alunos se matricularam em pelo menos um curso online em 2017."

> **Faça referências à metodologia de pesquisa e à teoria sempre que possível.** Impressione os avaliadores compartilhando seu conhecimento sobre pesquisas na área que está estudando e como as aplica em seu trabalho agora.

> **Diga a verdade.** A honestidade acadêmica começa no processo de inscrição. Se está confiando nesta instituição para que lhe ofereça uma educação decente e um diploma, ela também deve poder confiar em você para que faça suas próprias atividades e diga a verdade. Por exemplo, não escreva sobre como enfrentar uma doença catastrófica definiu suas opiniões pessoais caso sempre tenha tido uma saúde excelente. Essas mentirinhas viram uma bola de neve.

Para obter informações muito mais detalhadas sobre como escrever uma redação para a inscrição da faculdade, leia *College Admission Essays For Dummies*, [Redações para Admissão na Faculdade, em tradução livre] de Geraldine Woods.

Exemplos de redação

Aqui temos um trecho de uma redação para a admissão na pós-graduação. Pediram ao candidato que explicasse como a obtenção de um mestrado naquela instituição beneficiaria um público maior:

> "Nos últimos 7 anos, tenho apoiado professores e especialistas no assunto, tanto em ambientes acadêmicos quanto corporativos. Atualmente, como diretor de ensino de nossa faculdade, desenvolvo horários tanto para os alunos quanto para o corpo docente, forneço treinamento para o corpo docente e supervisiono o programa de treinamento de colegas do corpo docente. Minha maior prioridade é ajudar o corpo docente a desenvolver cursos de qualidade com base em melhores práticas apontadas por pesquisas sobre design de ensino e instrução. Para atingir esse objetivo, nossa organização enfatiza uma abordagem sistêmica para o design e uma variedade de metodologias de ensino para atender às necessidades de nossa diversificada comunidade. Ao aceitar minha inscrição, você afeta não apenas a vida de um único aluno, mas também uma comunidade de educadores e seus alunos."

O trecho da redação para um curso de graduação no qual o autor explica seus objetivos pode ser assim:

> "Nos Estados Unidos, há uma regra implícita de que o último ano do ensino médio é sagrado. É um tempo de amadurecimento entre a infância e a juventude adulta, de realização e reconhecimento acadêmico e de desenvolvimento social. Assim, quando meus pais anunciaram, dois meses antes do início do meu último ano do ensino médio, que estávamos nos mudando para o outro lado do mundo para servir em uma agência de ajuda humanitária, imagine minha reação. E, ainda assim, ter que recomeçar do zero e estabelecer uma nova identidade na África do Sul deixou uma marca indelével em mim. Não apenas encontrei uma nova voz em mim mesmo, mais forte do que eu acreditava ser possível, mas também aprendi que ouvir ensina mais do que falar. Todas essas experiências e lições me levaram a querer obter formações em comunicação transcultural e justiça social."

Cartas de recomendação

O processo de inscrição pode incluir a necessidade de fornecer cartas de recomendação, que devem vir de pessoas que estejam familiarizadas com seu trabalho acadêmico ou que possam atestar suas realizações profissionais. Caso seja formado, pode facilmente pedir a um professor, conselheiro escolar ou treinador que lhe escreva uma carta. Caso seja um profissional e que tenha um bom relacionamento com seu chefe, peça a ele. Além de ele ficar sabendo que você pretende voltar aos estudos, provavelmente também ficará lisonjeado em saber que valoriza a opinião dele. Você também pode pedir a um colega de confiança. É bom ver uma variedade de opiniões. Esteja preparado para fornecer até três cartas diferentes.

CUIDADO

Esteja certo de que suas referências entendem suas habilidades e realizações acadêmicas e profissionais. Amigos e parentes podem não ser a melhor escolha para essa tarefa, a menos que tenham uma experiência profissional/acadêmica direta com você.

DICA

Converse com as pessoas que escreverão suas cartas de recomendação para ter certeza de que sejam enviadas em tempo hábil. Mesmo que elas o adorem, talvez não o atendam prontamente. Para ajudar a acelerar o processo, forneça a cada pessoa uma cópia da descrição de seu programa, inscrição, currículo, redação, sinopse da área a ser enfocada — e um envelope autoendereçado.

Caso alguém lhe pergunte o que você quer que escreva, diga à pessoa que uma carta de recomendação normalmente contém o seguinte:

- » **Descrição do seu relacionamento:** Há quanto tempo conhece você e em quais condições?
- » **Visão geral de suas habilidades e conquistas profissionais:** Talvez queira que a pessoa mencione certas habilidades suas. Para facilitar, envie seu currículo a ela.

> » **Experiências acadêmicas, se houver:** Novamente, caso a pessoa não saiba disso, envie seu currículo a ela.
>
> » **Declaração geral sobre por que a instituição se beneficiaria ao aceitar sua inscrição:** É uma ótima ideia terminar a carta com essa informação.

Resultados de Exames

Enem é um acrônimo que causa medo em muitos candidatos a faculdades. Sendo um teste acadêmico padronizado, o Exame Nacional do Ensino Médio é usado para prever o sucesso de um aluno. Alguns cursos aceitam o resultado do Enem para a inscrição. No entanto, outras instituições promovem seu próprio exame, acreditando que o vestibular é um indicador melhor de sucesso futuro.

DICA

Fique de olho nas datas de publicação dos resultados e programe-se com antecedência para enviá-los à sua instituição de escolha.

Para cursos ministrados em língua inglesa, talvez precise fazer um teste de proficiência. Os mais comuns são TOEFL (Teste de Inglês como Língua Estrangeira, do acrônimo em inglês), TOEIC (Teste de Inglês para Comunicação Internacional, do acrônimo em inglês) e IELTS (Sistema de Testes de Língua Inglesa, do acrônimo em inglês).

Olha o prazo!

O prazo para envio de todas essas informações depende da instituição. Caso esteja se inscrevendo em um curso presencial que oferece cursos online seguindo o horário semestral típico, é provável que terá um prazo para admissão. No entanto, se estiver se inscrevendo em um curso que inicia turmas periodicamente, o prazo (e a data de início) é quando você envia sua documentação, é aceito e faz a matrícula. Há certas condições financeiras que precisam ser cumpridas, portanto, caso não esteja óbvio, não deixe de perguntar ao orientador acadêmico ou ao pessoal da secretaria sobre isso quando entrar em contato pela primeira vez com a instituição.

Mão amiga: O recrutador, orientador ou conselheiro

Para reunir informações sobre instituições online, às vezes é necessário preencher formulários online. (Abordamos esse tópico no Capítulo 4.) Depois de enviar suas informações de contato, talvez receba um telefonema de recrutadores — e o trabalho deles é conectá-lo ao processo, respondendo a perguntas, fornecendo informações e, em seguida, encaminhando-o a outras pessoas úteis. Se estiver se candidatando a uma das instituições particulares online mais conhecidas, saiba que esses interlocutores são altamente treinados em vendas e marketing. Não protele por causa deles, mas faça perguntas. No Capítulo 5, oferecemos algumas sugestões de perguntas a serem feitas.

Às vezes, um recrutador trabalha com você durante todo o processo de candidatura, porém, com mais frequência, eles o encaminham a um orientador ou conselheiro acadêmico. Um conselheiro acadêmico primeiro o ajuda a reunir a documentação necessária, dando-lhe uma lista dos documentos necessários, tais como a inscrição, o histórico acadêmico e o currículo.

Quando se trata de históricos escolares, você informa à instituição de onde eles devem vir. Como discutimos na seção "Histórico acadêmico", cópias temporárias podem ajudar a manter a bola rolando. Sua responsabilidade é seguir adiante para garantir que os históricos sejam enviados e recebidos.

Embora os conselheiros acadêmicos tenham muitas respostas, algumas decisões têm que ser tomadas por outros. Por exemplo, a decisão de transferir créditos anteriores é muito provavelmente tomada por um reitor ou outro administrador dentro do programa ao qual você está se candidatando. Entretanto, o conselheiro acadêmico serve como facilitador, fornecendo ao reitor seu histórico escolar e relatando quaisquer decisões a você. O conselheiro acadêmico também ajuda a facilitar apresentações entre você e outros funcionários, tais como o responsável pela parte financeira da instituição.

Calculando os Custos do Curso Online

Não há uma forma fácil de dar a notícia: estudar não é barato. De acordo com o Centro Nacional de Estatísticas de Educação dos EUA, o custo anual para um curso universitário aumentou de US$3.367 em 1985–1986 para US$10.598 em 2016–2017.

É impossível para nós dizermos quanto exatamente vai custar um curso, seja universitário, seja de pós-graduação, seja livre. Não dá para simplesmente multiplicar o valor acima por quatro anos, por exemplo. Além disso, assim que lhe dermos um preço, a mensalidade aumentará (nunca diminuirá), tornando o número obsoleto. Portanto, vamos analisar como exemplo o custo de um curso em 2020. [Os valores por crédito podem não se aplicar a todas as instituições no Brasil.]

Seguindo essa ideia, considere os custos a seguir para um curso de graduação em contabilidade que concede três horas de crédito nos EUA:

>> **Em uma instituição particular online bem conhecida:** US$514 por hora de crédito (US$1.542 no total).

>> **Em uma universidade que oferece o curso online:** US$229,84 por hora de crédito para alunos que moram no estado, ou US$689,52 para alunos de outros estados.

>> **Em uma faculdade comunitária no Centro-oeste dos EUA que oferece o curso online:** US$171 por hora de crédito para alunos do município, US$247,50 para alunos de outros municípios dentro do estado, ou US$302,50 para alunos de outros estados (US$513 a US$907,50 no total, dependendo de onde mora).

CAPÍTULO 6 **Inscrevendo-se e Garantindo a Grana** 121

Nesse exemplo, você economiza dinheiro ao fazer o curso na faculdade comunitária, embora nem todos tenham essa opção.

Agora, considere um curso de pós-graduação em educação que concede três horas de crédito:

> » **Em uma instituição particular online bem conhecida:** US$776 por hora de crédito (US$2.328 no total)
> » **Em uma universidade pública que oferece o curso online:** US$360,37 por hora de crédito para alunos que moram no estado; US$808,46 para alunos de outros estados e países.

LEMBRE-SE

Quanto mais matérias você faz ao mesmo tempo, mais ficará devendo ao mesmo tempo. E a fórmula para determinar a mensalidade e os custos totais pode variar de acordo com a instituição, o curso, as taxas, os materiais e o local (online ou presencial).

Não podemos oferecer números exatos, mas a Tabela 6-1 mostra os custos típicos de um curso nos EUA e especifica onde você pode ver as diferenças.

TABELA 6-1 **Custos Online versus Presencial**

Custo	Presencial	Online
Mensalidade	Os custos variam dependendo do tipo de instituição (particular ou pública, universidade, centro universitário ou faculdade) e do tipo de curso (bacharelado, tecnólogo ou licenciatura).	Espere pagar um pouco menos que o curso presencial. Segundo levantamento do Quero Bolsa, os cursos online têm em média preços 70% mais baratos (dados são de julho de 2020).
Taxas	Talvez tenha que pagar taxas para atividades acadêmicas, uso de laboratórios, academia, seguro de saúde e outros serviços. Elas variam bastante dependendo da instituição.	Provavelmente terá que pagar as mesmas taxas. Algumas instituições cobram pelos serviços (como de tecnologia), enquanto outras, não.
Livros	Os livros didáticos são *caros*. Gastar R$100 ou mais em cada livro não é incomum.	O preço dos livros digitais tende a ser menor do que os livros impressos. Assim como para os livros do curso presencial, talvez consiga comprar livros com desconto ou usados, mas considere o custo do frete. Algumas lojas oferecem frete gratuito acima de determinado valor.

Custo	Presencial	Online
Moradia	Talvez continue morando em sua casa e não tenha esse custo. No entanto, caso estude em um internato, talvez precise morar no campus durante pelo menos o primeiro ano. Nesse caso, acrescente R$6 mil ou mais ao seu orçamento.	Com certeza não terá este custo morando em casa.
Transporte	Caso precise percorrer uma distância longa, considere o custo do combustível e do desgaste do seu veículo ou o custo do transporte público.	Não há custos adicionais — afinal, está no conforto do seu lar. No entanto, cursos de graduação e alguns de pós-graduação exigem que as provas finais sejam feitas presencialmente, então isso contaria como custo.

DICA

Outra maneira de economizar dinheiro é procurar cursos que empregam *recursos educacionais abertos (REAs)*, que são recursos criados por pessoas com a intenção de torná-los disponíveis aos outros gratuitamente ou com um grande desconto. Alguns estados dos EUA agora identificam essas opções no catálogo de cursos. Por exemplo, as instituições públicas do estado de Washington especificam cursos cujo custo total de materiais e livros são de US$50 ou menos.

LEMBRE-SE

O resultado é que talvez não economize dinheiro na mensalidade e nas taxas caso estude online, mas pode economizar na moradia e no transporte, dependendo de como fizer a comparação. Sua economia em livros depende de onde irá adquiri-los e se há frete grátis.

Descobrindo Como Pagará as Aulas Online

Dinheiro, débito ou crédito? Pagar a instituição nunca é fácil. É um empreendimento caro e que não pode ser ignorado. Após decidir qual curso fazer e onde estudar, é preciso providenciar o dinheiro. Esta seção lhe apresenta a ideia do financiamento estudantil e como encontrá-lo.

LEMBRE-SE

A ajuda financeira pode pagar várias despesas, dependendo do tipo de ajuda recebida. Na maioria dos casos, o auxílio pode pagar as mensalidades e taxas, e possivelmente os livros didáticos. Caso seja um estudante online, não poderá utilizá-lo para pagar sua moradia.

Cada instituição tem um responsável pela ajuda financeira que pode auxiliá-lo durante todo o processo — e que pode ser o seu primeiro contato quando você perguntar sobre o programa. Essa pessoa o acompanha por meio dos vários tipos de ajuda disponíveis naquela instituição específica e as etapas que você precisa completar para possivelmente receber ajuda.

Precisamos dizer logo de cara que cada instituição tem seu próprio processo. Portanto, nossa análise fica em um nível que pode se aplicar à maioria delas.

Você precisa de auxílio financeiro?

Embora a obtenção de um diploma em uma faculdade seja acessível, alguns cursos e os programas de pós-graduação em instituições maiores têm um preço mais alto. Se você é um adulto trabalhador, imagine acrescentar R$20 mil em dívidas! Poucas pessoas têm esse tipo de dinheiro prontamente disponível, nem podem absorver esse tipo de pagamento em seu orçamento em curto prazo (os anos que você estudará online).

Por esse motivo, é preciso buscar outras opções. Além disso, muitas instituições pedem que você preencha a documentação de ajuda financeira quando na inscrição, independentemente de sua necessidade expressa. Por quê? A instituição quer que você termine o curso. Ela tenta remover quaisquer barreiras, inclusive problemas para pagá-la.

Talvez tenha as condições de pagar a educação sem assistência externa. Que bom para você! Nesse caso, basta preencher os formulários necessários e relaxar.

E se não tiver certeza quanto à necessidade de assistência? A papelada federal ajuda a determinar essa necessidade. O governo tem uma fórmula para determinar isso. Consulte o site https://acessounico.mec.gov.br/ e veja se tem direito ao auxílio. Além disso, você pode encontrar uma abundância de calculadoras e ferramentas de ajuda financeira fazendo uma simples busca na internet. E o simpático conselheiro de ajuda financeira que a instituição atribui a você terá recursos adicionais a oferecer.

LEMBRE-SE

Você precisa preencher a papelada de auxílio financeiro apenas uma vez, não importa quantas instituições está considerando. No entanto, caso receba o auxílio, não se esqueça de refazer a inscrição anualmente.

Que tipos de auxílio financeiro estão disponíveis?

Há diversos tipos de ajuda financeira. Na maioria dos casos, você utiliza esse auxílio para as mensalidades e taxas dos cursos online, presumindo que esteja frequentando uma instituição credenciada. O conselheiro de ajuda financeira pode orientá-lo a respeito de quaisquer restrições. Na lista a seguir, analisamos algumas possibilidades para ver como elas diferem:

» **Bolsas:** Presentes com uma quantia prescrita com base em mérito ou circunstância. As bolsas de estudo estão disponíveis para estudos de graduação e pós-graduação. Não é necessário pagar as bolsas de estudo. Se a bolsa vier da instituição ou de uma agência externa, ela pode ser restrita a um determinado campo de estudo ou para uso apenas na instituição que concede a bolsa.

» **Auxílios:** Ganhos de um valor prescrito com base na necessidade financeira. Algumas vêm do governo federal, enquanto outras podem ser estaduais. Você não tem que devolver os auxílios recebidos.

» **Empréstimo:** Dinheiro que você toma emprestado. Os empréstimos podem ser garantidos de forma privada, por meio do seu banco local, ou em nível federal, por meio de programas do governo. Alguns empréstimos federais para estudantes não acumulam juros enquanto você estiver estudando. Obviamente, esse dinheiro deve ser reembolsado. Qualquer empréstimo não subsidiado acumula juros a partir do momento em que são efetuados. Portanto, se conseguir pagar sua mensalidade somente com os empréstimos subsidiados, considere o desconto dos juros decorrentes dos empréstimos não subsidiados.

Solicitando Auxílio Financeiro Federal

A solicitação de ajuda financeira requer diligência. Você preenche o formulário e o governo lhe diz qual é a ajuda governamental à qual se qualifica, com base na necessidade financeira. Embora o processo exija atenção aos detalhes e uma pesquisa documental (antigas declarações de imposto de renda, por exemplo) para o que você precisa, não é *tão* horrível assim. O ponto de destaque é que precisa solicitar apenas uma vez por ano ao governo, e essa informação é então encaminhada para as instituições que você especificar.

Sabendo se tem direito ao auxílio

Para receber assistência financeira do governo federal, você deve atender a certos critérios. O valor da assistência é baseado em uma fórmula complicada baseada em necessidades e despesas previstas, como mensalidades, moradia e livros.

Nos EUA, o critério de elegibilidade inclui a cidadania norte-americana, certificado de conclusão do ensino médio e um desempenho satisfatório de notas. Outros requerimentos legais incluem o número de registro no instituto nacional do seguro social antes de completar a solicitação. [Confira os critérios para o Brasil no site `https://acessounico.mec.gov.br/` ou em órgãos de seu estado ou município.]

Os beneficiários da ajuda financeira são obrigados a aderir a certos padrões acadêmicos. Dependendo do tipo de auxílio, os estudantes devem estudar pelo menos em meio período e estar matriculados em um programa de graduação ou pós-graduação. Os padrões de desempenho estabelecidos pela instituição acadêmica também devem ser cumpridos. A assistência federal pode ser negada aos estudantes que não cumprirem esses padrões.

CAPÍTULO 6 **Inscrevendo-se e Garantindo a Grana** 125

Preenchendo e enviando a FAFSA (exclusivo para os EUA)

Toda solicitação de ajuda financeira nos EUA começa com a Solicitação Gratuita de Auxílio Federal ao Estudante (FAFSA, na sigla em inglês). A FAFSA não é apenas necessária para a ajuda financeira federal, mas também é a referência para qualquer outro tipo de consideração de ajuda. Além das informações demográficas básicas, esse formulário coleta os detalhes sobre sua renda ou sobre a renda e o patrimônio de seus pais. O tempo necessário para reunir as informações depende do nível de sua organização em geral. Algumas pessoas podem encontrar suas declarações de imposto de renda em um piscar de olhos, e outras têm que vasculhar o porão inteiro. Separe tempo suficiente para completar a tarefa. Os alunos são obrigados a preencher o formulário FAFSA todos os anos. O formulário está disponível em https://studentaid.gov [em inglês] juntamente com mais informações. A Figura 6-1 lhe familiariza com o site. (Observe que o Auxílio Federal ao Estudante é um órgão do Departamento de Educação dos EUA.)

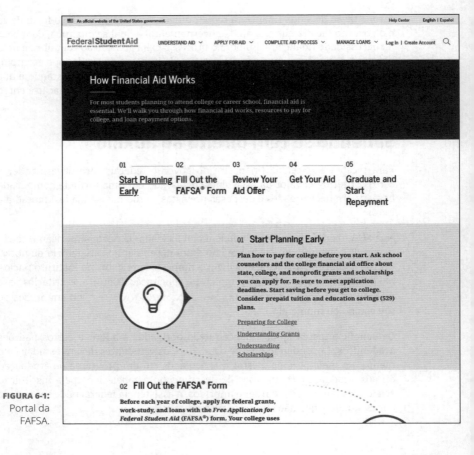

FIGURA 6-1: Portal da FAFSA.

126 PARTE 2 Preparando-se para Aprender

CUIDADO

Desconfie de qualquer pessoa que tente cobrar uma taxa de inscrição ou de serviço por qualquer tarefa associada ao auxílio financeiro. A solicitação de auxílio financeiro deve ser *gratuita*. Além disso, você deve conseguir encontrar tanto as respostas às perguntas que possa ter sobre o processo como a ajuda no preenchimento da solicitação com a instituição ou com o Escritório Federal de Auxílio ao Estudante.

A FAFSA está disponível online, e você pode completar o processo de inscrição online. Leva cerca de quatro semanas para que o governo norte-americano processe as solicitações por escrito, sem contar o tempo que sua instituição leva para processar os pagamentos e assim por diante, com base nos resultados de sua solicitação. Completar o pedido online agiliza o processo. Portanto, se estiver se inscrevendo pouco antes do início das aulas, faça-o digitalmente.

Após o recebimento e processamento de sua FAFSA, você recebe um e-mail do governo indicando que seu relatório de auxílio estudantil foi enviado para a(s) instituição(ões) que você especificou. A instituição assume e administra o auxílio.

DICA

Comece o processo de busca de auxílio financeiro o mais cedo possível. Dia 1º de janeiro é um prazo crucial porque é a data em que os estudantes que se inscrevem para o próximo ano acadêmico podem submeter FAFSAs para consideração. Cada instituição tem prazos adicionais. Certifique-se de cumprir todos os prazos — se não o fizer, poderá ter que esperar um ano inteiro antes de poder se candidatar novamente.

DICA

Instituições presenciais e online seguem os mesmos processos, então pode valer a pena obter alguns recursos, como o livro *Getting Financial Aid 2018: Scholarships, Grants, Loans, and Jobs*, ["Obtendo Auxílio Estudantil 2018: Bolsas, Auxílios, Empréstimos e Empregos", em tradução livre] do The College Board. Está disponível nas principais livrarias ou pelo site `https://store.collegeboard.org`. Talvez também queira consultar o site de Ajuda ao Estudante: `https://studentaid.gov` [ambos em inglês].

CAPÍTULO 6 **Inscrevendo-se e Garantindo a Grana** 127

128   PARTE 2 **Preparando-se para Aprender**

> **NESTE CAPÍTULO**
>
> » **Determinando se foi aceito**
>
> » **Inscrevendo-se nas matérias**
>
> » **Obtendo orientação sobre o ambiente virtual de aprendizagem**
>
> » **Procurando e comprando livros**

Capítulo **7**

Sendo Aceito e Preparando-se para as Aulas

Você fez sua pesquisa, inscreveu-se em uma instituição, ou em três, e agora está aguardando o resultado. O que acontece a seguir? Neste capítulo, discutimos o que fazer depois que for aceito. Esse processo inclui a inscrição nas matérias, a familiarização com o ambiente online e a compra de livros didáticos. Está na hora de começar.

Descobrindo Se Foi Aceito ou Rejeitado

Muitas instituições online levam menos tempo para responder do que uma instituição acadêmica tradicional. Quando se candidata a instituições tradicionais, às vezes precisa esperar pelo menos dois meses para descobrir se foi aceito. Se a instituição online aceita históricos não oficiais para admiti-lo *condicionalmente* (admiti-lo com base em cópias dos históricos com a condição de que você solicite o envio dos originais dentro de um prazo predeterminado), poderá saber dentro de poucos dias se foi aceito.

As instituições notificam os estudantes sobre sua aceitação de diferentes maneiras. Algumas instituições optam por notificar os alunos por meio de um telefonema do conselheiro acadêmico. Outras notificam os estudantes via e-mail. Isso não só acelera o processo, mas também reduz a necessidade de papel. Poucas instituições optam por notificar os estudantes via correio padrão. Se o site da instituição ou a documentação de inscrição não lhe forneceu um cronograma de notificação sobre a aceitação, entre em contato com o orientador acadêmico. Você também pode entrar em contato com o orientador após ter enviado sua inscrição, para receber uma atualização do progresso.

Você é tão inteligente que sabemos que foi aceito por várias instituições — e agora? Como escolher o programa que é certo para você? Consulte o Capítulo 5, no qual falamos sobre estreitar suas opções ao procurar instituições. Agora, deve usar a mesma lista de verificação para decidir qual instituição é a melhor para você.

Infelizmente, no outro lado da moeda da aceitação em uma instituição está a rejeição. Um pedido pode ser rejeitado por vários motivos. Falar com o orientador acadêmico pode ajudá-lo a compreender o motivo pelo qual sua solicitação foi rejeitada. Veja algumas causas de rejeição:

- » **Um simples erro de informação:** Acontece.
- » **Histórico acadêmico:** Seu histórico não atendeu aos pré-requisitos para o curso.
- » **Pontuação do Enem:** Sua pontuação no Enem não atendeu ao padrão mínimo para o curso.
- » **Prazos:** Você precisa cumprir os prazos do processo de inscrição.
- » **Falta de históricos originais:** Seu histórico acadêmico de outras instituições não foi recebido.
- » **Limite de alunos:** O curso alcançou o máximo de alunos para o período.

Se seu pedido for rejeitado, evite a suposição de que esse status seja permanente. Como pode ver na lista anterior, muitas das razões pelas quais os pedidos são rejeitados são fáceis de resolver rapidamente. Sim, pode ser que tenha que adiar sua inscrição por um período, mas não deixe que isso o impeça de atingir seus objetivos acadêmicos. Veja alguns passos que pode tomar:

- » **Aprimore seu talento acadêmico:** Se sua inscrição foi rejeitada devido ao seu desempenho acadêmico passado, talvez seja solicitado a fazer cursos de reforço ou aulas de orientação acadêmica como forma de provar seu compromisso e estabelecer suas habilidades acadêmicas, principalmente em instituições americanas. Esses cursos podem estar disponíveis na instituição para a qual você está se inscrevendo, ou talvez tenha que fazê-los em outro lugar. Além disso, nesta situação, algumas instituições o colocarão em regime de observação acadêmica e aceitarão condicionalmente a inscrição. Você será então obrigado a manter uma nota específica a fim de se inscrever em períodos futuros.

» **Atenda aos pré-requisitos necessários:** Se sua inscrição for rejeitada porque você não fez os cursos de pré-requisito, será necessário adiar sua inscrição até completá-los. Entre em contato com seu orientador acadêmico para saber quem oferece esses cursos e quando as aulas começam. Nesta situação, certifique-se de perguntar ao orientador se a inscrição permanecerá arquivada ou se terá que reapresentá-la depois de ter cumprido com sucesso os requisitos prévios.

Inscrevendo-se nas Matérias

Mesmo que a tarefa física de se inscrever para as matérias seja fácil, é importante ter certeza de que está se matriculando nos cursos corretos e fazendo--os na ordem certa. Esta seção o ajuda a determinar seu caminho acadêmico e fornece estratégias para se manter no curso durante o processo de matrícula. [Verifique com a instituição a possibilidade de escolha de matérias para compor seu curso.]

Criando um plano com seu orientador acadêmico

O papel do orientador acadêmico é guiá-lo pelo processo de inscrição, ajudá-lo a começar as aulas e mantê-lo no caminho certo ao longo de sua carreira acadêmica. Em algumas instituições, essa pessoa é chamada de *conselheiro acadêmico*. A primeira tarefa em que seu orientador ou conselheiro deve lhe ajudar é criar um roteiro de sua carreira acadêmica, na forma de uma lista de verificação de todas as aulas que deve fazer dentro do programa e a ordem em que deve fazê-las. Essa lista deve incluir também outros requisitos necessários do programa para a pós-graduação. Embora cada programa seja diferente, estes são alguns exemplos:

» **Todas as matérias do curso:** Listadas sequencialmente na ordem em que devem ser feitas por período.

» **Eletivas recomendadas:** Listadas em ordem sequencial por período.

» **TCC, projeto final e/ou portfólio:** Prazos indicados, se aplicável.

CUIDADO

Não importa a ordem em que você faz as matérias, desde que faça todas — certo? Bem, não é bem assim. Algumas matérias podem não ser oferecidas em todos os períodos. Se as fizer fora de ordem, pode se encontrar em uma posição na qual a matéria que você precisa como pré-requisito para as restantes em seu programa não esteja disponível — o que pode forçá-lo a ter que parar por um período e atrasar a data de formatura. Também pode ter um impacto nas questões de auxílio financeiro, pois pode ser necessário concluir um número mínimo de créditos por período para poder receber o auxílio. Caso precise reduzir a carga de estudos devido a um planejamento deficiente, talvez não consiga receber o reembolso do auxílio financeiro para esse período.

LEMBRE-SE

Mesmo que a comunicação com o orientador não seja necessária, e mesmo que você tenha um roteiro detalhado, entre em contato com essa pessoa após cada período e antes de se inscrever no novo período. Tal conselho é especialmente importante se você não foi aprovado em uma matéria ou se teve que parar por qualquer razão e está pronto para começar de novo. Esse contato garante que você ainda está no caminho certo e que os requisitos do programa não mudaram desde sua inscrição inicial. Uma rápida troca de e-mails com seu conselheiro deve ser suficiente.

Para os estudantes que simplesmente querem fazer algumas matérias por interesse pessoal ou desenvolvimento profissional, o conselheiro acadêmico ainda desempenha um papel importante. Ele pode servir como o primeiro ponto de contato para obter ajuda administrativa, como a inscrição em matérias e seu pagamento, bem como a recomendação de outras matérias que atendam aos seus interesses.

Escolhendo suas primeiras matérias

A maioria dos programas acadêmicos exige que os alunos façam matérias introdutórias antes de mergulharem em tópicos mais detalhados. Os programas online não são diferentes. Se estiver matriculado em um programa de graduação, provavelmente terá que fazer um curso introdutório primeiro. Os alunos costumam reclamar que isso é uma perda de tempo e dinheiro caso, em matérias futuras, eles simplesmente se concentrarem em mais detalhes de cada tópico discutido no curso. Entretanto, o curso introdutório serve a vários propósitos, incluindo ajudar os alunos a se familiarizarem com a área e a instituição — e com os estudos, caso já tenha passado algum tempo desde a última lição de casa ou caso precise desenvolver hábitos de estudo em nível universitário. No ambiente online, o curso introdutório também ajuda você a se familiarizar com a tecnologia utilizada.

Se não estiver matriculado em um programa de graduação ou se puder escolher a ordem na qual fará as aulas, pense em possíveis curvas de aprendizado e no quanto você pode assumir. Por exemplo, se não está na instituição há algum tempo, se este é seu primeiro curso universitário ou se a tecnologia o deixa nervoso, talvez seja importante fazer um curso introdutório ou um com menos créditos que exija menos tempo dedicado aos trabalhos do curso.

Escolhendo o modelo de aulas: Tradicional ou em turma

Independentemente de estar se inscrevendo em matérias que seguem um modelo tradicional ou um modelo em turma, este é um fator a ser considerado quando estiver analisando as estruturas de graduação durante o processo de entrevista que descrevemos no Capítulo 5. A decisão sobre a estrutura modelo é determinada pela instituição e/ou pelo departamento que patrocina o programa, e na maioria dos casos você não tem escolha de modelos.

Veja a diferença entre os dois:

» **Tradicional:** Em um modelo tradicional, pode ser necessário fazer um curso introdutório primeiro, mas depois você se separa do grupo e escolhe seu próprio caminho. Aqui, é importante prestar atenção aos requisitos e detalhes prévios, como a frequência com que uma matéria é oferecida ao longo de um ano. A liberdade é agradável, mas com ela vem a responsabilidade.

O modelo tradicional é útil para os estudantes que querem mais controle sobre o próprio destino. Eles podem escolher as aulas a serem feitas e em que ordem. No entanto, este modelo requer mais planejamento. Se escolher este modelo, *comunique-se frequentemente com seu orientador acadêmico* para que ele possa garantir que você esteja no caminho certo.

» **Em turma:** No modelo em turma (que apresentamos no Capítulo 4), você começa e para com as mesmas pessoas em todas as matérias. O único momento em que os alunos se misturam neste modelo é quando o programa permite que escolham cursos eletivos ao longo do programa.

Por exemplo, talvez esteja em busca de seu mestrado em educação. Maria está em seu primeiro curso com você: Introdução à Educação. Ela estará nas próximas três matérias com você também. Entretanto, depois de fazer as quatro matérias básicas, é hora de fazer as matérias especializadas. Você pode escolher se concentrar na educação básica enquanto Maria decide fazer as matérias sobre educação especial. Neste ponto, vocês se separam e só se reencontram na formatura. No modelo em turma, todos que começam ao mesmo tempo devem terminar ao mesmo tempo, tendo ou não feito as mesmas matérias.

Para muitos estudantes, o modelo em turma funciona melhor para aqueles cuja carreira acadêmica inteira já está planejada. Além disso, não é raro que os alunos se tornem amigos para toda a vida depois de "sobreviverem" juntos a um programa inteiro de graduação ou pós-graduação. No entanto, alguns preferem a diversidade e preferem ter colegas de classe diferentes de uma matéria para outra.

Participar de um modelo tradicional ou de um modelo em turma é uma preocupação apenas para aqueles que estão em um programa de graduação ou pós-graduação. Se estiver participando de aulas para desenvolvimento profissional ou por interesse, você participará de um modelo mais tradicional, em que escolhe quais aulas faz e quando. Entretanto, ainda pode precisar atender a requisitos prévios. Se um curso que deseja fazer tem um pré-requisito de que você prefere abrir mão, fale com seu orientador, que poderá encaminhar seu pedido ao professor. Se o professor estiver disposto a considerar sua petição, ele pode lhe pedir que apresente provas de que entende os conceitos apresentados no curso de pré-requisito. Por exemplo, talvez precise apresentar seu currículo ou passar em um exame de proficiência. Não se surpreenda, no entanto, se o professor exigir que você faça o curso de pré-requisito.

Decidindo sobre outros tipos de estruturas de aula

No Capítulo 4, apresentamos outros formatos que talvez queira considerar ao se inscrever em cursos. Por exemplo, se estiver matriculado em um programa que seja geograficamente próximo, pode considerar um programa misto no qual você terá algumas oportunidades presenciais com o professor e colegas de classe. Se a distância é um problema, mas você gosta de ter interação de voz com os outros, uma aula predominantemente síncrona pode se adequar melhor ao seu estilo de aprendizado. Mas, caso sua agenda de trabalho/vida lhe proporcione tempo limitado de estudo, será melhor fazer um curso em seu próprio ritmo.

LEMBRE-SE

Por mais agradável que seja ter escolhas, os formatos dos cursos podem variar de matéria a matéria dentro do mesmo programa, dependendo do programa, do conteúdo do curso e da preferência do professor. Portanto, tenha uma noção sobre as expectativas do programa inteiro ao conduzir sua pesquisa.

Juntando as informações necessárias para se inscrever

DICA

Independentemente de se inscrever online, por correio ou por telefone com seu orientador acadêmico, tenha em mãos as informações a seguir para cada matéria que pretende fazer. [Essas informações podem variar dependendo da instituição.]

» **Período do curso:** Nome do período e ano, incluindo datas de início e término — por exemplo, 1º bimestre de 2020, 10 de agosto a 13 de dezembro de 2020.

» **Nome da matéria:** O nome da matéria disponível no catálogo do curso. É geralmente abreviada devido às restrições da maioria dos catálogos. Um exemplo de um curso introdutório não abreviado é Inglês 101: Redação 1; o catálogo pode abreviar assim: ING101 Red1.

» **Identificação da matéria/número de referência:** Geralmente, há uma letra representando o departamento seguida pelo número da matéria. Por exemplo, I101 é a identificação de Inglês 101: Introdução à Escrita. O número de referência é uma extensão à identificação da matéria, que normalmente inclui a identificação da turma e o número de turma. Por exemplo, I100 OL1 002 pode ser a versão online de Inglês 101 e a segunda seção oferecida à turma 1. (Falamos sobre as turmas na seção "Escolhendo o modelo de aulas: Tradicional ou em turma".)

» **Professor:** O nome do professor que está lecionando a seção da matéria na qual você está inscrito.

DICA

A maioria dessas informações pode ser encontrada em seu catálogo de curso ou no documento de checklist/roteiro que você cria com o conselheiro acadêmico. Entretanto, você não poderá encontrar o número de referência ou o professor específico para as matérias sem visitar a página de cronograma da instituição. Essa página geralmente está conectada com o site de inscrição para que você possa determinar a seção de cursos desejada e fazer sua inscrição por lá mesmo. Entre em contato com seu orientador e peça que ele lhe mostre onde encontrar essas informações.

Navegando pelos processos de inscrição

Embora seu conselheiro o ajude a determinar seu caminho acadêmico e esteja disponível para perguntas quando necessário, é muito provável que a inscrição nas matérias seja de sua responsabilidade. As instituições acadêmicas utilizam uma variedade de aplicações e interfaces online para isso. Muitas lhe enviam informações para estabelecer uma conta em seu sistema de informações para estudantes (como Banner ou Peoplesoft). Você usa esse sistema para se inscrever nas matérias.

A Figura 7-1 ilustra como poderia ser um sistema de inscrição online. Neste exemplo, você pode ver que todas as matérias de educação (EDD) estão prestes a serem indicadas porque todos os outros campos estão em branco ou foram todos escolhidos. Se souber o número ou título da matéria, talvez possa procurar diretamente por esses campos específicos. Após clicar em Busca de Matéria, você verá uma lista de todos os cursos que correspondem aos critérios de busca, incluindo o título de cada uma, a identificação ou número de registro, o professor, as datas de início e término e, possivelmente, mais. A inscrição em uma matéria é muito fácil: é só clicar nela.

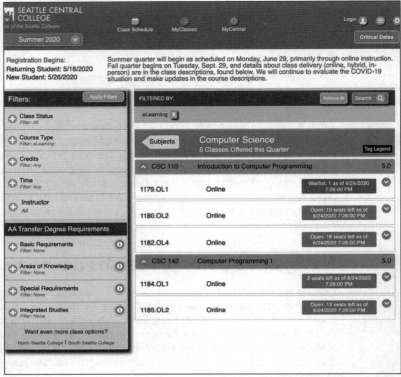

FIGURA 7-1: Exemplo de um sistema online de inscrição em matérias.

Cortesia da Universidade Nova Southeastern

LEMBRE-SE

Cada instituição usa tecnologias diferentes de inscrição, e talvez seja muito diferente da apresentada na Figura 7-1. No entanto, as informações gerais sobre cada matéria são as mesmas.

Tomando providências para quando não há vagas em uma matéria

Uma vantagem de um modelo em turma (que descrevemos anteriormente neste capítulo) é que quase sempre você tem uma vaga garantida em todas as matérias necessárias. Quando uma turma fica completa, uma nova turma é iniciada ou os estudantes são convidados a esperar um período e começar durante a próxima sequência de matérias.

Se estiver em um programa tradicional e a matéria que você deseja fica sem vagas, entre em contato com seu conselheiro acadêmico. Às vezes, ele pode lhe dizer se há outros alunos em número suficiente para justificar a abertura de outra seção. Entre em contato também com o professor do curso. Muitas vezes, os professores podem admitir alunos adicionais além do número padrão. Se nada disso der certo, veja com o orientador para encontrar outra matéria em seu programa e atualize seu roteiro acadêmico de acordo.

Dúvidas? Conversando com seu orientador

Quantas vezes podemos lhe dizer para entrar em contato com seu orientador quando precisar de alguma coisa? Três, quatro, seis, dez? Fazemos isso porque esta relação é verdadeiramente crucial. O trabalho dele é ajudá-lo a ter sucesso. Tire proveito disso e peça ajuda quando precisar.

DICA

Embora a assistência que o orientador presta seja inestimável, nunca confie cegamente em uma pessoa. Todos os humanos cometem erros. Certifique-se de compreender o que está acontecendo o tempo todo, e faça perguntas quando elas surgirem. Uma das melhores maneiras de fazer isso é preparar tudo você mesmo, como o cronograma de inscrições, e peça ao seu orientador que simplesmente o confira e forneça feedback.

Obtendo Orientação

As instituições normalmente oferecem sessões de orientação para novos alunos que se matriculam em seu primeiro curso online — seja em um programa de graduação, seja em um único curso. Em geral, essas sessões são um evento único com recursos que você pode acessar conforme necessário ao longo de sua experiência acadêmica. Pesquisas mostram que os estudantes que participam de um programa de orientação têm mais chances de sucesso acadêmico. Portanto, muitas instituições online oferecem programas de orientação, mesmo para aqueles que estão fazendo apenas um único curso online. Algumas instituições exigem que os estudantes participem, enquanto em outras, a participação é voluntária.

LEMBRE-SE

Confie em nós quando lhe dizemos que a participação em um programa de orientação vale o tempo e esforço. Segundo nossa experiência, os estudantes que não participam de um programa de orientação ficam muitas vezes mais confusos e frustrados porque têm que aprender a navegar dentro do ambiente, ao mesmo tempo em que se concentram nos prazos acadêmicos.

Para ajudá-lo a evitar se tornar um desses estudantes frustrados e perdidos, nas seções seguintes discutimos como determinar que tipo de orientação está disponível e como participar do processo.

CAPÍTULO 7 **Sendo Aceito e Preparando-se para as Aulas** 137

Determinando se uma orientação está disponível e/ou se é necessária

Esperamos que você tenha perguntado sobre a orientação durante sua entrevista inicial ao pesquisar programas online. (Consulte o Capítulo 5 para saber mais sobre esse processo.) Entretanto, talvez não tenha discutido os detalhes necessários para se inscrever e participar da orientação. Essas informações devem ser fornecidas no momento da aceitação. Caso não sejam, entre em contato imediatamente com seu orientador acadêmico. Quanto mais cedo souber, mais cedo poderá começar a se planejar.

Se não discutiu esse assunto durante o processo de entrevista, mais uma vez, entre em contato imediatamente com seu conselheiro acadêmico. É importante saber se você deve participar de um programa de orientação e se ele é oferecido online. Também é importante que saiba o momento da orientação e se a falta dela o atrasará no início do programa.

CUIDADO

Algumas instituições exigem que você participe de um programa de orientação como um requisito de graduação. Seria uma pena pular a orientação e descobrir que precisa dela só quando já estiver pronto para se formar e que não poderá porque você nunca participou de uma.

Diferenciando os tipos de orientação

Os programas de orientação para os cursos online são fornecidos por dois métodos. Algumas instituições pedem que os alunos participem da orientação no campus, enquanto outras oferecem um equivalente online.

Orientação presencial

A instituição pode solicitar que participe de uma orientação no campus, por uma série de razões. Estar no local é uma forma segura de confirmar sua identidade e lhe dá a oportunidade de conhecer pessoalmente alguns dos professores e equipe de apoio. Você pode confirmar se sua documentação está em ordem (auxílio financeiro, matrícula e outros documentos importantes) e conhecer alguns dos colegas. Essa experiência também o ajuda a se sentir mais conectado com a própria instituição.

Veja a seguir mais alguns benefícios da orientação presencial:

» **Demonstrações ao vivo:** O mais provável é que você aprenda sobre o ambiente online em um laboratório de informática em que alguém realmente demonstra como fazer login, navegar dentro do sistema e executar outras tarefas necessárias para participar com sucesso das aulas online da instituição. Por exemplo, você precisa saber como acessar o banco de dados online da biblioteca. Essa experiência não tem preço! É uma coisa boa também, porque, nesta situação, você é responsável pelas despesas de viagem, hospedagem e alimentação — então é melhor aproveitar ao máximo a experiência de orientação.

» **Oportunidade de tirar dúvidas:** Você é apresentado às políticas e aos procedimentos em um ambiente no qual pode fazer perguntas e receber respostas imediatas. Você também pode ouvir as perguntas feitas por seus pares e as respostas a essas perguntas também.

Orientação online

Em contraste à orientação presencial, a instituição pode lhe oferecer uma orientação completamente online. Esse tipo de orientação é feito em uma destas quatro maneiras:

» **Páginas no site da instituição:** As instituições que não exigem que os estudantes participem de um programa de orientação podem simplesmente desenvolver páginas online e fornecer links para elas em sua documentação de aceitação. Essas páginas podem ser compiladas em um site (em geral, o site do departamento de suporte tecnológico) com um sistema de navegação, ou podem estar separadas aleatoriamente e referenciadas conforme necessário dentro do curso. Por exemplo, links separados para informações técnicas podem levá-lo a um site diferente dos links para recursos da biblioteca, o que pode levá-lo a um conjunto separado de recursos mantidos pelo pessoal da biblioteca. Nesta forma de orientação, ninguém sabe sobre o seu progresso.

» **Orientação em seu próprio ritmo no sistema de gestão da aprendizagem:** Este método é similar ao anterior, pois os materiais estão disponíveis imediatamente e 24 horas por dia, mas é um pouco mais autêntico na medida em que você começa a trabalhar dentro do sistema de gestão da aprendizagem que usará para as atividades. A instituição pode acompanhar a conclusão da orientação por meio do sistema de gerenciamento do curso.

» **Orientação feita por professor no sistema de gestão da aprendizagem:** Algumas instituições exigem um programa de orientação mais formal. Elas contratam um professor para facilitar uma orientação online semelhante às outras sessões online dos cursos acadêmicos em que você se matricula. A orientação dura, no máximo, algumas semanas. A vantagem para essa estrutura é ter um professor disponível para responder a perguntas quando necessário. A desvantagem é que talvez você não tenha acesso aos materiais depois que o curso estiver concluído. Outra desvantagem é que essas orientações têm datas específicas de início e fim. Se sua aceitação na instituição veio após o início das aulas de orientação, talvez precise esperar até que a orientação seja oferecida novamente antes de se inscrever em matérias exigidas em seu programa de graduação, a menos que a instituição permita que se inscreva ao mesmo tempo na orientação e nas matérias do curso.

» **Conferência síncrona facilitada por professor:** Ferramentas de conferência online síncrona podem ser usadas por instituições para realizar sessões ao vivo nas quais o facilitador pode levar os participantes a uma visita virtual pelo sistema de gestão de cursos, pela biblioteca virtual e a outras ferramentas de instrução utilizadas. A vantagem desse método é que você tem uma pessoa ao vivo a quem pode fazer perguntas, e a orientação é realizada de forma rápida e oportuna. A desvantagem óbvia é a questão de o horário da orientação se encaixar com sua agenda.

CAPÍTULO 7 **Sendo Aceito e Preparando-se para as Aulas** 139

A Figura 7-2 ilustra como pode ser uma orientação online [em inglês]. Neste exemplo, os alunos fazem uma aula que os recebe ao curso e oferece recursos às políticas, aos procedimentos, ao suporte técnico e aos serviços acadêmicos. Ela é feita no mesmo ambiente virtual de aprendizagem (AVA) usado para o curso.

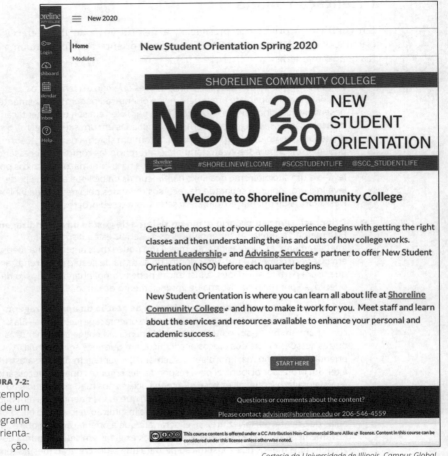

FIGURA 7-2: Exemplo de um programa de orientação.

Cortesia da Universidade de Illinois, Campus Global

Participando da orientação

Não importa que tipo de programa de orientação sua instituição oferece, não deixe de desempenhar um papel ativo. Não podemos enfatizar o quanto a participação em um programa de orientação pode ser benéfica. Este é um ótimo momento para aprender a navegar e usar a tecnologia de sua instituição em um ambiente seguro, sem as pressões das atividades e dos prazos das tarefas. Nas seções seguintes, explicamos como se inscrever para a orientação (se necessário), e fornecemos indicações sobre como aproveitar ao máximo sua sessão.

Inscrevendo-se para a orientação (se necessário)

Para saber quais alunos participaram da orientação, talvez precise se inscrever, como se estivesse se inscrevendo para uma matéria — sua instituição fornecerá instruções sobre como fazer isso. De fato, as instituições que exigem esse componente o registram em seu histórico escolar como uma forma de determinar facilmente se você cumpriu com os requisitos de graduação. Outras instituições, especialmente aquelas nas quais o programa de orientação não é necessário, podem não exigir inscrição.

PAPO DE ESPECIALISTA

Não fique felizinho demais pelo fato de o programa de orientação ser registrado em seu histórico. Ele não aumenta sua nota. A maioria dos programas de orientação, mesmo os obrigatórios, não vale *nenhum crédito*: eles podem impedi-lo de se formar, mas não afetam o desempenho acadêmico.

Fazendo um tour virtual e anotando informações importantes

A maioria das orientações, sejam elas presenciais, sejam online, proporciona aos estudantes algum tipo de visita ao ambiente virtual de aprendizagem. Esses tours podem ser desenvolvidos utilizando prints ou vídeo de um curso de amostra, ou demonstrando o compartilhamento de aplicativos em um ambiente ao vivo.

Durante a visita virtual, os estudantes recebem uma demonstração visual de como fazer o login, navegar dentro do sistema de gerenciamento do curso e realizar tarefas comuns e diárias. Estas podem incluir a leitura de novos anúncios do professor, verificação de novos posts dentro do fórum de discussão, resposta a um post de colegas, verificação de e-mail interno, envio de trabalhos e uso de outros softwares exigidos por seu programa acadêmico.

DICA

Ao participar do programa de orientação, anote informações importantes e mantenha-as perto de você para referência futura ao estudar. Veja algumas informações vitais a serem anotadas:

» Informações de contato para o suporte técnico, incluindo e-mail e telefone. (Veja mais informações sobre suporte técnico no Capítulo 10.)

» O link para o sistema de gerenciamento do curso da instituição onde as aulas serão hospedadas.

» Os passos para fazer o login e navegar em sua sala virtual. (Veja dicas gerais no Capítulo 9.)

» Como navegar e fazer login na biblioteca. (Consulte o Capítulo 12 para obter orientações básicas.)

» Como começar um novo post de discussão no fórum do seu curso. (Veja uma introdução no Capítulo 11.)

» Quaisquer dicas adicionais oferecidas para o sucesso do aluno.

LEMBRE-SE

Esse tour é um dos ativos mais valiosos do programa de orientação. Se esse recurso estiver disponível a qualquer momento, não deixe de anotar o link para referência futura. Você também deve favoritar os recursos externos importantes ligados à orientação. Por fim, não se esqueça de favoritar outros sites importantes, tais como a página inicial da instituição, a página de login do sistema de gerenciamento do curso, a biblioteca e a página inicial de suporte técnico.

DICA

Favorite também a página de login na barra de favoritos do seu navegador para que possa encontrá-la facilmente. A maioria dos navegadores permite que você especifique páginas favoritadas para serem exibidas na barra de favoritos, para que as veja sempre que abrir o navegador, ou na lista regular de favoritos.

Comprando Livros

Após a inscrição em suas matérias, você precisa descobrir quais livros didáticos e outros materiais são necessários para elas. Esta seção o ajuda a determinar como descobrir quais materiais são necessários e como adquiri-los.

Sabendo de quais livros didáticos precisa

A maioria das instituições presenciais mudou para um sistema eletrônico de inscrição. Como resultado, elas também conectaram esse sistema a livrarias eletrônicas. Portanto, após completar o processo de inscrição em sua matéria, você pode ver um botão chamado Compre Seus Livros Agora com um link para a livraria online da instituição. Clicando nesse link, você não apenas é levado à livraria virtual — ele também cria uma lista de livros didáticos e materiais necessários com base nas matérias em que está inscrito. Clicar neste botão não o obriga a comprar seus livros nesse site. É apenas a melhor maneira de descobrir quais livros e materiais são necessários para suas matérias. Algumas instituições podem fornecer um link do conteúdo programático em suas listas de matérias, o que muitas vezes inclui os materiais necessários. Entretanto, você deve verificar a data na qual a ementa foi atualizada antes de usá-la como referência para a compra de livros e materiais.

Decidindo onde comprar seus livros

Só porque o sistema de inscrição de sua instituição está conectado a uma livraria online não significa que é lá que você tem que comprar seu material. Você tem escolhas! Certamente, comprar livros didáticos e materiais na livraria online de sua instituição pode ser rápido e conveniente — por algumas razões:

» **Exatidão:** Você sabe que está adquirindo os livros e materiais certos.

» **Velocidade:** O processo de comprar livros e materiais está integrado com o sistema de inscrição, agilizando a compra.

» **Conveniência**: Os livros e materiais são entregues diretamente na sua casa (com uma taxinha de entrega, é claro).

Mas será que está fazendo o melhor negócio, especialmente quando se trata de livros didáticos? Às vezes, a compra de livros didáticos por meio da livraria da instituição é mais cara. Determinar onde você pode comprar livros didáticos ao melhor preço requer um certo trabalho de pesquisa. Em primeiro lugar, você precisa de uma lista precisa de todos os livros didáticos necessários. É possível encontrar essas informações no sistema de inscrição da instituição ou na livraria online. Certifique-se de anotar as seguintes informações sobre o livro didático antes de procurar em outro lugar:

» Título.

» Edição (algumas edições mais novas são muito diferentes das anteriores).

» Ano de publicação.

» Autor(es).

» ISBN.

Leve essas informações para livrarias online, como `Amazon.com` ou `Campus-books.com`. Como as livrarias online têm um mercado maior para atender, elas normalmente compram itens em grandes quantidades, o que lhes permite dar descontos para os consumidores. Outra vantagem das livrarias online é que elas entregam os livros diretamente em sua porta. Dependendo do valor da compra, pode conseguir o frete grátis.

MAIS SOPA DE LETRINHAS: REAS

Um recurso educacional aberto (REA) é uma alternativa aos livros didáticos tradicionalmente caros. Em vez de pagar R$600 por um livro de ciências, seu professor pode escolher uma versão REA que custa drasticamente menos. Essas versões não têm uma qualidade inferior. A diferença no custo geralmente se dá por não haver uma editora e por ter uma estrutura de licenças que não incluem direitos autorais. (O material usa licenças comuns de criação.) Alguns lugares já permitem que você saiba com antecedência se seu livro terá uma versão REA.

DICA

Faça uma pesquisa de preços para obter o melhor negócio antes de comprar automaticamente um livro didático da instituição. Talvez até seja uma boa comprar seus livros para o período em várias lojas. Ao fazer isso, porém, não deixe de prestar atenção aos custos de frete para ter certeza de que está realmente conseguindo o melhor negócio.

DICA

Considere *alugar* os livros didáticos. Se o livro de biologia custa R$300 e é só uma matéria complementar, provavelmente não vai ter interesse em ficar com o livro depois. Neste caso, alugar pode ser uma escolha mais inteligente. Verifique sites como `Chegg.com` ou `Campusbooks.com` [ambos em inglês] para mais informações. No Brasil, o programa Kindle Unlimited da Amazon.com.br permite o aluguel de livros por meio do pagamento de uma taxa mensal.

Sempre que estiver procurando livros fora da instituição, mencione que você é estudante — algumas livrarias oferecem descontos educacionais aos estudantes. Se sua instituição não lhe fornecer uma identificação (algumas instituições online não fornecem), veja se o fornecedor aceitará uma cópia de sua inscrição como prova, ou entre em contato com seu orientador.

Verifique novamente se o livro didático vem com outros recursos, como o acesso a componentes online. Os componentes podem incluir guias de estudo adicionais, slides, ou autotestes. Esses livros geralmente exigem um código de acesso adicional. Se você estiver adquirindo livros usados, talvez o código esteja expirado, portanto, certifique-se com antecedência.

Comprar novo ou usado — Eis a questão

A maioria das livrarias acadêmicas e online oferecem a opção de comprar livros novos ou usados. O livro didático é considerado usado se ele foi usado no passado e o aluno o vendeu de volta à livraria ao término do período.

Você deve comprar livros novos ou usados? Os novos são a opção se você quer

>> Ser o primeiro a destacar e escrever comentários nas margens.

>> Evitar ler o que outros acharam importante (os destaques e anotações antigos).

>> Gastar bastante dinheiro — os livros novos são mais caros.

>> Curtir o cheirinho de livro novo (como o de um carro novo).

É claro, tudo tem seus dois lados. Comprar um livro usado é uma melhor opção se

>> **Quiser economizar dinheiro:** Você pode economizar até 40% dos custos totais ao comprar livros didáticos usados.

>> **Reconhecer o valor da contribuição dos outros:** Talvez seja de valor para você ler o que os outros escreveram nas margens, por exemplo.

>> **Não se importa em ficar com o livro:** É difícil revender um livro usado. Os compradores são mais relutantes em comprar um livro que já teve mais de um dono.

Comprar livros usados traz alguns benefícios óbvios. Mas será que dá para saber o que receberá quando os compra online?

Sites como `Amazon.com.br` e `Estantevirtual.com.br` fornecem um local para que as pessoas vendam livros de que não precisam mais. Para isso, o vendedor deve primeiro criar um perfil. Cada um dos itens do vendedor é descrito apresentando a condição geral do livro e quaisquer condições especiais ou danos sofridos pelo livro. Por exemplo, você pode ler um anúncio que diz algo como: "Livro em ótimo estado com texto destacado em 3 dos 13 capítulos. Sem escritos nas margens e sem páginas dobradas. Este livro é uma pechincha." Alguns anúncios têm até fotos do livro, o que permite ver a prova de seu estado. Essa característica é útil para garantir que está comprando da pessoa certa.

Outra maneira de determinar se está comprando de uma pessoa honesta é verificar as classificações do vendedor. Anexo ao perfil de cada vendedor está um sistema de classificação que permite aos compradores avaliar suas experiências de compra com esse vendedor. Essas classificações são públicas para que outros potenciais compradores as vejam. Elas permitem que você veja se o vendedor forneceu informações honestas sobre seus produtos, se os enviou em tempo hábil e se ofertou um serviço de qualidade ao cliente. Uma avaliação positiva pode ser algo assim: "Classificação geral 99%"; os comentários de um comprador acompanhando a classificação desse vendedor podem ser: "Ótimo serviço ao cliente e o produto estava em excelente forma. O envio é rápido, também. Vendedor nota 10."

DICA

Antes de comprar um livro usado online, verifique a classificação geral do vendedor e leia os comentários deixados por outros compradores. Isso evita muitas dores de cabeça futuras e ajuda a garantir uma experiência de compra positiva. Além disso, certifique-se de que o livro acompanha recursos adicionais e se o código de acesso está funcionando.

A ONDA DO FUTURO: LIVROS DIGITAIS

Os livros digitais ficam disponíveis de forma permanente para download ou temporária para acesso via link. Sites como Amazon (`www.amazon.com.br`) vendem livros digitais que você pode baixar e acessar do seu computador, smartphone ou assistente pessoal digital (PDA). Esses downloads, que geralmente são permanentes, são em geral mais baratos que a versão impressa.

Algumas instituições mudaram para livros didáticos digitais. Você compra o livro como um arquivo de computador e o lê em seu computador ou em um leitor digital como o Kindle da Amazon. Esses dispositivos armazenam centenas de livros em formato digital e têm o tamanho de um bloco de notas padrão. Programas e cursos individuais que utilizam livros em formato digital lhe darão informações adicionais durante o processo de inscrição sobre como comprar os livros e o leitor necessário ao se matricular. Na verdade, algumas instituições fornecem os livros eletrônicos como parte da matrícula.

No Brasil, é cada vez mais comum as instituições de ensino superior privadas oferecerem acesso a bibliotecas virtuais com custo já embutido na mensalidade. Nessas bibliotecas, o estudante pode acessar, durante o período em que estiver vinculado à instituição, um acervo de milhares de títulos. Entre as mais conhecidas, estão a Minha Biblioteca, a Biblioteca Virtual Pearson e a Biblioteca Digital Saraiva

NESTE CAPÍTULO

» Assumindo a atitude certa

» Conhecendo as ferramentas que você pode usar

» Entendendo que você não precisa saber de tudo

» Descobrindo como dominar novas ferramentas rapidamente

Capítulo **8**

Preparo Mental e Mindset Tecnológico

Você já ouviu falar do autor Bob Bitchin, criador da revista *Latitudes & Attitudes*? Bob diz que "a diferença entre uma aventura e uma provação é a atitude". Isso não poderia ser mais verdadeiro quando se trata de aprendizado online. Este capítulo aborda o tipo de mentalidade necessária para você ter sucesso. Além de descrever a atitude correta, vamos investigar como você pode ser flexível e aprender coisas novas usando as ferramentas que já tem em mãos.

Assumindo a Atitude Certa

Sabe aquele tipo de pensamento, "acredito que consigo, acredito que consigo..."? A relação entre persistência e sucesso é real. Ao se preparar para esta nova forma de aprender, sua atitude prepara o palco para o sucesso.

DICA

Os testes de personalidade podem ser muito divertidos quando fornecem informações significativas sobre você mesmo — se quiser testar a si mesmo, pesquise online usando o termo *teste de mindset de crescimento*.

Entendendo os mindsets fixos e de crescimento

Muita coisa já foi publicada sobre o mindset fixo e o de crescimento. A autora mais conhecida da área é Carol S. Dweck, e recomendamos seu livro *Mindset: A nova psicologia do sucesso*. Parafraseamos os pontos principais nesta seção.

Um *mindset de crescimento* é uma mentalidade aberta à aprendizagem e à melhoria contínuas. Envolve assumir a atitude de que tudo é possível, e que você pode aprender qualquer coisa caso tenha esforço e persistência suficientes. Em um mindset de crescimento, o fracasso não é uma coisa ruim. Ao contrário, é uma ferramenta para aprender. Quando fracassamos, se prestarmos atenção ao feedback sobre o *porquê* do fracasso, temos uma oportunidade de fazer melhor da próxima vez.

Em contraste, um mindset fixo é uma mentalidade que pressupõe que temos limites. "Eu não posso ser um cientista nuclear se não fui aprovado em álgebra."

Para nos concentrarmos no positivo, vamos ficar com o mindset de crescimento. E isso, de fato, é uma característica de alguém com uma mentalidade de crescimento — concentrar-se no positivo. Dizer a si mesmo que é possível e intencionalmente enviar mensagens afirmativas reforça o mindset de crescimento.

DICA

Caso se veja engajado em pensamentos negativos, como "não consigo fazer isso" ou "sou muito burro", pare, respire fundo e faça um intervalo. Faça algo que goste por um momento e retome o aprendizado quando se sentir mais positivo.

LEMBRE-SE

A tecnologia muda! No decorrer da redação deste livro, alguns dos principais fornecedores mudaram a forma como os usuários podem fazer o melhor uso de suas ferramentas. Ao ter um mindset de crescimento, você continuará procurando outros métodos e assumindo uma atitude de solução de problemas.

O esforço e a persistência são importantíssimos em um mindset de crescimento. No mundo do aprendizado online, isso pode significar refazer simulados de testes várias vezes até que domine completamente suas ideias. Pode significar enviar um trabalho e ter que fazer correções após receber comentários do professor. Pode também significar pedir ajuda, mas não desistir de si mesmo. (Falamos sobre como encontrar apoio no Capítulo 10, e o esforço e a persistência podem levá-lo até lá.)

A mãe de Susan dava aula de piano. O velho ditado "A prática leva à perfeição" foi ligeiramente alterado para "A prática perfeita leva à perfeição", então Susan aprendeu a dividir as coisas em partes e a praticar até dominar aquelas peças menores. Essa ideia se aplica à música, à leitura, à biologia — ao que imaginar. Com um mindset de crescimento, você persiste, pouco a pouco, até ter aprendido o material.

DICA

Não hesite em começar de leve: pouco a pouco, suas sessões de prática (ou a quantidade de tempo que pode persistir estudando) vão crescer com o tempo. Se conseguir aguentar quinze minutos de repetição para aprender um idioma, por exemplo, isso é bom. Talvez no início você consiga ler apenas vinte minutos de história mundial. Tudo bem, vai melhorar. Alguns especialistas recomendam estabelecer um cronômetro para as sessões de estudo, para que não se sinta sobrecarregado quando uma pausa estiver próxima. Esse método — chamado *Pomodoro* — funciona.

Seu intelecto não tem um tamanho determinado. Na verdade, quanto mais você aprende, mais aumenta sua capacidade de aprender mais. Entrar em uma nova experiência com essa atitude o colocará no caminho certo.

O feedback tem um papel poderoso no aprendizado. Pense em algo novo que possa ter tentado recentemente. Durante os meses iniciais da pandemia da Covid-19, Kevin decidiu experimentar a fotografia. Algumas de suas fotos anteriores não estavam bem enquadradas ou não tinham uma iluminação adequada. Entretanto, ele compartilhou parte de seu trabalho nas mídias sociais e pediu a opinião de seus amigos que são bem versados no assunto. A partir do feedback deles, ele conseguiu fazer ajustes e melhorar.

Em uma experiência de sala de aula, o feedback vem de muitos cursos diferentes. É claro que uma pontuação na prova é uma forma de feedback, mas, se puder analisar as perguntas específicas e ver onde se perdeu, isso também é útil. O retorno de seu professor sobre o trabalho escrito é um feedback. Da mesma forma, o feedback dos colegas é extremamente útil.

LEMBRE-SE

O difícil é ver o feedback como uma oportunidade de aprender, e não como um ataque pessoal direto ou um reflexo de sua inteligência. Raramente as pessoas dão feedback com a intenção de magoá-lo.

CAPÍTULO 8 **Preparo Mental e Mindset Tecnológico** 149

Reconhecendo que a idade é só um número

Não sabemos quantos anos você tem, nem nos importamos. A idade é apenas um número e tem pouco a ver com a sua capacidade de aprender. Muito tem sido escrito sobre diferenças geracionais, mas não vale a pena estereotipar em um ambiente de aprendizagem. Novamente, se você tem um mindset de crescimento, não importa se tem sessenta anos de idade e está aprendendo uma nova tecnologia. É possível fazer isso se estiver disposto a persistir.

Da mesma forma, se tem dezoito anos, o mundo espera injustamente que você tenha competência tecnológica. Talvez isso não o descreva, e pode ser que precise se esforçar tanto quanto a pessoa de sessenta anos para dominar um tópico. Aguente firme.

A avó de Kevin trabalhava como telefonista. Seu desejo de aprender e sua mente aberta a ajudaram a lidar com várias mudanças tecnológicas importantes em sua vida. No início da carreira, ela conectava fisicamente linhas telefônicas para que as pessoas pudessem conversar; mais tarde, aprendeu a conversar com a família a partir do tablet usando o FaceTime.

Conhecendo as Ferramentas que Pode Usar

No ambiente online, você precisa trabalhar com diferentes tipos de tecnologia. Nesta seção, falamos sobre alguns dos termos e das tecnologias mais comuns que precisa dominar.

Sistema de gestão de aprendizagem: LMS

Tanto na educação superior como em contextos de aprendizado corporativo, um sistema de gestão de aprendizagem (LMS, da sigla em inglês) é a ferramenta básica para organizar e entregar conteúdo para os alunos. Os LMS mais comuns são Canvas, Bridge, Blackboard, Moodle, Docebo e Litmos. (A Figura 8-1 mostra uma página comum no sistema Canvas.)

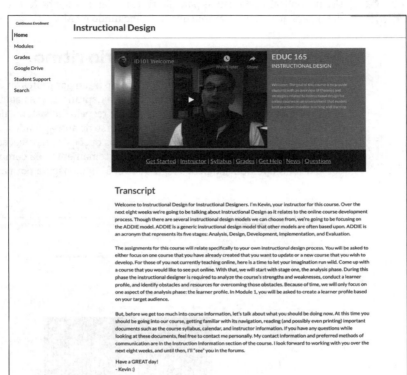

FIGURA 8-1: Página inicial de um curso ministrado no Canvas.

Quase todos os LMS têm algumas qualidades em comum:

» **Você precisa de uma conta, e faz o login para as atividades.** No ensino superior, a instituição lhe atribui uma conta quando você é aceito. Nos negócios, também é provável que receba sua própria conta. Se estiver fazendo um curso para desenvolvimento pessoal ou por conta própria, talvez precise criar uma.

» **Suas "lições", ou o assunto do aprendizado, são organizadas por módulos ou pastas.** (Falamos mais sobre isso no Capítulo 9.) A beleza de um sistema de gestão da aprendizagem é que ele mantém os recursos organizados. O professor ou o designer podem separar o conteúdo por semana, tema ou nível.

» **Sua atividade é monitorada.** Pode ser que um sistema de gestão de aprendizado monitore sua participação. O sistema sabe se você passou cinco ou cinquenta minutos em uma página. Ele sabe se tirou dez na última prova e que talvez precise de um conteúdo mais desafiador. Não fique alarmado! Algumas dessas informações são usadas para fazer sugestões ou abrir conteúdos adicionais com base em suas necessidades.

CAPÍTULO 8 **Preparo Mental e Mindset Tecnológico** 151

DICA

Use um aplicativo de senhas para ajudá-lo a criar uma senha forte (e se lembrar dela) para qualquer programa que usar, incluindo o LMS.

Aprendizado em seu próprio ritmo

Falamos sobre a diferença de aprendizado ministrado por professor em comparação ao aprendizado em seu próprio ritmo no Capítulo 4, mas aqui é um bom lugar para mencioná-lo novamente no que diz respeito ao sistema de gestão de aprendizado. Se estiver matriculado em um curso de autoaprendizado, a configuração poderá ser linear e talvez tenha menos opções de navegação. (Veja um exemplo na Figura 8-2.) Especialmente para treinamentos de compliance, um curso de autoaprendizado pode exigir que você clique página por página.

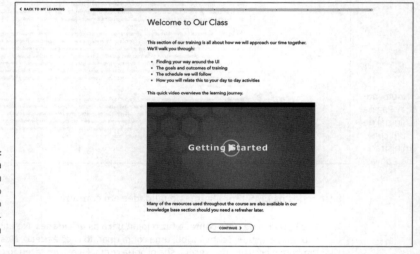

FIGURA 8-2: Panorama de um curso no estilo autoaprendizado na Bridge.

Outra grande diferença em um curso em seu próprio ritmo tem a ver com interatividade — pode ser que sinta que é a única pessoa no curso. Talvez não haja requisitos para que se envolva em debates, por exemplo. Para alguns alunos, isso é ótimo! Para outros, é difícil ficar motivado. Mais uma vez, a atitude é tudo.

O sistema ainda pode monitorar suas atividades, e sabe se você passa em uma prova com facilidade ou dificuldade.

Fazendo prints

Pode parecer besteira falar sobre os prints, ou as capturas de tela, porém, cada vez mais professores estão solicitando provas de que você completou uma tarefa por meio de um print. Um *print* é literalmente uma imagem da tela de seu computador.

Vamos separar alguns minutos para orientá-lo a respeito de como fazer uma captura de tela, o que dependerá do tipo de máquina que você usa — Windows, Chromebook ou Mac.

Em um computador com Windows

Caso use um equipamento com Windows, pressione Win+Shift+S para fazer um print. Ou seja, mantenha pressionada a tecla Windows enquanto pressiona Shift+S — o mesmo comando para fazer um *S* maiúsculo. (A Figura 8-3 mostra essa combinação no teclado.) Essa ação abre uma janela que permite você decidir se quer selecionar uma área ou salvar a tela inteira.

FIGURA 8-3: Teclado Windows com as teclas em destaque.

Após selecionar a área que quer capturar, é preciso salvar a captura. O comando Salvar abre a área comum de pastas para que possa escolher se vai salvá-la na pasta Documentos, na área de trabalho ou na pasta Fotos.

Em um Chromebook

Caso use um Chromebook, mantenha pressionada a tecla Control (Ctrl) e pressione a tecla Switch, como mostrado na Figura 8-4. A captura aparece no canto inferior direito. Se clicar nessa imagem reduzida, ela é salva na pasta Downloads.

FIGURA 8-4: Teclado Chromebook com as teclas destacadas.

Em um Mac

Se usa um Mac, pressione a tecla Command, a tecla Shift e o número 3 (nessa sequência) para capturar a tela inteira. Se quiser fazer um print de apenas uma área menor, pressione Command+Shift+4, como mostrado na Figura 8-5, e depois selecione a área que quer capturar. As capturas de tela são salvas na área de trabalho.

FIGURA 8-5: Teclado Mac com as teclas destacadas.

Ferramentas adicionais

É possível que sua instituição lhe peça para usar ferramentas adicionais. Por exemplo, no estado de Washington, nos EUA, todos os alunos online têm acesso ao Panopto, um gravador e editor de vídeo. (Veja a Figura 8-6.) Os alunos podem fazer um pequeno vídeo usando uma webcam e enviá-lo para revisão. Imagine como isso seria útil para uma aula de idiomas!

FIGURA 8-6: Um LMS com sessões de gravação usando o programa Panopto.

LEMBRE-SE

Como saberá quais ferramentas usar e onde encontrá-las? Fácil. Qualquer ferramenta necessária certamente estará listada no programa de estudo, ou haverá um link direto nos materiais do curso.

Armazenamento e nuvem

À medida que sua habilidade como aluno online aumenta, em breve adquirirá vários documentos e arquivos — o que significa que precisará de um lugar para armazenar todas essas novas coisas. Claro, você pode imprimir tudo e fazer uma grande pilha de papel, mas nós não recomendamos esse método. Em vez disso, pense em salvar tudo em formato digital — por exemplo, quando localizar o documento que tem as informações de contato do seu professor. O que faz com isso?

Você *pode* armazenar tudo no disco rígido do computador. No Capítulo 3, mostramos como criar pastas a serem organizadas para essa tarefa. Se não quiser armazenar tudo no computador, no entanto, uma opção confiável e gratuita é o armazenamento baseado em nuvem.

LEMBRE-SE

As aplicações e o armazenamento baseados em nuvem são muitas vezes gratuitos e resolvem o problema de ocupar espaço e recursos em seu computador. Cada vez mais softwares são baseados na nuvem atualmente.

CAPÍTULO 8 **Preparo Mental e Mindset Tecnológico** 155

Se você tem uma conta no Microsoft 365, seu armazenamento em nuvem é chamado OneDrive. Você armazena documentos e arquivos lá, e pode acessá--los de qualquer computador, desde que esteja logado no Microsoft 365. Você também pode compartilhar esses documentos com outros, enviando um link.

Se não usa o Microsoft 365, pode ter uma experiência semelhante com o Google Drive. Depois de se cadastrar no Google (mesmo que seja apenas para e-mail), você tem acesso a um drive no qual pode criar e armazenar documentos do Word e do Google, planilhas, apresentações e todos os tipos de arquivos. E é gratuito.

Outros produtos, como Dropbox e Box, oferecem serviços similares. Faça algumas pesquisas sobre qual produto lhe parece mais fácil e que seja gratuito.

Salvando o que precisa

Às vezes, dentro de um sistema de gestão de aprendizado, você pode baixar documentos que deseja salvar, como o conteúdo programático ou as informações de contato do professor. Haverá uma variação, de acordo com o LMS específico e como seu professor o utiliza, de como fazer isso. Portanto, vamos considerar alguns cenários dentro do Canvas para usar como exemplos de como você pode fazer o download de documentos compartilhados por seu professor:

» **Documento incorporado em uma página do Canvas:** Seu professor pode incorporar um documento diretamente em uma página. Neste caso, o Canvas apresenta o botão Download, como mostra a Figura 8-7. Ao clicar nesse botão, é feito o download automático para a pasta de Downloads.

» **Link direto dentro do texto de uma página HTML:** Algumas vezes, o documento vinculado é complementar a outras informações. Por exemplo, um professor pode fornecer um link para um documento como modelo de uma tarefa no meio da instrução da tarefa. Quando isso acontece, o título do documento é provavelmente exibido em azul e sublinhado, para indicar que se trata de um link. Clique no link para ver se ele é automaticamente baixado. Caso contrário, você também pode clicar com o botão direito do mouse no link e escolher a opção Salvar link Como, como mostra a Figura 8-8. Essa ação abre uma caixa de diálogo para salvar e provavelmente envia o arquivo para a pasta Downloads novamente. Clique em Salvar ou OK na caixa para salvar o arquivo.

» **Texto copiado da tela:** Se quiser copiar apenas o texto apresentado, tente isto: clique na página e pressione a tecla Control (ou Command, se usa Mac) e a tecla C simultaneamente. Isso copia o que você precisa. Depois, pode colar o texto em um documento do Microsoft 365 ou do Google Docs usando a combinação Control+V ou Command+V no teclado. (Veja a Figura 8-9.)

156   PARTE 2 **Preparando-se para Aprender**

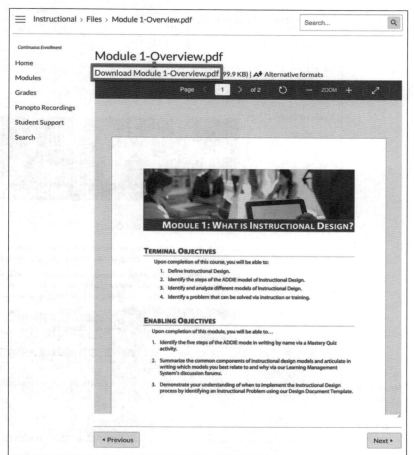

FIGURA 8-7: Salvando um documento diretamente de uma página.

CAPÍTULO 8 **Preparo Mental e Mindset Tecnológico** 157

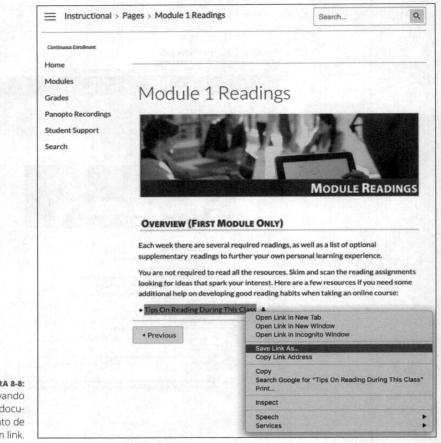

FIGURA 8-8: Salvando um documento de um link.

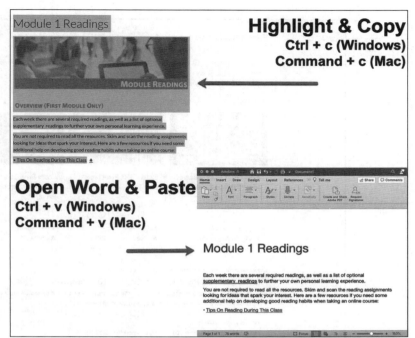

FIGURA 8-9: Copiando e colando um texto.

Você Não Precisa Saber Tudo

Belo título para ler em um livro de orientações, não é mesmo? No entanto, estamos falando sério. Como a vida útil das informações é bastante curta hoje em dia, é mais importante saber *onde* procurar informações do que já saber tudo. Percebe como esse conceito se relaciona com o mindset de crescimento que mencionamos anteriormente neste capítulo? Não é possível saber tudo — é preciso olhar para si mesmo como um aprendiz eterno que consegue aprender novos assuntos. Você tem que persistir e continuar procurando — e sim, talvez precise pedir ajuda de vez em quando.

A ajuda está bem pertinho, logo ali no seu navegador. Precisa de ajuda para saber como fazer uma tabela dinâmica no Excel 2010? "Dá um Google", assim como fizemos na Figura 8-10.

CAPÍTULO 8 **Preparo Mental e Mindset Tecnológico** 159

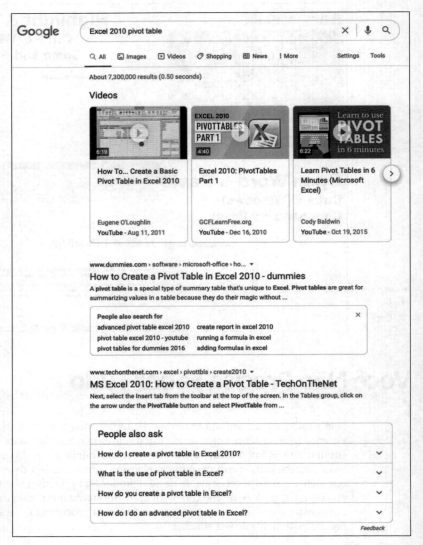

FIGURA 8-10: Pesquisa na internet usando o Google.

DICA

Se já tentou uma solução em outro lugar, tente novamente em um novo contexto. Recentemente, a irmã de Susan estava tentando fazer um sistema de alarme parar de apitar. Sua irmã é enfermeira, não técnica de sistema de alarme (e não era um alarme de vida ou morte). Ela decidiu reiniciar o alarme, como se reiniciaria um computador, então ela desligou o dispositivo, contou até 30, e o reiniciou. Adivinha? Funcionou!

A importância de ter um mindset de crescimento é imensurável.

Dominando Rapidamente Novas Ferramentas

Ao escrever este livro, Susan não sabia como fazer um print em um Chromebook. Além de pesquisar no Google, ela pesquisou no YouTube. Você sabia que ele é o segundo mecanismo de busca mais usado? A vantagem do YouTube é que processos mais longos podem ser documentados: é possível reproduzir, pausar, fazer você mesmo e continuar repetindo até entender o processo. A desvantagem é que pode ser que tenha que assistir a anúncios antes de chegar à parte boa.

Dito isto, se estiver procurando assistência de software, tenha a certeza de que está usando a mesma versão. (A Figura 8-11, por exemplo, mostra que estamos interessados na versão 2010 do Excel.) Se assistir a um vídeo sobre como usar o Excel, e a gravação usar o Excel no Windows 365, mas você ainda estiver no Excel 2010, verá algo diferente.

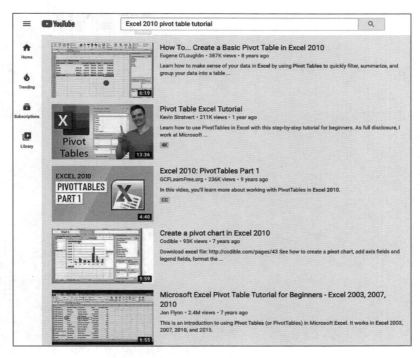

FIGURA 8-11: Pesquisando no YouTube para encontrar ajuda.

DICA

Ao pesquisar no YouTube, seja *específico*.

CAPÍTULO 8 **Preparo Mental e Mindset Tecnológico** 161

162   PARTE 2 **Preparando-se para Aprender**

3

A Sala Virtual: Aluno Nota 10

NESTA PARTE...

Explore a sala virtual.

Conheça os professores e colegas de sala.

Desenvolva suas habilidades de comunicação.

Desenvolva hábitos de estudo para ter êxito.

Torne-se um aluno global.

Crie um portfólio para mostrar seu melhor trabalho.

NESTE CAPÍTULO

» **Chegando ao destino virtual**

» **Encontrando e avaliando os documentos necessários para ter êxito**

» **Determinando como o conteúdo em um curso é organizado**

» **Encontrando as pessoas nos horários certos**

Capítulo **9**

Navegando pelo AVA

No primeiro dia de uma aula presencial, o professor geralmente distribui artigos, explica a aula, revisa como são dadas as notas e fala um pouco sobre o que a aula envolve. No aprendizado online, os mesmos tipos de recursos estão disponíveis, mas você os recebe de maneira diferente. Após inscrever-se para uma ou mais matérias online (veja o Capítulo 7), estará pronto para fazer o login e se orientar no ambiente virtual de aprendizagem (AVA), que é onde alunos e professores se reúnem. A beleza desta sala de aula virtual é que você não precisa usar uma roupa bonita, não precisa disputar uma vaga de estacionamento e, na maioria das vezes, pode fazer as aulas quando lhe for conveniente.

Este capítulo lhe mostra como fazer o acesso e o ajuda a se familiarizar com alguns dos materiais e atividades que o professor pode distribuir.

CAPÍTULO 9 **Navegando pelo AVA** 165

Chegando ao Seu AVA

O calendário lhe diz que a aula começa hoje. O que isso significa? Será que precisa fazer o login às 8h da manhã para completar uma tarefa? Presumimos que esteja animado para começar a aprender online, mas um pouco ansioso sobre o que fazer primeiro. Não é tão fácil quanto ir ao prédio ou à sala certa, e esta maneira de aprender é nova para você. Nas próximas seções, explicamos como usar o site correto, definir algumas opções de internet, acessar a interface e encontrar o link para cada matéria que está fazendo.

DICA

Algumas organizações deixam você entrar um ou dois dias antes, só para começar a conhecer o ambiente — caso tenha essa oportunidade, aproveite-a. Se não tiver tempo de fazer o login antecipadamente, pelo menos faça o acesso no primeiro dia para que o professor saiba que está presente.

Usando o endereço certo e configurando algumas opções de internet

Algum tempo antes do início de um curso, a instituição envia informações sobre como fazer o login em seu espaço virtual. Em alguns casos, você pode receber esse aviso com uma semana de antecedência; em outros, talvez ele chegue horas antes do início do curso. Tudo depende da organização. Essa comunicação inclui um URL específico (endereço online), um nome de usuário e uma senha ou a opção de definir uma senha. Você digita o URL (por exemplo, **minhainstituição.edu.br**) na barra de endereço do navegador, no lugar do URL que aparecer quando abrir o navegador. Pressione a tecla Enter, e a página deve mudar para onde você precisar estar.

A correspondência de sua organização deve incluir instruções explicando qual navegador usar e como configurá-lo para um ótimo desempenho. (Veja, no Capítulo 3, o básico sobre navegadores.) Por exemplo, Instructure, a empresa proprietária do sistema de gestão de aprendizagem (LMS) do Canvas, recomenda que use o navegador Chrome. Você deve saber como exibir o conteúdo que pode aparecer em outra janela — alguns navegadores são configurados para bloqueá-los por padrão. (Esse recurso é carinhosamente conhecido como "bloqueador de pop-ups".) Na maioria dos casos, ao visualizar o conteúdo do curso dentro de seu LMS — Canvas, por exemplo — é importante evitar que janelas pop-ups sejam bloqueadas. A Figura 9-1 ilustra uma situação em que o conteúdo foi bloqueado e depois mostra como você pode dizer ao Chrome para permitir o conteúdo bloqueado daquele site para que isso não aconteça novamente quando estiver navegando em seu curso.

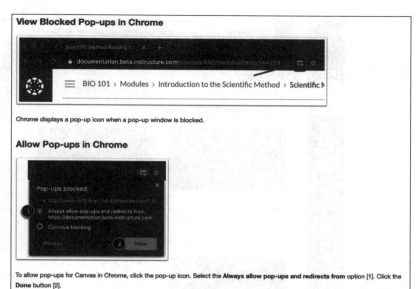

FIGURA 9-1:
Permitindo pop-ups no Chrome.

Cada navegador e sistema operacional funciona de forma diferente. O que você faz no Chrome para controlar pop-ups difere do que faz no Safari. Na Figura 9-1, mostramos como o Google Chrome exibe um ícone na barra de endereço para indicar que uma janela pop-up deve ser habilitada.

Fazendo login e descobrindo a interface

LEMBRE-SE

Após encontrar o caminho para o ambiente virtual de aprendizagem, faça o login pela primeira vez usando o nome de usuário e a senha fornecidos pela instituição. Essas palavras ou códigos são *sensíveis a maiúsculas e minúsculas*, portanto você não pode usar maiúsculas à vontade. Digite as informações exatamente como estão no papel (ou na tela, caso tenham sido enviadas por e-mail).

Em geral, seu login não o leva diretamente ao curso — ao contrário, ele o leva a uma página inicial que inclui informações adicionais e um link para o curso. (Se estiver fazendo mais de uma matéria, você verá um link para cada uma.) Essa primeira página inicial, às vezes chamada de portal, pode incluir informações como anúncios para todos os alunos, links para a biblioteca ou tutoriais para processos comuns. Pode até ser a mesma página que você usou para se inscrever para as aulas. A Figura 9-2 exibe a amostra de um portal a partir do qual um aluno teria acesso à(s) sua(s) matéria(s).

CAPÍTULO 9 **Navegando pelo AVA** 167

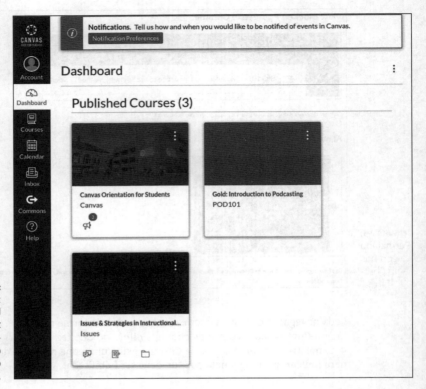

FIGURA 9-2:
Canvas: um portal que talvez veja quando fizer o primeiro login.

LEMBRE-SE

Se seu portal não se parece nada com o da Figura 9-2, não se preocupe: o que você vê quando faz login depende do software LMS que a instituição usa. (No Capítulo 8, introduzimos o conceito do LMS.) Se sabe qual sistema sua instituição ou organização usa, pode ser interessante para o bate-papo com outros alunos online no happy hour, mas não importa muito em termos de atividades acadêmicas. Caso sua organização não lhe informe explicitamente qual é o LMS no contato com você, verá o logotipo quando fizer o login no curso. Os fornecedores *adoram* dizer quem são.

Se estiver fazendo cursos estritamente para fins comerciais ou desenvolvimento pessoal, o LMS pode ser uma versão empresarial. (É personalizado para parecer parte da empresa.) O modo como você navega — procurando links e comunicados dos cursos, por exemplo — ainda funciona da mesma maneira a princípio.

DICA

Muitas organizações pedem aos alunos que mudem suas senhas assim que fizerem login (em geral, a partir da página inicial) para a própria segurança — se lhe for atribuída uma senha, recomendamos mudá-la, mas não imediatamente. Primeiro, reserve algum tempo para dar uma olhada em seu novo ambiente — especificamente, encontrar e imprimir as informações de suporte técnico e de contato com o professor antes de mudar a senha. Dessa forma, se por algum motivo ficar sem acesso ao sistema, saberá a quem ligar. (Consulte o Capítulo 3 para ver as informações básicas sobre senhas.)

Encontrando a página inicial do seu curso

Como observamos na seção anterior, o LMS determina exatamente o que você vê na página inicial quando faz o login. Apesar de todas as variações possíveis, sem dúvida você verá um link para seu curso, na maioria das vezes identificado pelo nome e código (consulte a Figura 9-2). Após encontrar o link, clique para ir para a página principal, ou *página inicial*, do curso.

Talvez você não consiga ver o curso inteiro de uma só vez. Alguns professores gostam de mostrar apenas o material necessário para o início, de modo que os alunos não fiquem sobrecarregados. O processo é novo, afinal de contas. No entanto, a interface provavelmente tem links para alguns materiais padrão, tais como uma mensagem de boas-vindas do professor, o programa de estudos, o calendário e outras informações que analisamos mais com mais detalhes adiante neste capítulo. Para que saiba que está no lugar certo, as Figuras 9-3 e 9-4 mostram o que talvez veja ao fazer o login em dois sistemas diferentes pela primeira vez:

» **A Figura 9-3 mostra a página inicial de um curso ministrado no Canvas.**
Perceba que pode ver cursos aos quais tem acesso junto com grupos e comunicados. Os comunicados podem ser lembretes de prazos, observações sobre recursos adicionais ou processos básicos que se relacionam com todos. Esse tipo de página de abertura permite que você escolha o que precisa com as informações que o ajudarão a ter sucesso.

» **A Figura 9-4 mostra a página inicial de um curso ministrado no Moodle.**
Neste caso, você vê links para o conteúdo no mesmo instante. Pode saltar diretamente para as lições do curso e as informações sobre as tarefas. Os comunicados podem estar ao lado ou contidos em um fórum especial.

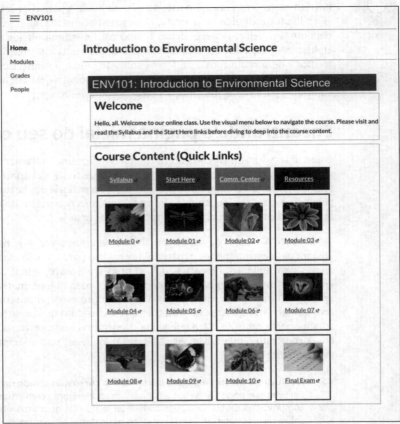

FIGURA 9-3: Página inicial de um curso ministrado no Canvas.

Copyright © 2009 ANGEL Learning

170 PARTE 3 **A Sala Virtual: Aluno Nota 10**

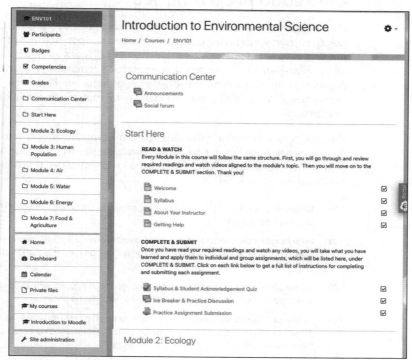

FIGURA 9-4: Página inicial de um curso ministrado no Moodle.

Localizando e Entendendo Documentos Cruciais

Depois de saber como chegar à página certa para cada curso que está fazendo, pode coletar alguns documentos importantes e necessários. (Pense nesse processo como uma caça ao tesouro.) Esperamos que seu professor tenha tido a gentileza de destacar os recursos na página inicial do curso, mas, caso não seja tão fácil, esta seção lhe mostra o que procurar — incluindo o conteúdo programático ou a estrutura do curso, calendário e detalhes de correção de provas e atividades — e onde encontrá-los.

DICA

Comece uma pasta para cada matéria online que fizer. Encontre os documentos nas seções seguintes e mantenha cópias em uma pasta, seja no disco rígido do seu computador, seja no armazenamento em nuvem. (Falamos sobre a opção de armazenamento em nuvem no Capítulo 3.) Talvez queira imprimir cópias dos documentos, mas, se estiver preocupado com o que acontecerá se seu computador travar, o armazenamento em nuvem é a melhor opção.

CAPÍTULO 9 **Navegando pelo AVA** 171

Conteúdo programático

Para ministrar esta matéria em particular, seu professor precisa determinar metas, objetivos, tarefas e muito mais. Ao colocá-los por escrito, o professor cria um conteúdo programático, ou *ementa do curso*. Todas as matérias precisam de um planejamento. O conteúdo programático comunica tal planejamento e é, portanto, um dos documentos mais importantes em seu curso. Você pode pensar nesse documento como um mapa geral mostrando aonde deve chegar nas aulas.

Um link para o conteúdo programático fica normalmente bem no centro da página inicial. Pode ser um botão do lado esquerdo ou um ícone no meio da página, mas em geral é visível. Um conteúdo programático típico inclui informações sobre estas áreas:

» **Básico sobre o curso:** Nome do curso, horas de crédito, objetivos e metas e materiais necessários.

» **Informações de contato com o professor:** Nome, currículo (possivelmente), endereço, telefone, e-mail e outras informações de contato, como fuso horário e disponibilidade.

» **Conteúdo do curso:** Temas que serão abordados e, possivelmente, um cronograma ou calendário (como descrito na próxima seção).

» **Avaliação:** Como será avaliado, os tipos de tarefas que precisará fazer, o motivo dessas tarefas e a distribuição de notas (como detalhamos na seção posterior "Sistema de notas").

» **Normas:** Integridade acadêmica, expectativas gerais de frequência e participação, se tarefas atrasadas são aceitas, expectativas de netiqueta e outras normas que o ajudam a entender como o professor administra as aulas.

» **Recursos:** Links para o suporte técnico, biblioteca e livraria; orientação acadêmica ou tutoria; serviços a pessoas com deficiência; e outros recursos que o aluno pode precisar.

LEMBRE-SE

Pense no conteúdo programático como um contrato informal entre você e o professor. Ele tem a responsabilidade de ensiná-lo como planejado, e você tem a responsabilidade de cumprir com as expectativas. Para utilizar o conteúdo programático em seu benefício, leia-o e familiarize-se com o que se espera de você. Preste atenção especial à forma como será avaliado e às expectativas gerais de frequência e participação.

O calendário

Mesmo que um curso informe que você pode fazê-lo "em qualquer lugar e a qualquer hora", ainda será necessário fazer as tarefas de acordo com um calendário. Mesmo os cursos de autoaprendizado têm prazos.

A maioria dos LMS tem um recurso de calendário incorporado que acompanha os prazos de tarefas com base nos envios do professor. Se estiver fazendo vários cursos, esses calendários combinam todos os prazos em um só lugar e permitem que você exiba uma ou várias aulas de cada vez. Em geral, você pode encontrar um link para o calendário em uma barra de navegação mais global imediatamente após o login em seu LMS. É comum que o recurso do calendário permita que você o veja de várias maneiras: por semana, mês ou como uma lista:

» **Visualização por mês:** Este calendário, encontrado na página inicial, segue um formato tradicional que quase todo mundo reconhece. (Veja a Figura 9-5.)

» **Visualização em lista:** Este formato, que lista as tarefas linearmente, pode ser encontrado na página inicial ou como link em algum outro lugar. (Veja a Figura 9-6.)

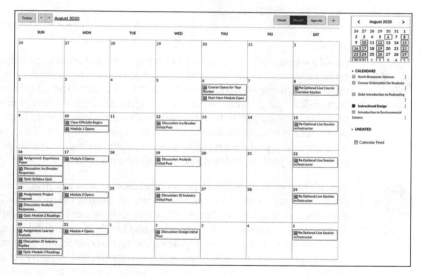

FIGURA 9-5: Calendário com visualização por mês.

CAPÍTULO 9 **Navegando pelo AVA** 173

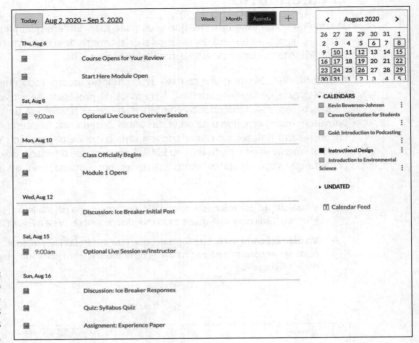

FIGURA 9-6: Calendário com visualização das tarefas em lista.

DICA

Coordene todos os seus calendários para que saiba quando as principais tarefas estão previstas e como afetarão suas obrigações com o trabalho e a família. A maioria das pessoas mantém múltiplos calendários e raramente os sincroniza. O calendário na cozinha não inclui a viagem de negócios que planejou, e seu calendário de escritório não diz nada sobre a necessidade de levar docinhos para a reunião na escola dos filhos. Por exemplo, verifique as datas posteriores para ver se um projeto em grupo surgirá em sua turma, e certifique-se de não planejar um passeio de fim de semana na mesma data.

DICA

Considere transferir todos os itens do calendário para seu programa de calendário favorito, como o Microsoft Outlook ou Google Calendar. Ao fazer isso, você pode configurar lembretes para alertá-lo sempre que houver tarefas a serem feitas ou sessões síncronas programadas. Se já usa um calendário eletrônico para casa e para o trabalho, talvez consiga adicionar automaticamente seu calendário de tarefas a ele. A maioria dos recursos de calendário atualmente o ajuda a fazer isso fornecendo um feed RSS que lhe permite sincronizar e visualizar seu calendário de tarefas usando o mesmo calendário que usa para casa e para o trabalho. A Figura 9-7 mostra um exemplo de onde o feed RSS está localizado em um calendário Canvas, e a Figura 9-8 mostra esse feed adicionado ao aplicativo iCal no computador Mac do Kevin.

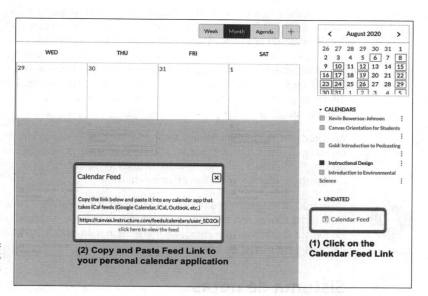

FIGURA 9-7: Feed RSS de calendário.

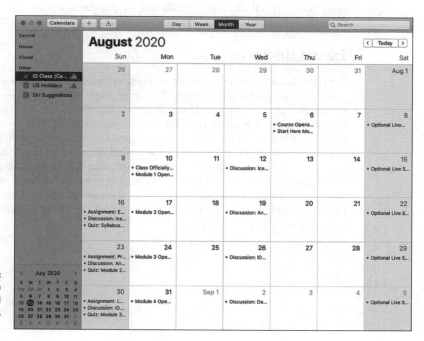

FIGURA 9-8: Calendário com feed RSS aplicado.

CAPÍTULO 9 **Navegando pelo AVA** 175

CUIDADO

Ao coordenar seus calendários e estabelecer prazos, preste atenção à *hora* em que deve entregar uma tarefa e ao *fuso horário* utilizado pelo calendário do curso. O calendário do LMS marca a hora de todas as tarefas enviadas para o registro do professor. Por exemplo, as tarefas que devem ser entregues à meia-noite, horário de Brasília, são entregues às 23h, horário do Amazonas. Isso sem falar no horário de verão, que também afeta o fuso no território nacional. Essa grande diferença pode ter um efeito drástico em sua nota se as tarefas forem entregues com atraso.

Ao coordenar as datas, considere se precisa de um calendário em formato digital ou em papel. Embora a coautora Susan mantenha um calendário eletrônico no Google Calendar, ela também tem várias versões impressas e penduradas em frente ao monitor. Não há vergonha em imprimir!

DICA

Mantenha um registro dos prazos e não dependa do professor para lembrá-lo. Da mesma forma, não presuma que o professor vai usar o recurso de calendário dentro do software do curso. Ao invés disso, assuma a responsabilidade de escrever e coordenar as datas.

Sistema de notas

Se vai investir uma grande parte de seu tempo livre em estudos, pressupomos que você quer ser recompensado com uma boa nota. Nas seções seguintes, descrevemos alguns documentos fundamentais relacionados à avaliação: a escala de notas, qualquer rubrica usada para seu curso e a política para atrasos.

Escala de notas

Sem dúvidas, é importante saber como será avaliado e o que precisa fazer para obter a maior pontuação possível. Em algum lugar de seu curso — possivelmente no conteúdo programático, mas também como um link separado na página inicial — você deve ver uma escala de notas. A Figura 9-9 mostra seus componentes vitais: uma lista de tarefas gerais, o número de pontos disponíveis para cada tarefa, e a distribuição de notas com base no número total de pontos que você ganha. Observe que o exemplo não mostra notas abaixo de 5,0. Consideramos um curso de nível superior, em que normalmente nota abaixo de 5,0 é considerada reprovação. [Algumas instituições usam letras em vez de números, sendo A entre 9,0 e 10,0; B entre 7,0 e 8,9; C entre 5,0 e 6,9; D entre 4,5 e 4,9; e F abaixo de 4,5.]

Grading & Assessment

Your grade will be based on:

Activities	Total Points	% of Final Grade
Weekly Discussions (8 @ 25 pts ea)	200 points	20%
Weekly Quizzes (points differ each week)	100 points	10%
Final Project Assignments (5 @ 100 pts ea)	500 points	50%
ePortfolio	150 points	15%
Reflection Paper	50 points	5%
Total	1,000 points	100%

Grading Scale

Letter Grade	Percent	Points
A	94 to 100%	935 to 1000 points
A-	91 to 93%	905 to 934 points
B+	88 to 90%	875 to 904 points
B	84 to 87%	835 to 874 points
B-	81 to 83%	805 to 834 points
C+	78 to 80%	775 to 804 points
C	74 to 77%	735 to 774 points

FIGURA 9-9: Escala comum de notas.

DICA

Quando examinar pela primeira vez uma escala de notas, concentre-se nos tipos de tarefas, quanto vale cada uma e quaisquer projetos ou tarefas que pareçam valer muito mais do que outras. Preste atenção também à proporção de pontos atribuídos a atividades em andamento ou de rotina, como sessões semanais de discussão ou testes de capítulo.

O exemplo da Figura 9-9 pode lhe ensinar muito. Se ler o documento cuidadosamente, pode chegar às seguintes conclusões:

» **As discussões são importantes neste curso — valem 20% da nota.** Em algum outro lugar, o professor deve descrever as expectativas e como seus posts serão avaliados.

» **Os testes são duas vezes mais importantes que as reflexões semanais, mas valem apenas a metade que a discussão.** O professor pode usar testes como uma forma de mantê-lo atualizado com os fatos do curso e não ficar para trás. Assim, você também pode testar a si mesmo para que saiba onde concentrar sua energia.

» **O projeto final vale metade da nota, mas não há prova final.** Provavelmente, as cinco tarefas que compõem o projeto final são avaliadas com uma rubrica, então comece a procurá-la. Se não a encontrar com facilidade, peça ao professor! Comece também a organizar seu tempo separando esse grande projeto em partes menores.

» **Obter uma nota A não é fácil.** Você precisa de 94% para ganhar um A.

CAPÍTULO 9 **Navegando pelo AVA** 177

Rubricas

Uma rubrica é um plano de avaliação ou uma ferramenta de pontuação que ajuda o professor a determinar em que grau seu artigo, projeto ou participação se alinha com o ideal. Uma rubrica, normalmente encontrada nas instruções da tarefa ou ligada a elas, geralmente inclui várias categorias que são consideradas importantes para o produto final. Por exemplo, no trabalho escrito, a qualidade de suas ideias é avaliada juntamente com sua capacidade de pensar de forma crítica e escrever com uma gramática aceitável. A rubrica comunica o que é importante pelos pesos relativos dados às categorias. Veja a rubrica de exemplo na Tabela 9-1, que se refere à parte de discussão de um curso.

Ao analisar uma rubrica, entenda o que é importante e onde o professor colocará mais sua atenção. A maioria das rubricas tem categorias que organizam a avaliação. Então, dentro de cada categoria, você vê detalhes sobre o que um excelente trabalho ou projeto incluiria. A rubrica da Tabela 9-1 lhe diz que

» O desenvolvimento de ideias é duas vezes mais importante do que a estrutura (cinco pontos versus dois pontos).

» Espera-se que você faça citações adequadas, de acordo com a descrição do conteúdo.

» Você precisa responder a pelo menos dois colegas para receber o crédito total.

DICA

Você pode ganhar notas mais altas lendo e seguindo a rubrica — garantimos. A leitura detalhada da rubrica antes de concluir a tarefa pode ajudá-lo a preparar e autoverificar suas tarefas antes de entregá-las para serem avaliadas. (Para mais informações sobre as rubricas, consulte o Capítulo 16.)

TABELA 9-1 **Rubrica Comum sobre Discussão**

Categorias	Excepcional
Conteúdo	O conteúdo é completo, preciso e oferece novas ideias para aplicação por meio de provas claras de pensamento crítico. A discussão é bem embasada com detalhes das leituras, que são citadas corretamente. As postagens são caracterizadas pela originalidade e relevância do tema e encorajam uma maior discussão sobre o tema. (5 pontos)
Interação	O aluno responde rotineiramente a outros alunos (pelo menos duas vezes) e oferece insights e considerações adicionais que ampliam a compreensão coletiva. A comunicação encoraja respostas adicionais, levanta questões ou oferece, educadamente, perspectivas alternativas. (3 pontos)
Estrutura	A redação não tem erros gramaticais e segue convenções aceitáveis da gramática-padrão (ortografia e pontuação, por exemplo). A postagem é submetida antes do prazo final. (2 pontos)

Política sobre atrasos

Por mais que planeje enviar suas tarefas dentro do prazo, ocasionalmente a vida se interpõe no caminho. Certifique-se de compreender as implicações ou penalidades da política de atrasos para seu curso online. Ela pode ser incluída no conteúdo programático ou em cada tarefa. Alguns professores aceitam atividades fora do prazo; outros, não. Em todos os casos, se souber que não cumprirá o prazo e tiver uma razão aceitável, entre em contato com o professor. Explique as circunstâncias e, educadamente, peça uma prorrogação.

CUIDADO

Note que dizemos "e tiver uma razão aceitável" para não cumprir o prazo. Uma razão aceitável é uma doença grave em sua família, o nascimento de um bebê antes do previsto, uma morte na família ou um desastre natural, como uma inundação. Razões aceitáveis não são o jogo de futebol que você foi assistir, aquela viagem improvisada à praia ou o Dia das Mães. Nessas situações, você poderia ter planejado com antecedência para concluir sua atividade a tempo.

Módulos e Mais: Entendendo a Organização de Conteúdos

Dê uma olhada em qualquer livro didático e verá que ele está dividido em capítulos. Cada capítulo aborda um tópico diferente. Em alguns casos, o Capítulo 4 só faz sentido se você tiver lido os Capítulos 1, 2 e 3. Em outros livros didáticos, você pode saltar de capítulo em capítulo e o conteúdo ainda faz sentido.

Os cursos online são organizados de maneira semelhante. Eles também são divididos em partes menores, ou "capítulos". Seu professor provavelmente organiza o que você fará na aula de acordo com semanas ou tópicos. Desta forma, você se concentra em algumas informações de cada vez. Alguns professores, no entanto, organizam o conteúdo da aula por diferentes funções: discussões, tarefas, questionários, testes e afins.

Você pode ver evidências de como o curso é organizado conferindo a página inicial do curso:

» A Figura 9-10 mostra o padrão organizacional para um curso online na tela. A navegação sugere que as informações foram reunidas em unidades menores, chamadas módulos. Cada módulo provavelmente contém apenas dados suficientes para uma ou duas semanas. Em muitos cursos, tudo o que você precisa para completar o módulo pode ser encontrado dentro da semana ou no cabeçalho do tópico.

» Em outros cursos, materiais e tarefas podem ser fornecidos de acordo com a função. Essa situação vai exigir que você clique um pouco mais pelas páginas.

Por exemplo, se não houver um link óbvio para módulos organizados por semana ou tópico na página inicial do curso, talvez tenha que clicar em um link de Discussões e depois em outro link, rotulado Discussões Semana 2, a fim de participar da discussão em sala na Semana 2. Em seguida, pode ser que precise voltar à página inicial do curso e clicar no link Tarefas para localizar as tarefas da Semana 2. Na maioria dos casos, essa estrutura é determinada pelo LMS, não pelo professor.

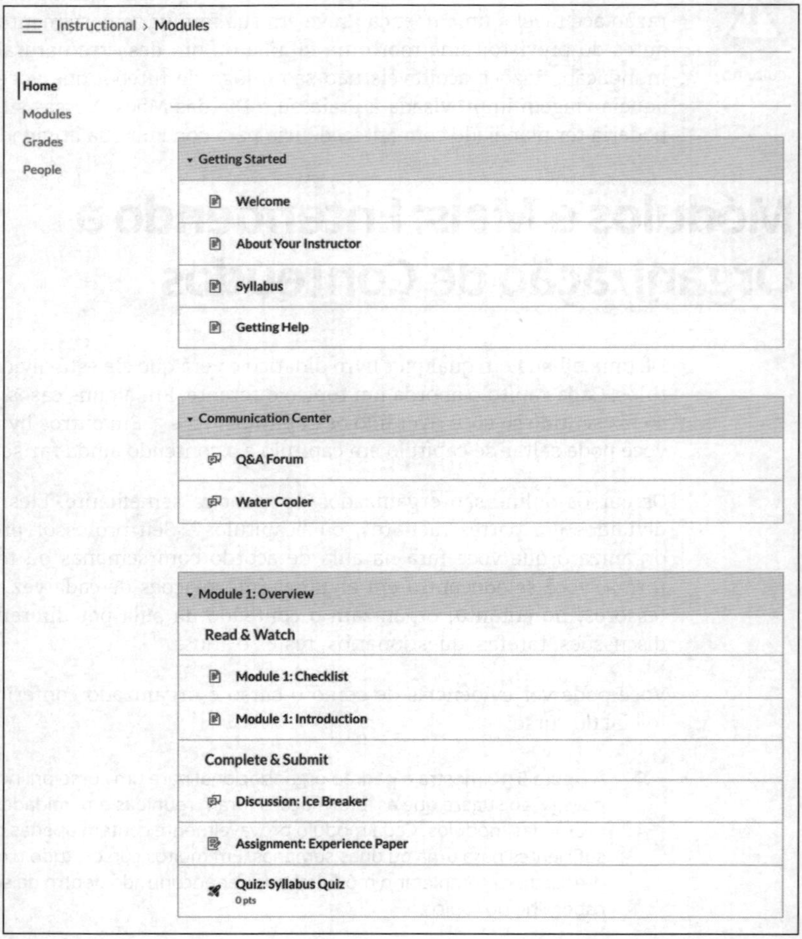

FIGURA 9-10: Exemplo de uma página inicial mostrando a organização por módulos.

A forma como um curso é organizado afeta a colocação de certos documentos relacionados a tarefas e testes — especialmente rubricas, apostilas e recursos. O professor pode armazenar apostilas e recursos em alguns locais diferentes:

» **O professor pode colocar todos os recursos dentro do módulo no qual serão necessários.** Por exemplo, a apostila do Módulo 1 está na pasta do Módulo 1, incluindo as instruções para uma tarefa futura e os detalhes sobre avaliação, incluindo a rubrica.

» **O professor pode colocar todas as rubricas em documentos relacionados juntos em um mesmo local.** Esse local será nomeado Notas ou Avaliação.

LEMBRE-SE

Não há dois professores iguais, e pode ser que precise procurar os materiais de que precisa. Seu professor deve ser consistente para que você possa encontrar informações rapidamente depois de passar um pouco de tempo se familiarizando com a sala de aula virtual. Gostaríamos de prometer isso, mas não podemos. Caso se sinta perdido, pergunte ao professor: basta dizer que "o pessoal da *Para Leigos*" o fez pensar que poderia estar perdendo algo.

Participando de Sessões ao Vivo

Se fizer um curso presencial tradicional, o professor lhe informará sobre o *horário de atendimento*, ou os horários estabelecidos quando você pode passar pelo escritório do professor para discutir quaisquer preocupações. Por exemplo, se foi muito mal na última prova, talvez queira rever suas respostas ou conversar sobre as questões que errou. Da mesma forma, no mundo virtual, alguns professores conduzem o horário de atendimento virtual como um meio de se manterem conectados com os alunos. Nas seções seguintes, descrevemos esses horários e seus benefícios, e fornecemos indicações sobre como acessar os escritórios virtuais.

Descobrindo o valor do horário de atendimento virtual

No mundo online, o professor pode ter um escritório em outro estado ou país. Por essa razão, o horário do atendimento é virtual — ele ocorre online. Usando software síncrono, o professor disponibiliza tempo para conversar ou se comunicar com você.

Os professores oferecem o atendimento de duas maneiras:

» **Ficam disponíveis:** Alguns professores ficam disponíveis para perguntas e comentários e, se ninguém aparecer, eles se ocupam com outras coisas.

DICA

» **Com hora marcada:** Outros professores têm uma agenda específica e utilizam o tempo para fornecer informações adicionais que podem não ser abordadas em sala. Por exemplo, o coautor Kevin faz regularmente uma prévia das ferramentas tecnológicas que os alunos podem achar úteis.

Em muitos casos, essas horas de atendimento virtual são gravadas, portanto, se não puder comparecer à reunião ao vivo, assista à gravação mais tarde, se possível, e obtenha as mesmas informações. O professor coloca um link após a reunião para que saiba onde e como acessar a gravação. Entretanto, mesmo que o horário de atendimento de seu professor seja gravado, nada supera a interação ao vivo — portanto, assista se puder. Você não vai se arrepender.

Talvez precise de alguns momentos particulares com o professor para fazer uma pergunta sobre uma nota, comentar sobre uma situação pessoal ou falar sobre uma situação em sala de aula. Se esse for o caso, avise o professor com antecedência por e-mail. Depois, poderá agendar uma conversa particular.

Muitos alunos e professores desfrutam das horas de atendimento virtuais porque têm uma espécie de conexão pessoal real que o ambiente assíncrono não tem. O horário de atendimento lhe dá a oportunidade de interagir com vozes ao vivo. Sim, usando um simples microfone/headset (disponível em qualquer loja de material de escritório — veja detalhes no Capítulo 3), os participantes podem conversar uns com os outros. A gratificação instantânea da comunicação durante o horário de atendimento virtual é bastante poderosa para reforçar o sentimento de pertencimento e presença dentro da sala. Isso dá tanto aos professores quanto aos alunos uma oportunidade de fortalecer os laços da comunidade de aprendizagem.

O horário de atendimento virtual também é útil para reforçar o conteúdo do curso. A coautora Susan consegue mostrar novas tecnologias ao compartilhar sua tela com os alunos. Eles podem ver uma demonstração ao vivo de como usar a tecnologia e seguir as instruções passo a passo para fazer isso.

LEMBRE-SE

Além de fornecer espaço para o atendimento virtual pelos professores, sua instituição pode disponibilizar aos alunos ferramentas em tempo real para que possam se encontrar com outros alunos a fim de completar projetos de grupo ou discutir conteúdo, por exemplo. O acesso a essas ferramentas é frequentemente restrito às matérias individuais e fica registrado para fins de segurança. Elas fornecem um veículo para colaborar em tarefas em um ambiente interativo. Falamos sobre trabalho em grupo com mais detalhes no Capítulo 13.

Acessando o escritório virtual

Se sua faculdade fornece um escritório virtual para professores e/ou alunos, haverá um local especial de login dentro do curso — normalmente, na página inicial. Muitas vezes, o software necessário para o horário de atendimento é diferente do LMS, embora devam ser integrados. Por exemplo, seu curso pode ser oferecido no Moodle e o atendimento virtual no Zoom, mas um link em seu curso deve levá-lo sem problemas ao novo destino.

A Figura 9-11 mostra um espaço virtual de atendimento padrão. Observe, no centro, o espaço para compartilhar slides ou imagens. À direita está uma lista de participantes, bem como um lugar para conversar usando texto. Na parte inferior há controles adicionais, incluindo um botão de Mudo que controla o áudio e um botão de Vídeo para compartilhar sua webcam, para que os participantes possam vê-lo. Esses recursos são bastante comuns em software de webconferência.

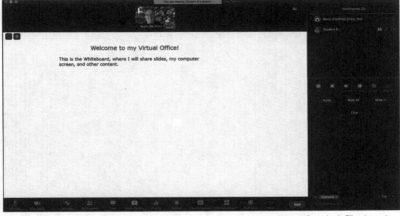

FIGURA 9-11: Exemplo de uma interface para atendimento virtual.

Cortesia de Elluminate, Inc.

Não importa qual tecnologia seja utilizada para o atendimento virtual, a instituição também deve fornecer links para tutoriais sobre como navegar e interagir dentro do ambiente síncrono. Esses tutoriais podem fazer parte dos materiais de orientação da instituição, os quais você poderá, esperamos, consultar a qualquer momento. (Veja o Capítulo 7 para saber mais sobre os programas de orientação.)

NESTE CAPÍTULO

» **Trabalhando harmoniosamente com o professor e colegas de sala**

» **Apresentando a turma dos bastidores**

Capítulo **10**

Conhecendo as Pessoas de Sua Sala (e dos Bastidores)

ocê se lembra do primeiro dia de aula em que mal podia esperar para descobrir quem era seu professor e quem estava em sua sala? Na sala de aula online, esse mesmo tipo de expectativa (ou nervosismo) existe. A menos que esteja matriculado em um curso de autoaprendizado, sem interação com ninguém além do professor, provavelmente quer saber quem mais está em sua sala de aula (e nos bastidores) e como essas pessoas se relacionam com você.

Há geralmente dois grupos de pessoas relacionadas à sala virtual: aquelas bem visíveis e as que trabalham nos bastidores:

» **As pessoas visíveis — seu professor e os outros alunos:** É importante saber como seu professor trabalha e as formas como ele se comunica com você. Também é bom conhecer os outros alunos e entender como vai trabalhar com eles como membro da comunidade.

» **As pessoas nos bastidores:** Nem todos na sala de aula online trabalham de forma visível. Talvez haja palestrantes convidados, pessoal administrativo monitorando como a aula está progredindo, ou o pessoal de apoio técnico. Todas essas pessoas ajudam a garantir que o sistema funcione e que você obtenha a melhor experiência educacional pela qual está pagando. Além disso, seu grupo de apoio pessoal — familiares e amigos — não pode ficar de fora.

Este capítulo o ajuda a distinguir todas as pessoas que encontra em sua experiência online.

Conhecendo o Pessoal com Quem Terá Mais Contato

Durante o tempo de aula, as pessoas com quem interage com mais frequência são o professor e os outros alunos. Essas são as pessoas que mais moldam sua experiência online em geral, portanto, saber o que esperar delas e como se comportar ao seu redor é importante. Explicamos nas seções seguintes o que precisa saber.

Familiarizando-se com seu professor

Um *professor*, dito de forma simples, é a pessoa encarregada de sua sala de aula online — ele dirige o espetáculo. Nas seções seguintes, explicamos as credenciais e o treinamento de que os professores precisam, descrevemos onde encontrar seu professor na sala de aula online e fornecemos indicações sobre como se comunicar efetivamente com ele.

LEMBRE-SE

O termo usado para designar quem apoia os estudantes pode variar dependendo do curso ou da instituição. Normalmente, o termo professor denota um profissional estabilizado que trabalha em tempo integral, tutor ou monitor significa que talvez o profissional não trabalhe em tempo integral. Facilitador é outro termo que algumas instituições usam para descrever o papel do professor, especialmente dentro de ambientes de aprendizagem online para adultos. Se os títulos de professor, tutor e monitor têm algum significado (nem sempre têm), é para denotar que os alunos têm muito mais responsabilidade em fazer conexões no aprendizado, e o facilitador ajuda isso a acontecer. Ao longo deste livro, utilizamos *professor*, *instrutor e facilitador* de forma intercambiável para descrever esse papel, independentemente do título ou do posto.

Credenciais e treinamento necessários para professores

As mesmas exigências e qualificações para lecionar em uma aula presencial se aplicam ao ensino online. No sistema universitário ou nos cursos técnicos, isso pode significar ter um mestrado na disciplina; nas universidades, as instituições podem exigir que o professor tenha um doutorado para lecionar nos cursos de nível superior. Em uma instituição de ensino médio a distância virtual, o professor precisa atender aos requisitos para certificação ou licenciatura, que começam com um curso superior.

As instituições online também solicitam que os professores completem algum tipo de treinamento para o ensino virtual. As melhores instituições fazem muito mais do que apenas mostrar aos professores como operar o sistema e incluem mais informações sobre como o aprendizado online é diferente do ensino presencial em sala de aula. Ao explorar o que torna o aprendizado online único, o professor pode gerenciar melhor a sala de aula virtual e ensinar de forma mais eficaz. Na verdade, a maioria dos professores de ensino superior não são contratados por suas habilidades de ensino; eles são contratados pela experiência em sua área. (Por exemplo, se uma instituição precisa de um professor de geologia, ela encontra alguém com conhecimento em geologia.) Portanto, se seu professor online tem treinamento adicional em "licenciatura", ele provavelmente entende melhor como ajudar os alunos a aprender do que se estivesse lecionando em uma sala de aula tradicional. Como aluno, você sai ganhando.

DICA

Como você se informa sobre as credenciais do seu professor? Em geral, poderá encontrar uma lista de professores em algum lugar no site da instituição — muitas vezes referido como o *corpo docente* da organização. Ele pode ser organizado por programa ou disciplina. Cada professor provavelmente tem uma página no site que dá as boas-vindas aos estudantes e lista as credenciais. Em caso de dúvida, essa é uma pergunta útil a ser feita enquanto procura a instituição certa. Falamos um pouco mais sobre esse tópico no Capítulo 5.

O QUE HÁ EM UM TÍTULO DE DOUTORADO?

Qual é a diferença entre PhD e EdD nos títulos acadêmicos?

- *PhD*, que é a abreviação de doutor em filosofia, é um grau *máximo* (o que significa que você não pode ir além disso). Geralmente requer de dois a quatro anos de curso além de um mestrado, bem como pesquisa original no campo da especialidade. As pessoas de exatas (como química e informática) obtêm doutorado. Os doutorados também são conferidos àqueles nas ciências sociais, tais como sociologia, psicologia e educação. Esses campos são frequentemente chamados de "soft sciences".

- *EdD* significa doutor em educação. Esse grau é semelhante a um doutorado, visto que é um grau máximo que requer de dois a quatro anos de curso além de um mestrado e pesquisa original na área de especialidade. Alguns argumentam que o EdD baseia-se mais na prática, enquanto o PhD baseia-se mais na pesquisa. Além disso, como é de se esperar, o EdD é específico para educadores.

Outras áreas também têm seus graus máximos. Por exemplo, um grau máximo para os profissionais de direito é o JD, que significa *juris doctor*. Outro exemplo é o MFA, que é o grau máximo àqueles nas artes aplicadas. Um terceiro exemplo é o MBA, que significa o grau de *mestre* em administração de negócios — business administration, em inglês.

Onde você "vê" seu professor

Em vez de ficar de frente para uma turma presencial, dando aulas e orientando o comportamento dos alunos, a pessoa encarregada de sua sala de aula online disponibiliza informações e criativamente envolve os alunos na reflexão e no trabalho com esses conceitos. O professor orienta os alunos na compreensão do material.

Em um mundo virtual, você não tem a vantagem de ver seu professor presencialmente. No entanto, um bom professor online permite que sua presença seja "vista" de diversas maneiras:

>> **Área de comunicados:** Seu professor pode se comunicar com toda a turma ao publicar comunicados e notícias constantemente. Em geral, você pode encontrar essas postagens na página principal quando faz o login (veja detalhes sobre o login e a navegação em sua sala de aula no Capítulo 9), mas alguns professores comunicam esse tipo de informação por e-mail ou pela caixa de entrada interna do curso, que funciona como um e-mail. Os professores fazem comunicados

para manter os alunos em atividade, lembrá-los dos prazos ou enriquecer sua compreensão com recursos e links adicionais.

» **Fórum de discussão:** Você pode ver seu professor trabalhando bastante no fórum de discussão. Muitos cursos online exigem que os alunos interajam uns com os outros, colocando respostas a perguntas de discussão e estendendo as conversas por meio de respostas mútuas. Muitas vezes, os professores facilitam essas discussões levantando considerações adicionais, pedindo esclarecimentos ou estendendo perguntas que se aprofundam no material.

» **Atendimento virtual ou síncrono:** Como mencionamos no Capítulo 9, alguns professores oferecem sessões síncronas em que podem conduzir discussões em tempo real. Participar dessas sessões é outra forma de conhecer seu professor e seus colegas.

LEMBRE-SE

O quanto o professor se envolve em discussões depende da natureza da disciplina e de seu próprio estilo. Se você é aluno de pós-graduação em um seminário avançado, há uma boa chance de que você e seus colegas de sala precisem de pouquíssima orientação para explorar os temas do curso. Entretanto, se estiver fazendo um curso de psicologia de nível básico, seu professor poderá ser muito mais ativo na orientação da discussão.

» **Notas e feedback:** Acima de tudo, você vê seu professor por meio das notas e do feedback que *ele* fornece. Conforme as tarefas são avaliadas, os professores comentam e deixam observações. Esse feedback o ajuda a fechar o ciclo para que compreenda não apenas o que já sabe, mas também o que ainda precisa entender.

DICA

Dar feedback de qualidade leva muito tempo, portanto, não deixe de ler os comentários que o professor deixa para você. Por exemplo, se ele lhe disser para ter mais cuidado ao citar pesquisas (ou sugerir que você *comece* a citar), verifique onde pode obter tutoriais e links adicionais para os recursos de citação em seu curso. Se quiser ganhar pontos, envie um exemplo de citação e diga ao professor onde aprendeu a formatá-lo. Isso mostra que está prestando atenção e que valoriza o feedback. Não tenha receio de se manifestar e fazer perguntas adicionais se o feedback não for claro.

Comunicando-se efetivamente com seu professor

Seu professor se comunica com em particular e também na sala com os outros alunos, mas como você deve se comunicar com ele? Para começar, descubra como ele prefere ser abordado. Alguns esperam que você escreva, em todas as comunicações, o título dele, como Professor Andrade. Alguns preferem Dr. Andrade, mas verifique se está usando o título correto. Outros são mais casuais e pedem que os chame pelo primeiro nome.

Siga as indicações do professor para ter uma ideia de como ele prefere ser abordado com base no e-mail que talvez lhe enviou antes do início da aula, em documentos do curso, como uma página de boas-vindas, ou em comunicados do curso. A maioria dos professores criará até mesmo uma página intitulada Sobre Seu Professor para fornecer informações biográficas, métodos preferidos de comunicação e horário de expediente. Veja como assinam essas correspondências. Eles se referem a si mesmos como professores, ou assinam seu primeiro nome?

Descubra se sua comunicação deve ser feita em público ou no privado, como explicado na lista a seguir.

» **Em público:** Se tiver alguma dúvida sobre o funcionamento do curso ou onde pode encontrar alguma informação, inicie a comunicação em um fórum público. No entanto, não deixe de ler qualquer FAQ ou comunicado antes de perguntar, pois muitas vezes os professores respondem a perguntas com antecedência. Uma vantagem de fazer perguntas apropriadas publicamente é que seus colegas podem saber a resposta e depois ler e responder ao seu post antes do professor. Isso proporciona muito mais oportunidades para a construção de uma comunidade de aprendizado e apoio.

Se optar por iniciar a comunicação em público, não deixe de perguntar — e evite chegar imediatamente à conclusão de que a informação não está disponível. Para evitar que os professores pareçam inconstantes, a diplomacia ajuda muito. Por exemplo, em vez de escrever: "Você não incluiu instruções nesta tarefa", seria muito mais agradável escrever: "Não consigo localizar as instruções nesta tarefa, embora tenha certeza de que você as incluiu."

» **No privado:** Se a pergunta trata de notas ou questões pessoais, inicie um e-mail particular. Por favor, caso tenha uma crítica ou se encontrar algo no curso que não esteja funcionando, use a diplomacia e comunique-se em particular. Exemplos podem incluir erros tipográficos ou hiperlinks que não funcionam. Por exemplo, é possível escrever: "Eu sei que você não tem controle sobre sites que não fazem parte desta disciplina, mas eu só queria que soubesse que um dos links parece estar inativo." Isso é muito melhor do que: "Ei, você está me enviando em uma missão inútil!"

Os professores gostam de manter contato com os alunos; caso contrário, não estariam nessa profissão. Você não precisa enviar um e-mail todos os dias, mas em algumas situações, certamente é bom se comunicar com seu professor:

» **Caso vá se ausentar:** Informe ao professor quando tiver uma emergência que o afastará do curso por mais de dois dias. Não deixe de informá-lo sobre como planeja recuperar o tempo perdido ou acompanhar o curso. Isso geralmente funciona para emergências, mas não espere que os professores sejam tão indulgentes com as férias que o levarão para longe dos trabalhos do curso. O aprendizado online é flexível até certo ponto, mas os alunos devem estar engajados durante todo o período programado para o curso.

> **Caso esteja tendo dificuldades técnicas:** Informe ao professor quando seu computador travar e você estiver fazendo as aulas de um local diferente, ou quando tiver um problema técnico e o relatou ao pessoal de suporte técnico. (Discutiremos o suporte técnico com mais detalhes mais adiante neste capítulo.)

> **Se recebeu um feedback importante:** Quando você receber feedback individualizado do professor sobre um grande projeto, considere dar uma resposta e abordar quaisquer perguntas de acompanhamento que ele possa ter feito. Você não precisa fazer isso para as tarefas comuns semanais.

> **Se você supera as expectativas:** Se você é um daqueles estudantes que se destacam e querem trabalhar além das exigências do curso, entre em contato com seu professor e peça alguns recursos e orientações adicionais. Obviamente, os professores adoram esse tipo de solicitação.

> **Se está tendo dificuldades:** Por outro lado, se tiver dificuldades com o curso, seja porque o conteúdo é muito difícil, seja porque a vida está atrapalhando, avise seu professor nos primeiros sinais de dificuldade. Essa pode ser uma situação em que o professor sugere diplomaticamente que você faça o curso em outro momento, mas você mantém sua reputação informando-o com antecedência.

Interagindo com os colegas de sala

No ambiente de educação online, você lida todos os dias com colegas de sala. A aprendizagem online raramente é um evento isolado e independente e pode ser bastante social! Nas seções seguintes, explicamos como conhecer os outros estudantes e como se dar bem com eles.

Apresentando-se e conhecendo seus pares

A maioria dos cursos online tem uma atividade de quebra-gelo, como acontece na modalidade presencial. A única diferença é que a apresentação online é muitas vezes baseada em texto, com a opção de se apresentar usando áudio ou vídeo também. Essa é uma oportunidade perfeita para você compartilhar um pouco sobre si mesmo, sua experiência anterior e o que espera ganhar com o curso. Depende de você quanta informação pessoal quer compartilhar.

DICA

Sempre assine seu trabalho e comece a construir sua persona online com seu nome de identificação. Por exemplo, no final de todos os posts do coautor Kevin, ele assina com esse nome, seus pronomes, sua localização geográfica (cidade, estado), e sua assinatura com a carinha feliz. Ele também inclui um link para o site www.mypronouns.org [em inglês] para enfatizar a importância do uso respeitoso dos pronomes de gênero.

CUIDADO

É fácil fazer suposições sobre os antecedentes culturais e acadêmicos. É verdade que seus pares virão de diversas origens e estarão espalhados pelo mundo, mas não pressuponha informações estereotipadas como gênero, raça, status socioeconômico e inteligência. Pessoas com nomes Chris e Andy, por exemplo,

CAPÍTULO 10 **Conhecendo as Pessoas de Sua Sala (e dos Bastidores)** 191 tiveram suas identidades de gênero trocadas erroneamente por causa de estereótipos. Esses estereótipos podem prejudicar a dinâmica de uma sala de aula online. De fato, é essa diversidade e o compartilhamento de diferentes perspectivas que, quando apreciadas e celebradas, enriquecem a experiência de aprendizado para todos.

DICA

Para garantir que sua identidade de gênero seja respeitada, considere revelar seus pronomes de gênero diretamente em sua apresentação, para reduzir a possibilidade de deixar seu professor e colegas de classe se constrangerem ao presumirem pronomes quando mencionarem você e seu trabalho. Talvez também queira incluir essa informação em sua assinatura, como o Kevin faz. Dito isto, é *vital* respeitar os pronomes de seus colegas, quer os entenda, quer não. Você também pode simplesmente referir-se a seus pares pelo nome.

Outro elemento de identidade que seus pares podem ou não optar compartilhar com você é uma imagem de si mesmos. Alguns de seus pares podem optar por compartilhar fotos de si mesmos no trabalho, com a família, ou mesmo nadando com golfinhos durante as últimas férias. Ter uma foto para acompanhar um nome pode fornecer um elemento de conexão. Você pode até se surpreender ao notar como faz uma imagem mental de seus colegas quando lê seus posts e e-mails. Talvez até receba uma apresentação por áudio ou vídeo também, porque esses recursos são frequentemente incorporados em fóruns de discussão.

Conhecer os colegas pode ajudá-lo a entender mais sobre quem são e que contribuições surpreendentes podem fazer à experiência de aprendizado. Caso seja necessário publicar um perfil como tarefa para sua disciplina, reserve um tempo para ler as apresentações de seus colegas e conhecê-los melhor. Você notará que alguns alunos talvez entrem três vezes por dia devido ao seu estilo de vida (por exemplo, estão aposentados ou temporariamente desempregados), enquanto outros mal conseguem participar três vezes por semana. Os perfis ajudam a explicar isso e permitem que você seja um pouco mais compassivo em relação às circunstâncias de seus colegas de classe.

DICA

Quando se trata de escrever seu próprio perfil, concentre-se em causar uma boa impressão com poucas linhas. Forneça ao seu professor e colegas de classe uma visão geral de quem você é sem entediá-los com todos os detalhes. Para perfis formais, recomendamos que escreva em terceira pessoa. Entretanto, para a maioria das apresentações em sala de aula, escrever em primeira pessoa é aceitável e é visto como menos formal. Considere acrescentar algumas das seguintes informações:

> » **Nome e localização geográfica:** Informe seu nome completo e onde mora. Não precisa dar seu endereço completo — apenas cidade e estado se mora no Brasil, ou país/território caso esteja no exterior já é o suficiente.
>
> » **Experiência profissional:** Proporcione aos seus leitores um breve resumo do que você faz e de sua história profissional, se apropriado. Lembre-se de mantê-lo

breve. Resuma suas experiências em apenas uma ou duas frases, mesmo que esteja na área há 25 anos.

» **Formação acadêmica:** Informe aos seus pares sobre seus estudos prévios e por que escolheu o programa ou curso em que se matriculou.

» **Informações pessoais:** Sinta-se livre para compartilhar informações pessoais, como se é casado, se tem filhos ou animais de estimação ou quais são seus hobbies favoritos. Isso faz os outros recordarem que estão em uma sala com outros seres humanos com interesses e responsabilidades externas.

Dando-se bem com os outros

Veja sua sala de aula online como uma comunidade de colegas que você não vê todos os dias — como colegas de trabalho, se preferir. Assim como no trabalho, às vezes você precisa usar uma imagem profissional, e outras vezes pode brincar.

Comunique-se formalmente quando apresentar tarefas que serão lidas por todo o grupo. Se precisar escrever um resumo dos pontos principais da unidade, por exemplo, escreva de maneira acadêmica, com referências apropriadas e gramática correta, e sem opiniões não substanciadas. Seus colegas de classe descobrirão logo que você é um aluno nota 10 e levarão isso a sério. Se não o fizer, será entendido como alguém desleixado ou que não se importa. Dizemos mais sobre estilo de escrita no Capítulo 16, mas, por enquanto, saiba que as pessoas o julgarão com base na comunicação escrita.

Por outro lado, há muitos momentos em que você pode pegar mais leve. Por exemplo, ao responder sobre o trabalho de outra pessoa, talvez não precise ser tão formal. Um comentário de exemplo é: "Ei, Marcos, sou seu fã. Você mencionou alguns exemplos excelentes. Adorei o jeito que…"

Por fim, há momentos em que pode relaxar e jogar conversa fora. Muitas aulas online têm momentos em que você pode compartilhar informações que não estão relacionadas com o curso. Pode ser chamado de happy hour dos alunos. Não tenha medo de ajudar a desenvolver a comunidade compartilhando exemplos de trabalho, histórias pessoais e até mesmo acontecimentos sociais, como uma conferência na qual participou. Essas experiências beneficiam diretamente o aprendizado, pois conectam o que está aprendendo com a vida real, e sempre que fizer essas conexões, os conceitos são reforçados. Apenas lembre-se de manter essas conversas nas áreas designadas para não interromper o fluxo das discussões relacionadas ao conteúdo.

CUIDADO

Desde a chegada das mensagens de texto, vimos muitos alunos recorrerem às abreviações nas salas de aula online como se estivessem enviando mensagens informais e não uma tarefa formal. Evite ao máximo escrever comentários como "vcs tão de brinks". Evite também abreviações como "hj". Em vez disso, escreva "hoje" e use pensamentos completos para transmitir sua mensagem.

Isso demonstra profissionalismo e um senso de preocupação com a qualidade do seu próprio trabalho.

LEMBRE-SE

Os alunos que dedicam tempo a conhecer seus pares, que comunicam-se com frequência e participam de forma consistente ajudam muito no desenvolvimento da comunidade. As pessoas do grupo começam a confiar umas nas outras quando percebem que há pessoas de verdade do outro lado da tela. Essa confiança é muito útil quando há trabalhos em grupo, de forma colaborativa. Se um de seus colegas de sala precisar de alguma ajuda especial em uma tarefa de grupo, por exemplo, é mais provável que o grupo a conceda àqueles que fizeram sua parte e contribuíram anteriormente em comparação a alguém que só ficou em segundo plano e não se importou em interagir. A mesma dinâmica humana que você encontra em uma sala de aula presencial acontece no ambiente online.

Vendo Quem Está nos Bastidores

Prevemos que você passará tanto tempo interagindo com seus colegas de sala e seu professor que nem perceberá os grupos de pessoas a seguir. Mas elas estão presentes e trabalhando nos bastidores para garantir seu sucesso. Essas pessoas incluem convidados, pessoal de apoio técnico e acadêmico, assim como amigos e familiares. Esta seção o ajuda a entender quem são e as diferenças que podem fazer em sua experiência educacional.

Notando convidados e observadores

Assim como na sala de aula presencial, você pode ou não notar vários convidados externos visitando a sala de aula virtual. Os visitantes externos podem incluir palestrantes convidados, pessoal de apoio e administradores. A lista a seguir descreve algumas das pessoas que poderá ver:

» **Professores assistentes:** Algumas turmas online são grandes a ponto de o professor precisar de ajuda para facilitar o curso. Nesta situação, professores assistentes podem ser empregados para ajudar em tarefas como facilitar a discussão, responder a perguntas e avaliar tarefas. Os alunos devem interagir com os professores assistentes da mesma forma que fazem com o professor.

» **Bibliotecários:** Já se foram os dias em pensar nos bibliotecários como as pessoas que espreitam por cima de seus óculos e mandam você fazer silêncio na biblioteca. Além disso, como é possível ser barulhento demais em uma biblioteca virtual? Há vários casos em que pode "esbarrar" em um bibliotecário de sua instituição. Seu professor pode convidar um deles como uma forma de incentivar o uso da biblioteca e ajudá-lo a aprender como conduzir a pesquisa para uma tarefa específica. Ou talvez tenha a oportunidade de conversar ao vivo com um bibliotecário quando precisar de ajuda para navegar na biblioteca virtual. Não importa a situação, o bibliotecário da instituição é um recurso útil. A comunicação com ele pode ser mais casual, mas, ainda assim, mantenha-a profissional.

» **Palestrantes convidados:** Ouvir sobre diferentes experiências de profissionais da área é importante para os alunos. Afinal, um grande benefício do aprendizado online é que seu professor pode conectá-lo com profissionais de todo o mundo com os quais você normalmente não teria contato. Para esse fim, seu professor pode pedir a um profissional que participe da aula para compartilhar experiências e responder às perguntas dos alunos. Isso pode ser feito utilizando fóruns de discussão ou um evento ao vivo, como uma conferência telefônica ou uma webconferência. Em qualquer caso, faça o que puder para participar ativamente dessas oportunidades. Agradeça ao convidado por compartilhar tempo e talentos, e depois faça uma pergunta que demonstre um interesse real pelo trabalho.

» **Equipe administrativa:** Já participou de alguma aula em que o professor lhe pede para ignorar a pessoa no fundo da sala tomando notas, explicando que ela está lá para observar as habilidades de ensino do professor? A mesma coisa acontece no ambiente online; talvez não saiba disso. Como a educação online é bastante nova, as instituições frequentemente estabelecem padrões de qualidade específicos para a capacidade de ensino online de um professor. A única maneira de saber se ele está atendendo a esses padrões é fazer o login e observar. A equipe administrativa pode entrar em seu curso e tomar nota sobre como o professor se expressa, sobre a frequência de interação e o tempo de resposta às perguntas dos alunos. Novamente, você pode ou não saber que isso está ocorrendo. De qualquer forma, o processo ajuda a garantir que esteja recebendo a melhor educação possível.

Essas pessoas também interagem com os alunos quando precisam resolver um conflito entre o professor e um aluno, quando há uma questão relativa a uma nota final emitida ou quando estão buscando feedback sobre a qualidade do programa em geral. É importante saber quem faz parte da equipe administrativa e sempre interagir com eles de maneira profissional. O pessoal administrativo inclui o chefe do departamento do programa, o reitor da faculdade, o reitor de assuntos acadêmicos da instituição e o assistente administrativo do departamento.

LEMBRE-SE

Todas as pessoas descritas nesta seção devem seguir um conjunto de diretrizes federais para proteger e respeitar sua privacidade. Ninguém tem autorização para compartilhar suas informações de contato ou alterar sua nota. Sistemas de gestão de aprendizagem (LMS), como o Canvas, têm funções e configurações de permissão que restringem o acesso. Por exemplo, um palestrante convidado não pode sequer conseguir ver as notas dos alunos.

Solicitando suporte técnico

O objetivo do suporte técnico é apoiar e complementar o processo de aprendizado tanto dos professores quanto dos alunos. Essa equipe normalmente não aparece na lista de alunos, mas está sempre disponível para ajudá-lo a ter sucesso. Na verdade, o suporte técnico é tão importante que você provavelmente receberá essas informações de contato antes mesmo de acessar o curso. Nas seções seguintes, explicamos como o pessoal de suporte técnico pode ajudá-lo e como solicitar essa ajuda. Também lhe dizemos quando ele não pode ajudar — e como encontrar soluções por conta própria.

A maioria das instituições tem informações sobre como entrar em contato com o suporte técnico em algum lugar do seu site para que seja rápido e fácil de encontrá-lo. A maioria dos sistemas de gestão de aprendizado disponibiliza um link de ajuda em sua barra de navegação principal para acesso rápido e fácil. As informações de contato podem incluir um número de telefone, um endereço de e-mail ou até mesmo um link para conversar com uma pessoa ao vivo pela internet.

DICA

Anote as informações de contato do suporte técnico e guarde-as em sua carteira ou bolsa caso precise delas no trabalho, enquanto viaja ou quando a conexão com a internet estiver ruim e você não conseguir entrar na sala de aula virtual.

O que o suporte técnico pode consertar

O pessoal de suporte técnico se concentra estritamente na tecnologia que fornecem para interagir com seus produtos e serviços. Por exemplo, as instituições fornecem esse suporte quando você perdeu sua senha para entrar em seu curso ou quando não consegue acessar fisicamente o site de inscrição.

DICA

Antes de ligar para o suporte técnico, pergunte-se: "A quem pertence a tecnologia que não está funcionando?" Por exemplo, se está escrevendo um trabalho para sua aula e seu programa de processamento de texto continua travando, você precisa entrar em contato com a empresa que criou o aplicativo de processamento de texto.

LEMBRE-SE

Com certeza, você deve entrar em contato com o suporte técnico de sua instituição sempre que tiver um destes problemas:

» Você não consegue fazer login no curso.

» Você faz login, mas as páginas não carregam.

» Uma ferramenta síncrona não abre (como uma janela de conversa).

» Você tenta postar uma tarefa mas nada acontece, ou aparece uma mensagem de erro.

» Você não consegue acessar outros sites necessários, como a biblioteca.

» Você se esqueceu da senha ou a conta foi bloqueada após tentar fazer o login diversas vezes sem conseguir entrar.

Se a tecnologia exigida para uma aula estiver funcionando, mas você estiver simplesmente tendo dificuldades para aprender a usá-la, contate seu professor primeiro. Ele é responsável por facilitar o processo de aprendizado, incluindo o uso da tecnologia educacional. Caso não possa ajudá-lo, ele o encaminhará para os tutoriais de treinamento adequados ou ao pessoal de apoio.

LEMBRE-SE

Se, por algum motivo, o pessoal de suporte técnico não puder resolver um problema imediatamente ou se tentou contatá-los várias vezes sem sucesso, *entre em contato com seu professor.* De fato, alguns professores gostam de saber sempre que você contata o suporte técnico — não porque querem se envolver, mas porque se preocupam quando está tendo dificuldades. Informar ao seu professor que você está tendo um problema e o que está fazendo para solucioná-lo mostra ao professor que você é responsável e comprometido. Também permite que ele informe aos seus colegas de classe se o problema é geral. (Caso seja um problema específico de envio de tarefa, envie-a assim mesmo para o e-mail do professor, quando possível, para que você e o professor tenham o registro da data e da hora de entrega, de modo a constar como tarefa feita.)

Solicitando ajuda da maneira certa

Se precisar de ajuda imediata, não use o e-mail para entrar em contato com o suporte técnico. Talvez receba uma resposta só 24 horas depois, e pode levar ainda mais tempo se informações adicionais forem necessárias.

O que é "imediato"? Sua ideia de suporte técnico imediato pode não coincidir com a da equipe técnica. Se descobrir às 23h59 que não consegue postar uma tarefa que deve ser feita até a meia-noite, provavelmente não é a melhor hora para pedir auxílio e esperar uma resposta imediata. Se possível, ligue durante o horário comercial. Outra opção é ver se o suporte por bate-papo ao vivo está disponível e que horas pode usar esse serviço.

Sempre que entrar em contato com o suporte técnico, forneça o máximo possível de informações. Quanto mais informações apresentar, mais provável é que o problema seja resolvido imediatamente. Veja a seguir uma lista de verificação com as informações que precisa fornecer quando algo der errado:

- » Nome completo.
- » Registro acadêmico (RA).
- » Identificação completa do curso.
- » Nome do professor.
- » Site no qual o problema ocorreu.
- » Descrição do que estava fazendo imediatamente antes de o problema surgir.
- » O sistema operacional do seu computador, como Mac, Windows ou Linux.

DICA

Saber qual é a versão do seu sistema operacional é extremamente útil. Os números de versão são usados para ajudar a indicar pequenas atualizações. Por exemplo, seu sistema operacional pode ser o MacOS Catalina (10) na versão 10.15.6. Isso informa ao suporte técnico quando você atualizou sua máquina pela última vez e se perdeu alguma atualização importante que possa estar contribuindo para seus problemas. Após saber o número da versão do sistema operacional, anote-o para referência futura. A maioria das pessoas sabe qual sistema operacional usa, mas talvez não saiba qual versão está usando. Encontrar a versão que você está usando é diferente para cada sistema operacional, então verifique o manual ou peça a um integrante da equipe de suporte técnico para ajudá-lo a encontrá-la quando necessário.

» O navegador que está usando, como Internet Explorer, Firefox ou Safari.

LEMBRE-SE

Máquinas com Windows vêm com o Internet Edge pré-instalado, e máquinas Mac vêm com Safari por padrão, mas você pode adicionar outros navegadores em seu computador. Como no sistema operacional, se precisar saber qual versão de um determinado navegador está usando e não sabe como encontrá-la, peça ao suporte técnico que lhe oriente e depois documente as informações para uso posterior.

» Nomes de outros programas ou aplicativos que estavam em execução quando o erro ocorreu.

» Se possível, inclua um print que mostre claramente o problema. (Explicamos como fazer capturas de tela no Capítulo 8.)

LEMBRE-SE

Se não souber como encontrar algumas dessas informações sobre seu computador, tudo bem — o pessoal de suporte técnico pode ajudá-lo com isso. Mas não se esqueça de tomar notas e aprender como encontrar as respostas sozinho no futuro. Isto não só o ajuda a aprender mais sobre seu computador, mas também acelera o atendimento em futuras chamadas ao suporte técnico.

O que o suporte técnico não pode fazer (e o que você faz a respeito)

O suporte técnico é composto de pessoas incríveis com um vasto conhecimento técnico. Entretanto, muitas vezes as instituições contratam uma única equipe de apoio técnico para auxiliar vários milhares de professores e alunos. Portanto, não fique surpreso ou desapontado se precisarem encaminhá-lo para outro lugar para obter ajuda. Muito provavelmente, o pessoal técnico não lhe dará assistência para ensinar como usar o computador ou treiná-lo em aplicativos individuais como o Microsoft Word ou PowerPoint.

DICA

Se a instituição oferece sessões de treinamento via webinars, aproveite-as ao máximo. Esses workshops online utilizam tecnologia síncrona que permite aos apresentadores compartilhar o conteúdo com os participantes em tempo real. Tais sessões podem lhe fornecer novas habilidades, como o uso de recursos avançados de aplicativos comuns como Microsoft Word ou PowerPoint.

Se a instituição não oferece este tipo de treinamento, você pode consultar o site do produto ou outros sites de treinamento para obter tutoriais e dicas de suporte. Veja algumas ideias:

» **Página de treinamento da Microsoft:** Confira diversos tutoriais em

```
https://support.microsoft.com/pt-br
```

» **Lynda.com:** Esse site é outro que hospeda uma variedade de tutoriais, aos quais você pode obter acesso gratuito de sua biblioteca local, incluindo acesso online de casa com seu ID e senha de biblioteca.

» **YouTube:** Você ficaria surpreso com o número de organizações que disponibilizaram seus workshops. Basta ter certeza de que eles utilizam a mesma versão de software para a qual você precisa de ajuda.

Deixa eu "dar um Google" para você

Quando tudo falhar, ou o suporte técnico estiver fechado e você precisar de ajuda imediata, sempre há outra opção: o Google. Com que frequência você se encontra com amigos e familiares e coletivamente não conseguem resolver um problema ou alguém diz algo que não parece verdadeiro? O que você faz nessa situação? Em nossa experiência, a cultura atual não é ir à biblioteca e procurar a resposta, mas sim pegar o celular e procurar em `www.google.com.br`. Essa mesma estratégia também pode ser usada para resolver problemas técnicos. Você pode abrir o Google e facilmente conduzir uma pesquisa na internet em busca de fontes de treinamento disponíveis online por produto. Por exemplo, se está tentando descobrir como criar um sumário no Microsoft Word, pode abrir o navegador e digitar **Tutorial sumário Microsoft Word** no mecanismo de busca do Google. Em geral, vídeos e tutoriais com o passo a passo para aprender a usar diversos aplicativos estão instantaneamente disponíveis na palma de sua mão.

Adotar essa abordagem requer um mindset de solução de problemas, sabendo que talvez precise assistir a alguns vídeos para ver qual deles se alinha mais com sua situação. No entanto, tornar-se um solucionador de problemas lhe proporciona um nível de independência que pode lhe poupar o tempo gasto à espera dos outros e torná-lo mais competente. De fato, uma das perguntas mais comuns que Kevin usa quando entrevista designers instrucionais é: "Qual foi a última ferramenta que aprendeu a usar sozinho, e pode explicar como conseguiu?"

Recebendo suporte acadêmico

Para muitos alunos online, matricular-se em um curso virtual significa retornar à escola após um período de inatividade acadêmica. Em outras palavras, como aluno, você pode se sentir enferrujado. Talvez já tenha passado algum tempo desde que testou suas habilidades de estudo. Mesmo que tenha sido um aluno ativo em algum contexto, provavelmente se sentirá um pouco perdido no ambiente online de início. Afinal de contas, isso é novo para você. E se assistir a uma aula e descobrir que precisa de apoio acadêmico adicional? A equipe de apoio acadêmico pode ajudá-lo a resolver quaisquer dificuldades de transição que esteja enfrentando, incluindo aquelas com escrita, material didático e habilidades básicas.

Obtendo assistência para sua redação

Se perguntar aos alunos online experientes, eles provavelmente lhe dirão que a princípio ficaram surpresos com o quanto tiveram que escrever em uma aula online. Mas quando você pensa nisso, é assim que os alunos e os professores se comunicam — com os dedos. As habilidades de redação assumem uma importância crescente no mundo online. Um curso comum envolve escrever respostas a perguntas de discussão e geralmente alguns trabalhos adicionais. Falamos mais sobre essas questões específicas nos Capítulos 11 e 12.

DICA

Se descobrir que não está obtendo a nota desejada ou se receber feedback direto do professor sobre suas habilidades de redação, tome providências! Veja algumas sugestões:

> » **Verifique com o professor ou orientador acadêmico para ver se a instituição oferece cursos de redação.** Algumas instituições estão preparadas para oferecer cursos de redação aos alunos virtuais. Se esse serviço for oferecido, você terá acesso a tutores online com os quais poderá agendar atendimentos. Para alunos online, a tutoria é geralmente feita usando ferramentas síncronas pelas quais você pode compartilhar seu documento com o tutor em tempo real. O tutor pode então lhe dar feedback imediato e fazer sugestões sobre recursos adicionais específicos para as áreas em que você precisa melhorar.
>
> » **Procure assistência online.** Faça uma pesquisa rápida na internet digitando *como escrever bem* e verá inúmeros sites com bons conselhos para organizar sua redação. Prefira os sites que são especificamente hospedados por universidades ou bibliotecas. Alguns bons exemplos incluem manuais de redação (como do senado ou de veículos de comunicação, como do Estadão e da Folha).
> No site `https://www.stoodi.com.br/blog/portugues/gramatica/` há guias e testes gratuitos.
>
> » **Encontre assistência em serviços presenciais.** Uma boa redação vale em todo lugar, não importa se esteja online ou não. Visite locais que oferecem serviços educacionais em sua área, como Kumon (`www.kumon.com.br`) ou similares e veja suas propostas. Eles dão cursos para adultos também.

CUIDADO

O plágio nunca é aceitável. Não se deixe atrair por sites que oferecem trabalhos acadêmicos gratuitos [ou pagos] — esse é o caminho mais rápido para encerrar sua carreira acadêmica.

Encontrando um professor particular

Os cursos online às vezes vão rápido demais, e espera-se que você mantenha o ritmo. Se achar que está ficando para trás por causa de dificuldades para entender o material do curso, talvez opte por receber um apoio extra. Um professor particular é um educador personalizado que o ajuda com um assunto específico. Encontrar um professor particular para um assunto específico é relativamente fácil porque essa pessoa não precisa estar online. Por exemplo, se precisar de ajuda em matemática de nível universitário, provavelmente pode encontrar ajuda em sua própria instituição, ou pode pesquisar online. Só não se esqueça de verificar as referências e fazer perguntas sobre qualificações. Além disso, se perceber que precisa de uma atualização sobre como administrar seu tempo ou como fazer anotações enquanto lê, os professores particulares podem fornecer ajuda com essas habilidades acadêmicas gerais também. Exceto com relação à tecnologia, pontos como leitura, anotações e estudos para provas não diferem muito entre os cursos tradicionais e online.

Em relação às credenciais, experiência e preços, há uma variedade de tutores. Como saber do que precisa? Considere algumas destas questões:

> » **Você precisa de uma aprendizagem aprofundada ou só rever um assunto?** Se só precisa de uma revisão, um amigo da família com um diploma na área temática pode estar disposto a colaborar. Mas, caso precise de uma instrução mais encorpada ou de mais atenção do que um voluntário pode dar, procure um professor particular com experiência de ensino e um curso avançado na disciplina em questão.
>
> » **Você é aluno internacional e precisa de ajuda com o idioma?** Os alunos que precisam mais de ajuda gramatical e estrutural do que com uma matéria específica podem procurar um professor particular de língua estrangeira que esteja familiarizado com estratégias para o ensino de idiomas. Você pode até encontrar isso na instituição que está frequentando.
>
> » **Quanto pode pagar?** Um professor particular vinculado a alguma organização custa mais do que um ex-professor que agora trabalha em casa. Em todos os casos, pergunte sobre credenciais e experiência. Também não tenha medo de pedir e verificar referências. Afinal de contas, você está pagando por esse serviço.

Em alguns casos, os alunos online precisam de alguém que se sente ao seu lado para ajudar no aprendizado das tarefas básicas sobre como usar o computador ou navegar na internet. Muito provavelmente, você pode encontrar um professor particular de informática, mas essa pessoa não conseguirá treiná-lo nos processos específicos de seu LMS. Para esse tipo de ajuda, você precisa ligar para a equipe de suporte técnico da instituição. Consulte a seção "O que o suporte técnico pode consertar" para obter mais detalhes.

Desenvolvendo seu sistema pessoal de suporte

Estudar é um *compromisso*. É preciso tempo, energia, pensamento e atitude para ter sucesso. Embora possa sentir que esta é uma aventura só sua, lembre-se de que cada decisão que tomar afeta aqueles ao seu redor. Portanto, envolver sua família e amigos em seu processo decisório os ajuda a entender o papel que desempenham no apoio à sua decisão de estudar.

Como não vai sair de casa para ir a uma sala de aula física, sua família e amigos podem erroneamente entender que você está disponível. Por exemplo, seus filhos podem querer que você brinque com eles ao ar livre, ou seus amigos podem querer assistir a filmes na sua casa. Por vê-lo fisicamente em casa, talvez não entendam que você precisa estudar. É difícil dizer não a essas tentações. De fato, talvez se sinta um pouco culpado ao recusar, o que pode fazer com que fique para trás em seu curso. Por isso, é importante que estabeleça limites para si mesmo e para os outros. Muitas famílias vivenciaram essa situação intensamente, e tiveram que se ajustar, no início da pandemia da Covid-19 — tentando estudar enquanto crianças estão em casa tentando aprender ou implorando por atenção.

DICA

Quer saber uma boa maneira de estabelecer limites? Determine dias e horários específicos para o estudo. Durante esses momentos, vá para seu espaço de estudo e coloque uma mensagem na porta dizendo algo assim: "Estudos em andamento. Por favor, não interrompa." Se você tem filhos pequenos, arranje tempo para explicar sua situação de forma que entendam, e faça a plaquinha de "Não perturbe" com eles. Isso pode dar a eles um sentimento de propriedade e orgulho em ajudar você a atingir seus objetivos acadêmicos. Quando se sentem bem em ajudá-lo, você se sente menos culpado por solicitar a ajuda deles. Um bom fone com cancelamento de ruído também é útil — caro, mas vale a pena investir, se puder.

A coisa mais valiosa que a família e os amigos podem fazer para ajudá-lo a ter sucesso é respeitar seu tempo e espaço ao estudar. Algumas formas benéficas pelas quais podem fazer isso incluem tomar conta das crianças, abster-se de tentações que o levem para longe dos estudos e fazer o jantar nas noites de estudo. Também é bom se seus apoiadores puderem ser flexíveis durante os momentos em que tiver mais atividades para fazer no curso.

Os apoiadores também podem ajudá-lo academicamente. Ao lerem rascunhos e lhe darem feedback construtivo, os apoiadores o ajudam a identificar áreas de seu trabalho que precisam de melhorias antes de entregá-lo. Para ajudá-los a fornecer um feedback construtivo, fale sobre a descrição da tarefa para que saibam o que o professor espera. Você também pode fazer perguntas abertas aos seus apoiadores após revisarem sua tarefa, para ver se conseguem responder às perguntas de maneira que reflita o que está tentando transmitir na tarefa.

204   PARTE 3 **A Sala Virtual: Aluno Nota 10**

NESTE CAPÍTULO

» **Explorando as diferentes formas de comunicação online**

» **Definindo a identidade online**

» **Participando dos debates**

» **Usando as redes sociais no aprendizado**

Capítulo **11**

Comunicando-se com Clareza Online

Em uma sala de aula presencial, discutir novos conceitos e debater os méritos de várias ideias são marcas registradas do bom aprendizado. O mesmo vale para a educação online. A quantidade de comunicação que ocorre entre alunos e professores e a qualidade dessas mensagens é a diferença entre um curso online de qualidade e um curso medíocre.

No mundo do aprendizado online, as pessoas se comunicam por meio de uma variedade de ferramentas, incluindo e-mail, mensagens e fóruns de discussão. Este capítulo examina como as pessoas se comunicam online e como a comunicação é importante para o seu sucesso como aluno. Fazemos considerações sobre a persona que você cria e apresenta aos outros por meio de sua comunicação e examinamos os detalhes da discussão e a influência das redes sociais na facilitação da conversa.

Conferindo os Métodos de Comunicação Online

Em um curso online robusto, espere ver a comunicação ocorrendo em vários níveis diferentes. As mensagens são direcionadas pelo professor para a turma como um todo, individualmente entre professor e aluno, e de aluno para aluno. Se você fosse fazer um desenho dessa rede de mensagens, um bom curso pareceria confuso porque haveria muitas conexões entre os alunos. Esta seção examina algumas das principais maneiras pelas quais as pessoas se comunicam em um curso online.

Comunicação do professor com a turma em comunicados e notícias

Pense no primeiro dia de aula em uma instituição presencial. Presumindo que os seguranças se lembrem de destrancar a porta da sala de aula, o professor fica na frente da turma e dá as boas-vindas aos alunos. Entrar na sala de aula virtual não é muito diferente. Tipicamente, uma mensagem de boas-vindas ou algum tipo de saudação do professor espera por você. Essa comunicação destina-se a ser lida por todos os membros da classe. Ela pode ser colocada na página inicial do curso em uma área de Notícias e Comunicados ou dentro de um fórum de discussão designado. (Descrevemos as discussões mais adiante neste capítulo.) Esse tipo de mensagem introdutória lhe permite saber que está no lugar certo. Também pode lhe dizer o que fazer na sequência. A Figura 11-1 mostra a guia Anúncios Recentes na página inicial do curso, que tem um link para uma mensagem de boas-vindas à aula, assim como também mostra o anúncio em si.

206　PARTE 3 **A Sala Virtual: Aluno Nota 10**

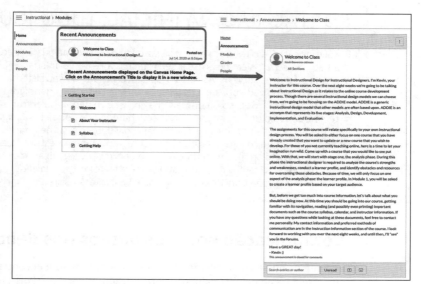

FIGURA 11-1: Exemplo de um comunicado do professor na página inicial do curso.

Após esse comunicado inicial, talvez o professor use o mesmo método público para diversos propósitos. Ele pode usar os comunicados para

» **Motivar todos para fazerem a tarefa.** Por exemplo, se você já fez três dias de curso e ninguém foi corajoso o suficiente para postar a primeira tarefa, o professor pode postar um comunicado reforçando os procedimentos e ajudando os alunos a se sentirem mais confortáveis ao tentarem fazer a tarefa. Mais uma vez, esse comunicado pode aparecer na página inicial do curso ou em um fórum de discussão.

» **Resumir a última unidade e dar uma prévia da próxima.** O professor pode rever o material do conteúdo examinado na unidade anterior e conectá-lo ao que virá na próxima unidade. Leia esses tipos de resumos com a ideia de testar-se mentalmente. Você sabe do que o professor está falando? Caso não saiba, volte e reveja!

» **Reforçar notícias da instituição que você deve estar a par.** Por exemplo, às vezes, a instituição precisa desligar seus servidores para manutenção. Alguém pode enviar um e-mail e postar uma mensagem no portal ou na primeira página em que acessar, mas há uma boa chance de que o professor o lembre novamente.

LEMBRE-SE

Leia todas as mensagens postadas por seu professor, mesmo que você se sinta tentado a deixar de lado as mensagens longas para fazer sua próxima tarefa. Os professores incluem informações pertinentes em suas mensagens. Além disso, você se poupa do constrangimento de fazer uma pergunta que já foi abordada em um comunicado.

CAPÍTULO 11 **Comunicando-se com Clareza Online** 207

PORTAL, PÁGINA INICIAL: TUDO IGUAL

Em alguns casos, a página em que você faz o login no sistema da instituição é chamada de *portal*. Além de acessar seus cursos, você tem o link para a biblioteca, a livraria ou outros serviços. Às vezes, isso é incorporado ao seu sistema de gestão de aprendizado ou, então, pode ser um site separado criado por sua instituição. Em outros casos, a primeira página que vê depois de entrar em seu sistema de gestão de aprendizado pode ser chamada de portal. Essa página geralmente exibe links para suas disciplinas individuais e resume notícias e eventos em um único lugar — particularmente importante se estiver fazendo mais de um curso ao mesmo tempo. O termo portal não significa a mesma coisa em todas as instituições. Entretanto, o uso do termo *página inicial* para representar a página principal do seu curso é bastante consistente.

Comunicação entre os alunos nos debates

Esperamos que a comunicação que você mais comumente encontrará em seu curso seja o debate entre alunos sobre o assunto. Por quê? Pois um curso no qual os alunos discutem e debatem ativamente mostra que os alunos estão interessados! É também um curso que demonstra um aprendizado ativo e engajado ao máximo.

Muitos cursos online seguem um formato socioconstrutivista de apresentar informações e depois pedir aos alunos que discutam e complementem o conceito. Ao escrever sobre como os materiais se relacionam com o mundo ou a profissão, todos na turma obtêm uma imagem clara do assunto em questão. Coletivamente, os alunos "constroem" seu entendimento. Por essa razão, os professores pedem a eles que se engajem nos debates uns com os outros.

Debater ou *discutir* significa ter uma conversa. Isso é um pouco diferente online do que pessoalmente, porque você conversa por meio do que escreve. Descrevemos os debates online na seção "Participando dos Debates". Por enquanto, reconheça que a comunicação entre alunos deve dominar a experiência online.

208   PARTE 3 **A Sala Virtual: Aluno Nota 10**

Comunicação individual via e-mail ou mensagens

A comunicação privada individual é destinada apenas aos seus olhos e pode ocorrer por e-mail ou por uma mensagem interna, caso isso seja possível em seu sistema de gestão de aprendizagem.

DICA

Sempre que possível, utilize as ferramentas disponíveis dentro do sistema de gestão de aprendizagem para se comunicar. Por exemplo, seu sistema pode ter ferramentas do tipo "mensagens" — funcionam como mensagens instantâneas quando a outra pessoa está online. Se a pessoa não estiver online quando você enviar a mensagem, ela a receberá no próximo login. Sua instituição pode lhe designar um e-mail interno, assim não precisa usar o pessoal. A vantagem de enviar e receber mensagens dentro do sistema é que seu trabalho acadêmico fica todo registrado em um único lugar. Você não precisa ficar procurando no meio das mensagens cheias de fotos de cachorrinhos enviados por sua tia Marcia até encontrar a mensagem do professor.

Nesta seção, descrevemos os diversos tipos de comunicação privada: de professor para aluno, de aluno para professor e entre alunos.

Comunicação de professor para aluno

Os professores se comunicam privadamente com os alunos por diversos motivos:

>> **Envio de feedback.** Muitos professores gostam de corrigir tarefas mais longas, tais como artigos, escrevendo comentários. Embora estes possam ser publicados na seção de notas, geralmente não há espaço suficiente. Portanto, os professores enviam comentários e feedback por e-mail.

>> **Mandar um lembrete.** Às vezes, talvez tenha um professor atencioso que percebe que você não está cumprindo os prazos. Eles podem lhe enviar um pequeno comunicado para lembrá-lo sobre os prazos.

>> **Elogiar e enviar recursos adicionais.** Às vezes, um professor quer reconhecer o excelente trabalho de um aluno e talvez fornecer recursos adicionais nos quais o restante da turma não estaria interessado. Esse pode ser um caso para a comunicação privada.

>> **Informar notas.** Ainda bem! Na verdade, seu professor deve comunicar suas notas de forma privada, por lei. Suas notas e feedback não podem ser divulgados publicamente.

A Figura 11-2 mostra uma comunicação privada que seu professor pode enviar. Ela foi enviada por meio de um recurso interno de mensagens. O mesmo resultado pode ser obtido via e-mail.

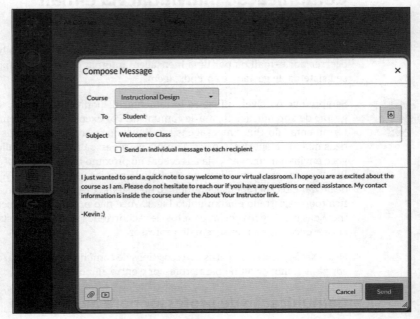

FIGURA 11-2: Exemplo de uma comunicação privada interna.

Comunicação de aluno para professor

Não apenas os professores podem enviar aos alunos comunicação privada, mas os alunos também podem precisar se comunicar privadamente com os professores. Por que você quer se comunicar com seu professor de forma privada? Veja algumas razões:

» **Problemas pessoais.** Algo está acontecendo em sua vida que requer sua atenção e impede que se concentre nos estudos ou que faça as tarefas. A turma inteira não precisa saber disso, mas seu professor sim. Esse é um caso para enviar um e-mail particular.

» **Dificuldades tecnológicas.** Sempre que você tiver um problema com seu computador, o software ou o sistema e precisar de ajuda do suporte técnico, é uma boa ideia informar também ao seu professor. Talvez ele não consiga remediar a situação, mas você está pelo menos o alertando sobre o problema.

» **Perguntas específicas sobre seu trabalho acadêmico.** Os professores não podem discutir seu trabalho publicamente — é a lei! Portanto, se fizer uma pergunta em um fórum público sobre seu desempenho, o professor não poderá respondê-la. Por outro lado, você pode discretamente enviar um e-mail ao professor para perguntar sobre seu trabalho.

LEMBRE-SE

Quando se trata de comunicação com o professor, a diplomacia é a melhor política. Em outras palavras, tente não pressioná-lo além das expectativas razoáveis. A maioria das instituições tem diretrizes relacionadas com a rapidez com que os professores devem responder aos e-mails — geralmente, dentro de 24 a 48 horas. Se você enviar um pedido de ajuda à meia-noite, não espere uma resposta de imediato!

Comunicação entre alunos

Os alunos podem se comunicar privadamente também, como nestes exemplos:

» **O e-mail é uma forma de continuar as conversas de interesse apenas para você e outra pessoa.** Por exemplo, se ler que sua colega Sara tem interesse nas questões de saúde relacionadas à cultura da comunidade polonesa e você é imigrante polonês, talvez queira enviar um e-mail a ela em particular para compartilhar algumas histórias familiares. Ter a oportunidade de continuar uma conversa com um de seus colegas também o impede de postar muito nos debates. (Descrevemos os perigos disso mais adiante neste capítulo.)

» **Os grupos desenvolvem projetos em conjunto por e-mail e espaços colaborativos.** (Falamos mais sobre o trabalho em grupo no Capítulo 13.) O e-mail permite que você troque arquivos, envie atualizações e marque reuniões. Além disso, é fácil copiar seu professor no e-mail para que ele veja o progresso do grupo. Os espaços colaborativos permitem que você armazene documentos aos quais todos podem acessar e editar. Por exemplo, se tiver um documento do Google Docs armazenado em uma pasta no Google Drive, qualquer pessoa do grupo pode adicionar comentários e continuar o trabalho.

» **Às vezes, os alunos trocam seus números de telefone, mas, academicamente, não há muito o que possa fazer em seu celular.** No máximo, esta é uma forma de dizer, "E aí, viu as novas edições?"

Criando e Divulgando Sua Persona Online

Uma canção country que foi popular há alguns anos nos Estados Unidos contava a história de um homem que se apresentava online como um elegante galã, quando na verdade era um nerd offline. Online, você pode ser quem quiser. Embora não recomendemos que se passe por outra pessoa, talvez queira considerar cuidadosamente a persona que vai apresentar, pois é a ferramenta que usará para cultivar relacionamentos duradouros com seus pares online. Explicamos o que precisa saber nas seções adiante.

Exibindo traços positivos de personalidade online

O texto escrito não tem a linguagem não verbal usada pelas pessoas para preencher lacunas de comunicação. Sem contato visual, expressões faciais e entonação, as pessoas têm apenas a palavra escrita a partir da qual julgar a pessoa no outro lado da conexão via computador. A persona que você apresenta online chega por meio do seu estilo de escrita. Como escreve, as palavras que escolhe e a frequência com que publica, tudo isso diz algo sobre quem você é.

Você é tímido? Online, pode ser tão direto e confiante como qualquer outra pessoa. Lembre-se de que a natureza da comunicação assíncrona significa que nada acontece imediatamente, então o que você diz por meio de postagens torna-se tão importante quanto o que o próximo aluno diz. Não é como uma típica sala de aula, em que os alunos mais agressivos atraem mais atenção levantando as mãos ou falando em voz alta primeiro.

Ser julgado apenas pelas palavras pode ser uma característica maravilhosa da comunicação online, pois significa que você tem menos probabilidade de ser julgado por características como sua aparência física ou voz. As ideias falam por si mesmas. Dizemos mais sobre a escrita no Capítulo 16, mas, por enquanto, lembre-se de que a "voz" que usa — casual ou acadêmica — diz muito sobre como você é percebido. Se escrever como um estudioso, será visto como um.

Alguns traços de personalidade que se manifestam na comunicação escrita são a chave para o sucesso como aluno online. As seções seguintes explicam como pode representar a si mesmo uma pessoa séria, mas calorosa, que mostra habilidades de liderança e evita ficar exigindo muita atenção.

DICA

Atente-se a estas dicas para desenvolver sua persona online:

» **Compreenda o impacto das fotos.** Ao se apresentar em sua turma pela primeira vez, considere anexar uma fotografia casual. As fotos são uma forma de compartilhar quem você é, mas também têm inconvenientes. Uma foto revela sua idade, peso, raça e sexo — todas as possibilidades de preconceito. Você nunca deve se sentir pressionado a revelar sua identidade se não quiser! Se o professor pedir uma foto e você não quiser compartilhá-la, envie-a por e-mail em particular, mas solicite que ela não seja compartilhada com o resto da sala.

» **Substitua por stickers (figuras), bitmojis (emojis pessoais) e avatares.** Muito populares hoje em dia são as versões gráficas de quem você é. Se não quiser uma foto para mostrar quem você é, um desses itens pode ser uma opção. O inconveniente é que você pode se parecer com qualquer outra pessoa. História verdadeira: Kevin e Susan têm essencialmente o mesmo avatar; apenas os óculos são diferentes e a pele dela é mais escura.

» **Use emoticons adequadamente.** Queremos acrescentar uma palavra final sobre os emoticons — os sorrisos simbólicos que invadem a comunicação de hoje em dia. Desde que os use com moderação, um emoticon de piscadinha ou franzindo os olhos pode dizer muita coisa. Entretanto, eles não devem aparecer em seus trabalhos acadêmicos. Guarde-os para os debates entre os colegas.

Encontrando o equilíbrio entre sério e engraçado

O aluno sério posta respostas completas e articuladas às perguntas. As respostas são fundamentadas em pesquisas e fazem referência a algumas das leituras atribuídas para demonstrar a conexão entre teoria e prática. Ele faz perguntas diretas que demonstram pensamento crítico como um acompanhamento do trabalho de seus pares. O restante da turma identifica rapidamente quem são os alunos sérios, com base na qualidade do trabalho. (Escrevemos este parágrafo usando nossa voz séria.)

Talvez pense que vamos contrastar o aluno sério com o palhaço da classe. Não é assim! Na verdade, é possível ser realmente engraçado, perspicaz e sério, tudo ao mesmo tempo. Se notar um jogo de palavras ou detectar um trocadilho, vá em frente e escreva-o. Isso não faz de você o palhaço da turma.

DICA

Se considera o palhaço da classe como um bobão e se pergunta onde essa pessoa está na educação online, talvez não encontre. Por que não? Porque os alunos que fazem palhaçadas não duram na educação online! Mas isso não significa necessariamente que não haja lugar para brincadeiras no ambiente de aprendizado online. Caso seu professor estabeleça um "Café dos Alunos" para postar coisas fora da matéria, você pode postar tranquilamente o último vídeo engraçado viral ou uma piada aceitável.

CUIDADO

O humor nunca deve ser insultuoso, sarcástico, racista, sexista, homofóbico ou dirigido a qualquer indivíduo ou grupo. Como ele pode ser facilmente mal interpretado, tenha cuidado se você tiver um senso de humor peculiar — guarde-o para si mesmo.

Além disso, não publique memes ou piadas políticas. Você corre o risco de ofender os outros e de ser rotulado de uma forma ou de outra. Isso simplesmente não dá certo no aprendizado online.

Incluindo simpatia em suas palavras

Estabelecer a quantidade certa de "presença" online pode ser um desafio, especialmente quando você está equilibrando várias funções e tem tempo limitado. Nós reconhecemos isto! Você não precisa ser "arroz de festa" e responder a todos quando interage com sua turma. No entanto, ser um recluso social e postar apenas o mínimo possível também não é o melhor caminho.

DICA

O que diferencia um recluso de um arroz de festa não é apenas a quantidade de postagens, mas também a falta de simpatia. Mesmo que não possa responder a muitos de seus colegas por causa de limitações de tempo, algumas mensagens calorosas o estabelecem como um colega de classe amigável e não como um recluso. Para acrescentar um pouco de simpatia à sua comunicação, talvez queira experimentar estas dicas:

» **Sempre se refira a alguém pelo nome.** "João, você levantou uma questão muito interessante."

» **Acrescente um toque de informações pessoais.** "Sua análise me lembrou de quando passamos as férias no Nordeste."

» **Elogie livremente.** "Adorei como você relacionou Macbeth em sua descrição do conflito atual."

» **Demonstre gratidão.** "Obrigado por me perguntar sobre essa tarefa."

Exibindo qualidades de líder

A liderança é uma qualidade que talvez não espere ver online, mas ela definitivamente aparece! Os líderes são alunos que

» **Postam com antecedência (ou, pelo menos, sem atraso):** Se você tem vários dias para enviar uma tarefa pública, faça o possível para ser um dos primeiros a postar. Os outros seguirão o exemplo.

» **Voluntariam-se como líder nos trabalhos em grupo:** Basta ter a certeza de que tem tempo e habilidades para tanto. Isso geralmente significa elaborar um planejamento; não deve significar fazer todo o trabalho.

» **Apresentam-se como alunos sérios:** Nossa discussão anterior sobre alunos sérios explicou que eles postam ponderadamente e respaldam suas ideias com pesquisa. Eles dão exemplos para o resto da turma.

Evitando ser visto como difícil de lidar

CUIDADO

Ninguém quer ser lembrado como alguém difícil de lidar. Como pode evitar isso? Tente estas estratégias:

» **Relate problemas, mas deixe o drama para outro lugar.** Todos têm problemas. Pode ser que esteja tendo problemas com computadores, um evento da vida ou um link inativo no curso. Os alunos difíceis de lidar tendem a descrever cada um desses problemas como se fossem todos iguais. Eles também tendem a postar esses problemas publicamente, quando às vezes uma mensagem privada para o professor é uma escolha melhor. (Explicamos no início deste capítulo quando utilizar corretamente o envio de mensagens privadas.)

» **Tente resolver sozinho antes de berrar por ajuda.** Tente encontrar sua própria resolução antes de postar publicamente que não consegue fazer algo. Por exemplo, se precisa ler um artigo online e o link não está funcionando, mas você sabe qual é o título, tente fazer uma pesquisa rápida por conta própria. Assim, pode ganhar uns pontinhos com o professor postando que o link original não funcionou, mas que você encontrou uma alternativa.

DICA

Quando se trata de apontar erros de digitação ou instruções que não funcionam, envie essas notas em particular para o professor. Assim como você não quer que todos na turma leiam o feedback que seu professor lhe dá sobre as tarefas, seu professor também não quer que o feedback que você lhe dá seja compartilhado com todos os outros.

» **Estabeleça limites com relação ao que compartilha.** O fórum público não é o lugar para explicar seu divórcio complicado. Os colegas de classe estão lá para aprender, não para aconselhar. A experiência educacional que você compartilha deve ser a base de suas relações interpessoais.

» **Tenha um plano B ou contate uma assistência técnica caso comece a ter problemas com o computador semanalmente.** Todos têm problemas com computadores às vezes. No entanto, observamos que os alunos complicados tendem a tê-los semanalmente. Se é seu caso, e você espalha isso para todo mundo, seus colegas de classe começarão a questionar sua competência. Embora não possa ver as pessoas virando os olhinhos online, acreditamos que isso acontece!

Desenvolvendo relacionamentos

Pense sobre a natureza do trabalho no século XXI. Muitas pessoas colaboram rotineiramente com colegas em outras cidades, estados e países. Nós enviamos e-mails, anexamos arquivos e fazemos ligações telefônicas. Dependemos uns dos outros para realizar o trabalho. Ninguém diz que esses relacionamentos não são reais!

O mesmo se aplica à educação online. Os alunos interagem por meio da tecnologia e passam a depender uns dos outros para fazer o trabalho. No processo, relacionamentos muito reais e duradouros se formam.

Quando você apresenta suas ideias à classe, seu intelecto brilha, não seus cabelos grisalhos, óculos grossos ou pernas finas. As amizades se desenvolvem com base na qualidade de suas ideias, assim como algumas das características que descrevemos anteriormente neste capítulo. Os alunos sérios tendem a se relacionar, enquanto aqueles com um senso de humor muito ativo ficam fazendo gracejos entre si. Cada qual com seu igual.

Isto não quer dizer que a sala de aula online esteja se polarizando! Colocando de lado alguns dos preconceitos que podem se infiltrar em uma sala de aula tradicional, os alunos formam relacionamentos online com base no que e como pensam. Não é raro ver um aluno jovem que se dá muito bem com a tecnologia como amigo de um aluno mais velho quando eles têm os mesmos objetivos acadêmicos e compartilham ideias semelhantes.

Um vínculo especial é formado nos estudos em turma. São grupos de alunos que iniciam um curso ou graduação juntos e permanecem juntos durante todo o tempo online. Podem ficar juntos por um ano ou mais. Nossa observação é que eles revelam mais informações pessoais à medida que o tempo passa e, portanto, fornecem mais apoio e compreensão quando surgem problemas. (Veja mais informações sobre turmas nos Capítulos 4 e 7.)

CAPÍTULO 11 **Comunicando-se com Clareza Online** 215

DICA

Talvez questione se esses relacionamentos acadêmicos online são reais e duradouros. São muito reais desde que ambas as partes façam um esforço para mantê-lo, que pode até passar a ser uma amizade. Quando seu amigo revelar informações em postagens ou e-mails, reserve um tempo para enviar uma mensagem particular para comemorar um aniversário ou quando o filho dele ganhou um campeonato. Ou envie um e-card de boa sorte logo antes de todos se isolarem para estudar antes das provas finais. Faça contato após a aula se vocês acabarem em turmas diferentes, e mantenha-se atualizado sobre as conquistas profissionais. A maioria das pessoas concorda que é bom ser lembrado!

Participando dos Debates

Alguns professores descrevem os debates como o coração e a alma do aprendizado online. Para cursos acadêmicos que requerem participação, há pouca dúvida de que o debate é uma pedra basilar. Nesta seção, analisamos por que o debate é importante, como são organizados e como saber o que se espera de você para ter sucesso nas discussões online.

Entendendo por que precisa debater

Sem dúvida você já ouviu a expressão "A prática leva à perfeição". Faz perfeito sentido se estiver treinando digitação ou pronúncia francesa, mas ver como isso funciona é um pouco mais difícil quando está estudando um assunto como economia ou literatura. Além disso, em um curso online, é impossível que o professor veja os alunos praticando, certo?

LEMBRE-SE

Não é bem assim! O debate online é um dos métodos que os professores usam para observar seu aprendizado. Veja o porquê:

» **Os debates mostram que você está lendo.** Quando responde a uma pergunta de discussão e faz referência às leituras atribuídas ou ao livro didático, você demonstra ao professor que está lendo o material.

» **Os debates mostram sua habilidade de pensar criticamente.** Muitos professores querem que você pegue o conteúdo e o separe em partes, as analise e junte tudo de volta de uma forma que seja significativa e acrescente uma interpretação de como isso funciona no mundo real. Isso é pensamento crítico! Ao participar de um debate, você mostra sua capacidade de pensar criticamente.

216 PARTE 3 A Sala Virtual: Aluno Nota 10

» **Os debates o ajudam a aprender melhor.** Não é suficiente ler, citar e seguir em frente. Os professores querem que você personalize e internalize as informações. Essa é uma das formas de os adultos aprenderem melhor e com mais rapidez.

» **Os outros também se beneficiam com o debate.** Na sala de aula construtivista, todos ganham quando você pega um tópico e o desenvolve totalmente. Ao acrescentar insights e interpretações, o restante da turma pode considerar se concorda ou não e, mais importante, por quê.

Organizando os debates de diferentes formas

O debate é uma conversa que ocorre online e requer mais de uma pessoa. Por exemplo, João apresenta uma ideia à qual Carla responde com um exemplo que apoia sua ideia. Outros se juntam à conversa. Sandra sugere uma visão alternativa ao que João escreveu, lançando uma referência adicional. Patrícia faz uma pergunta para esclarecimento, forçando João a encontrar outra maneira de explicar sua ideia original. Tudo isso se junta para uma compreensão mais completa do conteúdo. No momento em que o debate se desenrola, os leitores e os autores já analisaram o assunto com mais profundidade devido à diversidade de pontos de vista.

Dependendo do software de gestão de aprendizado, você poderá ver suas conversas exibidas como partes conectadas umas às outras de duas maneiras: cronologicamente ou em fio [thread]. Cada parte vem de um orador individual e é um texto escrito, ou post:

» **Posts cronológicos:** Os posts podem estar conectados linearmente, seguindo um ao outro de forma cronológica. A Figura 11-3 mostra como fica.

» **Posts em fio [thread]:** Um debate em fio exibe a conversa de uma forma gráfica diferente: ao observar a exibição, fica mais fácil de ver como as ideias se conectam umas com as outras. As datas podem ficar fora de ordem, mas não há impressão de desordem se você acompanhar a conversa como se ela estivesse em forma de tópicos. O texto recuado está diretamente relacionado com o post acima dele. A Figura 11-4 mostra um debate em thread.

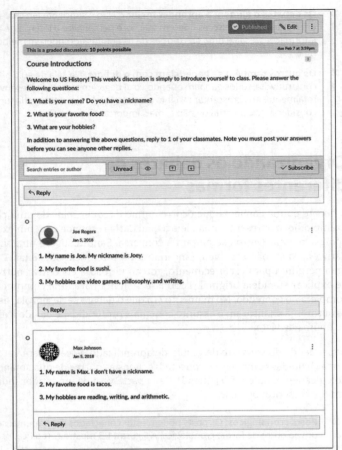

FIGURA 11-3: Debates no Canvas: um debate em ordem cronológica.

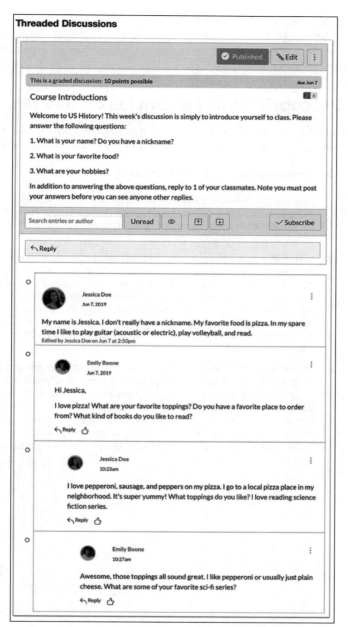

FIGURA 11-4: Debates no Canvas: um debate exibido em fio [thread].

Faz diferença se o seu software exibe o debate em thread ou de forma cronológica? Na verdade, não. O que importa é que estão ocorrendo conversas entre os alunos e que você pode acompanhá-las.

LEMBRE-SE

Muitos sistemas de gestão de aprendizagem permitem mudar a forma como vê os debates. Você controla se os vê em fio ou não, de acordo com suas configurações. Se tiver essa opção, brinque com as configurações até encontrar o sistema que funciona melhor para você.

Descobrindo as exigências do debate

Cada professor tem as próprias expectativas com relação aos debates e à participação. Tais expectativas podem ser encontradas em diversos lugares:

» **Conteúdo programático:** É bem provável que o professor inclua os debates como um componente de sua nota no programa de ensino. Ele pode dizer algo do tipo: "O aluno participa do debate postando uma declaração inicial e respondendo a dois outros colegas a cada semana." Leia cuidadosamente esses requisitos para determinar o que é esperado. (O Capítulo 9 descreve um conteúdo programático em detalhes.)

» **Instruções:** Provavelmente seu curso tem uma página que descreve o que deve fazer na área de discussão; deve haver um link para essa página a partir da página principal do curso. As perguntas que deve responder podem ser listadas lá. Muitas vezes é lá que o professor o lembra de quanto escrever e como postar. Por exemplo: "Responda a uma das seguintes perguntas usando de trezentas a quinhentas palavras. Certifique-se de fazer referência a uma de nossas leituras recomendadas. Antes do encerramento do módulo, responda a dois de seus colegas de estudo."

» **Esquema de avaliação e rubrica:** Esses itens podem estar em uma página separada dentro de seu curso, ou podem estar incorporados tanto no conteúdo programático quanto nas instruções. O esquema de avaliação é o plano geral de como você receberá as notas. Uma rubrica explica o que conta em uma tarefa individual. Por exemplo, uma rubrica pode indicar que você deve escrever, dentro do prazo, um post com trezentas a quinhentas palavras com a devida citação e responder a dois colegas. Consulte os Capítulos 9 e 16 para obter detalhes sobre as rubricas.

Evitando postar demais

Você pode exagerar nos posts de duas formas: escrevendo demais e respondendo com uma frequência muito alta. Ambas têm consequências.

DICA

» **Escrevendo demais:** Quando seu professor pede de trezentas a quinhentas palavras e você apresenta um ensaio de três páginas, é um exagero! O resultado é que seus colegas não lerão suas ideias e ninguém vai querer discuti-las. Você também pode ser penalizado por escrever demais.

Antes de postar, conte suas palavras. Você pode fazer isso no Microsoft Word, observando na parte inferior do documento. No lado esquerdo, você verá a página x de y e depois o número de palavras. Você também pode encontrar essa informação selecionando Arquivo ⇨ Informações (ou Propriedades) no menu superior. Talvez seja necessário isolar (destacar) o parágrafo que você deseja que seja contado. No Google Docs, selecione Ferramentas ⇨ Contagem de Palavras na barra de menu superior.

» **Respondendo com uma frequência muito alta:** Você não precisa responder aos posts de todos. Quando seu professor pede um mínimo de duas respostas aos outros, eles podem estar esperando por quatro ou cinco, mas não quinze ou vinte!

Pense nisso em termos de sala de aula presencial. Como você reage a um aluno que tem algo a dizer aos comentários de todos? Será que essa pessoa não parece ser alguém em busca de atenção? Depois de um tempo, as ideias não são um pouco egoístas? Os alunos começam a virar os olhos quando o comentarista abre a boca?

O mesmo acontece quando os alunos postam demais. Entretanto, no mundo da educação online, você pode escolher não ler o que essas pessoas têm a dizer. Isso nem sempre é uma coisa boa.

Gostamos de incentivar uma boa discussão com posts de qualidade. Pense em contribuir com 10% dos comentários. Os debates podem crescer exponencialmente, e não é bom ser a pessoa cujos posts ninguém lê por ser muito prolífico.

Aproveitando as Redes Sociais

As modinhas online vêm e vão. No entanto, uma ideia que resistiu à passagem do tempo é a noção de que as pessoas gostam de se conectar social e tecnologicamente.

Uma rede social começa com um site — como Facebook (`www.facebook.com`), Instagram (`www.instagram.com`) ou LinkedIn (`www.linkedin.com`) — que permite que os usuários encontrem outras pessoas como elas, enviem mensagens entre si e compartilhem informações. Digamos que esteja interessado em inteligência artificial. Uma conexão no LinkedIn poderia resultar no compartilhamento de artigos ou programas de autoestudo, que, por sua vez, podem levar a uma nova carreira! Esta seção aborda como usar as redes sociais ao seu favor academicamente, e o que evitar.

Beneficiando-se da comunicação fora da sala virtual

Como as redes sociais são desenvolvidas sobre o princípio de conectar pessoas, e visto que o aprendizado é em grande parte social na sala de aula online, o uso de uma rede social em conexão com sua educação online tem várias vantagens:

» **Apoio ao trabalho acadêmico:** Se organizar uma rede social em torno do tema que está estudando, você se conectará com pessoas e recursos que podem ajudar. Dentro desse grupo, você pode falar sobre como seu curso se aplica ao mundo real. Pode procurar pessoas para seguir e fontes adicionais para ler. A Figura 11-5 mostra uma rede social em ação.

» **Ajuda após a formatura:** Várias redes sociais se concentram mais nas conexões profissionais do que nas pessoais. Por exemplo, o LinkedIn se promove como uma rede para profissionais que buscam manter contatos relacionados ao trabalho. O site organiza informações por empresa para encontrar outras pessoas que possam ser úteis na busca de emprego. Após completar seu programa ou graduação, você pode pedir aos colegas de classe que se tornem parte de sua rede para trocar ideias sobre busca de emprego, novas perspectivas e outros tópicos. Seu programa acadêmico também pode apoiar um grupo no LinkedIn para conhecer ex-alunos.

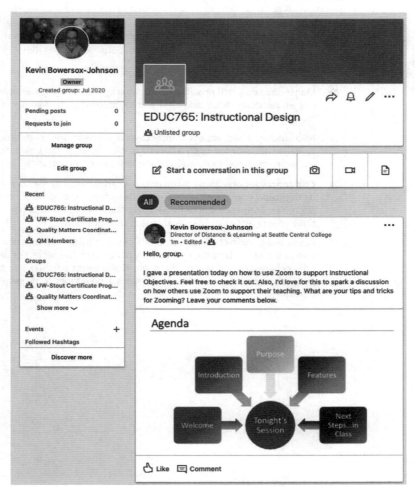

FIGURA 11-5: Uma rede social usada academicamente.

Evitando distrações

DICA

As redes sociais podem ser um fator de distração. Não é sempre mais divertido falar socialmente do que estudar? Caso esteja considerando usar uma rede social para enriquecer sua educação online, considere estas ideias para limitar as distrações:

» **Mantenha seu perfil privado.** Permita que apenas colegas mais próximos saibam seu nome de usuário e as informações de contato. Assim, evitará os estranhos.

» **Não adiciones widgets e ferramentas.** Por exemplo, você pode adicionar um aplicativo que permite salvar a floresta tropical ou jogar jogos de perguntas, mas muito provavelmente não estão relacionados com seus estudos.

» **Crie contas separadas.** Se já usa uma rede social e sua turma sugere a criação de um grupo, considere a possibilidade de usar e-mail e nome de usuário diferentes. Mantenha sua conta pessoal e sua conta acadêmica separadas para que não seja tentado a ficar vendo suas coisas pessoais.

Caso use a mesma conta para assuntos pessoais e acadêmicos, saiba como estabelecer limites de privacidade dentro da ferramenta. Por exemplo, no Facebook, você pode controlar quem vê sua linha do tempo, se a pessoa pode postar nela ou ver seus outros amigos. É bom saber como estabelecer esses limites.

NESTE CAPÍTULO

» **Agendando tempo para estudar**

» **Navegando com facilidade na internet**

» **Lendo os materiais do curso com eficiência**

» **Usando a biblioteca virtual**

» **Estudando offline**

Capítulo **12**

Desenvolvendo Bons Hábitos de Estudo

Muitos alunos que fazem um curso online pela primeira vez não estão acostumados com a quantidade de autodisciplina necessária para ter sucesso. Os hábitos mais importantes que você deve estabelecer ao fazer um curso online são: reservar tempo para estudar e desenvolver padrões de bom comportamento de estudo. Neste capítulo, fornecemos estratégias para organizar e usar o tempo sabiamente.

Separando Tempo para Aprender

Ao fazer um curso presencial, ter aula semanalmente em um prédio físico em dias e horários específicos força você a priorizar o horário da aula em sua agenda. Amigos e familiares entendem por que você não está disponível para sair, fazer o jantar ou ir ao cinema.

Além das ocasionais sessões síncronas (em tempo real), no ambiente online, você é responsável por determinar os dias e horários em que participará da aula ao fazer login, lendo e respondendo a discussões e realizando outras tarefas acadêmicas. Desde que cumpra os prazos, a agenda fica por sua conta. Portanto, é preciso ter boas habilidades de gestão de tempo para ter sucesso.

Uma vez iniciada sua aula, reserve um tempo para rever o conteúdo e os prazos das tarefas; normalmente, pode encontrar essas informações nos documentos que descrevemos no Capítulo 9, tais como o conteúdo programático. Use essas informações para ajudá-lo a definir um horário semanal e assumir o compromisso de cumpri-lo. Esta seção se concentra nas estratégias a serem consideradas quando estiver determinando como planejar sua programação semanal de estudos.

Por outro lado, durante a pandemia da Covid-19, tanto alunos como professores precisaram usar as habilidades de gestão de tempo como uma forma de estabelecer limites. As pessoas ficavam presas em suas casas e a educação era uma fuga que as pessoas usavam para lidar com a situação. Como professores, vimos um aumento drástico no número de posts que os alunos enviaram. Por exemplo, a atividade de quebra-gelo de Kevin para uma turma com 25 alunos passou de uma média de 75 posts totais para quase 300. Horários e limites podem ajudar a evitar que você se sobrecarregue. Isso também o ajuda a se preparar mentalmente para as próximas tarefas agendadas, mesmo que ainda esteja no mesmo espaço físico.

LEMBRE-SE

Independentemente do que esteja estudando, o horário de estudo deve ser programado (não acidental) e ininterrupto. Veja, no Capítulo 8, as estratégias recomendadas sobre isso, mesmo que compartilhe o espaço físico.

Estudando em seu horário mais produtivo

LEMBRE-SE

No momento de programar seus estudos, é importante saber quando você é mais produtivo. Estudar quando está cansado pode levar à frustração e ao mau desempenho. Para alguns, os horários mais produtivos são manhãs, antes que as crianças se levantem. Quando lecionava, a coautora Susan começava muitas de suas manhãs fazendo e corrigindo provas algumas horas antes de sua família acordar e o frenesi dos preparativos para a escola começar. O coautor Kevin, por outro lado, tira um tempo durante a hora de almoço ou imediatamente após o trabalho, antes de voltar para casa, para completar suas tarefas acadêmicas. Seja você madrugador, seja notívago, reserve um tempo que se adapte ao seu horário e estilo de vida.

Fazendo login diariamente

DICA

Para ajudá-lo a conseguir acompanhar os debates em sala de aula, os comunicados de professores e outras atividades básicas do curso, reserve um tempo para conectar várias vezes por semana — diariamente, se possível. Às vezes você só precisa reservar de quinze a trinta minutos para se manter atualizado com o que está acontecendo. Durante esses rápidos logins, você deve

- » Verificar novos comunicados do professor.
- » Verificar o calendário do curso para confirmar que está em dia.
- » Ler os novos posts de discussão dos colegas. Responda apenas àqueles para os quais tem tempo. Se precisar levar mais tempo para pensar em uma resposta, tome nota do post para retornar mais tarde. A maioria dos sistemas de gestão de aprendizagem (LMS) tem uma forma de sinalizar (marcar) um post para que possa voltar a ele facilmente.
- » Observar quaisquer tarefas que planeja fazer em breve para fins de referência. Veja se há uma versão que possa baixar. (Às vezes, as instruções para uma tarefa mais longa podem ser salvas em um arquivo PDF.)

Calculando de quanto tempo precisa para tarefas mais longas

Algumas tarefas exigem uma quantidade significativa de tempo. Por exemplo, pode levar mais tempo para compor uma resposta original a uma pergunta de discussão (não uma resposta ao que outra pessoa escreveu), completar tarefas como projetos ou apresentações ou fazer provas online.

LEMBRE-SE

Quando falamos em estimar o tempo de estudo, não nos referimos apenas ao tempo na frente do computador. O fato de fazer um curso online não significa que só aprenderá quando estiver diante de um computador. Você completará muitas tarefas offline também. O que faz offline é tão importante quanto o que faz online ao agendar seu tempo de estudo. (Discutiremos as atividades offline com mais detalhes mais adiante neste capítulo.)

Considere vários fatores ao estimar o tempo de estudo. Por exemplo, ao calcular quanto tempo leva para completar uma redação, não se esqueça de contar o tempo necessário para pesquisar o assunto antes de sentar-se em frente ao computador para escrevê-la. Os alunos muitas vezes ignoram esses detalhes e saem correndo para terminar as tarefas no último minuto.

Embora dois alunos não precisem do mesmo tempo para completar a mesma tarefa, veja uma lista de itens a serem considerados ao calcular o tempo necessário:

» **Entendendo a tarefa:** Leva tempo para ler a descrição da tarefa e absorver o que está sendo pedido. Pode ser necessário mais tempo se você tiver perguntas que precisem ser respondidas pelo professor. Recomendamos dar uma olhada nas tarefas atribuídas a você dentro de uma unidade ou módulo assim que o professor disponibilizá-las. Isso explica o que se espera de você e lhe dá muito tempo para tirar dúvidas se partes de uma tarefa não estiverem claras.

» **Tempo de preparo:** Isso se refere ao tempo necessário para preparar o contexto da tarefa. Por exemplo, alguns professores exigem que todos os artigos sejam compostos usando determinada estrutura de documento. Portanto, você precisa criar um documento com definições de margem específicas, uma página de título, números de página e uma página de referências. Aqueles menos familiarizados com essas características de processamento de texto podem levar mais tempo para fazer isso antes mesmo de se concentrar nos detalhes da tarefa.

DICA

Caso seu professor peça que você use um formato de documento específico para cada tarefa, crie um modelo que possa usar repetidamente. Por exemplo, durante seus estudos, o coautor Kevin foi solicitado a entregar todas as tarefas usando a estrutura padrão de documentos da instituição — incluindo uma página de título com o título da tarefa, código e nome do curso, nome do professor, nome do estudante, nome da instituição e data de entrega. O documento também precisava ter margens de 2,5cm e números de página no canto superior direito, com espaçamento duplo e uma página de referências no final. Assim, ele criou um documento com todas essas informações, deixando em branco as informações iniciais. Para cada nova tarefa, ele abria o documento e imediatamente escolhia, na barra de menu, Arquivo ⇨ Salvar Como e salvava o arquivo na pasta apropriada do curso em seu computador com um nome de arquivo óbvio. Ele precisou de quase uma hora para criar o modelo original, mas apenas de um minuto para personalizá-lo para cada tarefa.

» **Tempo de pesquisa:** Para a maioria das tarefas, você não pode simplesmente sentar-se e escrever sem ter alguma informação contextual. Isso envolve fazer pesquisa — ler capítulos dentro do livro didático designado, conduzir entrevistas com profissionais da área, assistir a um vídeo ou realizar buscas em banco de dados em sua biblioteca virtual. Os programas de pós-graduação, especificamente, exigem que você escreva sobre mais do que apenas suas opiniões e experiências. Você deve basear seus pensamentos em análises teóricas e de pesquisa conduzidas dentro do campo em discussão.

» **Edição:** A edição se refere à verificação da ortografia, gramática, formatação de documentos e estilo editorial. O *estilo editorial* refere-se à formatação técnica em documentos, incluindo citações de referência, pontuação, abreviações, números e muito mais. O estilo editorial mais comum no Brasil é o proposto pela ABNT. Familiarizar-se com ele pode ser demorado e exige uma verdadeira atenção aos detalhes; veja mais sobre esses estilos no Capítulo 15.

» **Aprender novas tecnologias:** Algumas tarefas podem exigir o uso de uma tecnologia com a qual você não está familiarizado. Portanto, é preciso mais tempo para aprender a usá-la. Talvez precise reservar tempo para assistir a vídeos tutoriais, praticar o uso da tecnologia ou ler qualquer documentação relacionada.

Separando tempo suficiente por semana

Dentro da primeira semana do curso online, você deve estabelecer uma rotina de estudos. No início, reserve o máximo de tempo possível para ler o conteúdo programático, rever o calendário do curso e completar o primeiro conjunto de tarefas. Faça uma anotação mental de quanto tempo leva para fazer o login, navegar na sala de aula virtual e completar as tarefas.

Após a primeira semana de aula, planeje a programação semanal, levando em conta tanto os logins diários quanto os períodos maiores de tempo de que você precisará para terminar tarefas mais longas. No Capítulo 9, falamos sobre a sincronização dos calendários de seu curso, trabalho e pessoal. Aqui, pedimos que dê um passo adiante, acrescentando tarefas específicas ao calendário. Por exemplo, se reservar o tempo de estudo para sexta-feira à noite das 19h às 21h em seu calendário, pode dividir esse tempo em partes. Das 19h às 19h30 você pode fazer o login, ler novas mensagens e confirmar as tarefas. Das 19h30 às 20h30, pode conduzir pesquisas para o artigo que deve ser entregue na próxima semana. E das 20h30 às 21h30, pode desenvolver um esboço do artigo com base em sua pesquisa anterior.

DICA

Um modo de ajudá-lo a determinar quanto tempo leva para completar uma tarefa é simplesmente anotar os tempos de início e término ao estudar. Isso é especialmente útil durante as primeiras semanas de um curso. Ao fazer isso, pode estimar melhor o tempo que realmente precisa reservar em seu calendário. É incrível como as pessoas acham que será rápido fazer as tarefas.

RECOMPENSANDO BONS HÁBITOS DE ESTUDO

Recompensar os bons hábitos de estudo é uma ótima forma de motivá-lo a cumprir um cronograma e atingir seus objetivos. Tais recompensas não precisam ser extravagantes e caras — apenas pequenos incentivos depois de cumprir etapas. Por exemplo, talvez sua recompensa seja o próximo episódio de uma série favorita na Netflix. Não esqueça da pipoca!

Navegando com Eficiência na Internet

À medida que fica mais familiarizado com o ambiente de aprendizagem virtual, você começa a gastar menos tempo se concentrando na navegação e mais tempo realmente completando tarefas. Esta seção fornece algumas dicas para economizar tempo navegando na internet.

Mantendo várias janelas abertas

Quando estiver dando uma olhada rápida no andamento do novo curso e respondendo aos posts de colegas, talvez precise fazer algumas pesquisas rápidas de recursos para compartilhar. Pode ser útil manter a página do curso aberta na guia do navegador enquanto pesquisa rapidamente esses recursos em outra janela ou guia do navegador para copiar e colar informações de uma janela para outra.

Na maioria dos navegadores, novas janelas podem ser abertas em uma nova janela flutuante ou em uma guia dentro da janela existente. Ambos os métodos são úteis:

>> A Figura 12-1 mostra diversas janelas flutuantes. Para abrir múltiplas janelas em navegadores Windows e em Chromebooks, pressione Ctrl e n (Ctrl+n). Usuários de Mac, pressionem Command e a tecla n (Command+n).

>> A Figura 12-2 mostra uma única janela aberta com várias guias. Para abrir uma nova guia dentro de uma janela na maioria dos navegadores Windows e Chromebooks, mantenha pressionada a tecla Ctrl e pressione t (Ctrl+t). Usuários de Mac, mantenham pressionada a tecla Command e apertem t (Command+t). Achamos que as guias são mais organizadas e mais fáceis de serem controladas.

230   PARTE 3 **A Sala de Aula Virtual: Aluno Nota 10**

FIGURA 12-1: Barra de tarefas exibindo múltiplas janelas flutuantes.

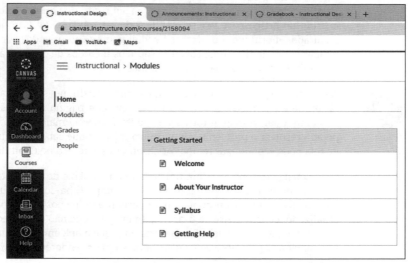

FIGURA 12-2: Uma única janela com múltiplas guias.

Permissão de uso desta captura de tela emitida pelo Board of Regents do Sistema da Universidade de Wisconsin em nome da Universidade de Wisconsin-Stout

CAPÍTULO 12 **Desenvolvendo Bons Hábitos de Estudo** 231

Como você de fato utilizaria janelas separadas de navegador a seu favor? Imagine ler um post de discussão de um de seus colegas debatendo um tópico que você pesquisou recentemente para outra tarefa. Então decide que quer compartilhar com este colega um artigo que encontrou durante a pesquisa anterior. Na página do curso, você abriria uma nova janela do navegador (uma janela flutuante ou uma nova guia na janela existente), localizaria o recurso online, copiaria o URL (endereço web), voltaria à janela com suas informações do curso e colaria o URL em sua resposta. Isso evita que se perca no ciberespaço ao ter que apertar o botão Voltar infinitamente para encontrar o site do seu curso.

DICA

Ao visualizar as informações do curso, talvez encontre links para recursos externos. Ao clicar neles, eles podem abrir na mesma janela, substituindo as informações do seu curso. Há uma forma de forçar o link a abrir em uma nova janela clicando com o botão direito do mouse (Command+clique para usuários de Mac) e escolhendo a opção Abrir em Nova Janela ou Abrir em Nova Guia.

Evitando tempo perdido com links quebrados

Ocasionalmente, ao navegar pela sala de aula virtual, você clica em um link e ele o envia para uma página com um erro. Isso acontece não importa o quanto seu professor tente compartilhar informações atualizadas ou com que frequência ele os teste antes de compartilhá-los com você. É apenas um dos desafios de utilizar recursos da internet. É muito fácil fazer uma busca rápida digitando o título do artigo para ver se o URL pode ter mudado. Se isso não produzir resultados, notifique o professor imediatamente (no privado, por favor, para poupar constrangimentos; consulte sobre os métodos de comunicação privada no Capítulo 11) e passe para outras tarefas.

DICA

Ao notificar o professor sobre links quebrados, certifique-se de colar uma cópia do link em sua mensagem e dizer a ele em que página o link estava dentro do curso. Quanto mais informações puder fornecer, mais rápido o professor poderá resolver o problema. Aqui é outro caso em que saber fazer uma captura de tela pode economizar tempo! Analisamos esse tópico no Capítulo 8.

Caso consiga encontrar o link funcionando, não deixe de compartilhá-lo com o professor via e-mail. Você também pode compartilhá-lo com seus colegas se o curso tiver um fórum público para perguntas e respostas. Ao postar o link atualizado, certifique-se de usar uma linguagem que não desmereça o professor ou coloque a culpa nele. Basta mencionar que o link em determinada página não funcionou para você e que o encontrou em um endereço alternativo.

Usando a marcação de favoritos

Quantas vezes você já encontrou o recurso perfeito na internet e depois se esqueceu de onde o encontrou? Isso pode ser frustrante, para não falar do tempo necessário ao procurá-lo novamente. Nós temos uma solução fácil para você: as ferramentas de marcação de favoritos, que são online e permitem que favorite endereços importantes na internet e os salve no ciberespaço, não em seu computador. (Veja a Figura 12-3.) Sim, isso significa outro login e senha, mas vale a pena o esforço. Confie em nós!

FIGURA 12-3: Conta em uma ferramenta de favoritos.

Veja alguns dos principais benefícios das ferramentas de favoritos:

» **Você pode categorizar os favoritos com termos comuns, chamados *tags*.** Cada endereço favoritado pode ter várias tags associadas, facilitando encontrá-lo no futuro.

» **Você pode deixar os favoritos em modo público ou privado.** Se for público, outros usuários da internet podem ver seus endereços favoritos; alguns podem encontrá-lo porque usam as mesmas palavras-chave que você usou para as tags. Se estiver marcado como privado, somente você pode ver os favoritos associados à sua conta.

» **Você pode acessar os favoritos de qualquer lugar com uma conexão com a internet.** Portanto, se quiser fazer uma tarefa durante o intervalo do almoço no trabalho, não precisa se preocupar com o fato de seus favoritos estarem em seu computador de casa. Uma navegação rápida até sua ferramenta de favoritos traz todas suas tags à palma de suas mãos.

Dependendo de seu conhecimento técnico, você deixa o site de favoritos aberto em uma guia ou janela separada e copia os favoritos lá à medida que os encontrar ou vê se um plugin está disponível para seu navegador. Um *plugin* de navegador permite que você adicione uma barra de ferramentas ao navegador, na qual pode adicionar o endereço de uma página à sua conta com um simples clique.

Veja um exemplo de uso prático das ferramentas de favoritos. Imagine que está pesquisando sobre a abertura de uma empresa em um país estrangeiro. Como pode imaginar, toneladas de recursos estão disponíveis online sobre esse tópico. Alguns são bons e outros nem tanto. Ao navegar e encontrar recursos que vai querer ler com mais detalhes depois, pode favoritá-los e criar tags com palavras-chave como Empresas, ComércioInternacional ou ADM01, se a tarefa for para essa disciplina. Mais tarde, quando estiver pronto para revisar os recursos com mais detalhes, todos estarão em um só lugar. O aplicativo também lhe mostra outras pessoas que salvaram o mesmo URL. Isso lhe permite criar um link para a lista salva daquela pessoa, o que lhe dá acesso a recursos adicionais para sua própria pesquisa. Talvez encontre mais materiais para sua tarefa ou projeto!

Versões mais recentes de aplicativos de favoritos permitem o upload de imagens, arquivos PDF e outros documentos para armazenar e criar tags. Isso o ajuda a manter todos seus recursos em um só lugar ao realizar pesquisas.

A propósito, você deve ter notado que a tag ComércioInternacional não tem um espaço entre as palavras. É porque muitas vezes as tags não permitem espaços. Portanto, você pode juntar frases de várias palavras ou separá-las com um caractere especial, como o underline. Se escolher esta última, sua tag seria Comércio_Internacional. Isso tende a ser mais agradável aos olhos.

234 PARTE 3 **A Sala de Aula Virtual: Aluno Nota 10**

DICA

Diversas ferramentas de favoritos estão disponíveis na internet. A maioria tem os mesmos recursos. Os dois mais usados incluem Diigo (www.diigo.com) e Mix (http://mix.com), e estão em inglês. Ambos têm uma funcionalidade adequada. No entanto, Diigo oferece alguns recursos adicionais, como destacar textos da internet. Falaremos sobre esse recurso com mais detalhes neste capítulo.

LEMBRE-SE

Caso esteja usando Microsoft 365, você tem uma ferramenta incorporada chamada OneNote, que permite armazenar, organizar e criar tags de recursos.

Lendo Sabiamente

Como a maioria das informações que você recebe online é em texto, sua capacidade de leitura eficiente é da maior importância. Não estamos aqui falando apenas de compreensão de leitura. Também estamos falando da capacidade geral de navegar por documentos e postagens importantes e lê-los rapidamente, bem como de reter o que leu tomando notas e mantendo um registro de todas as leituras para que não perca tempo precioso relendo.

Descobrindo o que precisa ler

DICA

Você pode economizar tempo ao saber quais informações estão em um curso online e onde encontrá-las. As seções seguintes apresentam o tipo de informação que você encontra online e dão ideias para gerenciar essa informação de forma mais eficiente.

Notícias e comunicados

Cada curso ministrado por professores tem algum tipo de seção de notícias e comunicados. Essa é, em geral, uma comunicação unidirecional do professor para os alunos, e é leitura obrigatória — sem exceções. Os professores usam esse recurso para receber os alunos no curso, lembrá-los dos prazos, compartilhar recursos adicionais e assegurar aos alunos que ele está presente. (Consulte o Capítulo 11 para obter mais informações sobre esse método de comunicação.)

Como professores, essa é uma de nossas características mais utilizadas dentro da sala de aula virtual. Nossos alunos devem esperar ler um novo post pelo menos uma vez a cada 48 horas — mais durante as duas primeiras semanas de aula. Entretanto, outros professores preferem outros métodos de comunicação, como e-mail ou posts em fóruns de discussão. Não importa qual método o professor utilize, é importante que você leia as postagens e responda se necessário. Você pode estar pensando que isso é muita coisa, mas geralmente esses tipos de comunicação não exigem uma resposta e são para seu benefício. Fazer login diariamente em sua turma, como sugerimos antes neste capítulo, e o desenvolvimento de boas técnicas de acompanhamento pode realmente ajudar. Essas técnicas incluem arquivar mensagens em pastas no e-mail e marcar os posts de discussão como lidos (uma característica encontrada na maioria dos sistemas de gestão de aprendizagem).

Posts de discussão

O âmago da maioria dos cursos online é a discussão do conteúdo. Por exemplo, uma atividade que usamos para envolver os alunos é atribuir a cada um deles uma questão de discussão relacionada ao conteúdo do módulo atual. Eles precisam responder à pergunta designada, ler os posts dos outros alunos e responder a pelo menos dois posts diferentes. Eles são encorajados a ler todas as postagens, mas respondem apenas àquelas que lhes interessam.

Usando esse exemplo, a matemática simples diz que se você estiver em uma turma com vinte alunos, deve haver um mínimo de sessenta posts no final da atividade. Nossa experiência diz que você verá cerca de duzentos posts. Isso é bom, supondo que as publicações estejam distribuídas uniformemente e não venham de quatro ou cinco alunos exaltados. Isso significa que os alunos estão engajados e dialogando sobre o tema. No entanto, pode sobrecarregar bastante se não for administrado corretamente. Veja algumas dicas a serem consideradas ao participar de tal atividade (para informações adicionais sobre debates e discussões, consulte o Capítulo 11):

» **Concentre-se na pergunta atribuída a você o quanto antes:** Assim que souber sua pergunta, comece a ler, pesquisar e formular sua resposta. Quanto mais cedo fizer isso, mais tempo terá para se concentrar na leitura e na resposta a seus pares (e mais tempo seus pares terão para responder a você).

» **Separe um tempo para fazer login e ler novos posts:** Quando possível, tire quinze minutos diários para fazer login e ler novas postagens, como sugerimos anteriormente neste capítulo.

» **Responda às postagens:** Se for mais fácil para você, com base em sua agenda, responda a dois colegas de uma só vez.

» **Confira as respostas:** Separe um tempo para verificar se alguém respondeu ao seu post inicial e se é necessária uma resposta. Verifique também os tópicos aos quais você respondeu e decida se uma discussão adicional é apropriada.

LEMBRE-SE

A maioria dos debates ocorre enquanto você está fazendo outras coisas fora do curso. Não deixe de se organizar para dar conta das duas coisas.

DICA

Às vezes, você e/ou seus colegas vão querer discutir tópicos que não se relacionam com o conteúdo do curso. A maioria dos cursos tem um fórum social para esse fim. Isso evita que a discussão fora do tópico interrompa o fluxo dos debates sobre o conteúdo. Pode ser um recurso útil, mas não se sinta mal se estiver muito ocupado para ler quaisquer novas mensagens nesse fórum. Sinta-se à vontade para ignorá-las. Você sempre pode voltar e lê-las mais tarde, quando tiver mais tempo.

Leituras recomendadas

Assim como no ambiente presencial, cada curso online utiliza uma variedade de materiais de apoio à ementa. Talvez precise adquirir um ou mais livros didáticos, baixar recursos da internet ou links para "palestras" preparadas pelo professor. Não é raro ser solicitado a ler entre sessenta e cem páginas por semana. Estimamos que nossos alunos precisam dedicar entre duas e quatro horas para ler os materiais designados em um curso de oito semanas, com três créditos. Se quiser ter sucesso em seu curso, não pule essas leituras! Separe tempo suficiente em sua agenda de estudos para elas, como sugerimos anteriormente neste capítulo.

Dependendo da estrutura do curso, você pode encontrar as leituras necessárias no conteúdo programático, no calendário do curso ou no início de cada módulo. Por exemplo, no curso do Kevin, você encontrará as leituras em dois lugares: no conteúdo programático e em uma página de introdução no início de cada módulo. Isso permite que seus alunos leiam antecipadamente se quiserem (eles têm acesso a todas as leituras do programa) sem poder postar discussões com antecedência (os módulos de conteúdo são abertos um de cada vez, conforme necessário).

Imprimir ou não? Eis a questão!

A impressão não é um requisito para os estudos online. Caso se sinta à vontade baixando tudo em seu computador e lendo de lá, vá em frente. A portabilidade é provavelmente mais importante. Se é um daqueles estudantes que gosta de ler sempre que tem um minuto livre, a impressão pode ajudar. Os documentos impressos são mais fáceis de pegar no ônibus, guardar na mochila ou na pasta e ler durante o tempo livre. Também é mais fácil destacar e fazer anotações neles. Uma amiga, mãe de dois filhos que precisa levá-los de lá para cá nas atividades deles, lê entre suas missões como motorista e durante os treinos. (Temos mais a dizer sobre o trabalho offline adiante neste capítulo.)

DICA

Está se sentindo culpado por imprimir? Para os mais preocupados com o meio ambiente, imprima usando papel reciclado e em ambos os lados. Também é possível imprimir em modo rascunho e economizar tinta.

Ou, outra ideia, é comprar um tablet baratinho no qual possa ler digitalmente, mantendo a portabilidade.

Aumentando o tamanho da fonte

DICA

Em um esforço para espremer o máximo de informação possível em uma página, alguns web designers usam fontes menores. Os navegadores permitem expandir o tamanho do texto para que seja mais fácil de ler. Talvez você tenha que usar mais as barras de rolagem, mas isso é melhor do que fadiga visual. A Figura 12-4 mostra como ampliar o texto dentro de um navegador de internet. Na maioria dos navegadores, o recurso de zoom está no menu Visualização na barra de ferramentas do aplicativo, na parte superior da tela.

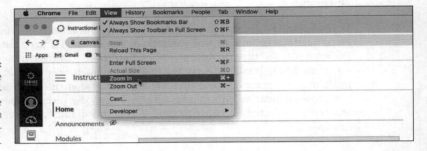

FIGURA 12-4: Opções de Visualização e Zoom em um navegador.

Tomando notas do que lê

Fazer anotações enquanto lê ajuda na organização dos pensamentos, na recuperação de informações e na redução da quantidade de releituras. Veja algumas diretrizes para essa tarefa:

- » **Capte as ideias principais:** Ao ler, tome nota das principais ideias apresentadas nos materiais. Parafraseie essas informações usando suas próprias palavras e cite qualquer coisa que utilizar diretamente dos materiais.

- » **Teste seu conhecimento:** Ao tomar notas, pergunte-se por que está lendo este capítulo e veja se suas notas podem lhe dar uma resposta correta. Ainda não tem certeza? Leia o resumo ou a conclusão, que condensa o material. Em seguida, volte e releia para obter mais detalhes.

- » **Anote opiniões e experiências:** Conforme lê, caso tenha uma opinião sobre algo ou se lembre de uma experiência relacionada com a informação, anote.

DICA

- » **Decida se vai anotar no livro:** Se planeja revender seu livro didático, lembre-se de que os destaques e as notas manuscritas nas margens diminuem o valor de revenda. Considere a compra de um caderno para cada curso com o propósito de tomar notas durante a leitura.

- » **Favorite recursos online:** Ao pesquisar na internet, favorite os artigos que talvez queira consultar novamente. Favorite os sites mesmo que decida imprimir as informações (veja a próxima seção). Não há nada mais frustrante do que ter que ficar procurando um artigo que você se lembra de ter lido na semana passada.

- » **Salve artigos e informações de citação:** Ao realizar buscas em banco de dados dentro de sua biblioteca virtual, você não pode marcar páginas de resultados nos favoritos. Portanto, é importante baixar o artigo, se possível, e/ou documentar as informações da citação para referência futura.

- » **Registre informações de referência:** Não se esqueça de escrever as informações da fonte usando as normas de citação, como da ABNT. Você precisará dessas informações para dar o devido crédito quando se referir a conceitos e ideias obtidos da fonte. Falamos mais sobre as ferramentas de citação no Capítulo 15.

DICA

Nesta altura, não deve ser nenhuma surpresa que haja uma solução digital para a tomada de notas. Se é daqueles que preferem ler tudo online, pode usar produtos que possibilitam destacar e anotar documentos, incluindo arquivos PDF e sites. Algumas dessas ferramentas permitem até mesmo que você torne suas anotações públicas para que outros as leiam. A Figura 12-5 ilustra um exemplo de um programa online, Diigo (www.diigo.com — em inglês), que permite destacar trechos. Ele tem um plugin que adiciona uma barra de ferramentas ao topo do navegador. Uma das ferramentas permite destacar o texto no site em que está navegando.

CAPÍTULO 12 **Desenvolvendo Bons Hábitos de Estudo** 239

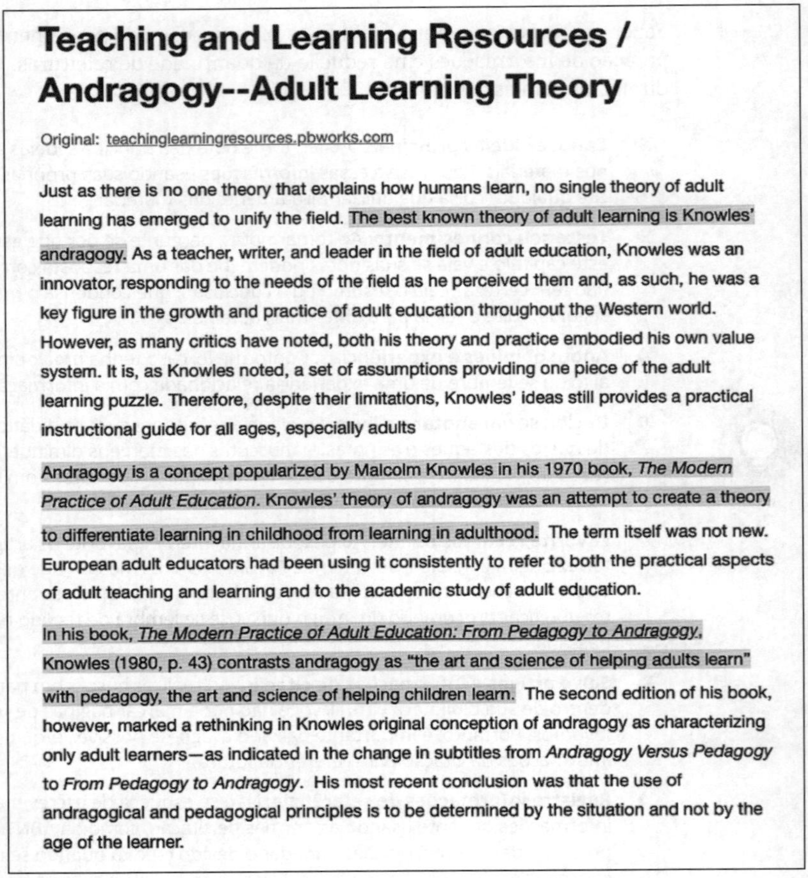

FIGURA 12-5: Destacando partes de um site no navegador com uma ferramenta de destaques.

Teaching and Learning Resources / Andragogy--Adult Learning Theory

Original: teachinglearningresources.pbworks.com

Just as there is no one theory that explains how humans learn, no single theory of adult learning has emerged to unify the field. The best known theory of adult learning is Knowles' andragogy. As a teacher, writer, and leader in the field of adult education, Knowles was an innovator, responding to the needs of the field as he perceived them and, as such, he was a key figure in the growth and practice of adult education throughout the Western world. However, as many critics have noted, both his theory and practice embodied his own value system. It is, as Knowles noted, a set of assumptions providing one piece of the adult learning puzzle. Therefore, despite their limitations, Knowles' ideas still provides a practical instructional guide for all ages, especially adults

Andragogy is a concept popularized by Malcolm Knowles in his 1970 book, *The Modern Practice of Adult Education*. Knowles' theory of andragogy was an attempt to create a theory to differentiate learning in childhood from learning in adulthood. The term itself was not new. European adult educators had been using it consistently to refer to both the practical aspects of adult teaching and learning and to the academic study of adult education.

In his book, *The Modern Practice of Adult Education: From Pedagogy to Andragogy*, Knowles (1980, p. 43) contrasts andragogy as "the art and science of helping adults learn" with pedagogy, the art and science of helping children learn. The second edition of his book, however, marked a rethinking in Knowles original conception of andragogy as characterizing only adult learners—as indicated in the change in subtitles from *Andragogy Versus Pedagogy* to *From Pedagogy to Andragogy*. His most recent conclusion was that the use of andragogical and pedagogical principles is to be determined by the situation and not by the age of the learner.

Mantendo controle de tudo que já leu

Na seção "Fazendo login diariamente", deste capítulo, discutimos a necessidade de estabelecer um padrão de acessos. Bem, é aqui que isso compensa. Para lhe dar um pouco de perspectiva, queremos compartilhar o número de posts de discussão que compõem nossas aulas. Após 8 semanas de ensino, uma média de 2.500 posts foram apresentados pelos alunos e pelo professor. Isso inclui postagens de discussão, anúncios feitos pelo professor e conversas sociais realizadas no café virtual dos alunos. Como pode imaginar, é importante saber como determinar o que há de novo e como manter controle do que já leu.

A maioria dos sistemas de gestão de aprendizado tem uma seção de informações na página inicial do curso que o alerta sobre qualquer nova mensagem publicada desde a última vez que você acessou o curso (veja um exemplo na Figura 12-6). Em geral, esse resumo inclui links diretos às informações. Ao clicar no link, ele o leva para as informações não lidas. O sistema rastreia automaticamente onde você clicou e atualiza o novo resumo de informações.

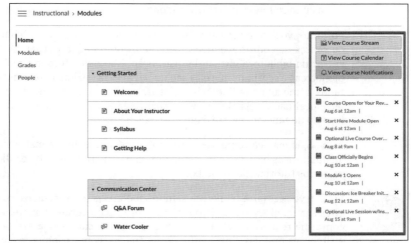

FIGURA 12-6: Seu sistema de gestão de aprendizagem pode alertá-lo sobre novas informações.

Outros sistemas de gestão de aprendizagem lhe proporcionam mais controle ao solicitar que você marque manualmente as informações como lidas ou não lidas. De qualquer forma, descubra como o sistema de sua instituição identifica as novas postagens de informações e aproveite esse recurso. Para descobrir se seu sistema tem esse recurso, revise os materiais de apoio normalmente disponíveis ao clicar no botão Ajuda, entre em contato com o suporte técnico ou pergunte ao professor. Como o professor deve poder gerenciar muitas informações dentro do sistema (postagens de alunos, envio de tarefas etc.), ele provavelmente está bem versado no uso eficiente da ferramenta.

Outra característica que seu sistema pode ter é a capacidade de enviar novas informações ao seu e-mail. Dependendo de sua preferência pessoal, isso pode ajudá-lo a manter-se atualizado com novas informações à medida que são publicadas, ou pode distraí-lo enquanto realiza as atividades diárias. Para descobrir se seu sistema tem esse recurso, mais uma vez, reveja os materiais de suporte normalmente disponíveis ao clicar no botão de Ajuda na tela, entre em contato com o suporte técnico ou pergunte ao professor.

Visitando a Biblioteca

Durante o desenrolar do curso, espera-se que você complete tarefas que demandam pesquisas e resumos de suas descobertas. Confie em nós quando dizemos que pesquisar no Google não é suficiente. De fato, nos Estados Unidos, a maioria dos cursos de pós-graduação está agora adicionando uma cláusula "Nada de Google" em seus conteúdos programáticos para desencorajar os alunos a citarem fontes que não são idôneas.

Portanto, você tem uma escolha: pegar o carro e dirigir até a biblioteca local, ou sentar-se confortavelmente perante o computador — usando pijama — e entrar na biblioteca virtual da instituição. Não nos interprete mal: adoramos bibliotecas e sentimos que elas são um ativo para qualquer comunidade. Entretanto, como aluno online, talvez precise de acesso em momentos que a biblioteca local não esteja aberta. Mas saber onde ela se localiza em sua cidade e o horário de funcionamento é um ótimo plano B.

Esta seção explica como acessar a biblioteca online de sua instituição, fornece algumas dicas básicas sobre como usá-la para pesquisas e lhe dá dicas sobre o valor dos tutoriais da biblioteca.

LEMBRE-SE

Você deve acessar a biblioteca sempre que precisar de recursos externos para embasar opiniões ou posicionamentos e/ou para fornecer materiais citados, conforme requerido pelo professor. Sua experiência o ajuda a aplicar a teoria a situações práticas. Entretanto, você não deve confiar somente em sua experiência. Os professores querem que você faça referência a leituras de cursos e recursos externos para que saibam que entende o material.

Acessando a biblioteca

Cada instituição tem uma forma diferente de acessar a biblioteca. Algumas têm um link para a biblioteca em suas páginas iniciais, e outras têm links em cada disciplina. Se não aprendeu como acessar a biblioteca em nenhum de seus materiais de orientação e isso não ficar óbvio rapidamente ao observar o site do curso, pergunte ao professor. Ao encontrar o link, ele o levará para a página inicial ou o portal da biblioteca. Dependendo de como a instituição se conecta à biblioteca, você pode ou não precisar inserir um nome de usuário e senha diferentes daquele que usa para acessar sua turma. A Figura 12-7 mostra o exemplo de um portal da biblioteca online. Observe que há seções com tutoriais, bancos de dados e informações específicas para alunos online.

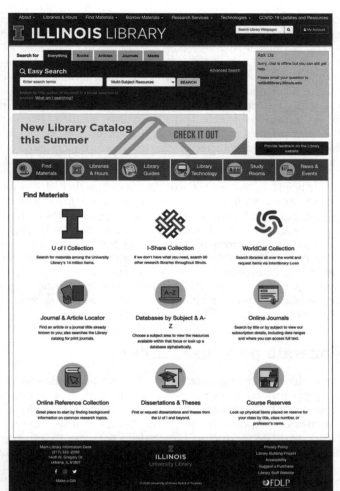

FIGURA 12-7: Portal online de uma biblioteca.

Permissão de uso desta captura de tela emitida pelo Board of Regents do Sistema da Universidade de Wisconsin em nome da Universidade de Wisconsin-Stout

DICA

O bom das bibliotecas hoje em dia é que a maioria delas fornece acesso 24 horas por dia, 7 dias por semana, aos seus bancos de dados e recursos online. Portanto, os horários em que pode acessá-las não seguem os rígidos horários comerciais. Entretanto, se acha que pode precisar de ajuda, é importante conhecer a disponibilidade do pessoal de ajuda. As bibliotecas utilizam uma variedade de dispositivos de telecomunicação para fornecer apoio aos alunos e ao corpo docente. Por exemplo, o método favorito do coautor Kevin para contatar a ajuda da biblioteca de sua instituição é por bate-papo instantâneo em mensagens de texto. Se ele tiver uma pergunta ao navegar no site da biblioteca, ele simplesmente clica no botão Fale com um Bibliotecário, que o conecta na mesma hora a uma pessoa ao vivo.

Se sua biblioteca tem um botão de Bate-papo, geralmente está na página inicial do site ou em uma seção estática do site que segue você de página em página, como o cabeçalho ou o menu de navegação da barra lateral. A maioria dos botões de Bate-papo ao vivo usa texto para dizer se há um bibliotecário disponível. Por exemplo, quando disponível, o botão pode dizer algo como "Fale com um Bibliotecário Agora", e quando não tiver ninguém disponível, algo como "Bate-papo Indisponível". Às vezes, o botão desaparece completamente quando os bibliotecários estão indisponíveis. Verifique a página inicial de sua biblioteca para ver o horário de funcionamento. Em geral, também há o horário de atendimento, incluindo o bate-papo ao vivo.

Fazendo pesquisas online

Como aluno online, você precisa da biblioteca principalmente para conduzir pesquisas para trabalhos e projetos. As semelhanças entre uma visita a uma biblioteca virtual e a uma física são surpreendentes. Você determina os tipos de materiais de que precisa, os procura nos bancos de dados e no catálogo de cartões, e depois decide o que vale a pena levar para casa. Esses processos exigem a tomada de decisões e o conhecimento do que torna uma fonte confiável e útil.

LEMBRE-SE

Comece o processo de pesquisa o mais cedo possível. Só porque você tem acesso ao banco de dados online da instituição não significa que tudo o que deseja estará disponível em um formato que possa baixar imediatamente. Talvez precise que alguns materiais sejam enviados pelo correio, sejam obtidos de outras fontes, como sua biblioteca local, ou precise encontrar um recurso alternativo. Esse processo pode levar tempo.

Descobrindo o tipo de material necessário

Antes de começar a buscar recursos para um curso ou uma tarefa, considere o tipo de material mais adequado para sua pesquisa. A literatura acadêmica é frequentemente a mais apropriada para a pesquisa de nível universitário, portanto, você precisa conseguir identificá-la.

Os materiais acadêmicos aparecem em periódicos e/ou revistas, e podem estar disponíveis em formato impresso ou online. As revistas acadêmicas podem ser facilmente acessadas por meio de bancos de dados de bibliotecas acadêmicas, e em geral têm pelo menos algumas das seguintes características. Elas

» Têm artigos longos (cinco ou mais páginas).

» São escritas por acadêmicos ou autoridades no campo (e não são anônimos).

» Têm bibliografia, referências, citações ou notas de rodapé.

» Contêm linguagem técnica.

» Em geral (mas não sempre), contêm gráficos ou tabelas.

» Oferecem pesquisas acadêmicas originais.

» São escritas para repassar informações a outros acadêmicos da área.

» São em geral revisadas ou arbitradas por pares, o que significa que o artigo deve passar por um processo de avaliação de acadêmicos daquela área para serem aceitos na revista.

Acessando bancos de dados de bibliotecas online

Os *bancos de dados* são coleções eletrônicas de informações. Os bancos de dados de periódicos disponibilizam citações e artigos completos para periódicos, revistas ou artigos de jornal. Os catálogos online também são bancos de dados que permitem a busca de materiais em uma biblioteca por autor, título, assunto, palavra-chave ou número de catalogação.

Quando o professor lhe atribuir a tarefa de encontrar um artigo de periódico em sua disciplina, procure primeiro em um banco de dados específico para essa área. Na maioria dos casos, o portal da biblioteca de sua instituição terá links específicos para encontrar diferentes tipos de recursos, tais como livros, artigos, reservas e/ou mídia, diretamente na página inicial. Esses links o levam a um formulário de busca que muitas vezes lhe permite pesquisar por palavras--chave e por assunto. Você também tem a opção de busca avançada que permite pesquisar outras variáveis, como autor, título do periódico ou ano.

Conduzindo pesquisas por assunto ou palavra-chave

Ao buscar materiais em um tópico específico, muito provavelmente precisará começar com uma pesquisa por assunto ou palavra-chave.

CAPÍTULO 12 **Desenvolvendo Bons Hábitos de Estudo** 245

» **Ao pesquisar por assunto, está buscando itens identificados por um termo específico e padronizado.** Se um título de assunto que esteja intimamente relacionado ao seu tópico estiver disponível, isso com frequência produz resultados mais úteis e relevantes do que uma pesquisa por palavra-chave. Os assuntos são em geral títulos genéricos como Negócios, Educação, Engenharia, Ciências Naturais ou Ciências Sociais.

» **Pesquisar por palavra-chave permite usar uma combinação de palavras que podem aparecer em um dos campos dentro de um registro.**
As palavras-chave que você usa podem aparecer em títulos, autores, assuntos, editoras ou resumos. Portanto, os resultados geralmente serão mais amplos e podem não estar relacionados ao tópico. As buscas por palavras-chave são mais flexíveis, no entanto, e os assuntos podem nem sempre existir para seus tópicos.

DICA

Ao fazer uma pesquisa por palavra-chave, use apenas as palavras-chave mais relevantes para o tópico. Não inclua palavras como *efeito*, *causa*, *relação*, *prós e contras* ou preposições (como *de*, *em* ou *para*), pois limitam sua busca. Por exemplo, imagine que precisa pesquisar o estado atual e a percepção da eficácia dos esforços de acessibilidade na educação. É melhor se concentrar nas duas ideias principais: acessibilidade e educação. Deixe de fora da busca os detalhes. A Figura 12-8 ilustra o exemplo de uma pesquisa por palavra-chave sobre esse tópico em um banco de dados.

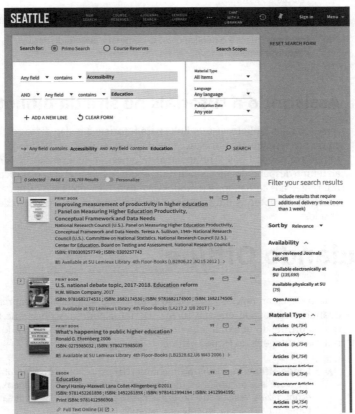

FIGURA 12-8: Exemplo de uma pesquisa por palavra-chave em um banco de dados.

©2009, EBSCO Publishing, Inc. Todos os direitos reservados.

Determinando a qualidade de suas fontes

Ao conduzir uma pesquisa, você encontrará várias fontes de informação sobre o tópico. No entanto, não aceite informações apenas pelo valor nominal. Ao pesquisar na internet ou em bancos de dados de bibliotecas, avalie criticamente cada recurso para garantir a qualidade. Veja algumas perguntas que pode fazer a si mesmo para ajudar a avaliar a qualidade dos recursos que encontra:

» **Precisão:** Há notas de rodapé, citações e/ou bibliografia? A informação está sem erros?

» **Autoridade:** Há um autor? Qual é sua credencial? Ele é bem conhecido em seu campo?

» **Objetividade:** Há um nível mínimo de distorção? O autor está tentando influenciar a opinião do leitor? Por que o documento foi criado?

» **Relevância:** Quando o documento foi criado? A informação está atualizada em relação ao assunto?

» **Dimensão:** As informações são aprofundadas? São valiosas para o tema?

» **Leitores:** Quem é o público-alvo? O material é adequado para pesquisas universitárias?

Assistindo a tutoriais no site da biblioteca

DICA

A maioria das bibliotecas tem links para tutoriais que dão dicas adicionais sobre como fazer pesquisas em bancos de dados e verificar a qualidade. Reserve um tempo para assisti-los. O tempo investido nessa tarefa rende 200% com relação ao tempo despendido para conduzir a pesquisa. Preste atenção às dicas e macetes referentes aos comandos e métodos de busca. Eles ajudam a tornar a busca mais eficiente e a obter as informações desejadas ao reduzir o número de resultados obtidos.

Estudando Offline

O fato de estar fazendo um curso online não significa que aprende apenas quando está logado em sua turma. De fato, pode descobrir que passa mais tempo offline do que online pensando sobre as matérias e fazendo tarefas. Há muitas vantagens no estudo offline:

» **Lendo offline:** Imprimir documentos ou ler textos longe do computador permite que você leve documentos junto consigo quando estiver em viagem. Também economiza a fadiga visual de ler na tela do computador. Também é possível tomar notas mais facilmente em materiais impressos.

DICA

» **Escrevendo offline:** Alguns sistemas de gestão de aprendizado têm limite de tempo e fazem com que perca sua conexão se ficar na mesma tela por muito tempo. Isso significa que pode perder todo seu árduo trabalho se demorar demais para escrever um post de discussão antes de publicá-lo. Portanto, recomendamos que primeiro digite todas as tarefas, incluindo as postagens de discussão, em um processador de texto de sua escolha. Ao fazer isso, pode salvar enquanto escreve e depois colar o produto final no sistema de gestão de aprendizagem quando terminar. Esse processo cria automaticamente uma cópia de segurança de todo o seu trabalho. Se por qualquer razão o sistema não aceitar seu post, você pode rapidamente abrir seu documento e copiar e colar as informações de novo.

> **NESTE CAPÍTULO**
>
> » **Identificando estratégias para ser um comprometido do grupo**
>
> » **Resolvendo conflitos online**

Capítulo **13**

Pegando o Jeito da Dinâmica de Grupo

Você sorri ou estremece quando ouve as palavras *trabalho em grupo*? Descobrimos que os alunos têm opiniões extremas: eles apreciam muito os trabalhos em grupo ou os detestam. Aqueles que apreciam trabalhar em grupo têm tido experiências positivas e veem o valor que várias pessoas podem trazer a um projeto. Outros tiveram uma experiência ruim trabalhando com colegas que não fizeram nada, deixando todo o serviço para eles.

Uma das perguntas mais frequentes que recebemos dos alunos e de outros professores que treinamos é "Por que trabalhar em grupo?". Além do típico "Porque sim" ou do clichê muito usado "Duas cabeças pensam melhor que uma", a pesquisa educacional apoia o uso de grupos como um meio de ajudar os alunos a acumular e reter o conhecimento. Sem mencionar a oportunidade que isso lhes dá para aprender e praticar habilidades profissionais.

Este livro serve como uma prova do poder da colaboração a distância. Não apenas nós, seus humildes autores, vivemos em diferentes estados, mas também os editores e outros técnicos que elaboraram este livro. Alguns de nós não fazemos ideia de como são os outros colaboradores. A maioria das comunicações ocorre via e-mail. Portanto, quando pedimos a nossos alunos que concluam projetos de grupos online, estamos realmente ajudando-os a aprender habilidades profissionais que são facilmente transferidas para o local de trabalho.

A colaboração online requer tempo, comunicação, organização e dedicação por parte de todos os membros do grupo. Este capítulo fornece estratégias para participar com sucesso de grupos online e se comunicar efetivamente com os colegas, inclusive em situações de conflito.

Fazendo do Seu Grupo Online um Sucesso

Então, como funcionam os grupos online? Assim como na sala de aula presencial, um professor pode pedir aos alunos que criem um documento ou produto comum em equipe. Os alunos podem escolher quem fará parte do grupo ou os grupos podem ser designados pelo professor. (Na maioria dos casos, o professor designa grupos para economizar tempo.) Os alunos contribuem para o produto final compartilhando as responsabilidades de pesquisa, redação e edição. A diferença para os alunos online é que eles devem ser organizados o suficiente para fazer isso a distância. As seguintes seções falam sobre como fazer com que o processo geral de colaboração seja bem-sucedido.

LEMBRE-SE

Parece que o mundo mudou em questão de semanas, graças à Covid-19, mas muitos de nós já estávamos fazendo projetos de grupo online — como parte de nossas responsabilidades de trabalho. O mundo profissional, especialmente em grandes corporações com múltiplas localidades, exige que os trabalhadores colaborem em projetos de diferentes localidades. O que você está prestes a ler diz respeito tanto ao aprendizado online quanto ao trabalho online!

DICA

Tenha em mente que fará algumas das seguintes etapas de uma só vez. Por exemplo, você pode fazer a introdução e os posts iniciais estabelecendo quem fará o quê no mesmo embalo — antes mesmo que outros tenham tempo de responder. Caso contrário, o tempo necessário para esperar por respostas no ambiente assíncrono pode atrasar o progresso até o ponto de não retorno. Tome a iniciativa, e não tenha medo de ser o primeiro a postar ideias sobre os próximos passos e o processo para colocar tais passos em prática. Na maioria dos casos, os outros aceitam as ideias apresentadas primeiro como uma forma de avançar com o projeto. Não deixe de postar de uma forma que seja respeitosa e não pareça agressiva. Caso contrário, seu plano pode ser um tiro no pé.

Apresentando-se no fórum do grupo

Depois que o grupo tiver recebido a instrução sobre o que fazer, é hora de se apresentar aos colegas de grupo para começar a organizar o projeto. Muito provavelmente, o professor disponibilizará um fórum privado de discussão para que vocês possam se comunicar entre si. Sob a perspectiva dos alunos, esses fóruns são parecidos e funcionam como qualquer outro fórum de discussão. A única diferença é que somente você, seus colegas de grupo e seu professor podem ter acesso a ele.

DICA

Você pode organizar este fórum criando novos fios [threads] de discussão específicos para tópicos de conversação. Por exemplo, o primeiro tópico pode ser intitulado "Apresentação dos Integrantes". A Figura 13-1 ilustra um fórum de discussão online que é organizado dessa maneira.

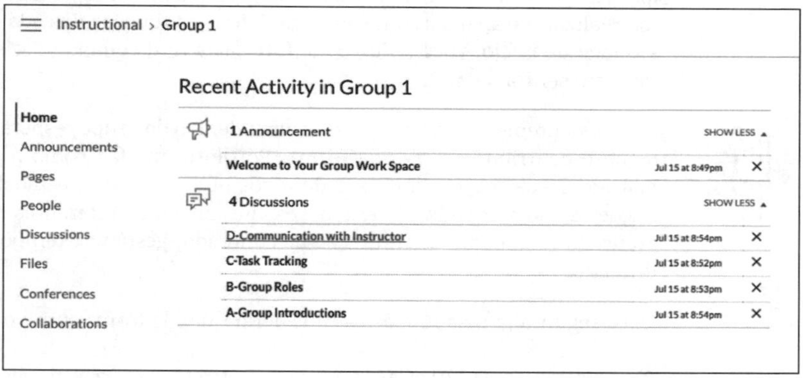

FIGURA 13-1: Exemplo de um fórum de discussão do grupo.

Antes de se aprofundar muito no conteúdo do trabalho, é importante estabelecer um tom de colaboração entre os colegas de equipe. Recomendamos que se apresente o mais rápido possível. A apresentação deve ser breve e fornecer informações essenciais para contato. Dê as seguintes informações em sua apresentação:

» **Nome e informações rápidas:** Inclua um breve histórico de qualquer experiência que possa ter no assunto, seus objetivos profissionais e quaisquer habilidades que possam ajudar a completar a tarefa.

» **Informações de contato:** Inclua o maior número possível de métodos para contatá-lo, incluindo seu e-mail acadêmico e número de telefone celular para envio de mensagens de texto. Sinta-se à vontade para incluir também quaisquer parâmetros e condições quanto a essas informações, como não enviar mensagens de texto depois das 21h, horário local. Certifique-se de incluir seu fuso horário para que os colegas possam respeitar quaisquer restrições de horário que você possa lhes pedir.

LEMBRE-SE

Por motivos de segurança, recomendamos não fornecer endereços residenciais. Se por acaso o grupo puder se encontrar pessoalmente, escolha um local público, como uma biblioteca ou uma cafeteria.

» **Horários disponíveis para reuniões síncronas:** Forneça a seus pares os dias e horários em que poderá se reunir de forma síncrona. (Discutiremos a realização de reuniões em tempo real com mais detalhes posteriormente neste capítulo.)

» **A função desejada:** Se tem preferência por determinada parte do trabalho, este é o momento de compartilhá-la. Se quiser ser o líder ou o editor, ou assumir outro papel, informe ao grupo. Quanto antes fizer isso, maior a probabilidade de conseguir o que deseja. (Veja a próxima seção para saber mais sobre os papéis dos membros do grupo.)

Definindo um líder e outras funções

Após as apresentações dos membros do grupo, a próxima tarefa que você precisa realizar é trabalhar com eles para definir as funções de cada um. Ao fazer isso logo de início, você reduz o conflito mais tarde quando decisões maiores precisam ser tomadas.

LEMBRE-SE

Independentemente do papel que assuma dentro do grupo, espera-se que cada membro contribua da mesma forma. Portanto, tarefas como a pesquisa e a redação são de responsabilidade de todos os membros. O estabelecimento de funções ajuda a organizar o grupo, responsabilizando diferentes membros por tarefas alheias, como estruturação de conteúdo, gestão de tempo e revisão de conteúdo.

Veja a seguir algumas funções a considerar quando formar um grupo:

» **Líder:** Responsável pela gestão geral do projeto. O trabalho do líder é facilitar os processos para estabelecer prazos, delegar tarefas e manter-se nos trilhos.

» **Editor:** Seu trabalho é avaliar criticamente cada contribuição dos membros do grupo e comentar sobre a gramática, a ortografia, a qualidade, a consistência etc.

» **Emissário:** Deve formatar e enviar a versão final do projeto para o professor, em nome do grupo.

Caso o grupo esteja se comunicando pelos fóruns de discussão, um membro precisa iniciar algum tipo de processo de votação para decidir sobre as funções. Recomendamos que você tome a iniciativa e coloque a função que prefere o mais rápido possível no tópico de discussão apropriado. Por exemplo, se tiver habilidades de liderança e quiser ser voluntário para a função, basta escrever algo como: "Ei, pessoal! Estou realmente ansioso para trabalhar com cada um de vocês neste projeto. Eu ficaria feliz em assumir o papel de líder se ninguém se opuser. Recomendo cada um informar o que prefere fazer para votarmos até quarta-feira e avançarmos com o projeto. Digam-me o que acham." Se o grupo tiver mais pessoas do que funções a preencher, tudo bem. O mais importante é que a quantidade de trabalho de cada pessoa seja igual à dos outros membros do grupo. Portanto, o editor pode fazer menos pesquisa e escrever mais, para compensar.

Estabelecendo um cronograma

Caso o grupo planeje se reunir em tempo real (veja a próxima seção) ou se comunicar apenas de forma assíncrona (via e-mail e fórum de discussão privado), é importante criar um cronograma. Ele deve incluir etapas de tarefas, prazos e acompanhamentos formais do progresso. Não deixe de documentar o cronograma e postar informações de progresso em um local em que o professor possa ver (como em um tópico intitulado Progresso do Grupo). Uma forma de garantir que todos compreendam o cronograma e suas responsabilidades é colocá-lo dentro de um tópico de discussão e pedir a todos os membros que respondam ao post com uma simples declaração: "Li e concordo em cumprir os prazos informados no cronograma." Isso responsabiliza todos pelo cumprimento de sua parte. A Tabela 13-1 é um exemplo de como pode ser o cronograma de um projeto em grupo:

TABELA 13-1 Exemplo de um Cronograma do Grupo

Dia	Tarefa
Segunda-feira, 25 de janeiro	Todos fazem uma pesquisa inicial sobre o tema.
Quarta-feira, 27 de janeiro	Todos enviam três ideias para incluir no projeto, no fórum de discussão privado.
Quinta-feira, 28 de janeiro — reunião síncrona agendada das 20h às 21h (horário de Brasília)	O líder compila os envios em um único documento e o envia por e-mail a todos os membros antes da sessão síncrona. Todos votam nos cinco principais itens a serem incluídos no projeto no Collaborate (sessão síncrona).
Sexta-feira, 29 de janeiro	O líder delega os temas de pesquisa aos integrantes no fórum de discussão privado.
Sábado, 30 de janeiro	Todos fazem a pesquisa.
Sexta-feira, 5 de fevereiro	Todos postam o rascunho da pesquisa no Google Docs.
Domingo, 7 de fevereiro	O editor faz um rascunho e envia para o grupo comentar no Google Docs.
Quarta-feira, 10 de fevereiro	Todos comentam sobre o rascunho no Google Docs.
Sexta-feira, 12 de fevereiro	O editor faz a versão final no Google Docs.
Domingo, 14 de fevereiro	O emissor envia o projeto final para o fórum público.

Não sabe o que é Google Docs? Não se preocupe, vamos falar mais sobre ele posteriormente neste capítulo.

DICA

Reunido-se em tempo real

A conclusão de tarefas em um ambiente assíncrono pode demorar um pouco, enquanto espera que os colegas respondam a mensagens, e-mails e assim por diante. Portanto, recomendamos que encontre uma forma de se reunir de forma síncrona, ou em tempo real, sobretudo durante a fase inicial de organização. E, se você e seu grupo puderem se reunir de forma síncrona várias vezes ao longo do projeto, aproveitem. (Consulte a seção "Conferências online" para obter detalhes sobre métodos que pode usar para se reunir de forma síncrona.)

Ao definir horários de início e fim para sua reunião e cumprir o cronograma, vocês se obrigam a não desviar o foco.

Durante as reuniões síncronas, cada um deve se apresentar brevemente e, em seguida, colocar a mão na massa. A primeira reunião deve incluir uma visão geral do projeto para garantir que todos os membros do grupo estejam alinhados. Vocês também devem rever as funções e começar a dividir o trabalho em tarefas menores e gerenciáveis.

Depois que todos souberem quais são as tarefas do projeto, o líder pode delegá-las e estabelecer prazos para cada uma. Reuniões futuras podem ser usadas para verificar o progresso uns dos outros e discutir quaisquer problemas ou questões que possam estar ocorrendo. Essas reuniões são geralmente muito curtas e têm o objetivo de manter todos no caminho certo.

Quer impressionar o grupo e fazer com que a reunião aconteça de forma ainda mais tranquila? Crie uma agenda previamente informando sua interpretação do projeto e as tarefas e prazos recomendados. Quanto mais cartas estiverem sobre a mesa, mais rápido poderá concluir a reunião e concentrar-se na conclusão do projeto. Considere fazer isso mesmo que as funções ainda não tenham sido determinadas e que ninguém tenha sido eleito como líder do grupo. Uma mensagem rápida para o grupo via e-mail ou post no fórum de discussão para informá-los que está planejando fazer isso ajudará a comunicar sua dedicação ao sucesso do projeto e reduzirá as chances de alguém fazer trabalho em dobro.

Se sua ferramenta de conferência online tiver a opção de gravar, não deixe de registrar a reunião para que o grupo e o instrutor possam analisá-la mais tarde, se necessário. Se a gravação não for uma opção, um membro do grupo deve ser designado como secretário, e ele deve postar uma breve visão geral de cada reunião, delineando tarefas e prazos, no fórum privado de discussão do grupo. Essa estratégia ajuda o grupo e o instrutor a se manterem atualizados sobre o progresso do projeto.

Por falar em seu instrutor, sinta-se livre para convidá-lo para as reuniões síncronas do grupo. Talvez ele não participe, mas pelo menos você o está mantendo informado. Se comparecer, conduza a reunião como de costume e faça de conta que ele não está lá. Entretanto, não tenha medo de aproveitar sua presença fazendo perguntas, se necessário.

Usando ferramentas colaborativas

Como descobrirá nas seções seguintes, é possível usar várias ferramentas online para colaborar e se comunicar com o grupo. Essas ferramentas são em geral externas ao sistema de gestão de aprendizagem. Muitas delas são gratuitas para uso público.

LEMBRE-SE

O segredo é usar ferramentas simples de aprender, ou usar apenas aquelas com as quais todos os membros do grupo já estejam familiarizados. Tentar aprender uma nova ferramenta no meio de um projeto de grupo pode ser frustrante e pode distrai-los da conclusão do projeto a tempo.

Colaborando em documentos

Suponha que você e seus colegas de grupo precisem produzir um documento escrito, como um artigo. Nos "velhos" tempos, uma pessoa escreveria algo e encaminharia o documento a todos os outros membros do grupo. Então, todos davam feedback e escreviam comentários individualmente. O autor teria que abrir vários documentos e fazer o melhor trabalho possível para combinar as contribuições dos outros.

Isso não é mais necessário, graças a ferramentas de colaboração como o Google Docs e o Microsoft 365. Essas ferramentas online permitem que várias pessoas contribuam no mesmo documento. Em uma situação de projeto em grupo, isso significa que você pode colaborar no mesmo documento ao mesmo tempo que seus colegas de grupo. O arquivo é criado por um dos membros do grupo que compartilha um link com os outros, com permissão para editar o documento. Como membro do grupo, você clica no link e é levado diretamente para o documento, no qual pode começar a editar.

LEMBRE-SE

Dependendo da configuração de privacidade determinada pelo criador do documento original, você pode ser solicitado a entrar com sua conta ou criar uma nova conta com esse serviço a fim de acessar o documento.

A tecnologia se desenvolveu a tal ponto que as aplicações online parecem quase exatamente o mesmo de quando instaladas em seu computador. Portanto, ao acessar o documento compartilhado em seu navegador, ele tem a mesma aparência e funcionalidade de um programa comum de processamento de texto, planilha eletrônica ou apresentação. Não importa qual software vocês tenham em suas máquinas individuais, porque tudo é resolvido online! Cada um pode editar e baixar uma cópia. Posteriormente, um de vocês pode salvar uma cópia final e fazer o upload no curso ou vincular seu instrutor e turma à página. O compartilhamento de documentos online pode ser usado para projetos de grupo, documentos de política da empresa e muito mais.

DICA

Em algumas configurações corporativas, você pode ter acesso a um produto da Microsoft chamado SharePoint. Caso tenha acesso e esteja fazendo um curso online no sistema de gestão de aprendizagem da sua empresa, o SharePoint pode ser a melhor escolha, pois provavelmente já está utilizando-o para o trabalho.

DICA

Um dos aplicativos mais comuns de compartilhamento online de documentos no momento é o Google Docs (http://docs.google.com). Com ele, você pode criar, de forma colaborativa, documentos de processamento de texto, planilhas, apresentações ou formulários. Esse serviço gratuito permite que o criador do documento convide outros a editá-lo. A Figura 13-2 mostra um documento criado usando o Google Docs.

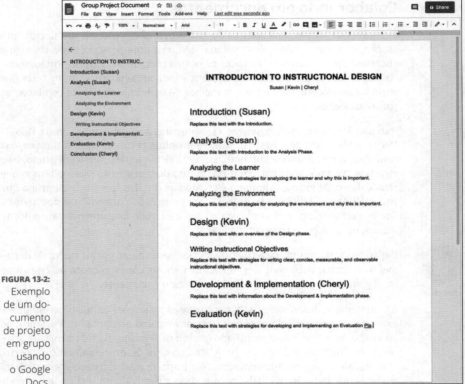

FIGURA 13-2: Exemplo de um documento de projeto em grupo usando o Google Docs.

Para a tarefa de criação de um artigo, um membro do grupo ou o instrutor iniciaria o documento. Então, essa pessoa convidaria os outros membros do grupo a ver o documento como colaboradores, a fim de lhes conceder a permissão necessária para editá-lo. Com base na reunião organizacional de seu grupo, o editor poderia acrescentar títulos ao documento como uma forma de dividi--lo visualmente em partes. Os membros do grupo entrariam e começariam a preencher os espaços em branco quando completassem suas pesquisas.

Conferências online

LEMBRE-SE

Se o grupo decidir reunir-se de forma síncrona, algumas ferramentas estão disponíveis para ajudar a facilitar o processo. Considere as seguintes variáveis ao escolher uma ferramenta síncrona:

» **Disponibilidade:** Não gaste tempo extra procurando ferramentas se seu curso fornecê-las para você. Por exemplo, uma instituição para a qual Kevin leciona fornece a cada aula um espaço de escritório virtual no Microsoft Teams. Os alunos podem acessar este espaço a qualquer momento diretamente de seu curso virtual.

» **Funcionalidade:** Algumas ferramentas são limitadas quanto aos recursos oferecidos. Por exemplo, o telefone fornece comunicação por voz, mas não é possível compartilhar documentos por meio dele. O FaceTime permite aos usuários do iPhone ligar, conversar e compartilhar vídeos uns com os outros. No entanto, isso é limitado apenas aos usuários do iPhone. Se você tem um iPhone, não pode usar o FaceTime com alguém que tenha um telefone Android. Além disso, pode não ser a melhor ferramenta para compartilhar telas e colaborar. Outras ferramentas multimodais, como o Zoom, oferecem recursos interativos que permitem aos usuários compartilhar voz, texto, apresentações, quadros brancos, as telas dos computadores uns dos outros e muito mais. Escolha as ferramentas de acordo com o que precisa, ou aprenda a contornar os limites da ferramenta escolhida.

» **Custo:** Essas ferramentas podem ser bastante caras para uso em larga escala. Felizmente, hoje em dia, muitas disponibilizam versões gratuitas, que podem ter algumas limitações em comparação com a versão paga, mas que você pode usar e funcionarão muito bem para reuniões curtas e de pequenos grupos. Por exemplo, o Zoom oferece uma versão gratuita de sua ferramenta Meeting que permite o acesso a quase todas as suas características de colaboração. As limitações dessa ferramenta são que as reuniões ficam limitadas a quarenta minutos e as reuniões não podem ser gravadas para o servidor do Zoom na nuvem. Você deve gravar localmente e encontrar formas alternativas de compartilhar essas gravações de vídeo com outras pessoas para reprodução.

Três ferramentas de comunicação síncrona disponíveis são Zoom, Microsoft Teams e Google Meet:

```
https://zoom.us
```

- » **Zoom** é o que chamamos de ferramenta de conferência online multimodal. *Multimodal* refere-se à possibilidade de o usuário interagir usando uma variedade de métodos. Por exemplo, o Zoom permite aos usuários interagir usando voz, chat, vídeo, quadro branco, compartilhamento de aplicativos e muito mais. A versão gratuita permite que você se reúna com até cem participantes por quarenta minutos e que grave em seu computador local para que depois possa compartilhar o arquivo com membros que faltaram à reunião ou que precisam rever alguma coisa.

  Para utilizar essa ferramenta com eficiência, um membro do grupo precisa ter uma conta Zoom. Ele marca uma reunião e convida os membros do grupo via e-mail. Os membros do grupo recebem um link no qual clicam para participar. A Figura 13-3 ilustra uma videoconferência utilizando o Zoom.

  Uma vez conectado, o grupo pode usar os recursos de voz e vídeo para ver e ouvir uns aos outros. Um membro também pode compartilhar sua tela para que o grupo possa trabalhar colaborativamente para criar um documento ou apresentação ou outro tipo de projeto. Se ainda não estiver na fase de criação, também é uma boa ideia compartilhar a agenda com todos e pedir que alguém tome notas durante a reunião e depois as disponibilize em um local em que todos possam acessá-las.

  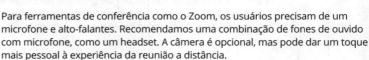
  `https://www.microsoft.com/pt-br/microsoft-teams/free`

- » **Microsoft Teams** é uma ferramenta semelhante ao Zoom que disponibiliza chat ilimitado, chamadas com vídeo, compartilhamento de arquivos e 10 gigabytes de armazenamento para compartilhar e colaborar em documentos. Os participantes usam o mesmo processo para acessar as reuniões que usam com o Zoom. Pelo menos um membro do grupo deve ter uma conta no Microsoft 365. Essa pessoa marca a reunião e envia o convite aos seus pares.

  O Teams é totalmente integrado ao Microsoft 365, e os participantes podem compartilhar arquivos Word, PowerPoint e Excel com os participantes. Isso pode ser útil se seu grupo precisar contribuir de forma coletiva para um artigo ou desenvolver uma apresentação com slides. A Figura 13-4 ilustra uma reunião no Teams com membros do grupo colaborando para a criação de um arquivo no PowerPoint.

- » **Google Meet** é a ferramenta de conferência síncrona incorporada ao Google Suite. Como as outras, alguém precisa ter uma conta Google e convidar os outros. Se sua instituição já utiliza o Google Suite para armazenamento de e-mails e documentos, você também pode utilizar o Meet. Imagine ter uma reunião com sua voz, mas coeditando um documento! A Figura 13-5 mostra uma reunião no Meet.

DICA

Para ferramentas de conferência como o Zoom, os usuários precisam de um microfone e alto-falantes. Recomendamos uma combinação de fones de ouvido com microfone, como um headset. A câmera é opcional, mas pode dar um toque mais pessoal à experiência da reunião a distância.

Se já participou de uma reunião online, sabe que o debate pode sair logo do controle. As pessoas podem involuntariamente falar umas sobre as outras, ou pode haver tantas conversas que você não consegue acompanhá-las. Para ajudar a reduzir esse caos, as ferramentas de conferência online atribuem diferentes papéis e permissões a diferentes pessoas. Na maioria das vezes, há três funções diferentes: host, cohost e participante.

- O *host* [ou *anfitrião*] é quem marca a reunião e envia o link do convite. Muitas vezes, esta pessoa é chefe de um comitê ou líder do grupo. O host tem mais permissões durante a reunião para ajudar a controlar o caos. Ele também pode ligar e desligar os recursos conforme necessário. Por exemplo, pode determinar com quem os participantes podem conversar: com todos, apenas com o host ou com ninguém. Isso lhes permite apresentar informações sem interrupção e depois ligar o recurso de bate-papo quando há uma pausa natural na apresentação. Ele também pode ligar e desligar os recursos de ligar vídeo, conversar, compartilhar telas, escrever na tela e muito mais.

- *Cohosts* [ou *coanfitriões*] são participantes que o host designa para ajudar durante a sessão. Os cohosts podem realizar a maioria das mesmas tarefas que o host. Isso pode ser feito em reuniões maiores, a fim de garantir uma experiência mais perfeita para os participantes. Em situações de grupo de colegas, o host pode designar todos os membros da equipe como cohosts para proporcionar uma experiência equitativa.

- Os *participantes* acessam a reunião com responsabilidades limitadas e podem participar com base nas permissões concedidas pelo host. Na maioria das reuniões de pequenos grupos, todas as permissões são concedidas a todos.

FIGURA 13-3: Reunião em grupo pelo Zoom.

CAPÍTULO 13 **Pegando o Jeito da Dinâmica de Grupo** 259

FIGURA 13-4: Reunião em grupo pelo Teams.

FIGURA 13-5: Reunião em grupo pelo Google Meet.

LEMBRE-SE

Ferramentas como Zoom, Teams e Meet podem exigir um pouco de tempo até que você aprenda a usá-las, especialmente como o host da reunião. A boa notícia é que a maioria dos fornecedores de produtos disponibiliza vídeos tutoriais e documentos sobre como usar a ferramenta como host e como participante. Portanto, tenha isso em mente ao escolher uma ferramenta e procure as opções de suporte antes de tomar uma decisão final.

Sendo paciente

Muito bem, é hora da verdade nua e crua. Mesmo que faça tudo o que lhe dissemos nas seções anteriores, nem todos em seu grupo poderão dedicar a mesma quantidade de tempo ao projeto. Inevitavelmente, a vida acontece: os filhos adoecem, o trabalho está uma loucura e outros eventos da vida impedem que os membros do grupo participem no nível mais desejável. Portanto, a paciência é uma necessidade! Mesmo os membros mais dedicados do grupo podem ter um horário de trabalho diferente ou viver em um fuso horário distinto. Portanto, a comunicação pode ser atrasada. No início da crise da Covid-19, os alunos (e trabalhadores) foram desafiados ao tentarem estudar e participar de sessões ao vivo com filhos sentados em seu colo ou brincando em segundo plano. Assim, um pouco de empatia e compreensão também podem ser necessárias ao trabalhar em grupo.

LEMBRE-SE

Quanto antes puder organizar seu grupo, mais cedo se sentirá mais relaxado. Depois de estar organizado, você pode trabalhar de forma independente em seu próprio horário — desde que cumpra os prazos estabelecidos. (Veja o exemplo de cronograma de grupo na Tabela 13-1.) Como trabalha sozinho, você precisa confiar que seus colegas de grupo estão fazendo o mesmo. É por isso que ter acompanhamentos periódicos é importante. Definitivamente, não vai querer descobrir no dia de entrega do projeto que um membro do grupo não fez nada.

Resolvendo Conflitos

Sempre que as pessoas são solicitadas a colaborar, o potencial de conflito existe. A capacidade de ser paciente e resolver conflitos estrategicamente é uma habilidade importante ao participar de um curso online. A falta de participação de um membro do grupo ou a má interpretação do texto escrito pode levar à frustração e ao ressentimento — distraindo-o dos objetivos do curso. Ao ler esta seção, não pense apenas em como resolver conflitos, mas também em como evitá-los.

Compreendendo os conflitos que pode ter (e lidando com eles)

Em nossa experiência, o conflito ocorre entre alunos no ambiente online por três motivos: discordam sobre o assunto; um aluno diz algo que os outros consideram ofensivo; ou o ressentimento se instala quando um ou mais alunos não estão fazendo sua parte.

Discordando sobre o tema

Às vezes os alunos discordam sobre o tema. Em uma sala de aula, você pensaria que essa seria a fonte mais prevalecente de conflito. Entretanto, esse tipo de conflito raramente ocorre online e, quando ocorre (em geral em um fórum de discussão), o professor deve intervir para ajudar a facilitar uma resolução.

Se o conflito for iniciado via texto, entre em contato com o professor e informe o fórum específico em que ele poderá encontrar o post. Se o conflito ocorreu durante uma sessão síncrona, contate o professor e forneça o máximo possível de detalhes, mesmo que você seja apenas uma testemunha do conflito. Use o número de telefone do professor para assuntos que precisem ser resolvidos imediatamente. Se tiver que deixar uma mensagem, envie também um e-mail. Alguns professores, como nós, leem seus e-mails no celular e recebem informações mais rapidamente dessa forma do que por mensagens de voz em seus telefones de escritório. As informações devem ser apresentadas de maneira factual e profissional.

Considerando uma postagem ofensiva

Um aluno pode escrever algo que os outros consideram ofensivo. Raramente essas incidências são intencionais. Os alunos às vezes escrevem antes de pensar em como outros podem interpretar suas palavras escritas.

Se vir um post que considere ofensivo, não pressuponha que tenha sido um ataque intencional. Responda de forma educada pedindo esclarecimentos, e explique por que isso pode ser necessário — sem apontar dedos. Por exemplo: "Jana, obrigado por sua resposta. Gostaria de pedir esclarecimento sobre seu ponto de vista com relação a... inicialmente pensei que você está querendo dizer..."

LEMBRE-SE

Se uma postagem é claramente ofensiva, não alimente o fogo respondendo mais. Contate o professor no mesmo instante e permita que ele facilite o processo de resolução. (Veja, na próxima seção, dicas sobre como se comunicar efetivamente com o professor nesta situação.) É provável que o professor apague o post e lide com a situação nos bastidores.

DICA

É melhor prevenir do que remediar. Para evitar ofender os outros, pense antes de escrever e releia suas postagens antes de enviá-las. Um simples deslize de vírgula pode mudar completamente o significado de uma frase.

Lidando com os folgados

O ressentimento tende a aumentar quando um ou mais alunos não fazem sua parte. Isso ocorre frequentemente quando falta organização ou comunicação dentro de um grupo. Mesmo as situações mais compreensíveis podem levar a conflitos se não forem comunicadas de forma adequada. Por exemplo, ambos testemunhamos o caso de uma aluna que teve uma emergência familiar, exigindo que se afastasse por um tempo da aula. Entretanto, como ela não comunicou a situação ao grupo, os outros membros começaram a se ressentir com ela, o que começou a destruir toda a dinâmica do grupo. Se a aluna tivesse explicado a situação antes de se retirar, muito provavelmente os outros teriam apoiado sua falta de participação. Eles não teriam dado apenas apoio emocional, também teriam feito a parte dela no trabalho de bom grado.

LEMBRE-SE

Para evitar essa situação, não deixe de se comunicar com seu grupo de forma consistente, mesmo que seja apenas para dizer olá. Sua presença virtual assegura ao grupo que está fazendo sua parte e dentro do prazo. Por outro lado, se descobrir que um membro do grupo não está participando, tente contatar essa pessoa de forma semiprivada. Recomendamos que inclua seu professor em todas as comunicações, sobretudo quando estiver lidando com questões de falta de participação — daí a palavra *semiprivada*. Caso o professor queira estar menos envolvido na comunicação do dia a dia, ele o informará. Escreva um e-mail para o membro do grupo que não está participando e copie o professor. Não coloque o instrutor com cópia oculta (Cco), pois é importante que seu colega de grupo saiba que o instrutor está envolvido.

Se, após duas tentativas, você não receber uma resposta do seu colega, permita que o professor assuma a partir desse momento. Comece a fazer planos para completar a parte daquela pessoa no projeto e depois siga em frente. Não deixe que a falta de participação de uma pessoa o impeça de concluir o projeto e ter uma experiência de grupo positiva. Entretanto, continue a manter o aluno não participante nas comunicações do grupo para documentar a questão.

DICA

Uma atividade que o secretário do grupo (ou outro membro designado) deve considerar quando delegar tarefas pela primeira vez é criar uma planilha que lista o que deve ser feito, quem deve fazê-lo e quando deve ser feito. Depois, conforme as tarefas são concluídas, o secretário pode documentar quem realmente completou a tarefa e quando. Isso incentiva todos os membros do grupo a serem responsáveis pela conclusão de sua parte do projeto e fornece ao professor uma imagem clara do nível de participação de cada membro.

Informando seu professor sobre problemas

Um bom professor provavelmente saberá quando um problema está surgindo, por ter observado os acontecimentos em segundo plano, sobretudo se você incluí-lo nas comunicações do grupo, como sugerimos na seção anterior. Entretanto, um bom professor também proporcionará ao grupo algum tempo para resolver conflitos por conta própria, sem intervir aos primeiros sinais de problemas.

Sempre que precisar entrar em contato com o professor sobre um membro do grupo que não corresponde às expectativas, pode sentir que é um dedo-duro, mas tudo bem. A sala de aula é um bom campo de treinamento para que as pessoas aprendam a responsabilidade e as repercussões sociais de não estar à altura dessa responsabilidade. Um bom professor tratará a situação profissionalmente de maneira que não deixe você nem outros membros do grupo parecendo ser os vilões. Em vez disso, o professor se concentrará no comportamento indesejado e treinará o aluno sobre como melhorar esse comportamento.

LEMBRE-SE

É importante saber como abordar seu professor ao lidar com um conflito do grupo. Siga as diretrizes a seguir ao se comunicar com ele:

» **Comunique-se em privado.** Quando chegar ao ponto de sentir que a comunicação direta com seu colega não está funcionando, comunique a situação em particular ao professor para que possa se concentrar mais em você e nos próximos passos que deve dar para seguir em frente.

» **Seja direto e use fatos.** Explique educadamente a situação e compartilhe com o instrutor qualquer comunicação que tenha tido com o membro do grupo. Quanto mais informações puder fornecer ao professor, melhor. Esperamos que o professor já tenha alguma ideia sobre o que está acontecendo, mas nunca é demais ser minucioso. Compartilhe o link para a planilha de tarefas do grupo para demonstrar quem está fazendo o quê, ou quem deveria estar fazendo o quê.

» **Não reclame.** Seu professor compreende as repercussões de alguém que não participa de um projeto em grupo. Reclamar sobre a situação só evita seu progresso e passa a impressão ao professor de que você é carente.

» **Tenha um plano B.** Assegure a seu professor que você está pronto para avançar com um plano B e pergunte se esse plano deve incluir o membro do grupo que não está participando.

» **Peça orientações.** Termine a comunicação agradecendo o professor e confirmando que não haverá problemas em seguir com o plano B.

Você pode estar se perguntando quem deveria ser o responsável por relatar o conflito ao professor. Geralmente, o líder deve ser a pessoa que contata o professor sobre problemas dentro do grupo. Entretanto, às vezes, outros membros do grupo têm problemas com o líder. Nessa situação, se os outros membros do grupo estiverem se comunicando uns com os outros, é melhor que apenas uma pessoa seja escolhida para entrar em contato com o professor. Caso contrário, se sentir que existe um problema que ninguém está abordando, você tem uma escolha: relatar a situação ao professor em particular ou iniciar educadamente a decisão do grupo sobre quem deve entrar em contato com ele, postando algo assim: "Olá, pessoal. Parece que estamos em um impasse, o que está bloqueando nossa capacidade de completar as tarefas de forma eficaz. Eu gostaria de propor que pedíssemos orientação ao nosso professor. Eu poderia fazer isso sem problema nenhum em nome do grupo, a menos que outra pessoa prefira fazê-lo. Estou confiante de que, com a orientação adequada, podemos resolver isso e entregar um projeto incrível."

266   PARTE 3 **A Sala de Aula Virtual: Aluno Nota 10**

NESTE CAPÍTULO

» **Conhecendo pessoas do mundo todo**

» **Acessando a internet globalmente**

» **Turbinando o tempo de estudo**

Capítulo **14**

Reconhecendo que Somos Todos Globais

Se a Covid-19 nos ensinou alguma coisa, foi como o mundo ficou ainda mais interconectado. Este capítulo fala sobre os alunos que vivem em outros países e estudam online. Alguns deles são brasileiros que vivem no exterior, seja para trabalhar, seja para viajar, e fazem um curso online. Outros, são alunos internacionais que buscam as vantagens que uma educação online lhes proporcionará. Você pode encontrar muitas oportunidades para aprender online, e nem todas estão dentro do seu país.

Montando o Palco para o Aprendizado Global

Esta notícia pode surpreendê-lo, mas os EUA representam apenas 5% da população mundial. Ao mesmo tempo, está no topo por ter empresas na lista Global 500 em 2018 e 2019, de acordo com a revista *Fortune*. A Global 500 representa as empresas de todo o mundo que produzem as maiores receitas. A maioria dessas empresas tem escritórios em todo o mundo. Por exemplo, o Walmart com sede nos EUA tem um laboratório de tecnologia em Bangalore, Índia, e a empresa japonesa Hitachi tem escritórios em Tarrytown, Nova York. As empresas que são globais precisam de funcionários que saibam de coisas que não estão nos livros didáticos. Elas precisam de funcionários que entendam como lidar com muitas culturas diferentes.

Talvez tenha sido essa consciência que impulsionou o aumento das matrículas em programas de estudo no exterior. À medida que as empresas pedem mais funcionários culturalmente competentes, as instituições passam a oferecer oportunidades em todo o mundo. Os alunos matriculados nesses programas estudam enquanto vivem em países estrangeiros. Isso monta o palco para um aprendizado empolgante. Entretanto, quer esteja temporariamente em Portugal, quer esteja permanentemente em São Paulo, todos têm algo a aprender sobre a competência global.

LEMBRE-SE

A competência cultural pode diferenciá-lo do resto de seus pares. Ser culturalmente competente significa que você respeita as diferenças culturais e é capaz de construir entendimento com um grupo de trabalho diversificado. A mesma definição se aplica a ser um aluno online culturalmente competente.

Quando o assunto é desenvolver a competência cultural, os alunos online têm mais opções do que nunca:

» **Faça um estágio no exterior.** Você pode procurar um estágio presencial no exterior, mas no mundo pós-Covid-19, talvez consiga um estágio remoto.

» **Ensine idiomas.** Se fala inglês, dar aulas de inglês como segundo idioma (ESL, English as a Second Language) — ou de português, no caso dos brasileiros — é uma forma empolgante de conhecer o mundo e aprender uma nova cultura. Esta opção também está disponível para os candidatos certos.

Como ficar sabendo dessas oportunidades? Comece em sites como Diversity Abroad (www.diversityabroad.com) ou Go Abroad (www.goabroad.com), ambos em inglês, ou Superprof (https://www.superprof.com.br), em português. Eles têm informações atualizadas sobre oportunidades globais, tanto de forma presencial como online. Você pode encontrar informações sobre experiências remuneradas ou voluntárias no mundo todo.

Conhecendo Gente do Mundo Todo

A sala de aula online pode estar repleta de alunos de outros países. As pessoas escolhem cursos online por muitas razões, incluindo a conveniência. Não é muito mais conveniente aprender novas habilidades sem sair de casa? Imagine *não* ter que obter um visto de estudante, *não* ter que encontrar moradia ou *não* ter que tomar providências para se mudar a milhares de quilômetros de distância de amigos e familiares.

DESCONFORTO CULTURAL

Embora estejamos convencidos de que aprender sobre diferentes culturas pode ser uma experiência fascinante, esteja preparado para lidar com algumas situações incômodas. Veja algumas perguntas e ideias a serem consideradas para ajudá-lo a superar os obstáculos:

- E se estiver em um grupo de estudo no qual alguém pareça ser intolerante aos outros com base em diferenças culturais ou linguísticas? Você poderia ser a ponte, apontando o que os outros têm em comum? Consegue oferecer outra interpretação?

- E se lhe perguntarem algo que pareça muito pessoal? A resposta é fácil: não precisa responder! Seria educado, entretanto, dizer: "Isso é um pouco pessoal demais" para que o questionador entenda um pouco melhor sua cultura. Cada cultura tem limites diferentes.

- E se você for desafiado sobre a política ou o governo do Brasil? Essa é uma oportunidade para mostrar ao público internacional que a maioria dos brasileiros é moderada e bem-intencionada, e que não quer parecer encrenqueira.

- Acima de tudo, lembre-se de que a melhor resposta é fazer mais perguntas e ouvir! É assim que você aprende sobre o mundo.

As faculdades e universidades de cada país têm políticas e procedimentos específicos para estudantes internacionais. Essas políticas e procedimentos são estabelecidos pelo governo federal. Entretanto, os requisitos para alunos estrangeiros são notavelmente diferentes para aqueles que optam por um curso online oferecido pela mesma instituição. Caso seja um aluno global interessado em um curso de determinada instituição, procure o departamento de alunos internacionais no campus. Eles saberão como aconselhá-lo.

Dito isto, você pode ser um aluno global ao se matricular em cursos gratuitos ou de baixo custo, conhecidos como MOOCs, para aprimorar habilidades comerciais ou aprender para seu deleite pessoal. Os MOOCs (Massive Online Open Courses — Cursos Online Abertos e Massivos) estão disponíveis por meio de empresas bem conhecidas, como Coursera (`www.coursera.org`), Udemy (`www.udemy.com`) e EdX (`www.edx.org`). [Veja as opções disponibilizadas pelo MEC em `http://portal.mec.gov.br/images/13.04.2020setec.pdf`]. Várias dessas empresas fazem parcerias com universidades renomadas para o desenvolvimento desses cursos, e há universidades em várias partes do mundo. Em algumas dessas empresas, você pode ganhar créditos acadêmicos e até mesmo diplomas. Verifique cuidadosamente em cada uma para ver o que pode estar disponível.

Reconhecendo o valor da diferença cultural

Agora que estamos começando a apreciar a interconectividade do planeta, podemos ver que a inclusão de diferentes culturas enriquece o aprendizado online. Compartilhar o ambiente virtual de aprendizagem com pessoas de outras culturas significa que você pode fazer perguntas e aprender com elas. Quando somos abordados com um espírito de interesse genuíno (e não de julgamento), nossas diferenças humanas se tornam fascinantes. Todos somos melhores assim.

As diferenças culturais se manifestam de algumas maneiras interessantes no aprendizado online. Por exemplo, sem estereótipos, considere como os seguintes tipos diferentes de culturas dão contribuições únicas para o ambiente de aprendizado:

» Uma cultura em que o aprendizado colaborativo é o método principal de estudo contribui para os projetos e debates do grupo.

» Uma cultura na qual os alunos questionam rotineiramente a autoridade pode encorajá-los a saber o porquê de algumas correntes políticas atuais ou de decisões históricas.

» Uma cultura que desfruta de relacionamentos pessoais saudáveis ajuda os alunos a se conhecerem.

» Uma cultura que é às vezes reservada e introspectiva pode contribuir para uma análise profunda por meio de debates que não teriam sido possíveis por outros métodos.

O ambiente online permite aos alunos com essas características culturais compartilhar perspectivas e aprender com outros cujas perspectivas são diferentes. Quando colocadas juntas, tais diferenças levam a um espaço mais rico no qual os alunos podem explorar ideias. Se existe alguma desvantagem é que, online, você não pode compartilhar a maravilhosa comida dessas diferentes culturas!

LEMBRE-SE

As pessoas e as comunidades de aprendizado crescem quando o professor e os alunos abordam as diferenças culturais com um espírito de genuíno interesse e respeito. Tenha cuidado para não estereotipar ou julgar.

Acesso a especialistas do mundo todo

Nem toda experiência de aprendizagem online acontece em um só país, e nem todos os especialistas estão em um só lugar. Um dos poderosos desenvolvimentos no aprendizado online é a possibilidade de especialistas de todo o mundo colaborarem e apresentarem novas informações.

No Capítulo 10, falamos sobre os diversos convidados em sala de aula. Seu professor pode convidar um palestrante de outro país, o que é uma oportunidade de ver como o material que você está aprendendo se aplica globalmente.

Acessando a Internet Globalmente

Qualquer aluno precisa de uma conexão confiável de internet para ter sucesso na educação online. Onde e como você encontra esse tipo de conexão pode apresentar desafios, e nós os discutimos nas seguintes seções.

Considerando custos da internet residencial

Quanto custa o serviço de internet onde você mora? Nos EUA, uma conexão residencial básica de alta velocidade (cabo ou DSL) pode variar de US$50 a US$75 por mês. Em comparação com a renda e outras despesas dos norte-americanos, isso é relativamente barato.

Entretanto, dependendo de onde você está, o serviço de internet pode ser mais barato ou mais caro do que nos EUA. Na África Ocidental, por exemplo, o mesmo serviço custa bem mais de US$400 por mês, enquanto na Rússia chega a custar US$10 por mês. Na Índia, os custos são comparáveis aos preços dos EUA se você vive em uma área metropolitana. Os alunos online devem determinar o custo relativo de uma conexão residencial e de alta velocidade de internet confiável para calcular o custo total de uma educação online.

DICA

Se os custos da conexão residencial de alta velocidade são caros em seu canto do mundo, investigue as seguintes alternativas domésticas antes de inscrever-se em um curso ou programa online. A melhor pessoa a quem fazer estas perguntas é o professor do curso, mas um orientador pode saber lhe responder também:

» **Considere se pode usar internet móvel.** Presumindo que você tenha um plano de dados ilimitado, veja se pode usar o dispositivo móvel como um ponto de acesso. A cobertura e a velocidade dependem em grande parte de onde você está, é claro.

» **Se o curso exige alta velocidade por causa dos vídeos ou áudios, pergunte sobre alternativas, como as transcrições.**

» **Veja quanto do curso pode ser feito offline e quanto tempo síncrono haverá.** Você pode baixar tarefas, fazê-las offline e depois conectar apenas para enviá-las? Vai precisar estar online em horários específicos?

Conectando-se fora de casa

Se não puder pagar o serviço de internet residencial, quais são suas opções em termos de conexão? Se mora no exterior, pode descobrir áreas de conexão onde você trabalha ou em áreas mais públicas, como cafeterias, bibliotecas ou centros comunitários. As próximas seções analisam algumas das vantagens e desvantagens desses locais.

Conectando-se no trabalho

Se você trabalha em uma empresa que tem conexão de alta velocidade, pergunte ao seu empregador se ele lhe permite fazer o curso usando os computadores da empresa após o horário de trabalho. Essa é uma solução comum para estudantes online cujos cursos estão diretamente relacionados com a vida profissional. Veja algumas vantagens de conectar-se em seu local de trabalho:

> » **Você fica concentrado no curso, sem distrações de família ou amigos.** Não que esteja com pressa, mas provavelmente não terá que fazer outras coisas ao mesmo tempo, pois quer terminar a aula e ir para casa.
>
> » **Aplicar em sua situação profissional o que está aprendendo no curso é mais fácil quando está no trabalho.** Sua mente não apenas está focada no trabalho, mas, se precisar de referências sobre normas ou procedimentos, terá os recursos na palma das mãos.

CUIDADO

É claro, também há algumas desvantagens de conectar-se no trabalho.

> » **Talvez precise compensar a generosidade da empresa ao aceitar um contrato de vários anos.** Ou seja, não comece a procurar outro emprego agora!
>
> » **Você fica exposto a questões de privacidade e crítica.** Tudo que faz nos computadores da empresa é rastreável. Em teoria, seu chefe pode ler o que você escreve. Desde que esteja satisfeito com seu empregador e seja honesto em sua comunicação, isso não deve ser um problema.

Conectando-se em locais públicos

Nos países desenvolvidos, as pessoas que não dispõem de internet residencial muitas vezes se conectam por meio de serviços gratuitos. Certo, talvez não sejam gratuitos se precisar comprar algo para tomar, por exemplo, mas as cafeterias existem praticamente em todo o mundo. Bibliotecas e centros comunitários também oferecem conexões Wi-Fi gratuitas, muitas vezes.

CUIDADO

Qualquer serviço gratuito vem com riscos de segurança. Infelizmente, os hackers estão em toda parte. Ao utilizar as conexões públicas de internet, é melhor não fazer compras online ou entrar em sua conta bancária, quando informações financeiras sensíveis (cartões de crédito ou números de conta bancária) podem ser facilmente monitoradas e roubadas. Invista em softwares de segurança, como Bitdefender (www.bitdefender.com) ou AVG (www.avg.com), que o alertam sobre os riscos.

Nos países em desenvolvimento, você pode encontrar um centro comunitário patrocinado por uma organização sem fins lucrativos em que são ensinadas habilidades de internet, sobretudo às crianças. Embora seus serviços possam ter como alvo estudantes mais jovens, essas organizações podem permitir que você acesse a internet por meio de suas conexões via satélite se entenderem que a educação é o objetivo. Novamente, você precisa considerar se tem seu próprio equipamento ou se pode usar o deles, e até que ponto pode trabalhar offline para economizar tempo de conexão.

Por fim, não se esqueça das bibliotecas. A maioria das bibliotecas públicas do mundo todo oferece conexão gratuita à internet. Se não puder pagar pelo serviço residencial, a biblioteca pode ser uma opção útil.

Conhecendo as restrições

Devido a diferenças políticas e socioculturais, alguns recursos online podem ser restringidos pelo governo. Por exemplo, a coautora Susan uma vez compartilhou com seus alunos de pós-graduação em um curso de educação um link para um vídeo postado no YouTube. O aluno de um país árabe não pôde ver o vídeo porque seu provedor de serviços de internet tinha acesso restrito.

LEMBRE-SE

Você deve compreender quaisquer restrições antes de iniciar um curso online para que possa dizer ao professor se não pode acessar certos materiais do curso; ele pode então fornecer informações alternativas. Você saberá que está bloqueado quando não puder acessar o site ou o programa e receber uma mensagem de erro. Se quiser uma explicação completa do porquê de sua restrição, pergunte ao provedor de internet, que poderá então interpretar as políticas do seu governo.

Turbinando Seu Tempo de Estudo

Após decidir sobre um programa e encontrar o acesso necessário à internet, você ainda tem alguns detalhes para resolver. As próximas seções lhe apresentarão algumas informações sobre o que procurar em uma turma que pode ser global, dicas para navegar considerando os fusos horários e como participar de grupos de estudo.

Reconhecendo as diferenças dos cursos online ao redor do mundo

LEMBRE-SE

Veja algumas considerações ao pensar em fazer um curso em qualquer parte do mundo:

» **Pode haver expectativas diferentes de como se dirige ao professor**. Os brasileiros tendem a ser um pouco mais casuais nas relações no ensino superior, e seu professor pode lhe pedir que o chame pelo primeiro nome (Susan) e não pelo título (Dr. Manning). Quando suas aulas começarem, pergunte aos professores como preferem ser tratados. Se estiver fazendo o curso em outro país, é importante conhecer as expectativas do professor!

CAPÍTULO 14 **Reconhecendo que Somos Todos Globais** 273

» **Considerando a natureza da educação online, talvez o professor não seja tão ativo nos debates da turma.** Ele pode optar por falar menos e pedir que os alunos pensem por si sós. Não é que ele seja preguiçoso — essa é uma estratégia educacional deliberada.

» **Espera-se que os alunos falem e façam perguntas.** Se não entender alguma coisa, o professor espera que você pergunte. Dizer que as instruções são confusas não é considerado indelicado. Recomendamos perguntar em particular (veja as informações sobre métodos de comunicação privada no Capítulo 11), mas não desista até que compreenda.

» **Alguns professores esperam que os alunos analisem criticamente as ideias de especialistas.** Em outras palavras, encontrar falhas em uma teoria ou na obra de outro acadêmico, de seu professor ou de um autor famoso não só é admissível, mas é como acreditamos que os estudantes desenvolvem o pensamento crítico. Desde que explique seu raciocínio, a maioria dos professores aprecia a discordância. (Essa é outra área cultural sobre a qual é importante perguntar!)

» **A definição de plágio é extremamente *rigorosa*.** Esse conceito é tão importante para a integridade acadêmica que uma parte do Capítulo 15 fala exclusivamente sobre como evitar o plágio. Os sistemas de educação em geral insistem que outros autores e obras que ajudam a formar suas ideias devem ser reconhecidos e citados. Não deixe de aprender como fazer isso!

» **Pontualidade.** Se uma reunião virtual estiver marcada para as 7h, o professor começará a falar às 7h, não às 7h10 ou 7h20. Esteja preparado e faça o login com antecedência! Dependendo de onde esteja, pergunte sobre os limites de atraso para os encontros ao vivo.

» **Ao fazer trabalhos em grupo, alguns alunos podem levar mais tempo para estabelecer confiança e credibilidade.** Como alguns sistemas educacionais são bastante competitivos, os alunos globais podem ter menos habilidades de colaboração em pequenos grupos e dificuldade em confiar nos outros membros. Mais uma vez, essa é uma consideração cultural — e algo sobre o que falar com seus pares.

» **Nem todos os alunos ficam à vontade com os conflitos interpessoais.** Na verdade, ao fazer estudos em grupo, talvez encontre alunos que ignoram o conflito ou que não lidam bem com ele. Não leve para o lado pessoal.

Ajustando-se aos diferentes fusos horários

Que horas são? Que dia é? Tudo depende de onde você está! É crucial controlar a data e o horário para que não se atrase com as tarefas e reuniões.

Participando dos encontros síncronos

Os professores podem convocar encontros virtuais utilizando ferramentas de comunicação síncrona (em tempo real) ou de conferência online. Essas reuniões geralmente permitem que os alunos interajam por texto e voz.

Para garantir que vai participar de todos os encontros na hora certa, precisa saber o fuso horário do professor e se há diferença. Talvez já conheça o site Hora do Mundo: https://www.horadomundo.com/. Nele, você coloca a localização do professor. Por exemplo, se mora no Vietnã e o professor em Chicago, e o encontro é marcado para 19h na quarta-feira, para você, será às 7h na quinta-feira!

LEMBRE-SE

Descubra se a pontualidade faz parte da cultura predominante. Planeje fazer o login cinco minutos antes da hora marcada para que não se atrase para reuniões síncronas.

É claro, os encontros síncronos podem não ser convenientes se for convocado para um no meio da noite. Explique educadamente a diferença de horário para o professor ou para os colegas de sala. Estamos confiantes de que eles lhe dirão para você ficar dormindo.

DICA

Esta dica é para alunos estrangeiros que não falam português como primeiro idioma: se está preocupado com o fato de que lhe será pedido um português perfeito, desencana! Os brasileiros são bastante indulgentes quando ouvem sotaques e erros gramaticais de falantes de outros idiomas. Se ficar mais à vontade para falar via texto, avise ao professor com antecedência e faça provisões para digitar no bate-papo.

Descobrindo os prazos de entrega

Sua tarefa deve ser entregue até a meia-noite de quinta-feira. O que isso significa se você vive no outro lado do mundo? Provavelmente significa ou o dia seguinte ou um dia à frente! Não seja pego no dia errado. Use a mesma ferramenta de relógio mundial que sugerimos na seção anterior para sincronizar os prazos de entrega.

Participando de grupos de estudo

Uma das vantagens de haver uma economia global é a riqueza da diversidade, e o mesmo pode ser dito dos grupos de estudo com alunos de todo o mundo. Não seja tímido! A educação online prospera com diálogo, e sua perspectiva única enriquece a todos. Se tiver essa oportunidade, aproveite-a!

Grupos de estudo podem se formar para uma tarefa específica, como discutimos no Capítulo 13. Ou podem ser grupos informais de alunos que concordam em compartilhar anotações e recursos adicionais. Na verdade, o grupo pode optar por manter seu próprio wiki ou um espaço de grupo separado no Facebook. Isso proporciona outra maneira de discutir o que está acontecendo no curso sem a presença do professor.

Se você é um estudante global, descobrirá, quando interagir com seus colegas de classe, que alguns parecem mais abertos que outros. Os outros não são necessariamente esnobes ou racistas; em vez disso, é provável que se sintam intimidados pela sua própria falta de conhecimento sobre o mundo. O Brasil é um país de dimensões geográficas grandes e com diversidade étnica, mas ainda tem muitas comunidades homogêneas em que os alunos crescem interagindo apenas com pessoas iguais a eles. Como consequência, eles não têm certeza se perguntar sobre seu país, cultura ou hábitos é educado e, como resultado, parecem distantes.

Não há poção mágica para fazer outros gostarem de você, independentemente de onde venha. Entretanto, esta lista descreve alguns aspectos da cultura brasileira que pode considerar úteis:

>> **Somos bem informais quanto à comunicação.** É claro, é preciso seguir o protocolo do curso acadêmico, mas, em geral, pode chamar os colegas pelo primeiro nome.

>> **Tudo bem fazer perguntas pessoais.** Não há problema em perguntar: "Você é casado?" e "Tem filhos?", mas não é legal expressar discordância se o estilo de vida de alguém não se adequa às suas crenças.

>> **Usamos muitas expressões idiomáticas.** Se não sabe o que algo significa, não tenha medo de perguntar! Por exemplo, dizer que alguém tem pulso firme pode não fazer sentido em um curso sobre educação, até que você entende que significa que o diretor é rigoroso.

>> **De forma geral, somos quase pontuais em situações acadêmicas e profissionais.** Se uma atividade está marcada para começar às 20h, quase sempre ela começará no horário.

>> **Ao nos conhecer, ficará surpreso pela diversidade!** É realmente difícil estereotipar um brasileiro quando você reconhece nossos inúmeros grupos étnicos e religiosos.

>> **Adoramos piadas!** Trocadilhos bons e não ofensivos são sempre bem-vindos.

DICA

Se tiver a oportunidade de participar de um grupo e for solicitado a selecionar membros, pense nos estudantes que demonstram uma curiosidade natural e interesse por seu país. Esse comportamento acolhedor pode tornar o trabalho em grupo totalmente agradável à medida que vocês trocam ideias. Divirtam--se juntos, compartilhando informações culturais e sendo abertos uns com os outros. Os Capítulos 10 e 11 fornecem dicas para se apresentar aos colegas de classe e se comunicar claramente com eles.

278   PARTE 3 **A Sala de Aula Virtual: Aluno Nota 10**

NESTE CAPÍTULO

» **Empregando a netiqueta**

» **Praticando a ética**

» **Escrevendo sem plagiar**

Capítulo **15**

Entendendo a Netiqueta e o Comportamento Ético

No livro de Robert Fulghum, *All I Really Neady to Know I Learned in Kindergaten* ["Tudo o que Eu Realmente Precisava Aprendi no Jardim de Infância", em tradução livre], o autor apresenta algumas das regras simples da infância, incluindo como você realmente precisa jogar limpo e não pegar coisas que não são suas. Em poucas palavras, é disso que se trata este capítulo! O aprendizado online deve ser uma atividade na qual os alunos sejam justos uns com os outros e honestos em suas interações. Analisamos como esse conceito funciona digitalmente e que ferramentas você pode usar para ajudá-lo a se manter fiel à sua palavra.

Definindo e Usando a Netiqueta

Netiqueta é um termo do mundo digital que significa um conjunto de regras ou padrões que as pessoas seguem para manter o ambiente online agradável e seguro. A palavra combina *etiqueta* com inter*net* e, assim como a definição original de etiqueta, netiqueta tem tudo a ver com comunicar respeitosa e educadamente e evitar estereótipos.

DICA

A maioria dos bons professores transmite sua interpretação da netiqueta juntamente com as expectativas para seu uso nos primeiros dias do curso. Você pode ver uma lista de "deveres e responsabilidades" ou uma declaração das normas, e isso pode estar no conteúdo programático (um documento que descrevemos no Capítulo 9). Estabelecer essas regras básicas no início pode evitar mal-entendidos e ferir sentimentos mais tarde.

Comunicando-se de forma educada e respeitosa

LEMBRE-SE

O que torna educados os posts no fórum de discussão, os e-mails e as mensagens instantâneas? Algumas convenções padronizadas funcionam em todas as frentes de comunicação, não importa o público (os Capítulos 11 e 16 apresentam diretrizes adicionais para postagens de discussão):

» **Sempre escreva o assunto nas postagens de discussão e e-mails.** As mensagens misteriosas deixam as pessoas nervosas. Quando os posts de discussão não têm a linha de assunto, escreva-o na primeira linha da mensagem e deixe em negrito.

» **Dirija-se ao leitor pelo nome, se possível.** Quem não adora ler seu nome impresso? Ademais, como os outros saberão que está falando com eles?

» **Assine com seu nome no final da postagem.** Admita que o texto é seu.

» **Siga as convenções básicas sobre redação e não misture a linguagem popular usada em mensagens informais com o trabalho acadêmico.** Esse tipo de linguagem não apenas está cheio de gírias e é inapropriado, como muitos da turma não entenderão tais códigos.

» **Não digite tudo em caixa alta!** É o equivalente a gritar.

   Certo, se precisar enfatizar algo, pode fazer *isso* (inserido asteriscos antes e depois do texto que quer destacar) ou usar caixa alta de vez em quando.

» **Fontes coloridas demais ou imagens muito gritantes podem roubar a atenção.** Mantenha a aparência das postagens, e-mails e mensagens simples e limpas.

» **Não é preciso dizer que xingamentos estão fora de questão.** Use a diplomacia. Se discorda de algo, diga educadamente "Perdão, mas discordo desse ponto..."

» **"Por favor", "obrigado" e outras cortesias funcionam bem online!**

- » **Os emojis, as carinhas felizes e as piscadinhas podem ser usados com prudência em respostas aos outros.** No entanto, não os use em cada frase — um pouquinho já ajuda bastante. Falando nisso, não exagere com !!! e ???, também.

- » **Seja complacente.** Qualquer pessoa pode cometer um erro e gritar sem querer ao usar caixa alta ou esquecer de dizer obrigado. Em vez de humilhar publicamente seus pares apontando uma transgressão, desconsidere a ofensa ocasional. Se for um hábito, você pode levantar a questão com o aluno infrator (de forma privada e educada, é claro!) e o professor. É possível que o professor seja o infrator? Não é provável, embora ele possa esquecer de se dirigir a você pelo nome em um e-mail, ou uma resposta possa parecer estranhamente curta. Se for esse o caso, deixe isso de lado. Ficar apontando essas coisas lhe faz parecer um aluno difícil de lidar.

- » **Releia o texto antes de enviar.** Vai se poupar de constrangimentos.

Todas as diretrizes anteriores ajudam muito no sentido de mostrar respeito pelos outros, mas temos algumas considerações adicionais relativas à comunicação entre alunos e de aluno para professor nas próximas seções.

Demonstrando respeito por outros alunos

No mundo acadêmico, o debate deve envolver pensamento crítico, o que significa que as ideias devem ser desmembradas e agrupadas — esperemos que para melhor. Em resumo, nem todos estarão de acordo! O jeito como você comunica essas discordâncias fala muito sobre o quanto respeita a outra parte.

LEMBRE-SE

Seu tom não deve sugerir gritar ou depreciar o autor original. Você deve simplesmente oferecer outra visão e o raciocínio subjacente. Para fortalecer seu ponto de vista, é de ajuda apoiar suas opiniões com materiais do curso e pesquisas adicionais. Mostramos alguns exemplos na lista a seguir — ela explicita maneiras educadas de discordar em fóruns de discussão, em e-mails e mensagens instantâneas:

- » Entendo o que está dizendo, mas vejo isso de outra forma, porque...

- » É um ponto de vista interessante sobre as causas. Você também considerou <preencha o espaço>? Porque acredito que...

- » Respeitosamente, gostaria de acrescentar algumas ideias que podem reformular seu pensamento. Aqui estão elas...

- » Ainda estou pensando no que você disse. Uma das questões (ou pontos) com a qual tenho dificuldade é <preencha o espaço>, pois...

A seguir, vamos contrastar os exemplos cuidadosos com alguns que podem ser mal-interpretados. Qualquer um destes exemplos pode ser escrito com ironia e um toque de humor. Entretanto, eles também podem ser terrivelmente insultuosos. Na verdade, encorajamos alunos e professores a usar o humor com moderação.

CUIDADO

O que você acha engraçado pode ser interpretado como ofensivo por outros. Não estamos lhe dizendo para deixar sua personalidade do lado de fora da sala de aula virtual — o Capítulo 11 explica como apresentar sua persona online. Mas faça postagens com cuidado e respeito.

LEMBRE-SE

A comunicação online não tem as dicas não verbais e pode ser facilmente mal-interpretada.

Veja a seguir alguns tipos de comentários que podem causar confusão:

> » Você está muito errado e nem percebe!
> » Como não vê o outro lado da argumentação?
> » Espera aí, você é... pateta?

DICA

Caso fique muito sentido com o que alguém escreveu, não responda imediatamente. Elabore uma resposta e espere até o dia seguinte. Então, releia o que escreveu e veja se precisa aliviar o tom ou se ainda sente que a mensagem precisa ser enviada. Respostas rápidas e instintivas quase sempre causam problemas.

CUIDADO

Mais uma observação: a maior parte de sua comunicação ocorrerá dentro de um sistema de gestão de aprendizagem ou pelo menos dentro das diretrizes do curso. Portanto, o encaminhamento de e-mails, mensagens ou vídeos populares na internet é inadequado. Se fizer amizade com um ou dois alunos e quiser compartilhar algo assim, primeiro peça permissão e use a discrição.

Respeitando seu professor

É claro que você sabe que o professor é uma pessoa real e, portanto, está sujeito aos mesmos sentimentos que seus colegas de classe. Enquanto você exerce a diplomacia com os colegas, estenda a mesma cortesia ao professor. Ensinar é uma atividade bastante pública, e é impossível que tudo dê "certo" quando se trata de tecnologia. Talvez também queira abordar seu professor quando discorda de uma nota recebida. Veja a seguir algumas circunstâncias em que talvez queira se aproximar respeitosamente do professor:

> » **Quando há erros de escrita ou links quebrados, envie um e-mail particular.**
> Às vezes eles não têm controle sobre isso, e um link que funciona em um dia pode não funcionar no outro. Diga algo assim: "Estou tendo problemas para abrir o link para X. Aparece 'página não disponível' e não sei se o site todo saiu do ar para sempre ou se está com um problema neste momento. Você teria um URL alternativo?" Ou, "Dra. Manning, percebi que a palavra *recurso* está repetida na primeira linha do segundo parágrafo da página de instruções para a tarefa esta semana. Só achei que você gostaria de saber".

» **Se discorda de uma nota, aborde o professor com calma e respeito.**
Afinal de contas, eles têm mais conhecimento do conteúdo que você. Pedir esclarecimentos sem exagerar emocionalmente produz resultados muito mais positivos. Nestes casos, tente algo como: "Dra. Manning, gostaria de saber se posso obter um pouco mais de esclarecimento sobre minha nota no último trabalho. Quero ter certeza de que posso aplicar seu feedback na próxima vez. Pode me dizer mais sobre como posso melhorar nessa área?"

Antes de perguntar sobre uma nota, determine a relevância geral. Vale a pena ficar pechinchando um pontinho, dos quinze que valia a prova? Mesmo quando se aproximar respeitosamente do professor, esteja preparado para não obter a resposta que esperava em troca.

» **Se precisar de um feedback mais específico, peça exemplos.** Diga algo como: "Estou tentando entender melhor como posso melhorar no futuro. Poderia me dar um exemplo do que considera um excelente post/artigo/projeto?" Da mesma forma, caso o professor dê feedback individual, reserve um tempo para lê-lo!

Evitando estereotipar

Muitas pessoas percebem que o estereótipo é prejudicial. Pode ser óbvio que comentários dessa natureza não fazem parte das discussões online. E ainda assim, às vezes, inadvertidamente levamos nossos estereótipos para dentro da sala de aula. Por exemplo, se você presumir que alguém com o sobrenome Gonzales pode interpretar o significado cultural dos remédios homeopáticos em um curso de enfermagem comunitária, pode se surpreender ao descobrir que essa pessoa se casou com um parente e é membro da cultura dominante, não da minoria. (Além disso, Gonzales pode ser um sobrenome de um país latino-americano ou asiático.)

LEMBRE-SE

Você simplesmente não pode estereotipar. Em um curso online, é importante conhecer os colegas como indivíduos. Reserve um tempo para ler quaisquer quebra-gelos ou perfis que sejam postados e, em vez de cair em um estereótipo, faça perguntas.

Reconhecendo a Importância da Ética Online

No início da educação online, a principal preocupação de muitos professores, administradores e estudantes era o fato de ser muito fácil enganar com a tecnologia. Eles temiam que o valor do diploma se tornasse inútil porque você poderia copiar tarefas, inventar recursos e persuadir seu primo a fazer seu trabalho. Naturalmente, o mesmo poderia ser dito da educação presencial, de modo que uma consciência renovada da importância da ética evoluiu.

O comportamento ético deve reger como as pessoas se comunicam umas com as outras (e o conteúdo dessa comunicação), as tarefas que enviam com seus nomes e até que ponto são fiéis à sua palavra. Examinamos estes temas nas próximas seções.

Sendo honesto no que escreve

LEMBRE-SE

Visto que a comunicação escrita é a principal maneira de trocar ideias em uma aula online, o que e como você diz deve pertencer a você. Veja alguns exemplos nos quais a honestidade é absolutamente importante:

» **Apresentando ideias:** O professor pode lhe pedir que leia a obra de um autor ou de um teórico e depois dê suas ideias sobre ela. Se responder a uma pergunta de discussão ou escrever um artigo para esse tipo de trabalho, espera-se que dê crédito aos autores originais quando utilizar suas ideias. Caso contrário, não estará sendo honesto sobre o trabalho — isso é plágio. (Mais tarde, neste capítulo, discutiremos o plágio com muito mais profundidade.)

» **Sendo você mesmo:** Às vezes, um aluno representa erroneamente sua capacidade ou experiência de vida. Por exemplo, João pode escrever que é contador. Mais tarde, a turma fica sabendo que ele mal terminou a faculdade e que mentiu sobre sua formação. A integridade dele agora é atingida pois não foi honesto. É verdade que você pode ser quem quiser online, mas, se estiver em um ambiente acadêmico, sugerimos que se torne um acadêmico sério, não um participante desonesto.

Sendo íntegro ao cumprir sua palavra

Talvez você faça parte de um grupo de estudo em um curso online no qual os outros acreditam que fará sua parte do trabalho. Se disser que vai contribuir, o grupo espera que faça isso, e com razão. Se deixar de fazer sua parte do trabalho e se tornar um "vadio online", perderá logo a confiança e o respeito entre seus pares por sua falta de integridade. Sua nota provavelmente sofrerá também, porque a maioria dos professores dá crédito pela participação do grupo. (No

Capítulo 13 damos muitos mais detalhes sobre a participação em um grupo de estudo online.)

Em algum momento, pode ser que precise se afastar do computador e se concentrar em questões pessoais. Nessa situação, combine com o professor para estender os prazos ou receber uma nota "incompleta" até que tenha terminado sua parte seguindo o novo prazo combinado. Você pode se surpreender com o número de alunos que fazem isso e depois nunca terminam o trabalho. Não faça com que seu professor tenha a responsabilidade de administrar seu tempo. Seja íntegro, completando o trabalho dentro do prazo determinado e comunicando-se com o professor em particular a respeito do andamento.

Respeitando a privacidade e a confidencialidade

LEMBRE-SE

Como explicamos ao longo deste livro, os alunos desenvolvem relacionamentos pessoais nos cursos online. Eles se comunicam fora dos parâmetros do sistema de gestão do curso por meio de e-mails e mensagens particulares. Você pode receber informações confidenciais sobre um dos colegas, e elas precisam ficar entre você e seu amigo. Por exemplo, se Jana escrever sobre o divórcio complicado, você não tem o direito de trazer isso à tona em um fórum de discussão. Mesmo que seja aluno de direito e o assunto seja divórcio, isto é assunto dela, não seu.

O mesmo se aplica às informações que recebe do professor. Ele trata seu progresso e suas notas como assuntos confidenciais. Por favor, não poste essa comunicação publicamente ou compartilhe-a com os amigos.

Pedindo antes de reutilizar tarefas prévias

Se estiver matriculado em um programa de graduação, há boas chances de que as tarefas que completar em um curso funcionem bem em outro. Por exemplo, em um curso introdutório, você pode ser solicitado a escrever um trabalho que requer pesquisa sobre um determinado tópico. Essa pesquisa de fundo pode ser bastante útil em uma segunda disciplina à medida que você amplia o tema. É errado pegar seu primeiro trabalho e reutilizá-lo em sua segunda tarefa?

A resposta depende de seu professor. Embora digamos que o desenvolvimento do trabalho anterior é eficiente e mostra uma organização impecável, o professor pode não concordar conosco. Portanto, pergunte sempre antes de reutilizar um trabalho antigo. Diga ao professor qual parte e quanto da tarefa antiga deseja reestruturar, e que novas informações planeja acrescentar para completar a nova tarefa.

LEMBRE-SE

Caso não pergunte antes de reutilizar o trabalho anterior, pode descobrir que o professor não aceitará o trabalho. Em alguns programas, os professores coordenam as tarefas e saberão que está tentando usar uma tarefa de outro curso. Você não quer uma nota baixa!

Evitando o Plágio

Será que o plágio está mais descontrolado hoje em dia, com o auxílio da tecnologia para pegar emprestado as ideias de outra pessoa? Os professores lutam sempre com essas questões pois, infelizmente, o plágio acontece com muita frequência. Em alguns locais, os alunos até compartilham suas tarefas das aulas que fizeram. Isso é legítimo. O que não está certo é que outra pessoa baixe esse trabalho e o entregue em seu próprio nome.

A única maneira de evitar completamente o plágio é escrever cada palavra sem nunca pensar, tomar emprestado ou referenciar o trabalho de outra pessoa. Exemplos de trabalhos originais podem ser poesia original, uma composição musical ou um ensaio sobre as férias de verão que só você poderia ter vivido. Entretanto, esse não é o caso na maioria dos cursos acadêmicos nos quais você é solicitado a pesquisar o tema ou dar suporte às suas ideias, por isso, precisamos nos aprofundar um pouco mais no tema. Nas próximas seções, definimos o que é plágio, guiamos você pelo processo de escrever sem plagiar e fornecemos ferramentas e dicas para orientá-lo. Também explicamos o que acontece se for pego plagiando.

Definindo plágio e conceitos relacionados

Plágio é... bem, sem olhar, a coautora Susan pode lhe dizer que plágio é roubar as ideias de outra pessoa e apresentá-las como se fossem suas. Será que ela precisa citar alguém aqui? Isso não é um conhecimento comum e, portanto, algo que não pode ser atribuído a uma única fonte? Um pouco de investigação pode valer a pena.

Se pesquisar a definição de *plágio* e chegar no site https://plagiarism.org [em inglês], encontrará uma definição semelhante em https://plagiarism.org/article/what-is-plagiarism: "Em outras palavras, o plágio é um ato de fraude. Ele envolve o furto do trabalho de alguém e a mentira posterior relacionada."

LEMBRE-SE

Se quiser citar uma fonte, como fizemos, é preciso fornecer uma referência suficiente para que o leitor possa verificá-la. Mesmo que resuma ou use essa publicação como prova para apoiar as próprias ideias, diga aos leitores onde a encontrou. O ato de informar essa referência é chamado de *citar* ou *fazer uma citação*. Isso mantém os acadêmicos honestos. (Mais adiante, neste capítulo, descrevemos com mais detalhes como citar as fontes corretamente.)

286 PARTE 3 A Sala de Aula Virtual: Aluno Nota 10

PAPO DE ESPECIALISTA

Estes dois conceitos importantes andam de mãos dadas com o plágio:

» **O direito autoral (copyright) é o status legal informando quem é o dono do trabalho.** Você o vê na capa dos livros, no rodapé dos sites e na parte de trás das caixas de CD. Denota que o criador está legalmente protegido de você ou de qualquer outra pessoa roubando seu trabalho ou qualquer parte dele.

» **Propriedade intelectual é trabalho criativo.** Quando você escreve um artigo para Introdução à Psicologia, esse artigo é sua propriedade intelectual. E, uma vez que o trabalho esteja em um suporte fixo, incluindo blogs e sites, ele estará automaticamente sob proteção dos direitos autorais.

Obtendo evidências de plágio

Ter uma compreensão completa sobre o plágio torna menos provável que cometa um erro. Os recursos mostrados nas seções seguintes são lugares aos quais pode recorrer para aprender mais.

Usando tutoriais online

DICA

Os professores realmente querem que os alunos tenham sucesso, e por essa razão você pode se surpreender com o número de recursos disponíveis online para ajudar os alunos a entender e evitar o plágio. Pesquise *tutorial sobre plágios* em seu mecanismo de busca preferido e veja o que aparece. Veja alguns de nossos favoritos [conteúdo em inglês]:

» **Como Reconhecer Plágio:** Tutoriais e Testes (Escola de Educação da Universidade de Indiana, `https://plagiarism.iu.edu`). O site foi desenvolvido basicamente para universitários e alunos avançados do ensino médio. Ele apresenta muitas informações complementadas por vídeos e testes de certificação.

» **Tutorial sobre Plágio da Universidade Duke (`http://plagiarism.duke.edu`):** Adotando uma abordagem direta, esse tutorial define claramente o plágio e fornece exemplos de plágio intencional e não intencional. O site também disponibiliza procedimentos para citar fontes, estratégias para evitar o plágio e recursos adicionais para aprender mais.

» **Laboratório de escrita online da Universidade Purdue:** O site dedica uma parte para o plágio. Em `https://owl.purdue.edu/owl/research_and_citation/using_research/avoiding_plagiarism/index.html`, você pode encontrar links e atividades para ajudá-lo a entender melhor como evitar o plágio ao escrever suas tarefas.

» **Media Education Lab (`http://mediaeducationlab.com/code-best-practices-fair-use-media-literacy-education`):** Este site é o melhor com relação às informações sobre direitos autorais e uso justo. Ele fornece informações para professores, mas, se pesquisar alguns

» dos vídeos e músicas divertidos, pode encontrar muita coisa que se aplica ao trabalho acadêmico dos alunos.

» [Nota da editora: para conteúdos em língua portuguesa, confira o artigo da UFRGS sobre o assunto: `https://www.ufrgs.br/bibeng/plagio-academico-o-que-e-como-evitar/`. Veja ainda a cartilha disponibilizada pela UFF em `http://www.noticias.uff.br/arquivos/cartilha-sobre-plagio-academico.pdf`, e o site do governo federal indicando verificadores de plágio online gratuitos: `http://antigo.cnen.gov.br/component/content/article/78-cin/dicas-academicas/281-verificadores-de-plagio-online-gratuitos`.]

Encontrando ajuda na biblioteca escolar

DICA

Conheça o bibliotecário da sua instituição, e, quando em dúvida, peça a ele que o oriente para entender como evitar o plágio. Muitos sites de instituições educacionais contêm os próprios tutoriais e recursos. Por exemplo, a Universidade Federal de Minas Gerais mantém uma página cheia de recursos e links em `https://biblio.direito.ufmg.br/?p=3577`.

Muitas bibliotecas também têm um recurso de ajuda via bate-papo online. Esse recurso permite falar com um bibliotecário a qualquer momento e fazer perguntas sobre onde encontrar recursos.

Citando fontes adequadamente

Quando você dá crédito a um autor original dentro do corpo da sua redação, está citando o trabalho dele. A citação apropriada demonstra seu respeito pela propriedade intelectual do autor e compreensão das convenções padronizadas de citação. Nesta seção, descrevemos as informações que entram em uma citação, explicamos quando usar citações, destacamos alguns formatos populares de citação e listamos algumas ferramentas para ajudar nas citações.

O que entra em uma citação

Uma citação normalmente inclui o nome do autor, a data da publicação e possivelmente as páginas das quais a referência veio. Na maioria das vezes, essa informação é incluída entre parênteses após a citação ou conceito do autor original, mas também pode ser referenciada em uma nota final ou em uma nota de rodapé. A citação diz ao leitor que você usou uma fonte para embasar seu trabalho e aponta o leitor para essa fonte.

Pode ser que esteja curioso a respeito de por que não dissemos que a citação inclui o título e a editora (e, possivelmente, o volume, o número do periódico e outros detalhes). Esses detalhes estão incluídos na página de Referências, ou Bibliografia, que é a lista detalhada de todas as citações mencionadas no documento. É aí que o leitor procura os detalhes necessários para encontrar a fonte original.

DICA

Fazer boas anotações resulta em melhores citações. Enquanto se prepara para escrever qualquer tarefa, tome notas cuidadosas ao ler cada fonte. Copie as citações exatas e anote os números das páginas. Faça um resumo das ideias separadamente. Certifique-se de documentar todas as informações bibliográficas de que precisa de acordo com o estilo que é instruído a usar.

Quando citar

As regras de citação são bem simples. Você precisa citar a fonte quando

>> **Cita a obra:** A citação pode ser uma frase ou uma parte mais longa, como um parágrafo. Um exemplo: Segundo Manning (2009), "Só porque você abraça a educação online, não significa que você gosta de gadgets."

>> **Resume parte da obra:** Isto significa usar as próprias palavras, e não apenas mudar uma frase aqui ou ali. Por exemplo: Manning (2009) diz que é possível aprender online com sucesso com relativamente poucos aparelhos tecnológicos.

>> **Faz referência à obra:** Você pode ter citado ou resumido previamente a obra, ou esta pode ser o trabalho de muitas pessoas sobre o mesmo assunto. Exemplo: Um dos autores que argumenta contra o uso irresponsável de ferramentas tecnológicas é Manning (2009).

LEMBRE-SE

Se a ideia não foi originalmente sua e não é um fato bem conhecido (por exemplo, que o Marechal Deodoro da Fonseca foi o primeiro presidente do Brasil), você precisa fornecer uma citação e uma referência.

Formatos de citação

Caso esteja escrevendo em inglês, o estilo que você usa para citar fontes depende do professor e da disciplina acadêmica. O professor deve lhe dizer qual estilo ele prefere no início do curso ou no início de uma tarefa. Essa informação é em geral incluída no conteúdo programático, mas você também pode encontrá-la dentro de uma rubrica. Alguns dos estilos comuns para a citação de trabalhos em inglês incluem:

» **American Psychological Association (APA):** Este formato é comum para as ciências sociais, educação, psicologia e, às vezes, enfermagem. Você pode saber mais sobre o estilo APA em https://apastyle.apa.org.

» **Modern Language Association (MLA):** As humanidades e as artes são mais propensas a usar a formatação MLA. Confira em https://style.mla.org.

» **American Medical Association (AMA):** Alunos de medicina, ciências biológicas e outras áreas relacionadas com a saúde podem usar o formato AMA. Veja mais informações em www.amamanualofstyle.com.

» **Chicago:** O mundo real usa este estilo. Quando você lê um artigo em uma revista semanal, suas referências estão no estilo Chicago. Para mais detalhes, acesse www.chicagomanualofstyle.org/home.html.

» **Turabian:** Este estilo genérico pode ser usado por qualquer uma das disciplinas. Você pode explorar o estilo Turabian em www.chicagomanualofstyle.org/turabian/citation-guide.html.

» **ABNT:** Ao escrever em português, siga as instruções da Associação Brasileira de Normas Técnicas. Acesse https://www.normasabnt.org/citacoes/.

Ferramentas para citar

Você tem muita sorte: as ferramentas da internet podem fazer a formatação quando precisar de uma! (Costumávamos ter que comprar o manual e aprender o sistema por conta própria.) Depois de saber qual formato o professor prefere, visite um dos muitos serviços gratuitos online que formatam a citação para você. Na maioria desses sites, você seleciona o estilo (APA ou MLA, por exemplo) e depois o tipo de mídia que precisa citar. É um livro, um periódico ou um site, e quantos autores são listados? Além disso, você preenche outras informações, como a data ou o número da página, e, depois, clica no botão Enviar. Voilà! O site lhe informa os formatos apropriados para inclusão no texto e no final do documento em uma página de Obras Citadas ou Referências.

DICA

Estas são algumas de nossas ferramentas favoritas para citações em inglês. Pode ser que descubra que a biblioteca de sua instituição tem uma ferramenta incorporada em seu site. Seja qual for a ferramenta ou método que você utilize, verifique novamente os resultados:

» **zoterobib:** https://zbib.org/
Este site cria automaticamente uma citação para você com base em um ISBN, um URL ou outro tipo de identificação de mídia. Você também pode adicionar manualmente informações sobre o site, livro ou periódico. A Zotero também tem uma versão desktop que rastreia e armazena suas pesquisas e citações em www.zotero.org.

» **Ferramenta de citação da Universidade da Carolina do Norte:**
www.lib.ncsu.edu/citationbuilder

» **Researchomatic:** www.researchomatic.com/citation-generator

» Confira estes dois sites para formatar as citações seguindo as normas da ABNT: **Formatador de referências bibliográficas** (https://referenciabibliografica.net/a/pt-br/ref/abnt) e **FastFormat** (https://fastformat.co/).

Verificando seu próprio trabalho

Se a melhor defesa é um bom ataque, então a melhor maneira de evitar o plágio é aprender a escrever corretamente. Entretanto, mesmo os bons escritores questionam o próprio trabalho. Depois de terminar um trabalho, aproveite o tempo extra para verificar as fontes e citações. Você pode fazer isso usando ferramentas online ou pedindo a um amigo que verifique.

Usando ferramentas online

DICA

Talvez já tenha ouvido falar sobre o Turnitin (https://www.turnitin.com/pt), um serviço online que as instituições assinam para que os professores possam verificar o trabalho dos alunos quanto a um possível plágio. Antes que o professor passe seu trabalho pela ferramenta, por que não verificar você mesmo? Listamos algumas ferramentas [as duas primeiras são para textos em língua inglesa]:

» **QueText** (www.quetext.com): Você pode criar uma conta gratuita e verificar seus trabalhos em um banco de dados que verifica em relação a outros documentos da internet. Ele compara o que você escreveu com o que reconhece de suas fontes. O resultado é um relatório de autenticidade que informa quanto do trabalho ele acredita que é original.

» **Grammarly** (www.grammarly.com/plagiarism-checker): Outra ferramenta gratuita que é simples de usar, não só ajuda a verificar o plágio, mas também ajuda a desenvolver melhores habilidades de escrita. Este aplicativo oferece versões gratuitas e pagas, dependendo do nível de verificação que você deseja.

» **Plagiarism Detector** (https://plagiarismdetector.net/pt) e **PaperPass** (https://www.paperpass.net/pt) são duas ótimas ferramentas detectoras de plágio em língua portuguesa.

Encontrando um colega para ajudar

DICA

Se preferir confiar no olho humano em vez de em um verificador digital, pode pedir a ajuda de um amigo ou colega de classe. Na verdade, você e um colega de classe podem concordar em ler os documentos um do outro e fazer perguntas de verificação um ao outro. Essa prática não só ajuda o colega, como também o ajuda a aprender sobre o plágio quando precisa identificá-lo no trabalho de outra pessoa. No final, você sai um escritor melhor por ter feito isso.

Apoio institucional

DICA

Verifique com a instituição no caso de estar fazendo cursos acadêmicos online. Muitas delas oferecem aulas de reforço e apoio à escrita, mesmo para alunos online. Você pode ser solicitado a

» Enviar seu trabalho por e-mail para receber feedback com comentários feitos diretamente em seu documento.

» Reunir-se com um tutor por meio de uma ferramenta síncrona na qual compartilha o trabalho em tempo real.

Conhecendo as penalidades para plágio

Será que é possível plagiar *acidentalmente*? Algumas instituições dizem que não há acidentes — apenas escritores descuidados. Afinal, o fundamento da academia é a ideia de que os alunos criam novos entendimentos próprios, baseados na integridade e na verdade. Se você plagiar, as ideias não são suas e não há veracidade.

LEMBRE-SE

Se por descuido deixar de citar o trabalho de outra pessoa e alguém notar, você pode estar em sérios problemas. Toda instituição tem uma política de integridade ou honestidade acadêmica para os alunos. Você pode encontrá-la no manual do aluno e nos materiais de orientação. O professor pode vincular esses materiais às normas como parte do conteúdo programático ou aos materiais de recurso. Confie em nós: as normas existem e, ao se matricular, você concorda em cumpri-las!

Cada instituição também tem um processo para lidar com possíveis infrações. Embora os detalhes mudem de uma instituição para outra, os procedimentos básicos incluem os descritos nesta lista:

» **Notificação:** O professor pode entrar em contato por telefone ou e-mail para discutir o problema.

» **Documentação do problema:** O professor faz prints do material que você postou e qualquer comunicação em torno do incidente, juntamente com a fonte plagiada.

» **Audiência:** Nos Estados Unidos, você tem direito a uma audiência judicial, se quiser. Ela pode envolver um auditor judicial universitário e é mais provável que seja realizada por meio uma conferência telefônica ou online para os alunos online. Você precisaria compilar e apresentar um motivo que justifique a ocorrência do plágio.

As sanções por plágio vão desde reprovação em uma disciplina até expulsão da instituição. O grau de plágio e se é a sua primeira ofensa muitas vezes determinam o resultado. Em alguns casos, o professor pode manter a penalidade apenas na disciplina, com uma nota baixa, e optar por não fazer com que ela se torne parte do registro acadêmico permanente. Em outros casos, não pode fazer muito a respeito e deve encaminhá-lo a um administrador diferente.

Sua atitude e como você lida com o professor e o processo podem influenciar o que acontece. Considere a diferença entre pedir desculpas e assumir responsabilidade e culpar o professor ou o software. Além disso, se você for convidado a uma audiência e não comparecer, reconheça que o auditor terá que tomar uma decisão sem sua contribuição.

294   PARTE 3 A Sala de Aula Virtual: Aluno Nota 10

> **NESTE CAPÍTULO**
>
> » **Lendo e interpretando os critérios das notas a seu favor**
>
> » **Escrevendo para obter a nota máxima**
>
> » **Entendendo as diversas tarefas possíveis**
>
> » **Entregando tudo**

Capítulo **16**

Terminando e Enviando Suas Tarefas

Desde os primeiros capítulos deste livro, você aprendeu: como fazer login, quem está na sala e como e por que deve se comunicar claramente com todos os outros. Mas como obtém uma nota? Você não está lá apenas para se divertir e conversar com estranhos, está?

Os professores têm vários métodos para determinar como está se saindo na aula. Eles podem atribuir artigos ou projetos ou pedir que responda a um questionário ou teste. Alguns determinam como está se saindo semanalmente por meio de sua participação nas discussões. Esperamos que sua turma utilize todos esses métodos!

Com a tecnologia, para entregar as tarefas ao seu professor pode ser necessário dar alguns passos extras ou seguir procedimentos diferentes do que no ambiente tradicional da sala de aula. Este capítulo o orienta sobre o básico para que possa obter a nota. Afinal, se fizer o trabalho, merece a nota! Também falamos sobre o uso de avaliação e como escrever diferentes tipos de tarefas de forma eficaz para ajudar a garantir o melhor resultado.

CAPÍTULO 16 **Terminando e Enviando Suas Tarefas**

Entendendo as Ramificações da Rubrica

Os professores enfrentam um desafio ao explicar aos alunos o que esperam deles. Em cursos online sem comunicação ao vivo, é difícil para os alunos perguntar — e para o professor responder — sobre as muitas dúvidas que surgem durante uma tarefa. Por isso, os professores têm uma forma inteligente de lhe dizer o que querem: eles usam rubricas. As *rubricas* são sistemas de pontuação que os professores usam para avaliar o trabalho dos alunos. As próximas seções dão a você um resumo das rubricas, juntamente com informações sobre como utilizá-las a seu favor.

Decompondo a rubrica

As rubricas às vezes vêm em forma de tabela, embora também possam ser formatadas como listas. Uma rubrica possibilita que você entregue ao professor o que ele quer, categorizando as partes importantes de uma tarefa que o professor avaliará, fazendo comentários sobre o que concede a nota máxima. Você pode encontrar rubricas em alguns locais:

» **Na página inicial:** No início do curso, as rubricas são às vezes incluídas no conteúdo programático ou como um link separado para um documento com várias rubricas (por exemplo, uma para discussões e outra para documentos semanais).

» **Na página das tarefas:** Às vezes, os professores postam a rubrica dentro de cada tarefa individual. Essa é uma grande dica informando que eles esperam que você reveja seu próprio trabalho antes de enviá-lo!

Por exemplo, veja a rubrica da Tabela 16-1, que descreve como um artigo será classificado em um curso. Esta rubrica apresenta três níveis de qualidade: excelente, média e precisa melhorar. Dentro de cada nível há critérios específicos de avaliação. Você pode ver que o trabalho será avaliado pela qualidade da escrita, bem como pela estrutura e fluidez geral do documento — sem mencionar o fato de que a tarefa deve ser entregue no prazo!

Observe, por exemplo, que, se você quer a nota máxima, precisa citar corretamente as fontes no estilo ABNT (veja mais informações sobre citações no Capítulo 15). Quanto ao pensamento crítico, se você identificar dois problemas e não oferecer soluções possíveis, não obterá a nota máxima. Por outro lado, se mostrar claramente a conexão entre teoria e prática e der pelo menos um exemplo, atingiu o objetivo do pensamento crítico.

296   PARTE 3 **A Sala de Aula Virtual: Aluno Nota 10**

TABELA 16-1 Exemplo de uma Rubrica para Artigos

Critério	Excelente	Médio	Precisa Melhorar
Desenvolvimento de ideias e evidências de pensamento crítico	O artigo é bem desenvolvido, a apresentação é lógica e a tese é clara e apresenta materiais de apoio, tais como leituras de cursos, pesquisas externas e entrevistas.	O artigo é desenvolvido de forma lógica; entretanto, a tese e/ou o material de apoio requer mais profundidade.	Falta lógica na apresentação e/ou uma tese clara com materiais de apoio como leituras de cursos, pesquisas externas e entrevistas.
	As ideias/exemplos do artigo demonstram a capacidade do aluno de analisar, aplicar e sintetizar o conteúdo fora do ambiente da sala de aula.	As ideias/exemplos do artigo não estão diretamente relacionadas ao conteúdo ou não demonstram adequadamente a capacidade do aluno de analisar, aplicar e sintetizar o conteúdo fora do ambiente da sala de aula.	O artigo carece de ideias/exemplos que demonstrem a capacidade do aluno de analisar, aplicar e sintetizar o conteúdo fora do ambiente da sala de aula.
	(15–20 pontos)	(10–15 pontos)	(0–10 pontos)
Formato e estrutura da instituição	O ensaio demonstra o uso adequado do formato e da estrutura da instituição, com uma página de título, o corpo e uma página de referências devidamente formatadas. A formatação inclui o uso adequado de espaçamento e numeração de página.	O artigo tem alguns erros específicos de formato e estrutura da instituição em relação a uma página de título, corpo e página de referências devidamente formatadas. A formatação inclui o uso adequado de espaçamento e numeração de página.	O artigo tem vários erros específicos de formato e estrutura da instituição em relação à página de título, ao corpo e à página de referências devidamente formatadas. A formatação inclui o uso adequado de espaçamento e numeração de página.
	(4–5 pontos)	(2–3 pontos)	(0–2 pontos)
Ortografia e gramática	O artigo utiliza a gramática padrão e tem poucos (ou nenhum) erros gramaticais e/ou ortográficos.	O artigo utiliza a gramática padrão, mas tem alguns erros gramaticais e/ou ortográficos.	O artigo tem múltiplos erros gramaticais e/ou ortográficos a ponto de prejudicar a compreensão.
	(4–5 pontos)	(2–3 pontos)	(0–2 pontos)
Prazos	O artigo foi enviado pelo portal no prazo previsto ou antes do prazo estabelecido no calendário do curso.	O artigo foi enviado pelo portal dentro de 24 horas após o prazo estabelecido no calendário do curso.	O artigo foi enviado pelo portal 24 horas após o prazo estabelecido no calendário do curso.
	(4–5 pontos)	(1 ponto)	(0 pontos)

Usando as rubricas a seu favor

Sob o ponto de vista do professor, uma rubrica elimina qualquer adivinhação sobre a avaliação. (Muitos professores adoram lecionar, mas odeiam avaliar.) Com as categorias predeterminadas em uma rubrica, o professor simplesmente avalia o trabalho comparando com o ideal, como indicado no critério.

LEMBRE-SE

Se o professor pode criar uma rubrica para estabelecer o que espera ao avaliar, por que não usar isso a seu favor ao concluir a tarefa? Veja algumas diretrizes:

» **Para qualquer tarefa, leia a rubrica primeiro.** Determine os critérios principais e compare-os com o que você encontra nas instruções. Faça uma lista que inclua tanto os critérios da rubrica como os critérios dados nas instruções. Às vezes, os professores se esquecem de colocar instruções simples, como contagem de páginas na rubrica, e é por isso que aconselhamos a checar e fazer uma lista combinada.

» **Após fazer a tarefa, avalie-a você mesmo usando a rubrica.** Revise cada categoria e procure evidências. Faça de conta que você é o professor e seja crítico! Ao escrever as expectativas na rubrica, o professor lhe disse o que vai avaliar e como. Você pode fazer o mesmo.

Introdução à Escrita

A realidade é que a maioria dos cursos online são de 95% de texto e pouco áudio. Isso significa que professores e alunos "falam" por meio dos dedos. A habilidade de escrever torna-se o idioma! Alunos online escrevem artigos, posts de discussão, e-mails, reflexões — a lista parece não ter fim. O nível de escrita, de acordo com a tarefa e as expectativas do professor, determina seu sucesso. Para obter as melhores notas, você deve compreender o estilo necessário e as expectativas de uma tarefa específica. Além disso, é preciso demonstrar pensamento crítico por meio de sua redação. Falamos sobre o que cada um desses itens significa nas próximas seções.

Examinando estilos diferentes de escrita

Pense em tudo o que você escreveu hoje. Essa lista pode incluir uma mensagem de texto para seu amor, uma declaração introdutória sobre um post que compartilhou nas redes sociais, algumas postagens de discussão para a escola e inúmeros documentos para o trabalho. Todos eles tiveram o mesmo estilo e forma? Esperamos que não!

O que você escreve para a aula depende da tarefa e do público. Esta seção considera diferentes tipos de estilos de redação que você pode usar em um curso online.

Escrita acadêmica

Você utiliza a escrita acadêmica em tarefas como ensaios curtos, artigos longos e projetos em grupo. Esse tipo de escrita exige uma voz diferente — um tom mais sério com gramática apropriada e citações de referência. Ela se destaca da escrita cotidiana de várias maneiras:

» **A organização fica óbvia.** Quer você esteja escrevendo um ensaio ou uma dissertação, as disciplinas acadêmicas têm claras expectativas para uma escrita organizada. No nível de ensaios ou artigos, isso significa parágrafos relacionados que começam com frases de tópicos que se transformam em uma tese principal. Em uma escala maior, isso significa capítulos interligados por uma tese principal.

» **Mudanças no vocabulário.** Quando você escreve sobre sua área acadêmica de interesse, precisa usar o vocabulário correto para o contexto. Isso não quer dizer que você precisa usar palavras enormes para impressionar o leitor, mas que é necessário ser preciso no uso do vocabulário. Por exemplo, em enfermagem, você pode descrever que um paciente está na posição supina, enquanto em outros contextos você diria que a pessoa está deitada de costas.

» **Uso de referências externas para apoiar suas ideias.** Em um trabalho acadêmico, simplesmente escrever sua opinião não é suficiente. Você precisa embasar suas ideias em fontes legítimas de outros autores. Sempre que citar, resumir ou referir-se ao trabalho de outra pessoa, é necessário citar corretamente a fonte. O formato das citações depende da disciplina e da preferência do professor, ou das normas da ABNT. Escrevemos longamente no Capítulo 12 sobre como encontrar recursos e discutimos no Capítulo 15 a necessidade de citações para evitar o plágio.

Leia cuidadosamente a rubrica para qualquer tarefa, como sugerimos anteriormente neste capítulo. É bem provável que ela mencione a necessidade de citar referências como condição para a tarefa.

» **A gramática deve seguir as convenções padronizadas.** Na escrita acadêmica, pontuação, ortografia e sintaxe contam. O que pode ser aceito no idioma falado nem sempre é aceitável na forma escrita.

Se a boa gramática e a citação correta de fontes é uma fraqueza sua, recomendamos que procure assistência, seja por meio de um serviço online disponível em sua faculdade, seja por meio de um site que considere particularmente útil. Por exemplo, em língua inglesa, o Laboratório de Escrita da Universidade Purdue é um ótimo recurso `https://owl.purdue.edu`. Em língua portuguesa, confira `https://www.pucsp.br/pos-graduacao/mestrado-e-doutorado/administracao/laboratorio-de-pesquisa/escrita`.

Os itens a seguir não devem estar presentes na escrita acadêmica:

» **Coloquialismos e expressões:** Sabe, tipo, cara, vc precisa aprender a escrever bem ou vai bombar! Esse tipo de informalidade é inaceitável nos artigos acadêmicos.

> **Abreviações de internet:** Uma linguagem totalmente nova foi inventada, graças aos telefones celulares e às mensagens de texto. Abreviações como vc e kkkk estão em quase todos os lugares. (Se não sabe, vc significa *você* e kkkk expressa uma *gargalhada*.) Os emojis também são comuns em nossa comunicação diária. No entanto, por mais populares que você considere tais abreviações e símbolos, eles não se encaixam na escrita acadêmica. A linguagem de texto e os emojis são inadequados na educação online. Mantenha-os em seu telefone. A carinha feliz não é necessária.

Conversas casuais

LEMBRE-SE

Um curso online tem lugares apropriados para uma conversa casual. Por exemplo, se seu professor montar uma área de discussão chamada Café de Alunos, você pode presumir que ele não espera uma escrita acadêmica nesses fóruns. Além disso, alguns professores permitem respostas mais casuais entre alunos dentro da discussão.

Suponha que o coautor Kevin tenha que responder a uma pergunta de discussão sobre um teórico da educação. Seguindo as diretrizes e a rubrica que o professor forneceu, Kevin escreve três parágrafos em estilo acadêmico, incluindo referências a duas fontes externas. Ele segue o estilo da ABNT, conforme solicitado por seu professor.

Em resposta, a coautora Susan escreve: "Uau! Acabei de ter uma epifania! Você acertou muito com sua análise da teoria. Eu estava contando à minha irmã ontem sobre como..."

O estilo e o tom de Susan são um pouco casuais demais para a escrita acadêmica, mas apropriados como resposta ao post de Kevin.

Sabendo o que se espera de sua escrita

Antes de mergulhar em uma tarefa de escrita, dê uma olhada no que é esperado. Você pode encontrar essas informações dentro das instruções e da rubrica. Três aspectos importantes que influenciam a forma como você escreve são o tipo de tarefa, a extensão ou a contagem de palavras, e quaisquer requisitos de formatação.

DICA

Lembra-se de como o aconselhamos a fazer uma lista de critérios com base na rubrica e nas instruções da seção "Usando as rubricas a seu favor"? Se fizer isso, certamente atenderá às expectativas.

Reconhecendo o tipo de tarefa

Leia cuidadosamente as instruções da tarefa para saber o que é apropriado incluir em sua escrita. Embora todas as tarefas exijam uma escrita acadêmica (que descrevemos antes neste capítulo), algumas delas permitem que mais de sua personalidade brilhe.

Pense nas diferenças entre escrever um diário, uma crítica e uma revisão de literatura. Cada um desses tipos requer uma escrita ligeiramente diferente:

>> O diário é pessoal e escrito em primeira pessoa, significando que é apropriado usar a palavra *eu*.

>> Uma crítica é menos pessoal mas envolve opinião. Ela também pode fazer referência a outros recursos e textos, exigindo, assim, as citações adequadas.

>> Uma revisão de literatura é mais direta, sem opiniões, apenas resumindo e relatando. Obviamente ela requer referências e citações.

DICA

Não há nada de errado em pedir exemplos. Se estiver confuso desde o início e não conseguir começar uma tarefa, pergunte ao professor se ele pode compartilhar um exemplo do passado.

Contando as palavras

O número de palavras ou páginas que você pode usar para uma tarefa específica lhe diz muito sobre a escrita. Se o professor lhe pedir para responder a uma pergunta de discussão usando entre trezentas e quinhentas palavras, ele não está em busca de um trabalho completo sobre o tópico! Isso também significa que você precisa escrever de forma sucinta. Vá direto ao assunto o mais rápido possível, e depois acrescente alguns exemplos. Recomendamos que retome parte da pergunta em sua primeira frase e pule as longas introduções ou narrações.

Por outro lado, se precisar escrever um artigo de dez páginas, o professor espera que você desenvolva totalmente cada ideia e a embase com recursos externos. Você pode dedicar um pouco mais de tempo e espaço a acrescentar detalhes e ilustrações com suas principais ideias.

DICA

A maioria dos programas de processamento de texto pode ajudá-lo a contar as palavras. Se não aparecer na barra de tarefas inferior, procure um botão ou link rotulado Informação de Arquivo ou Propriedades e veja se as estatísticas estão disponíveis lá.

CAPÍTULO 16 **Terminando e Enviando Suas Tarefas** 301

Formatando corretamente

Verifique com o professor sobre os requisitos de formatação institucional. Você precisa de uma página de título? Quais são as margens padrão? Existe uma fonte preferida? Você deve numerar as páginas? Algumas instituições têm diretrizes específicas, e é importante saber quais são antes de começar.

Se sua instituição ou professor tiver requisitos de formatação, essa informação geralmente é encontrada no programa de estudo e novamente nas instruções para cada tarefa. Se for uma diretriz institucional, a instituição pode até lhe fornecer um modelo de documento do qual você faz uma cópia e escreve seu trabalho, para saber que sua formatação está correta.

Demonstrando pensamento crítico

A coautora Susan se recorda de quando fez uma pergunta a um aluno na sala de aula tradicional e percebeu que ele ficou pensando antes de responder. Ele pegou o conceito que ela estava discutindo, dividiu-o em partes, relacionou-o com algo que havia lido e depois deu uma resposta bem argumentada e teoricamente fundamentada, com suas próprias percepções. Seus olhos se esguichavam, ele esfregava o queixo e falava devagar com algumas pausas. Esse foi um pensamento crítico em ação em uma sala de aula presencial. Como funciona na sala online?

Online, seu professor pode não ver seu aspecto engraçado ou como esfrega o queixo, mas ele saberá se você pensou criticamente sobre a pergunta antes de dar a resposta. Ele determina isso pela qualidade do que você escreve. Seus pensamentos tornam-se transparentes por meio da escrita.

Se não tem certeza sobre a definição, o *pensamento crítico* é a aplicação de uma análise disciplinada e cuidadosa a um problema. Ela combina o que os especialistas dizem sobre a situação, o que você sabe por experiência de vida e uma dose de pensamento argumentativo. Primeiro, você divide o problema e depois o junta de novo com sua própria avaliação.

LEMBRE-SE

Não há uma fórmula mágica para dar uma resposta nota dez em termos de pensamento crítico, mas veja a seguir alguns sinais indicativos de que você está no caminho certo. Faça o exercício mental e será recompensado com notas melhores! Tente incorporar estes indicadores em seu trabalho escrito:

» **Aborde a questão sob diversas perspectivas e explique isso claramente.**
   Algumas pessoas se apressam para emitir opiniões, mas, se puder mostrar o "outro lado" de uma discussão ou perspectiva, estará em melhor posição para demonstrar o pensamento crítico.

» **Faça perguntas ativamente.** Aqueles com uma forte habilidade de pensamento crítico fazem perguntas como: "E se..." ou "Como o autor poderia ter dito isso de maneira diferente?" Fazer muitas perguntas antes de escrever pode ajudá-lo a organizar seus pensamentos, também!

» **Encontre fundamentação na literatura ou em pesquisas.** O pensamento crítico exige que você olhe além de sua própria opinião e compare o que acredita ou sabe com as ideias dos outros. Na maioria dos escritos acadêmicos, é aqui que esperamos que você faça referências a outros estudos, livros ou literatura.

» **Descubra como isso se relaciona com você e a vida real.** Sempre que puder colocar algo no contexto atual, isso demonstra um pensamento crítico. Mostra que você pensou sobre uma ideia e como ela pode ser corretamente aplicada a um contexto diferente.

DICA

Os professores sabem quando os alunos não pensam antes de digitar, portanto, nem pense em sair digitando sua tarefa. Primeiro, organize seus pensamentos fazendo um esboço da tarefa. Em seu esboço, defina o problema, resuma a literatura, esclareça seus pensamentos e opiniões sobre o tópico e anote exemplos de experiências passadas ou possíveis aplicações futuras.

Fazendo Diferentes Tipos de Tarefa

Os professores avaliam o desempenho dos alunos de muitas maneiras diferentes, todas elas sob a forma de tarefas. Você pode ser solicitado a escrever um artigo, montar um projeto, participar de debates ou responder a um questionário ou teste. Nas próximas seções, analisamos cada tipo de tarefa e o que ela significa para um aluno online.

Dominando artigos e projetos

Para cursos online de nível universitário, os artigos e projetos são as tarefas mais comuns. Eles mantêm os alunos ocupados durante uma parte do curso e são um bom veículo para que eles revejam de forma abrangente os conceitos das principais disciplinas. Se precisar apresentar um artigo ou um projeto, considere as seguintes ideias para ter êxito.

Artigos

Uma das tarefas mais comuns que os alunos online recebem é "o artigo". A seguir, alguns exemplos de artigos que talvez precise escrever:

» Escreva um artigo com dez páginas sobre sua filosofia de integração da tecnologia.

» Escreva um artigo de cinco páginas sobre suas teorias relacionadas às causas da Guerra dos Farrapos.

» Compare e contraste as estruturas e funções das células animais em comparação às células vegetais em um artigo com três páginas.

O professor observará diversos fatores de qualidade:

» **Escrita organizada:** Como explicamos neste capítulo, a escrita acadêmica requer organização. Qualquer que seja o tema, desenvolva uma tese clara e a apresente desde o início. Em seguida, escreva de uma forma que a defenda.

» **Outros pontos de vista além dos seus:** Os professores querem ver que você pesquisou e que sabe resumir ou citar os especialistas. A citação é necessária!

» **Ideias originais:** Embora o professor espere que você pesquise e forneça fontes para seu conhecimento, ele também espera que desenvolva algumas ideias originais. Não apenas repita o que os especialistas dizem — acrescente suas próprias ideias com base em experiências passadas e especulações intelectuais.

Veja a seguir alguns dos erros mais comuns que observamos:

» **Não responder ao que foi perguntado:** Nada corta mais o coração do que ver um aluno apresentar um artigo que não tem nada a ver com a pergunta que foi proposta. Como professores, presumimos que você se dedicou à tarefa, e detestamos pensar que desperdiçou seu tempo.

DICA

Poupe seu professor e a si mesmo de um pouco de dor no coração e certifique-se de que entendeu a pergunta que está sendo feita! Na verdade, enviar um e-mail particular para verificar se entendeu antes de começar a escrever não é uma má ideia.

» **Falta de citações de recursos externos:** No nível universitário, a inclusão de pesquisas e recursos é uma expectativa básica.

» **Escrita confusa, que não diz nada:** Às vezes, vemos uma escrita mal organizada ou gramaticalmente questionável, dificultando a compreensão do que o autor quer dizer. Ou o aluno escreve linhas e linhas com pouca substância (estamos sendo educados aqui!).

DICA

Você pode ver se seu texto está confuso de algumas maneiras. A primeira é pedir a alguém que não sabe nada sobre o assunto para ler seu trabalho. As pessoas que não sabem nada sobre o assunto são bastante úteis, às vezes. Sem essa opção, elimine todas as frases repetitivas e componha frases curtas. Vá direto ao assunto. Depois, veja quais frases pode combinar para que o texto seja lido com um pouco mais de fluidez.

Projetos

Em vez de solicitar artigos, o professor pode pedir projetos. Como os artigos, os projetos exigem uma compreensão abrangente do conteúdo do curso, mas há diversas ferramentas para fazê-los. Considere estes exemplos:

» Desenvolva um site com uma imagem, um banner e uma tabela.
» Crie uma planilha que pode usar como livro-razão para uma pequena empresa.
» Monte uma apresentação de dez minutos para convencer seus amigos sobre a ideia da rede social de contatos.

Os projetos permitem que mostre muita criatividade. A menos que lhe informem qual ferramenta usar, você pode explorar diferentes tipos de ferramentas de apresentação. Por exemplo, pode criar uma apresentação narrada usando uma ferramenta online, como Visme (https://www.visme.co/pt-br/). Ou pode carregar imagens e slides para serviços como o SlideShare (https://pt.slideshare.net/upload).

LEMBRE-SE

A maioria dos projetos tem uma rubrica. Especialmente se a atividade for complexa, os professores fornecem diretrizes e rubricas para ajudá-lo a determinar se está atendendo a todos os critérios. Da mesma forma que você precisa ler cuidadosamente a rubrica para qualquer trabalho escrito (como explicamos neste capítulo), deve fazer o mesmo para um projeto a fim de concluí-lo com sucesso.

Participando das discussões

O âmago de muitos cursos online é a área de discussão. É aqui que os alunos respondem a perguntas-chave e respondem às mensagens uns dos outros, oferecendo múltiplas perspectivas. Temos algumas ideias sobre como fazer sua participação brilhar em termos de qualidade e quantidade, mesmo sem ver a rubrica de seu professor. (Vá para o Capítulo 11 para uma introdução às discussões.)

Qualidade

A qualidade sempre supera a quantidade! Reserve um tempo para responder à sua pergunta de forma sucinta e completa. Acrescente um pouco da literatura que tem lido para o curso ou consulte outras fontes que conheça. É claro, utilize as citações apropriadas.

Um bom padrão a ser estabelecido é este: refaça a pergunta, apresente seu ponto de vista inicial em uma única frase, faça a relação com alguma literatura sobre o tema e feche com uma interpretação do que isso significa na vida real. Se puder fazer isso de uma forma gramaticalmente limpa e clara, apresentará um trabalho de qualidade.

LEMBRE-SE

Antes de clicar em Enviar, revise o texto para ver se não tem erros.

Com relação às suas respostas aos outros alunos, o professor também espera uma escrita de qualidade. Talvez queira dizer: "Eu concordo", mas o professor espera que você acrescente por que concorda com alguma profundidade de raciocínio. Acompanhe com uma referência adicional da literatura ou um exemplo com alguns dados que o autor original propôs. Não poste apenas "Eu também!".

DICA

Uma boa regra é perguntar a si mesmo se seu trabalho tem valor instrutivo. Será que as pessoas podem aprender alguma coisa com o que escreveu? Se não for o caso, considere reformular a resposta.

Quantidade

A frequência com que você publica respostas aos outros alunos depende um pouco da natureza da disciplina, das expectativas do professor e da comunidade de aprendizado. Normalmente, o professor anota o número mínimo de mensagens que ele quer ver. Certifique-se de conhecer as expectativas, que normalmente são descritas em uma rubrica entregue no início do curso ou dentro das instruções para a tarefa.

Ler e acompanhar as discussões pode ser uma tarefa muito cansativa em um curso online se os alunos postarem com muita frequência. Além disso, as conversas podem se tornar longas e apresentar pouco mais do que respostas triviais. E, ainda assim, sua presença no fórum de discussões é uma das poucas maneiras pelas quais o professor sabe que você está engajado. Em todos os sentidos, atenda às expectativas, mas, depois, faça um esforcinho extra para ir um pouco além.

DICA

Analise suas postagens e veja se não está monopolizando o fórum de discussão. Caso suas postagens representem mais de 10% do total, provavelmente está hiperativo. Diminua o ritmo!

Fazendo quizzes ou provas

Um método final para mensurar o sucesso dos alunos é a tradicional prova ou um quiz. Quer sejam feitas perguntas de múltipla escolha ou discursivas, os quizzes e provas são relativamente fáceis para os professores administrarem e, nos casos em que a correção é automatizada, os resultados são imediatos.

Quando um professor decide que um quiz ou uma prova é uma forma apropriada de mensurar o progresso do aluno, ele toma várias decisões relativas à administração do teste. Estas claramente impactam o aluno! Você pode encontrar estes tipos de quizzes e provas:

> **Provas com vários tipos de perguntas:** A maioria dos softwares de provas permite que o professor selecione perguntas de múltipla escolha, verdadeiro/falso, respostas curtas e dissertativas. Isso não é novidade para você como aluno. O único aspecto que pode ser novo é clicar em uma caixa com o mouse em vez de preencher um formulário à caneta.

> **Provas com limite de tempo:** Talvez haja um limite de tempo para completar a prova. Os professores geralmente disponibilizam a prova e depois ajustam o software para que você tenha que responder a todas as perguntas em tantos minutos. Isso é feito para desencorajá-lo de olhar em outras fontes (como seu livro) para obter respostas. Você precisa conhecer o material e responder rapidamente.

> **Quizzes sem nota:** Às vezes, os professores criam quizzes para testar seus conhecimentos antes de fazer a prova em si. A prática leva à perfeição, portanto, se tiver a oportunidade, teste a si mesmo!

> **Provas com consulta:** Sinceramente, aconselhamos os professores a presumir que os estudantes utilizarão todos os recursos disponíveis, incluindo anotações, livros e pesquisas na internet. Seu professor pode lhe dizer que o uso desses recursos é permitido.

> **Provas por correio:** Acredite ou não, em alguns casos o professor online pode pedir que você complete uma prova em papel e a envie pelo correio.

LEMBRE-SE

Se você tiver uma deficiência comprovada, pode se qualificar para receber apoio adicional para a realização das provas, como tempo extra. Entre em contato com o Departamento de Serviços de Acesso e com seu professor para tomar essas providências. Quanto mais cedo fizer isso, melhor — antes do início das aulas é o ideal.

Às vezes, as provas serão realizadas sob a supervisão de um fiscal. Os *fiscais* são como a polícia das provas, assegurando que você é quem diz ser e que não está colando. Para as provas muito importantes, as instituições insistem em haver fiscais. Por exemplo, se estiver fazendo a prova para obter uma certificação técnica ou uma credencial de uma associação profissional, você será fiscalizado. Os métodos de fiscalização variam e são uma decisão da instituição (ou associação). Você poderá ser solicitado a fazer um teste:

> **Em um local com um IP restrito:** Se estiver fazendo um curso de sua faculdade local, talvez seja necessário ir ao campus e fazer a prova nos computadores da instituição. Talvez esse não seja o método mais conveniente, mas verifica a identidade e impede que você utilize materiais que possa ter guardado em seu computador. Além disso, se estiver fazendo cursos de desenvolvimento pessoal e profissional, poderá ser solicitado a ir a um centro certificado de avaliações. Um exemplo disso é um Centro de Testes VUE Pearson.

» **Com um fiscal terceirizado:** A instituição pode permitir que você encontre um inspetor em sua cidade e consiga que essa pessoa seja autorizada a monitorá-lo. Por exemplo, o coautor Kevin aplica isso para uma aluna a quem costumava lecionar. Quando havia uma prova, ela a fazia na frente do fiscal, ele assinava o documento para verificar que ela foi honesta e o enviava para a instituição. Se a instituição exigir um fiscal, ela lhe dará diretrizes para os tipos de pessoas que são aceitáveis. Os funcionários da biblioteca são sempre as escolhas favoritas!

» **Com um serviço online com tecnologia ampliada:** Algumas empresas fornecem serviços de fiscalização online com recursos como webcams. Por exemplo, a Fiscallize (`https://fiscallize.com.br/`) pede que o aluno faça login, converse com o fiscal, ligue a câmera, mostre o ambiente onde está realizando a prova e comece a responder. Tudo isso é uma tentativa de comprovar que a pessoa que está fazendo a prova é realmente você!

DICA

Não cole, não cole, não cole! Alguns dos softwares mais recentes de fiscalização monitoram sua voz e os sites que você visualiza, por exemplo. Se for instruído a não usar recursos externos, não o faça.

LEMBRE-SE

O nível da sua nota em uma prova depende de habilidades de estudo à moda antiga. O Capítulo 12 lhe mostra estratégias, como reservar tempo todos os dias para acompanhar o curso, ler efetivamente e tomar notas. Mas talvez a dica mais valiosa seja manter-se engajado e ativo para aumentar as chances de sucesso. Quanto mais você desenvolver suas ideias, seja lendo discussões, seja fazendo quizzes, seja praticando a resolução de problemas, melhor será sua retenção. Se estiver engajado e preparado, não há necessidade de entrar em pânico na hora da prova!

Enviando Tarefas

Pense no ensino médio (se não for muito doloroso lembrar daqueles dias!). Alguma vez já fez uma tarefa e se esqueceu de levá-la para o colégio? A mesma coisa pode acontecer online; você faz a tarefa e se esquece de entregá-la. Nas próximas seções, veremos vários métodos para entregar a tarefa ao professor. Entre eles, uploads, anexos de e-mail e botões Enviar. Também fornecemos algumas dicas para entregar qualquer tipo de tarefa.

Onde salvou aquele arquivo?

No Capítulo 3, mostramos como definir uma série de pastas para que permaneça organizado. Se seguir nossos conselhos, não precisará pensar muito sobre onde salvou o arquivo. No entanto, às vezes os arquivos acabam em lugares aleatórios. Antes de fazer o login para enviar uma tarefa, esteja certo sobre onde ela se encontra em seu computador (ou em que nuvem). Você colocou a versão final no OneDrive? É no Google Docs? Está em sua área de trabalho? Descubra isso primeiro.

Anexos! Subindo artigos e projetos

Alguns sistemas de gestão de aprendizagem utilizam um recurso pelo qual os alunos sobem as tarefas. Diferente do e-mail, esse recurso permite colocar o documento em apenas um lugar, e você não precisa saber o endereço do professor. O professor recupera seu documento, baixa e lê. Então, ele pode fazer comentários e acrescentar a nota, tudo dentro da mesma ferramenta.

Se há um segredo para usar esse recurso, é saber como fazer o upload e apertar o botão Enviar até receber a confirmação. Na maioria dos sistemas, é só encontrar o botão chamado Adicionar um arquivo ou Upload. Isso o leva às pastas do seu computador para encontrar o arquivo. (Vê por que saber onde ele está armazenado é importante?) Normalmente, você clica em Abrir após identificar o arquivo desejado e depois clica em Enviar. A próxima tela deve ser uma confirmação de que o arquivo foi carregado! A Figura 16-1 mostra um exemplo, sob o ponto de vista do aluno, usando o Canvas.

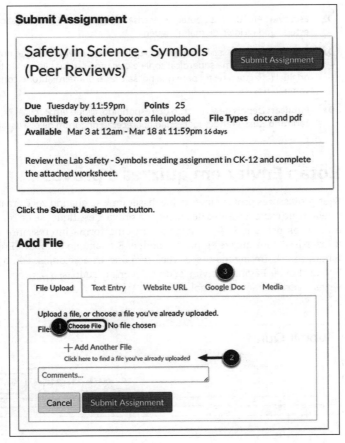

FIGURA 16-1: Envio de arquivos no Canvas.

CAPÍTULO 16 **Terminando e Enviando Suas Tarefas** 309

Se seu professor não tiver essa ferramenta disponível, talvez ele solicite que você anexe seu trabalho a um e-mail. Esse processo funciona da mesma forma que anexar fotos para enviar ao seu querido primo Juca. Você encontra o ícone de anexar (geralmente um clipe de papel), procura o arquivo e faz o upload. A habilidade de fazer upload parece ser universal, quer esteja anexando um documento a um e-mail ou a uma publicação no fórum de discussão. (O Capítulo 3 aborda o básico sobre as habilidades fundamentais de e-mail que você deve ter antes de se inscrever em um curso online.)

LEMBRE-SE

Alguns sistemas de gestão de aprendizagem se conectam à sua estrutura de arquivos Microsoft 365 ou Google, de modo que você pode fazer upload de arquivos de lá.

Enviando posts de discussão

Quando precisa postar ou responder a um post de discussão, as palavras mágicas são levemente diferentes:

» **Escrever:** Procure esse botão se precisar iniciar uma nova discussão, que não esteja ligada à ideia de mais ninguém.

» **Responder:** Use esse botão quando quiser responder a algo que outra pessoa escreveu. Aí vai uma superdica: copie e cole uma ou duas linhas do texto original (apague o resto) para que possa citar o primeiro autor e concentrar seus comentários.

» **Publicar:** Depois de ter escrito ou respondido, clique em Publicar ou Enviar. Caso contrário, suas grandes ideias não aparecerão no fórum de discussão.

Botão Enviar em quizzes e provas

Seus professores provavelmente lhe disseram isso quando você era mais jovem: releia o que escreveu antes de entregar a prova. Certifique-se de ter respondido a todas as perguntas. A tecnologia tem uma forma interessante de forçá-lo a fazer isso com quizzes e provas online. É chamado de botão Enviar (veja a Figura 16-2). Em alguns casos, você terá opções adicionais, como Salvar sem Enviar, Enviar Página e Enviar Tudo e Encerrar. Tudo isso faz você pensar duas vezes e verificar seu trabalho!

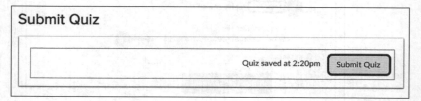

FIGURA 16-2: Página de quiz no Canvas mostra as variações do botão Enviar.

310   PARTE 3 **A Sala de Aula Virtual: Aluno Nota 10**

Dicas para enviar qualquer tarefa

DICA

Quer esteja fazendo artigos, projetos, posts de discussão, quizzes ou provas, considere as seguintes indicações gerais: envie com antecedência, tenha um plano B e mantenha uma cópia. Veja por que isso é importante:

» **Envie com antecedência para evitar problemas:** E se você planeja enviar sua tarefa às 23h56 (o prazo é meia-noite) e o sistema inteiro trava ou seu disco rígido para de funcionar? Você não tem muito tempo para remediar essa situação. Uma aposta mais segura é enviar seu trabalho durante o horário comercial, bem antes do prazo final. Assim, se encontrar um problema, é mais provável que conseguirá falar com alguém do suporte técnico que possa lhe ajudar. (Consulte o Capítulo 10 para obter mais informações sobre suporte técnico.)

» **Envie a tarefa por e-mail:** Ainda são 23h56? Quando tudo mais falhar, envie a tarefa anexada a um e-mail para seu professor. Inclua uma mensagem educada explicando que o sistema não estava cooperando e que você queria ter certeza de que a tarefa seria entregue, de uma forma ou de outra. Isso mostra boa capacidade de resolução de problemas.

» **Mantenha uma cópia:** Sempre mantenha cópias das tarefas durante o período do curso. Você nunca sabe quando poderá precisar delas. É comum que o sistema trave quando você está tentando enviar um grande post de discussão (sempre quando tiver escrito algo digno de um Prêmio Jabuti), então, se escrever primeiro em um processador de texto e depois copiar e colar para a área de discussão, estará seguro por ter o texto original. Caso haja alguma dúvida, pode encontrar o arquivo e reenviá-lo.

Entenda Como e Quando Usar Mídia

Além da palavra escrita, você pode ter a opção de criar uma tarefa na forma de vídeo ou infográfico. Referimo-nos a qualquer formato de trabalho que não seja exclusivamente escrito como *mídia*. Veja alguns ótimos exemplos:

» **A tarefa é se apresentar.** Em vez de escrever uma apresentação, grave um vídeo curto.

» **A tarefa é explicar os princípios mais importantes da educação de adultos.** Em vez de escrever um post de discussão, crie um infográfico atraente.

» **A tarefa é documentar os tipos de perguntas que as crianças fazem.** Além de enviar um relatório escrito, inclua áudios do diálogo entre você e a criança.

CAPÍTULO 16 **Terminando e Enviando Suas Tarefas** 311

Usando imagens

Você tem uma imagem maravilhosa que agrega à sua tarefa. Por exemplo, um mapa que mostra padrões de migração pode ser uma boa adição ao seu trabalho sobre a borboleta-monarca. Por que não acrescentá-lo à tarefa?

Primeiro, dois avisos:

» **Sempre forneça a fonte!** Embora tenha um pouco mais de liberdade no uso de uma imagem protegida por direitos autorais para fins de um trabalho acadêmico, você não deve adicionar uma imagem assim a menos que a cite, como se estivesse citando um autor.

» **Saiba se o professor aceita imagens.** Isso pode parecer bobagem, mas é importante que ele não ache que você está fugindo da escrita ao acrescentar a imagem. Não custa perguntar.

DICA

Se estiver procurando imagens disponíveis para uso sem ter que se preocupar com os direitos autorais, confira o site da Creative Commons: `https://creativecommons`.

As imagens podem ser facilmente adicionadas aos documentos. Procure o comando Inserir na barra de ferramentas superior. Em seguida, escolha Imagem no submenu que aparece e encontre a que deseja incluir. Depois de inserir a imagem no documento, pode redimensioná-la.

Usando infográficos

Os *infográficos* são um método popular de visualização para resumir informações. Talvez o professor lhe dê a opção de criar um para determinada tarefa. Use uma ferramenta gratuita, como Canva — disponível em `https://www.canva.com/pt_br/` — para criar seu próprio infográfico.

Se optar por criar um infográfico para um trabalho acadêmico, tenha certeza de ainda dar o crédito e citar outros trabalhos. Por exemplo, se estiver referenciando um estudo feito por uma associação profissional de recursos humanos, acrescente uma pequena citação ou link para o artigo que menciona. Acima de tudo, demonstre sua integridade acadêmica.

DICA

É preciso um verdadeiro espírito de aventura para brincar com novas ferramentas. No Capítulo 8, falamos muito sobre os benefícios de ter um mindset de crescimento. Este é um exemplo onde isso e um espírito de curiosidade podem levá-lo longe usando essas ferramentas. Só não se perca na ferramenta ao ponto de se esquecer do objetivo da tarefa.

Usando áudio

A inclusão de áudios em uma tarefa pode parecer óbvia para estudos musicais. Você pode gravar sua apresentação. Entretanto, talvez considere esse recurso por outras razões:

» Documentar uma entrevista para que o ouvinte perceba o tom e o contexto.

» Demonstrar a pronúncia ou a fluência em qualquer idioma.

Você pode se surpreender que seu computador tenha ferramentas embutidas para gravação de áudio:

» **Em máquinas com Windows:** Selecione Acessórios ⇨ Gravador.

» **Em um Mac:** Selecione Aplicativos ⇨ QuickTime Player.

» **Em um Chromebook:** Pode acrescentar ferramentas pelo Google Play.

» **Em seu celular:** Mesmo seu telefone pode gravar áudio, usando um aplicativo de gravação de voz, que pode ser facilmente encontrado na App Store ou no Google Play.

Em alguns casos, você pode gravar áudio diretamente no sistema de gestão de aprendizagem. Por exemplo, no Canvas, você pode clicar em um único botão para gravar sua voz dentro do fórum de discussão. Assim, se seu professor lhe pede para usar palavras do glossário em frases, você não precisa escrevê-las. É possível gravar sua voz falando essas frases para que o tom e a inflexão possam ser ouvidos e depois enviar a gravação imediatamente. A Figura 16-3 mostra uma apresentação de áudio dentro do Canvas.

CAPÍTULO 16 **Terminando e Enviando Suas Tarefas** 313

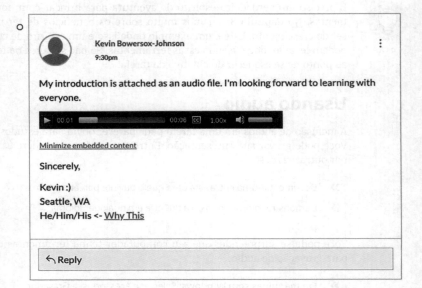

FIGURA 16-3:
Envio de áudio em um fórum de discussão no Canvas.

CUIDADO

Não estamos falando de edição de áudio nesta seção. Esse é outro livro! Estamos apenas mencionando a possibilidade de criar um pequeno arquivo de áudio, não editado, para que possa usá-lo em uma tarefa.

Em todo o caso, certifique-se de que seu microfone está funcionando e que sabe qual formato de arquivo foi usado para captar a gravação. Depois de terminar a gravação, preste atenção ao local onde armazena o arquivo. Se quiser fazer o upload desse arquivo como parte de uma tarefa, precisa saber onde ele está!

É muito provável que um professor pedindo um arquivo de áudio lhe dê dicas para começar. Preste atenção a elas.

Usando vídeo

Você pode ter a opção de gravar um vídeo para uma tarefa. Não precisa ser uma estrela do YouTube para fazer isso acontecer. Mais uma vez, estamos falando apenas de gravar um vídeo de um a dois minutos, não de editá-lo.

A maneira mais fácil de gravar um vídeo é usar um smartphone! Ligue a câmera, deixe a mão firme e fale. O telefone também é uma ótima opção para sair a campo e conduzir uma entrevista para enviar como parte de uma tarefa.

É claro, você também pode usar qualquer recurso embutido de webcam se estiver trabalhando em um notebook com um dos seguintes sistemas operacionais:

» **Máquina com Windows:** Encontre a ferramenta de Câmera, mude para Vídeo, olhe para a câmera e grave!

» **Em um Mac:** Use QuickTime e escolha Novo Vídeo/Filme.

» **Em um Chromebook:** Abra a ferramenta de Câmera, escolha Vídeo, olhe para a câmera e faça a mágica acontecer!

Qualquer que seja o método utilizado, ao terminar a gravação, certifique-se de salvá-la (e preste atenção ao local em que está salvando).

Em alguns casos, talvez seja necessário carregar o arquivo de vídeo diretamente para uma tarefa. Para vídeos rápidos que apenas o mostrem falando, talvez possa gravar diretamente no fórum de discussão. Por exemplo, o Canvas permite que você pressione um único botão e comece a gravar o vídeo usando sua webcam diretamente no fórum de discussão. Essa é uma ótima opção para tarefas de apresentação pessoal. A Figura 16-4 ilustra um vídeo embutido diretamente em um fórum de discussão.

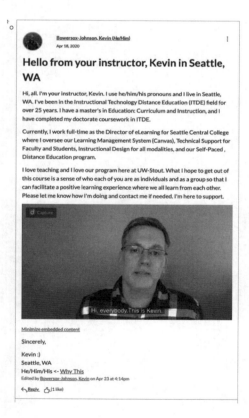

FIGURA 16-4: Vídeo incorporado em uma discussão.

CAPÍTULO 16 **Terminando e Enviando Suas Tarefas** 315

Para projetos que requerem um pouco mais de atenção aos detalhes e podem ser mais longos, um modo muito mais fácil de entregar o vídeo ao seu professor é colocá-lo no YouTube. Crie uma conta, faça o upload do arquivo e compartilhe o URL. Discutimos as opções de áudio e vídeo no Capítulo 17.

LEMBRE-SE

Nem todos acessam as informações da mesma forma. Você pode ter colegas na sala que são cegos ou surdos e não conseguem ver ou ouvir suas apresentações de mídia. Portanto, seria ideal se todas as imagens tivessem descrições claras, textos, arquivos de áudio com transcrições completas e arquivos de vídeo com legendas. Como professores, entendemos que nem todos os alunos saberão como fazer isso, por isso, pedimos que você forneça uma descrição clara em texto, ou um resumo, ao enviar qualquer mídia.

> **NESTE CAPÍTULO**
>
> » **Criando um portfólio com seu trabalho**
>
> » **Encontrando um emprego após terminar seus estudos online**

Capítulo **17**

Criando Seu Portfólio

No Capítulo 5, falamos em encontrar um programa e uma instituição que atendam às suas necessidades. Por que você está estudando? A visão de seu objetivo deve ser uma força motriz constante ao longo de sua carreira acadêmica. Ter em mente seu objetivo principal ajuda a motivá-lo a concluir cursos e a manter-se no caminho certo.

Se planeja procurar o emprego perfeito depois de terminar sua educação online ou se planeja usar seu certificado recém-conquistado, a coleta de alguns artefatos ao longo de sua jornada pode ajudá-lo quando chegar a hora de se preparar para entrevistas. Os *artefatos* servem como lembranças de sua viagem. Eles devem demonstrar suas habilidades e competências dentro da área. Este capítulo introduz algumas ideias sobre como encontrar e se preparar para aquela entrevista dos sonhos por meio da criação de um conjunto dos seus trabalhos.

Desenvolvendo um Conjunto de Trabalhos

Um *portfólio* é uma coleção de artefatos que demonstra o trabalho passado de uma pessoa, seja acadêmico, seja profissional. Ele mostra habilidades e competências, fornecendo amostras de trabalhos criados em diversos ambientes profissionais e acadêmicos. Pense em um artista e no tipo de portfólio de seus trabalhos que esperaria ver. Pense agora em um web designer: a coleção pode ser um site. Pense em um escritor: a coleção pode ser ensaios e contos.

Se você armazena esse trabalho online, terá um e-Portfólio. Um *e-Portfólio* cumpre o mesmo objetivo — mostrar suas habilidades e competências por meio de artefatos — mas em vez de compartilhar um item físico com possíveis empregadores, você simplesmente lhes fornece o URL de um site em que a mesma informação é armazenada digitalmente, seja para visualização pública, seja apenas por convite privado. A Figura 17-1 ilustra como pode ser um e-Portfólio público. A ilustração mostra um único projeto que uma aluna documentou em seu site. No site dessa aluna em particular, é possível que os visitantes interajam com ela, podendo deixar comentários específicos para as informações que estão sendo exibidas.

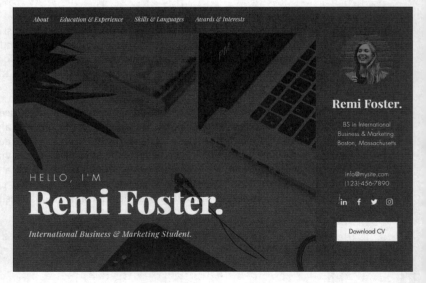

FIGURA 17-1: Acesso público a um e-Portfólio.

Nesta seção, explicamos como você pode utilizar um e-Portfólio a seu favor, e descrevemos seus componentes. Também o ajudamos a escolher um método para criar um e-Portfólio, damos indicações para um projeto bem-sucedido e lhe dizemos como incluir itens que não fazem parte de seu curso online.

Entendendo como usar um e-Portfólio

Há duas maneiras importantes de usar seu e-Portfólio:

» **Atender a necessidades acadêmicas:** Muitos programas de graduação agora exigem que os alunos criem e mantenham um e-Portfólio ao longo de sua carreira acadêmica como forma de documentar o crescimento e destacar suas realizações. Nesta situação, os alunos são frequentemente solicitados a refletir também sobre a experiência de criar os artefatos adicionados ao e-Portfólio como uma forma de avaliar a compreensão do aluno sobre o projeto como um todo. (Veja a seção "Criando textos reflexivos" para mais informações.) Como um requisito para se formar, você precisa concluir seu e-Portfólio. Algumas instituições até exigem uma apresentação formal para acompanhar o projeto.

» **Conseguir um emprego:** Os e-Portfólios também podem ser usados para promover seus conhecimentos, habilidades e competências para futuros empregadores. Ao se candidatar a um novo emprego ou a uma promoção, você pode compartilhar o endereço do site (URL) de seu e-Portfólio com o responsável pela contratação. Ele pode visitar seu site e obter uma visão clara de suas experiências acadêmicas e profissionais para facilitar a decisão de contratação.

Vendo os componentes tradicionais de um e-Portfólio

Você pode escolher vários itens de seu curso online para adicionar ao e-Portfólio. Escolha-os com cuidado e organize seu site de maneira lógica e fácil de navegar. Esta seção avalia diferentes tipos de itens e fornece alguns exemplos de informações específicas a serem incluídas.

Incluindo artigos e projetos

Os *artefatos* são objetos criados por você que podem ser adicionados ao e-Portfólio como anexos. Ao adicionar artefatos, certifique-se de que o público compreenda por que os incluiu. Portanto, para cada artefato, inclua título, descrição e o contexto no qual ele foi criado.

Os visitantes podem baixar seu trabalho diretamente para o computador. Portanto, ao adicionar artefatos ao seu site, considere se precisa incluir proteção com senha antes de carregá-los e vinculá-los ao e-Portfólio. (Mostramos como fazer isso no Capítulo 3.) Então, os visitantes podem abrir e visualizar seus documentos, mas não editá-los. Além disso, se você armazenar os documentos em um lugar como o Google Drive, ajuste as configurações para Apenas Visualização, e não Editar.

Veja alguns exemplos dos diferentes tipos de artefatos para considerar adicionar ao seu e-Portfólio:

» **Documentos:** Por exemplo, um artigo sobre a relação entre a taxonomia de Bloom e e-Portfólios no que diz respeito à educação. Considere o uso de texto

CAPÍTULO 17 **Criando Seu Portfólio** 319

para resumir brevemente o conteúdo do artigo com um link, caso alguém queira baixar o documento completo.

» **Imagens:** Talvez uma série de imagens digitais que você fotografou e modificou para um curso de fotografia online. Considere o uso de texto para descrever as imagens e o propósito de obtê-las.

» **Certificações ou diplomas:** Se você tem uma certificação, adicione-a ao seu portfólio. Isso é especialmente fácil se ela estiver em formato digital, como um crachá digital, em que você pode incorporá-la ao e-Portfólio. Quando um visitante clica nela, ele pode verificar sua autenticidade.

» **Arquivos de áudio:** Por exemplo, uma entrevista em áudio que você conduziu com um profissional de sua área. Considere adicionar uma transcrição e uma descrição geral da tarefa ao anexar um arquivo de áudio ao e-Portfólio.

» **Apresentações em PowerPoint:** Por exemplo, uma apresentação em grupo sobre os benefícios e desafios da criação e manutenção de um site para seu curso de criação de sites. Pense em descrever suas contribuições para o projeto e as ferramentas que utilizou para colaborar com o grupo em um texto reflexivo. (Veja a próxima seção.)

» **Arquivos de vídeo:** Por exemplo, um vídeo ilustrando sua habilidade de filmar, editar e codificar vídeos para seu curso de Introdução à Edição de Vídeo. Considere adicionar uma transcrição e uma descrição geral da tarefa ao anexar um arquivo de vídeo ao e-Portfólio.

CUIDADO

Se sua instituição não exigir que você use um sistema de e-Portfólio, obtenha a permissão de seus professores antes de postar trabalhos avaliados com os comentários deles expostos. Os professores podem solicitar que você não exiba seus comentários ou notas publicamente. A razão não é que eles o tratam de maneira diferente dos outros estudantes — é que isso pode deixar outros colegas de classe agitados porque não foram tão bem quanto você.

Criando textos reflexivos

Um *texto reflexivo* é utilizado no mundo acadêmico como uma forma de ajudar o professor a avaliar seu processo, bem como seu produto final. Esses textos podem ser bastante úteis tanto para os professores quanto para os empregadores que avaliam seu e-Portfólio por razões acadêmicas ou profissionais. Por exemplo, ao ver suas reflexões sobre um projeto que você concluiu na faculdade, um empregador pode ver como você organiza e processa informações a fim de obter um objetivo.

A extensão de um texto reflexivo pode variar de um parágrafo a várias páginas, dependendo do contexto. Uma boa regra é descrever brevemente o projeto, os objetivos educacionais, como ele pode ser aplicado e o que você aprendeu ao conclui-lo. Por exemplo, o texto a seguir é uma reflexão sobre uma tarefa que requer a criação de um e-Portfólio:

> *Ao ser solicitado a organizar e documentar todas as minhas experiências acadêmicas, profissionais e voluntárias, consegui entender melhor onde*

estive, onde estou atualmente e para onde estou indo. Como parte deste projeto, precisei aprender sobre os recursos e serviços disponíveis para criar um portfólio online. O processo de design exigiu que eu desenvolvesse um site que organizasse minhas informações em partes gerenciáveis, mantendo uma estrutura de navegação fácil para meus visitantes. Este projeto também me obrigou a refletir sobre cada tarefa e como as lições aprendidas podem ser aplicadas em minha vida fora da sala de aula. Como um documento vivo, meu e-Portfólio continuará sendo atualizado e, portanto, exigirá que eu reflita e cresça continuamente em meu trabalho.

DICA

Ao escrever um texto reflexivo, procure usar a mesma linguagem que um potencial empregador usaria. Isso ajuda a conectar sua atividade com a necessidade dele.

Disponibilizando históricos informais dos cursos

A postagem de históricos em seu site de e-Portfólio permite que seus visitantes vejam seu nível de dedicação e proporciona uma noção geral da qualidade de seu trabalho. Você pode informar aos seus visitantes a nota que obteve em cada matéria ou sua média geral em um programa de duas maneiras:

» Pode simplesmente fornecer sua média geral (por exemplo, 9,8 de 10,0) na página de descrição do programa e a nota real obtida (10, 9 etc.) ao lado do título de cada matéria. Neste caso, o leitor precisa acreditar em você.

» Pode escanear o histórico oficial, acrescentando-o ao seu e-Portfólio como um artefato e criando um link para a página de descrição do seu curso. Naturalmente, a digitalização de seu histórico, mesmo oficial, retira seu status oficial. Os futuros empregadores ainda podem exigir que você lhes envie os históricos oficiais diretamente da instituição em um envelope selado.

CUIDADO

Se por algum motivo você teve um semestre ruim (e muitas pessoas têm), considere não adicionar essa informação ao e-Portfólio. A maioria dos empregadores não exige essa informação e, se o fizerem, você pode disponibilizar os históricos oficiais mediante solicitação. Ser consistente na apresentação e fornecer essas informações para todas as matérias e cursos é melhor do que publicá-las apenas para as matérias nas quais se saiu bem.

Incluindo recomendações dos professores

Não há pessoas melhores para servir como seus defensores do que os professores. Eles conhecem a qualidade do trabalho que você produz e seu nível de dedicação para completar as tarefas. Portanto, não deixe de desenvolver uma relação profissional com eles e não tenha medo de lhes pedir cartas de recomendação. Siga algumas diretrizes:

» **Seja seletivo quanto a qual professor pedir uma recomendação.** Você não precisa de uma recomendação de cada professor. Uma forma de filtrar é pedir apenas àqueles professores que lecionam matérias que mais se assemelham ao tipo de trabalho que você está fazendo ou espera fazer no futuro.

» **Peça no momento certo.** Não espere até que tenha completado seu curso para pedir uma recomendação. O momento certo é importante. Planeje-se e peça a cada professor ao concluir a matéria, quando sua participação e a qualidade de seu trabalho estiverem frescas na memória dele.

» **Forneça ao professor uma visão geral de seus objetivos profissionais e um link ao seu e-Portfólio.** Isso ajuda o professor a escrever uma recomendação que se alinhe a seus objetivos profissionais. Você também pode enviar seu currículo, caso seu e-Portfólio ainda não esteja pronto.

» **Conceda duas ou três semanas para o professor fazer a carta.** Oferecer tal gentileza permite que o professor analise suas notas e reveja suas informações antes de escrever.

» **Explique ao professor exatamente o que está buscando e especifique que pretende divulgar a recomendação publicamente em seu e-Portfólio.** Muitas instituições arquivam as recomendações no arquivo do aluno, mas elas são anônimas para o aluno, não sendo adequadas ao seu propósito.

Incorporando seu currículo e experiência profissional

Alguma vez já quis adicionar mais detalhes ao seu currículo para que os futuros empregadores vejam o que realmente faz no dia a dia? O bom de ter um e-Portfólio é que ele permite a expansão das informações que não cabem em um currículo de duas páginas.

Embora esse recurso seja útil, não se esqueça de distribuir as informações ao longo das páginas para que não fique tudo em uma página só — é importante não sobrecarregar o leitor. Organize as informações por datas e empresa. Veja a seguir uma lista de componentes a serem acrescentados quando incluir sua experiência profissional em seu e-Portfólio:

» **Perfil da empresa:** Informe o nome da organização, sua localização geográfica e missão.

» **Cargo:** Inclua o cargo que exerceu na organização e uma breve descrição do objetivo geral da função.

» **Datas:** Sequencie seus cargos dentro de cada organização seguindo uma ordem cronológica decrescente. Essa estratégia deixa sua experiência mais recente no topo da lista.

» **Realizações:** Forneça uma lista com marcadores das realizações, informando as tarefas que executou, a maneira como realizou cada uma e o resultado em termos quantificáveis, quando possível. Por exemplo, você pode dizer: "Criou um banco de dados que analisou os encargos recuperáveis para a organização, trazendo uma recuperação de US$1,5 milhão à empresa."

» **Artefatos do projeto:** Forneça artefatos para as realizações listadas, quando possível. Por exemplo, você pode disponibilizar uma cópia vazia do banco de dados que foi criado para recuperar o US$1,5 milhão indicado no marcador anterior.

LEMBRE-SE

Sempre remova informações privadas que possam violar a lei ou ter repercussões negativas. Por exemplo, no caso do banco de dados anterior, é importante compartilhá-lo sem dados, ou com dados fictícios, para que seja possível ver o que você desenvolveu sem expor as informações privadas utilizadas pela organização, tais como nomes, endereços e valores monetários.

Compartilhando links de recursos favoritos

Fornecer aos visitantes uma lista de recursos prova que você está ciente do que está acontecendo dentro de seu campo. Além disso, lhe concede um único local para acessar quando você mesmo precisar encontrar informações. Os recursos podem incluir links para blogs profissionais, podcasts, artigos de periódicos, associações, conferências, recursos de estilo de citação, ajuda profissional e outros recursos acadêmicos.

LEMBRE-SE

Use apenas links profissionais em seu e-Portfólio. Aqui não é o local para informar seus favoritos pessoais, como blog de humor, desenho ou palavras-cruzadas.

Escolhendo um método para criar seu e-Portfólio

Você pode criar um e-Portfólio de três maneiras diferentes: usando recursos institucionais, assinando um serviço ou criando o seu próprio a partir do zero.

Usando recursos institucionais

Talvez sua instituição incorpore o uso de um sistema de e-Portfólio em seu currículo de programa, que você precisará usar posteriormente. Esse sistema pode ser embutido ou externo:

» **Embutido:** Algumas instituições incorporam programas de e-Portfólio em seus sistemas de gestão de aprendizado e os conectam diretamente às rubricas de cada tarefa principal. O aluno pode então carregar a tarefa e importar a avaliação do professor com comentários para o sistema de e-Portfólio.

» **Externo:** Alternativamente, algumas instituições utilizam um serviço externo de maneira semelhante, mas isso requer que o aluno faça o login em um site separado usando um nome de usuário e senha diferentes. O sistema também pode permitir que os professores criem rubricas para anexar aos artefatos. Entretanto, nessa situação, o professor também deve fazer o login em um sistema separado e copiar e colar elementos de rubricas e comentários de avaliação nesse sistema.

DICA

Para saber se sua instituição oferece um sistema de e-Portfólio, primeiro pergunte ao seu orientador acadêmico. Se ele não puder ajudar, você pode entrar em contato com seu professor ou com a equipe de orientação profissional. Algumas instituições fornecem um produto de e-Portfólio orientado para a carreira, que muitas vezes está disponível após a graduação por uma taxa anual ou mensal.

De qualquer forma, esse tipo de sistema de e-Portfólio permite que a instituição determine alguns dos artefatos a serem adicionados, juntamente com suas respectivas notas e comentários do professor. Os artefatos necessários podem incluir artigos, projetos finais ou textos reflexivos. Com todas essas informações em um só lugar, os professores e os reitores do programa podem ver o crescimento de cada aluno ao longo do curso como uma forma de avaliar seu desempenho e a eficácia do programa.

Um benefício de usar o sistema de e-Portfólio exigido por sua instituição é que você já está pagando por ele por meio de taxas do curso. Portanto, não terá um custo externo para utilizá-lo enquanto for aluno. No entanto, a possível desvantagem é que talvez precise assinar o serviço após a graduação, a fim de manter o site e o conteúdo. Em algumas situações, você pode continuar usando o serviço por um ano após a graduação antes de decidir se deseja assinar o serviço ou recriar seu site ou assinar um serviço diferente.

Assinando um serviço

DICA

Você pode assinar um serviço se sua instituição não tiver o sistema de e-Portfólio ou se preferir exercer mais controle sobre o conteúdo. Vários serviços de assinatura oferecem espaço online para você armazenar e exibir seu e-Portfólio. Esses serviços oferecem modelos para adicionar conteúdo e armazenamento em disco para upload de documentos e outros artefatos. A seguir estão alguns deles [em inglês]:

- » **PortfolioGen:** portfoliogen.com
- » **Behance:** behance.com
- » **Interfolio:** interfolio.com

Uma vantagem para assinar um serviço é que ele fornece modelos online para você completar, exigindo apenas habilidades de navegação de internet e o conteúdo do portfólio. Outra vantagem é a possibilidade de bloquear o site para que apenas os convidados possam visualizá-lo.

CUIDADO

É claro que esses sites custam dinheiro, portanto, prepare-se para pagar pela conveniência, e continue pagando a conta. Imagine o constrangimento de um empregador em potencial visitar seu site e descobrir que ele não está disponível porque você se esqueceu de fazer um pagamento!

Criando seu e-Portfólio do zero

Outro método de criar um e-Portfólio é desenvolvê-lo do zero. A maior vantagem disso é poder personalizar o design e a navegação do site para refletir sua individualidade. Quando assina um serviço, você fica limitado ao número de modelos disponíveis no provedor de serviços, o que significa que seu portfólio pode se parecer fisicamente com o de outros alunos que assinam o mesmo serviço.

Antigamente, se quisesse criar seu próprio site, precisaria do seguinte: um serviço de hospedagem online, um nome de domínio registrado e conhecimentos de programação.

Temos o prazer de informar que agora existem serviços de criação de sites online que são fáceis de usar. Você pode literalmente arrastar e soltar arquivos em muitos casos para criar seu próprio site de e-Portfólio. Além disso, muitos deles são gratuitos!

Desenvolvendo um e-Portfólio de sucesso

DICA

Pense em todas as suas realizações como funcionário, como voluntário e/ou como aluno. Provavelmente você tem uma lista e tanto. A dica mais útil que podemos dar é aconselhá-lo a encontrar uma forma de organizar suas informações em partes para que os visitantes possam acessar rapidamente os dados sem ficarem sobrecarregados. Veja mais algumas dicas para criar um site de e-Portfólio de sucesso:

> » **Crie uma navegação usando categorias principais:** Organize as informações em seções lógicas e crie um menu e um sistema de navegação em torno dessa estrutura. Por exemplo, considere organizar suas informações utilizando as seguintes categorias: Página Inicial, Visão Geral, Educação, Experiência Profissional e Envolvimento na Comunidade.

> » **Crie uma navegação de subnível dentro das categorias principais:** Organize e sequencie as informações em cada uma das categorias principais com base em datas, empresas, cargos e assim por diante. Por exemplo, um visitante que clicar em Educação deve ver uma lista de instituições que você frequentou, as datas que frequentou, uma breve descrição do programa em que se matriculou e links que dão a opção de ver uma lista das matérias, conteúdos programáticos e projetos específicos do curso. Quando um usuário clica em

Experiência Profissional, uma página deve aparecer com uma lista com os empregos, organizações, breves descrições dos cargos, datas de início e fim e links que especificam as responsabilidades e os projetos de cada emprego. A Figura 17-2 ilustra como pode ser a navegação de subníveis em um e-Portfólio. (Especificamente, esta figura mostra a navegação de subníveis em um e-Portfólio criado com o Weebly.)

» **Crie uma página de boas-vindas:** A primeira coisa que um visitante de seu site de e-Portfólio deve ver é uma tela de boas-vindas com informações básicas como seu nome, cargo atual, informações de contato e, possivelmente, uma foto. Pense nessa página como um cartão de visita digital.

» **Crie uma página com a visão geral:** Ela deve incluir uma breve visão geral de quem você é academicamente e profissionalmente, o que aprendeu com sua experiência acadêmica e profissional e como seus estudos têm sido aplicados em diferentes situações. Pense nessa página como sua carta de apresentação digital, preparando os visitantes para ver seu currículo digital.

» **Conheça seu público:** Entender por que está criando seu e-Portfólio pode ajudá-lo a projetar e escrever para seu público. Por exemplo, você pode escrever para os professores de forma diferente do que escreveria para futuros empregadores. Como o e-Portfólio pode ser mostrado para múltiplos públicos, certifique-se de que a descrição de cada componente reflete o contexto pretendido. Por exemplo, ao escrever para professores, forneça uma visão geral de cada tarefa e o que aprendeu especificamente com relação aos objetivos do curso. Ao escrever para um público mais geral, forneça de novo uma visão geral de cada tarefa, sua nota, o que aprendeu com o projeto e como isso pode ser aplicado a outras situações, tais como um ambiente de trabalho.

» **Seja autêntico e cite fontes, quando necessário:** É importante mostrar um trabalho autêntico por natureza e fornecer fontes quando você compartilha ideias não originais. Lembre-se de que esse site é um reflexo seu, incluindo seus padrões éticos.

» **Mantenha suas informações atualizadas:** Um portfólio é sempre um trabalho em andamento. Entretanto, ao contrário de seu portfólio físico, as pessoas podem ter acesso ao seu e-Portfólio a qualquer momento. Portanto, é importante manter as informações atualizadas.

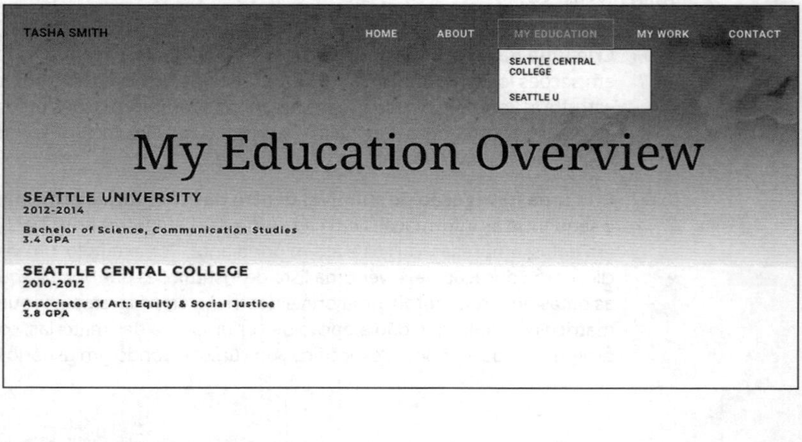

FIGURA 17-2: Navegação com subníveis em um e-Portfólio criado com o Weebly.

Transferindo seu portfólio atual para a internet

Você pode ter experiências anteriores de trabalho, voluntariado ou educação em um portfólio existente que talvez queira incluir em um e-Portfólio. Ótimo! O próximo passo é preparar esse material para a internet. Veja a seguir uma lista dos diferentes tipos de artefatos e considerações a serem feitas ao fazer isso:

» **Documentos de processamento de texto:** Considere converter documentos curtos (uma página ou menos) de processamento de texto para HTML para que os visitantes não tenham que baixá-los. Salve documentos mais longos como um dos tipos de arquivo mais comuns para que os visitantes possam visualizar seu trabalho em múltiplas aplicações. Alguns dos tipos de documentos mais populares são .PDF, .RTF e .DOC. Cada um desses formatos pode ser aberto com um visualizador de documentos gratuito ou um programa básico de processamento de texto que vem instalado na maioria dos computadores.

» **Imagens/fotos:** A menos que esteja no campo de marketing ou fotografia, considere reduzir o tamanho e a resolução da imagem para uma configuração amigável à internet. Os arquivos online devem ser configurados em 72 dpi e entre 20 e 50 KB. Há um excelente programa gratuito para máquinas Windows e Mac que pode ajudá-lo a fazer isso rapidamente: Gimp (gimp.org). A redução do tamanho e da resolução da imagem permite o carregamento rápido. Os tipos comuns de arquivos de imagem são .PNG, .GIF e .JPG.

DICA

Evite colocar muitas imagens na mesma página. Quanto menos fotos, mais rápido a página carregará para os visitantes.

» **Arquivos de áudio:** Os arquivos de áudio são maiores e podem levar mais tempo para serem baixados. Portanto, você deve colocá-los em um site de streaming para criar um link para eles ou incorporar um player. Confira sites de hospedagem gratuita, como Buzzsprout (`www.buzzsprout.com/`) ou Simplecast (`https://simplecast.com/`).

PAPO DE ESPECIALISTA

Streaming é a forma como as mídias como arquivos de áudio e vídeo são entregues a um usuário pela internet. Os arquivos de áudio e vídeo são muitas vezes bem grandes. Se os visitantes precisarem esperar que o arquivo inteiro seja baixado para seu computador antes de ouvir ou ver o arquivo, talvez fiquem entediados e partam para outro site. Portanto, encontrar um site gratuito para hospedar sua mídia vale ouro!

» **Arquivos de vídeo:** Os arquivos de vídeo são grandes e podem demorar muito para serem baixados pelos visitantes. O local mais comum para hospedar vídeos é o YouTube (`www.youtube.com`). No entanto, você também pode considerar serviços como Vimeo (`https://vimeo.com/`), no qual pode ter um controle um pouco maior sobre o que aparece após seu vídeo. Após carregar o arquivo, pegue o código incorporado e insira-o em seu e-Portfólio.

PAPO DE ESPECIALISTA

Incorporação refere-se a pegar o código gerado por um site de streaming e colocá-lo em um site. Parece mais difícil do que é. Você pode encontrar vídeos no YouTube sobre como fazer isso.

DICA

Se forem necessários grandes arquivos de vídeo, considere fornecer aos visitantes um clipe do vídeo online e depois informações de contato para solicitarem o vídeo completo.

LEMBRE-SE

Não importa que tipo de artefato você escolha acrescentar ao e-Portfólio, recomendamos que cada elemento tenha algum conteúdo introdutório que permita aos visitantes olhar rapidamente para seu trabalho e escolher quais elementos eles querem explorar com mais detalhes.

Ajuda para Conseguir um Emprego

Uma vez concluído seu curso online e atualizado seu e-Portfólio, é hora de encontrar um emprego que ponha suas novas habilidades em uso. Vários recursos estão disponíveis online para ajudá-lo no processo de busca de emprego.

Aproveitando o aconselhamento profissional em sua instituição

A maioria das instituições acadêmicas tem um departamento de orientação profissional para ajudar os alunos a decidir qual profissão seguir, como encontrar um emprego e outros recursos relacionados. A maioria desses serviços está disponível online para que sejam acessíveis tanto para estudantes do campus quanto para estudantes online. Se não tiver certeza se sua instituição oferece tais serviços, entre em contato com o orientador acadêmico (apresentamos o papel dessa pessoa importante no Capítulo 5).

Os serviços oferecidos por esses centros incluem os seguintes:

» **Aconselhamento profissional:** Um conselheiro de carreira pode se encontrar com você individualmente ou em um grupo por telefone para ajudar a fornecer orientação nas áreas de autoavaliação, estabelecimento de metas e busca básica de emprego.

» **Ofertas de empregos e estágios:** A maioria dos departamentos de orientação profissional tem uma lista privada em que os alunos podem ver vagas e possibilidades de estágio oferecidos por empresas. Essas listas são frequentemente organizadas por profissão para facilitar a busca.

» **Feiras de profissões:** O fato de você não estar presencialmente na instituição não significa que não possa participar de uma feira de profissões. As instituições online estão começando a oferecê-las na modalidade online. As organizações são convidadas a fazer apresentações rápidas por meio de ferramentas síncronas como o Zoom, e os alunos são convidados a participar da sessão, fazer perguntas e enviar currículos.

» **Webinars sobre profissões:** A equipe de orientação profissional também pode oferecer webinars para dar dicas, macetes e outros recursos sobre tópicos como busca de emprego, criação de currículo, entrevistas e acompanhamento com possíveis empregadores.

» **Recrutamento no campus:** Mais uma vez, só porque você não é aluno presencial, não ache que não possa trabalhar para a instituição que está frequentando a distância. Muito provavelmente, alguns de seus professores não moravam perto do campus, certo? Instituições online entendem que o trabalho pode ser feito mesmo quando os colegas de trabalho não estão no mesmo local físico. Portanto, não ignore esses anúncios do campus ao navegar no site de orientação profissional. Sua instituição pode fornecer tanto estágios como empregos em tempo integral após se formar.

Examinando outros sites de empregos

Quer sua instituição preste ou não orientação profissional, você ainda pode fazer muitas coisas fora da instituição para se promover. Especificamente, vários locais de trabalho publicam oportunidades de emprego locais, nacionais e internacionais. As vantagens desses sites incluem o número de empregadores que os utilizam e a capacidade que eles lhe dão de filtrar as buscas por profissão e localização.

Os sites de busca de emprego geralmente oferecem estes dois tipos de serviços:

» **Serviços gratuitos:** Oferecem recursos gerais de busca e lhe dão acesso a diversas vagas disponíveis em seu campo.

» **Serviços pagos:** Geralmente incluem recursos mais customizados, como a criação de um perfil que é inserido em um banco de dados usado pelos empregadores.

Os sites de busca de emprego também oferecem recursos gratuitos, tais como estratégias para criar seu currículo, busca de emprego e entrevistas. Não deixe de rever os recursos de cada site para reunir uma variedade de ideias e, em seguida, personalizar essas estratégias de acordo com sua personalidade e necessidades.

DICA

Considere os seguintes bancos de dados de empregos quando conduzir sua busca de emprego:

» **LinkedIn:** `br.linkedin.com/jobs`

» **Catho:** `catho.com.br`

» **Indeed:** `br.indeed.com`

» **SINE:** `www.trabalhabrasil.com.br/`

» **Empregos:** `www.empregos.com.br`

CAPÍTULO 17 **Criando Seu Portfólio**   329

Criando rede de contatos

DICA

Ao participar de suas aulas, conheça todas as possibilidades de networking (redes de contato) que puder. Elas podem levar à colaboração em projetos ou a empregos futuros. Veja algumas oportunidades de networking para ficar de olho:

» **Apresentações de alunos:** Preste muita atenção à introdução de seus pares. Você provavelmente descobrirá que eles têm origens e experiências variadas. Seja amigo daqueles que atualmente trabalham em seu campo de interesse e/ou têm muita experiência.

» **Trabalhos em grupo:** Assim como as apresentações dos alunos, você também deve criar uma rede de contatos com parceiros de trabalho em grupo. Tome tempo para se apresentar a seu parceiro ou grupo e compartilhar seus objetivos e sua situação atual. (O Capítulo 13 traz o básico sobre o trabalho em grupo online.)

» **Oportunidades de voluntariado e estágio:** Procure oportunidades para ser voluntário ou estagiário dentro do campo que está estudando. Ao fazer isso, você se conecta com profissionais da área, demonstra a qualidade de seu trabalho e ganha experiência para acrescentar ao currículo. Muitos estudantes acabam trabalhando para a organização onde se voluntariaram ou estagiaram. Não ache que precisa estar no local para ser voluntário. Você pode encontrar muitas oportunidades para estágios online e experiências de voluntariado. Confira os estágios virtuais em `https://estagioonline.com/`.

» **Palestrantes convidados:** Se seu curso online convidar um palestrante para visitar e interagir com a turma, anote o nome do convidado e as informações de contato. Uma forma de entrar no radar dessa pessoa para futuras interações é enviar uma mensagem privada de agradecimento com suas informações de contato.

» **Associações:** Os campos profissionais são em geral definidos por suas associações. Embora tenham um custo de adesão, a maioria das associações tem uma taxa para estudantes. Aproveite enquanto pode, e inscreva-se nas organizações profissionais associadas à sua profissão. Fazendo isso, você tem acesso aos profissionais da área, boletins de emprego e descontos em conferências. As associações profissionais também oferecem cursos e certificações online, assim como oportunidades de voluntariado.

» **Conferências:** Procure e participe de conferências dentro de sua área. Se nenhuma for oferecida localmente, considere viajar e pedir aos colegas dentro de seu programa para dividir os custos de viagem, tais como combustível e hotel. Participar de conferências é uma ótima forma de ouvir apresentações sobre tendências e assuntos dentro de sua área de atuação. As conferências também são úteis para estabelecer contatos com profissionais e possíveis empregadores.

» **Sites de networking:** Aproveite as vantagens dos sites profissionais de rede de contatos. Há outros além do LinkedIn (embora seja o mais popular). Veja outros serviços de networking, como o Meetup (www.meetup.com/pt-BR/) ou Opportunity (myoportunity.com — em inglês). Esses sites oferecem oportunidades de networking tanto em nível social quanto profissional. Crie um perfil profissional e compartilhe o que está procurando em termos de melhoria de carreira. Na verdade, compartilhe seu e-Portfólio!

DICA

Criar um cartão de visita com suas informações de contato e o site do seu e-Portfólio é uma excelente maneira de estar preparado para aqueles encontros inesperados com possíveis empregadores. Por exemplo, um amigo do coautor Kevin participou de uma conferência em sua área no final de seus estudos e teve várias oportunidades de fazer contatos com profissionais da área. Ele pôde entregar aos futuros empregadores seu cartão de visita, o que os direcionou para seu site de e-Portfólio. Em duas semanas após o término da conferência, o amigo de Kevin fez duas entrevistas, uma das quais lhe rendeu um emprego.

PARTE 3 **A Sala de Aula Virtual: Aluno Nota 10**

4

Considerações Especiais sobre o Aprendizado Online

NESTA PARTE...

Acesse as ferramentas online para o sucesso acadêmico no ambiente de ensino fundamental e médio.

Veja como o aprendizado online pode facilitar o caminho para alunos com deficiência.

Reconheça os benefícios do aprendizado online para uma população diversa.

> **NESTE CAPÍTULO**
>
> » **Considerando o papel da educação online para alunos jovens**
>
> » **Examinando as diferenças entre a educação online para crianças e adultos**
>
> » **Analisando diferentes tipos de escolas virtuais**
>
> » **Fazendo aulas online**

Capítulo **18**

Educação no Ensino Fundamental e Médio

No momento da revisão deste livro, muitos professores e alunos do ensino fundamental e médio estavam se esforçando para lecionar e aprender online à medida que as escolas em todo o mundo fecharam devido à pandemia da Covid-19. Embora essa seja uma razão legítima para o aprendizado online nos colégios, muitos professores e alunos não estavam prontos. O aprendizado online de qualidade leva tempo para se desenvolver e as instituições levam tempo para colocar em prática os sistemas de apoio necessários para garantir o sucesso dos alunos. Expressamos nosso reconhecimento para todos aqueles que precisaram reagir a tal evento e a quem não foi dado o tempo apropriado para desenvolver soluções online de qualidade como aquelas de que falamos neste capítulo.

No Capítulo 2, apresentamos brevemente os benefícios do aprendizado online para crianças, tendo em vista o sistema educacional americano. Este capítulo examina por que os alunos mais jovens de todas as idades estão fazendo cursos online, e como esse tipo de educação é diferente daquela dos adultos.

Acompanhamos você nos vários modelos de aprendizado online para alunos jovens e discutimos o que deve saber antes de matricular seu filho em um curso online.*

Entendendo Por que as Crianças Estão Fazendo Aulas Online

Poderíamos indicar o Projeto Internet & Vida Norte-americana do Pew Research Center e seus relatórios sobre o uso da internet entre crianças de 12 a 17 anos, mas você provavelmente não precisa dessas pesquisas para saber que as crianças estão online. É verdade que muito de seu tempo é gasto em contas de redes sociais e jogando, mas cada vez mais tempo é gasto aprendendo. Nas próximas seções, avaliaremos algumas das razões pelas quais crianças de todas as idades estão frequentando aulas online, seja porque querem, seja porque precisam.

Querendo estar online

A primeira categoria de crianças que querem estar online inclui famílias que voluntariamente mudam toda ou parte da educação de seus filhos para a modalidade online. Note que mencionamos a ideia de tomada de decisão familiar; as crianças raramente tomam essa decisão por conta própria. No entanto, algumas razões populares podem ser:

» **As famílias preferem homeschooling.** A educação online permite que as famílias que fazem o homeschooling selecionem currículos e programas que melhor atendam às suas necessidades. Os pais que não são educadores especializados têm mais chance de usar materiais e métodos que realmente ajudarão seus filhos a aprender melhor porque a escola online fornece um professor que faz parceria com os pais.

» **As crianças aprendem em seu ritmo.** Como a maioria dos programas online é criada para permitir que a criança conclua o trabalho independentemente, um aprendiz rápido pode se mover em um ritmo rápido. Crianças talentosas e dotadas não são reprimidas pelo ritmo de instrução. O mesmo se aplica a crianças que precisam de mais tempo para dominar um assunto. Como ela está trabalhando de forma independente, pode levar mais tempo em uma determinada lição, se necessário.

---

* N. da E.: Até a data de publicação deste livro, a educação online para escolas de nível fundamental e médio não foi regulamentada no Brasil, sendo, até o momento, proibida. O capítulo retrata a realidade dos EUA.

Precisando estar online

Às vezes, a decisão de passar às aulas online vem de uma força externa. Veja algumas dessas circunstâncias:

» **Questões de saúde ou familiares interferem na educação tradicional.** Infelizmente, a criança pode ter que lidar com um problema de saúde significativo — por exemplo, epilepsia extrema — que a impede de frequentar uma escola tradicional. Além disso, as crianças mais velhas ocasionalmente precisam abandonar a escola para ajudar em casa, cuidando de irmãozinhos ou mesmo dos pais. A educação online permite que essas crianças continuem a aprender em casa com um horário mais conveniente. As oportunidades online permitem que as crianças progridam rumo aos seus objetivos educacionais apesar de tais circunstâncias.

» **O curso só está disponível online.** Aulas avançadas e especializadas podem não estar disponíveis para crianças que vivem em áreas rurais ou cujas escolas públicas locais têm recursos limitados. Entretanto, tais alunos podem encontrar esses tipos de aulas online por meio de escolas virtuais. Os cursos avançados estão disponíveis em muitos programas online, por exemplo.

» **O aluno teve problemas disciplinares.** A criança pode ter tomado algumas más decisões que resultaram em expulsão. Ao ser expulsa da escola, as famílias têm poucas opções além do homeschooling ou escolas particulares extremamente caras. A educação online pode ser um método pelo qual as crianças podem continuar aprendendo.

» **O aluno sofreu bullying na escola.** De acordo com a Pesquisa da Gay, Lesbian, Straight Education Network (GLSEN) de 2017, 59,5% dos alunos LGBTQIA+ relatam sentir-se inseguros na escola por causa de sua orientação sexual. Cenários assim em geral levam os alunos a buscarem espaços alternativos de aprendizado — incluindo os programas online.

» **A criança tem uma carreira.** As crianças atletas e atrizes levam vidas incomuns. Costumávamos ler sobre atores mirins e seus tutores, mas hoje, com a educação online, a tutoria pode ser eletrônica. O mesmo se aplica aos atletas. Uma estrela em ascensão no mundo do futebol, por exemplo, pode completar sua educação online enquanto treina para grandes competições.

PAPO DE ESPECIALISTA

» **O professor encaminha o aluno para a modalidade online.** As escolas tradicionais de ensino médio podem oferecer uma parte do ensino na modalidade online, como um curso híbrido ou aprimorado pela internet. O professor pode pedir aos alunos que completem tarefas de casa ou questionários online para que o tempo de aula seja usado para outras atividades. Embora este capítulo não entre em detalhes sobre tal estrutura, queremos ao menos mencionar que as crianças estão parcialmente online porque os professores as orientaram para lá.

Vendo as Diferenças entre Educação Online para Crianças e Adultos

O que torna a educação online única para os alunos mais jovens? Afinal, não pode ser o mesmo que a educação online para universitários, não é? Nas próximas seções, consideramos questões de segurança, envolvimento extra dos pais, reuniões síncronas e a necessidade de trabalhar offline.

Questões de segurança infantil

LEMBRE-SE

Brincadeiras à parte: crianças estudando online são um motivo para pais e responsáveis se preocuparem com a segurança. Para começar, elas tendem a confiar em todos e podem não ter o mesmo senso de limites que os adultos. Além disso, há pessoas mal-intencionadas online de olho nas crianças. Para evitar histeria, queremos enquadrar algumas dessas preocupações com as soluções positivas que as escolas online colocaram em prática:

» **A educação online deve ser supervisionada por adultos.** Na próxima seção, discutimos o maior envolvimento dos pais, e uma das principais razões para isso é monitorar o que as crianças fazem online, os sites que visitam e com quem se comunicam.

» **Os programas online devem ser protegidos por senha e com acesso limitado.** As instituições estabelecem protocolos para que somente os estudantes e seus supervisores adultos possam entrar no ambiente virtual de aprendizagem. Os cursos são conduzidos dentro desse espaço para que a criança não tenha necessidade de interagir com mais ninguém online. (O Capítulo 3 apresenta os princípios básicos da proteção por senha.)

» **Os educadores infantis devem passar por análises estritas.** Da mesma forma que os professores das escolas presenciais devem ter uma reputação ilibada, as instituições online garantem que os professores tenham também uma ótima reputação.

Além de ter cuidado com adultos mal-intencionados com relação às crianças, qualquer pessoa cujos filhos estudam online também deve estar ciente do ciberbullying. O *ciberbullying* é quando uma criança constrange, ameaça ou assedia outra por meio de ferramentas online como e-mail, mensagens instantâneas, redes sociais e fóruns de discussão pública. Com alunos adultos, o mesmo comportamento é possível e desconcertante, mas as crianças precisam ter uma proteção especial. (Quando os adultos se envolvem, a linguagem muda para *ciberstalking* ou *assédio virtual*.) As escolas ajudam as crianças a entender o que é uma comunicação aceitável com seus colegas de classe e encorajam aqueles que experimentam bullying a denunciar o fato

LEMBRE-SE

rapidamente. Políticas e procedimentos orientam as escolas no tratamento dos infratores e na determinação de uma punição apropriada.

Caso seu filho decida estudar online, tenha os seguintes fatores em mente:

» **Converse com seu filho sobre as expectativas.** Se ele vai aprender ou brincar online, você deve ter uma conversa em família sobre as regras para se envolver online. Por exemplo, na família de Kevin, os pais controlam a lista de contatos do filho, que só pode se envolver com as pessoas dessa lista. Os pais também exigem login e senhas para todas as contas, e nenhuma nova conta pode ser criada sem sua permissão.

» **Cuidado com perfis falsos.** Uma forma de ciberbullying é enganar uma pessoa. O aluno pode acreditar que está se comunicando com um amigo quando, na verdade, é um perfil falso. Ajude seu filho a discernir quando e o que revelar online. Informações pessoais não devem ser fornecidas.

» **Monitore as redes sociais.** Os colegas de classe formam naturalmente relações interpessoais online. O aluno pode querer se comunicar com seus colegas de sala via e-mail ou espaços de rede social, como o Facebook. Entretanto, essas atividades devem ser monitoradas por um adulto. Em outras palavras, se seu filho tem uma conta no Facebook, certifique-se de que você possa ver o que está acontecendo.

» **Reporte atividades inadequadas.** Se outra criança postar declarações ou imagens constrangedoras ou assediadoras, relate isto aos funcionários da escola imediatamente. Talvez eles não possam disciplinar a criança, mas notar o comportamento pode ter um impacto significativo para sua interrupção.

Novamente, as escolas online conhecem os tipos de comportamentos que devem ser comunicados à polícia. Por exemplo, considere informar à polícia se informações pessoais estiverem envolvidas em uma ameaça contra seu filho. Você pode hesitar, pensando que o incidente é menor, mas é melhor deixar a polícia resolver o problema. Não apague imediatamente as mensagens ofensivas. As autoridades podem precisar vê-las.

Independentemente do que fizer, não retalie com os mesmos tipos de ameaças ou mensagens prejudiciais. Envolver-se em trocas ofensivas só resultará em seu filho ser acusado de praticar ciberbullying. Ensine seu filho a se afastar do computador e se acalmar antes de relatar um incidente desse tipo.

» **Bloqueie os valentões.** Bloqueie totalmente a comunicação com os valentões. Programas de e-mail e de mensagens instantâneas permitem fazer isso.

DICA

Para mais informações sobre ciberbullying, consulte estes sites, em inglês: Stomp Out Bullying (https://stompoutbullying.org), National Crime Prevention Council (http://www.ncpc.org/resources/cyberbullying) ou o site governamental (www.stopbullying.gov). Em português, consulte https://www.unicef.org/brazil/cyberbullying-o-que-eh-e-como-para-lo.

Envolvimento reforçado dos pais

Nas escolas de ensino fundamental e médio, a comunicação entre pais e professores está melhorando, com boletins eletrônicos e portais de aprendizado online que dão suporte à sala de aula presencial. Entretanto, a comunicação direta entre pais e professores sobre áreas específicas que um aluno precisa melhorar pode ser difícil por causa de horários, proporção alunos/professores e preferências de comunicação.

LEMBRE-SE

O envolvimento dos pais é completamente diferente nas escolas virtuais. Se você clicar em qualquer um dos links das escolas virtuais, notará logo que cada instituição requer um maior envolvimento dos pais do que as escolas tradicionais. Os pais têm acesso a tudo: notas, feedback e aulas. Os adultos que supervisionam em casa são referidos por vários termos pelas escolas online — pais/responsáveis, facilitador doméstico e apoio instrucional local, para citar alguns — mas suas funções são as mesmas. A necessidade de maior apoio dos pais decorre da idade e das habilidades do aluno. Veja alguns exemplos dos papéis que os pais devem desempenhar quando os filhos frequentam a escola online:

» Como a maioria das informações é entregue por meio de texto online, a única maneira de sobreviver em um curso online é ler. Isso é impossível para uma criança comum de seis anos! Os adultos servem como leitores.

» Poucas crianças são automotivadas e disciplinadas o suficiente para o aprendizado online. Os adultos servem como supervisores e encarregados pelas tarefas.

» Visto que o professor online pode não ver toda a situação familiar, a comunicação de rotina torna-se mais importante. Os professores programam a comunicação semanal ou mensal com os pais ou supervisores, dependendo da idade do aluno e da estrutura da escola.

A Escola Autônoma Leadership da Pensilvânia, EUA, tem uma forma interessante de comunicar as expectativas dos pais em seu catálogo de cursos: ela diz a eles quanto tempo e esforço devem dedicar ao seu papel de apoio com base no nível escolar do aluno. Por exemplo, espera-se que os facilitadores em casa com crianças no segundo ano ajudem a criança de 90% a 100% do tempo em que ela está estudando o material. Em outras palavras, se seu filho está no segundo ano, você provavelmente precisará ensinar o material e observá-lo fazendo as tarefas. Não pode esperar que uma criança de sete anos leia a tela do computador e saiba o que fazer de forma independente. Conforme a criança avança academicamente, a quantidade de assistência diminui. Quando um aluno está no terceiro ano do ensino médio e se apropria mais do processo de aprendizado, o adulto precisa se envolver apenas entre 1% e 10% do tempo e não há a necessidade de dar instruções ao filho. Em vez disso, o papel do adulto se desloca no sentido de responsabilizar o estudante enquanto continua a fornecer motivação e apoio.

O QUÊ? NÃO TEM DIPLOMA?

Você pode se surpreender ao saber que os alunos que completam um programa acadêmico em uma escola de ensino médio virtual nos Estados Unidos podem não obter um diploma de conclusão, mesmo que façam as mesmas disciplinas que seus colegas da escola presencial. Em vez disso, eles fazem o teste de Desenvolvimento Educacional Geral (GED, da sigla em inglês) para obter um diploma ou certificado. As famílias que adotam o homeschooling estão familiarizadas com esse processo e têm uma prática antiga de documentar anualmente o progresso acadêmico de seus filhos por meio de portfólios que fornecem exemplos de seu trabalho e mostram como estão progredindo. Quando chega a hora de se candidatar às faculdades, os alunos de homeschooling ou da modalidade online fazem os mesmos exames de admissão que qualquer outro aluno e enviam seus portfólios juntamente com uma lista de cursos e disciplinas concluídos.

Nota da Editora: Nos EUA, há algumas faculdades que oferecem um diploma completo do ensino médio considerando os créditos sem ter que fazer o GED ou carregar o estigma associado ao assunto. Por exemplo, a Faculdade Olympic em Bremerton, Washington, oferece o programa High School+ no qual avalia o histórico escolar de um estudante e desenvolve um plano de educação que leva à obtenção de um diploma.

DICA

Qualquer boa escola virtual para crianças requer o envolvimento dos pais! As escolas lhe dizem isso usando alguns dos principais links em seus sites — por exemplo, uma guia Pais ou um link para o envolvimento dos pais. Isso não deve ficar em segredo. Se parecer obscuro, procure outra escola.

Mais oportunidades em tempo real nos EUA

O mundo da educação online para crianças é mais síncrono do que a experiência dos alunos adultos (ou seja, acontece em tempo real com mais frequência). Os alunos podem esperar participar de encontros online todos os dias, semanas ou meses. Tais encontros síncronos com instrutores e outros estudantes reforçam o assunto, criam fortes laços comunitários e geralmente mantêm os alunos em atividade. Mesmo as escolas que seguem um modelo de currículo autodidata em geral reforçam os cursos com reuniões síncronas regulares.

Os encontros síncronos normalmente utilizam software de conferência online (que descrevemos no Capítulo 13) e reúnem vários alunos em uma sala. Esses encontros podem ser muito divertidos! O professor pode apresentar novas informações ou reforçar o que os alunos estão estudando. Eles podem fazer e responder a perguntas sobre conteúdos ou tarefas. Talvez o maior valor das reuniões síncronas seja a sensação de conexão interpessoal entre o aluno e o professor, que ainda é vital na educação virtual para as crianças. A Figura 18-1 mostra como pode ser uma interface síncrona para um curso de ensino fundamental ou médio online.

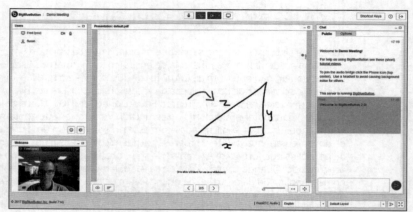

FIGURA 18-1:
Interface de uma aula síncrona.

PA Leadership Charter School

DICA

Não se esqueça de que o telefone também é uma ferramenta síncrona! Os professores em geral ligam para os alunos para monitorar o progresso e falar sobre o que está acontecendo na sala de aula.

A necessidade de atividades offline

Surpreendentemente, nem toda educação online acontece online. Embora os adultos possam fazer atividades offline (como explicamos no Capítulo 12), tais atividades são especialmente importantes para os alunos mais jovens. Os aprendizes jovens precisam de tempo longe do computador para realizar tarefas acadêmicas que envolvem o seguinte:

» **Apostilas e livros de atividades:** Você consegue imaginar aprender a escrever números sem ter lápis e papel à mão? Algumas das primeiras tarefas acadêmicas precisam ser feitas longe da tela do computador. Além disso, quando as crianças aprendem a ler instruções (por volta do quarto ano), elas começam a acessar materiais como livros e apostilas offline.

LEMBRE-SE

Quase todas as escolas virtuais usam apostilas. A mídia online toda colorida pode estar disponível para explicar conceitos, mas a educação online para os mais jovens também envolve materiais impressos.

» **Aprendizado prático, à moda antiga:** Os conteúdos programáticos para os jovens incluem oportunidades práticas para testar conceitos. Por exemplo, a criança em uma aula de ciências sobre a Terra pode receber amostras de rochas para examinar e avaliar. Ou ela pode ser solicitada a coletar amostras de folhas para uma aula de botânica. Explorar a curiosidade natural faz parte do aprendizado, e um bom currículo online exige que os alunos saiam pelo mundo e encontrem essas relações fundamentais.

342 PARTE 4 **Considerações Especiais sobre o Aprendizado Online**

DICA

Quando estiver pesquisando escolas online, pergunte quanto do aprendizado ocorre online e quanto é offline. Se um programa parecer especialmente desequilibrado sem uma explicação adequada, considere a possibilidade de buscar outra escola. As crianças precisam de equilíbrio.

Conferindo Diferentes Tipos de Escolas Virtuais para Crianças e Adolescentes nos EUA

Se a educação online interessa a você ou a seu filho, como encontrar um programa adequado? As próximas seções examinam a variedade de programas disponíveis para as famílias que querem aprender online. Uma pesquisa dos programas existentes revela estruturas comuns, sejam públicas, sejam particulares.

Escolas públicas

Muitos estados dos EUA têm escolas online públicas. Nas seções seguintes, explicamos o básico de como elas funcionam e descrevemos um exemplo clássico de uma escola pública. Também abordamos a instrução terceirizada e as escolas autônomas.

O básico sobre o funcionamento de escolas públicas

Antes de nos aprofundarmos sobre como as escolas públicas dos EUA funcionam, precisamos esclarecer que há dois tipos principais:

» **Financiadas pelo governo e abertas a todos os residentes:** Este tipo de escola pode oferecer o curso completo ou apenas algumas matérias, e geralmente é credenciada. Essas escolas públicas são geralmente vinculadas ao departamento de educação de um estado e, portanto, seguem as diretrizes do estado sobre o que ensinar. Entretanto, esse tipo de escola pode ser terceirizada e administrada por um grande provedor de ensino.

» **Autônoma:** Este tipo de escola também é financiada por dinheiro público. Ela é um pouco mais experimental por natureza, concentrando-se em uma matéria específica ou em um grupo de alunos, como tecnologia, matemática ou artes. Muitas vezes, estão também diretamente ligadas a um distrito de escola pública e as matrículas podem estar disponíveis apenas aos residentes desse distrito.

Nos Estados Unidos, ambos os tipos de escolas financiadas pelo Estado devem seguir os padrões estaduais. O que uma criança aprende em inglês no segundo ano do ensino médio, por exemplo, deve ser bastante consistente, quer ela esteja em uma escola presencial ou virtual. É *como* o ensino ocorre que consideramos na educação online.

ENTENDENDO OS CURRÍCULOS ESCOLARES E AS NORMAS ESTADUAIS NOS EUA

O que as crianças aprendem na escola nos EUA é muitas vezes determinado a nível estadual, de acordo com normas estabelecidas. Por exemplo, para um aluno do estado de Montana, a publicação *Padronização de Conteúdos para Língua Inglesa, Artes e Leitura de Montana* diz que todos os alunos devem conseguir "Ler com atenção para determinar o que o texto diz explicitamente e fazer inferências lógicas a partir dele; citar evidências textuais específicas ao escrever ou falar para embasar conclusões tiradas do texto". Cada padrão é dividido em uma explicação mais significativa de acordo com o nível de idade, para que os professores entendam o que é esperado até o final do quarto ano, em comparação ao oitavo ano, e assim por diante. Os professores utilizam essas informações para planejar aulas e selecionar o currículo escolar que corresponda aos padrões estaduais. *Currículo escolar* é um termo chique para o que é ensinado, incluindo os livros didáticos e materiais instrucionais. Por exemplo, se você é a pessoa encarregada de fazer com que as crianças "reflitam sobre suas experiências literárias e selecionem propositalmente entre uma série de obras", você seleciona um livro didático e materiais que as ajudem a atingir esse objetivo.

A Sociedade Internacional de Tecnologia na Educação (ISTE, da sigla em inglês) pede aos estados que considerem o papel da tecnologia em seus programas estabelecidos pelas normas estaduais. As Normas Nacionais de Tecnologia Educacional (NETS, da sigla em inglês) da ISTE sugerem que os educadores devem levar os alunos a "fazerem uma curadoria crítica de uma variedade de recursos utilizando ferramentas digitais para criar conhecimento, produzir artefatos criativos e desenvolver experiências de aprendizado significativas para si mesmos e para os outros", por exemplo. Embora os padrões de tecnologia das NETS não sejam obrigatórios, se colocá-los junto com os padrões estaduais, verá como a educação online pode ser uma solução. Usando o exemplo anterior de Montana, um educador online poderia fazer com que os estudantes refletissem sobre suas experiências literárias e conclusões por meio de painéis de discussão online.

Em 2006, o estado de Michigan agitou as redes educacionais ao aprovar uma legislação exigindo que os estudantes do ensino médio fizessem pelo menos um curso de aprendizagem online ou participassem de uma experiência de aprendizado online antes de se formarem. Embora nem todos os estados tenham seguido as normas legislativas, a ideia de que as escolas devem preparar os alunos para um futuro tecnologicamente rico está ganhando espaço.

A instrução online em uma escola com financiamento público muitas vezes mescla vídeos, livro de exercícios e tempo de leitura com visualização e discussão online. O aluno acessa as aulas online, completa uma boa parte das atividades offline e depois volta a fazer o login para enviar as tarefas. Os alunos mais velhos são frequentemente solicitados a discutir ideias com os colegas pelos painéis de discussão. Os alunos do ensino fundamental II precisam ter encontros consistentes com os instrutores para demonstrar habilidades, discutir tarefas e aprender novos conceitos. Eles geralmente também têm oportunidades de interação ao vivo ou síncrona com professores do ensino médio. Os pais monitoram o progresso e se comunicam frequentemente com os instrutores.

Portanto, no contexto da educação americana, o que os pais devem perguntar se estão buscando esse tipo de educação para os filhos?

» Se é uma escola financiada pelo governo, quem pode participar?

» O currículo escolar está alinhado com as normas estaduais? Quais cursos estão disponíveis?

» Quais são as qualificações dos professores? A instrução é dada por professores locais ou é terceirizada para uma empresa nacional? A qualidade não pode ser diferente — talvez só fique curioso sobre onde o professor está.

» O que acontece todos os dias, semanas ou meses? Que tipo de calendário seria seguido? Seu filho pode completar as aulas mais cedo ou levar mais tempo, se necessário?

» Quais são os requisitos mínimos de hardware e software para participar do programa?

» Como os pais são envolvidos? Que expectativas eles devem ter sobre a comunicação com os professores?

DICA

Pergunte se um computador e livros didáticos fazem parte do pacote nas escolas financiadas pelo Estado. Em alguns estados americanos, os estudantes recebem notebooks ou computadores junto com livros didáticos e de atividades. Alguns até oferecem ajuda financeira para pagar pelo serviço de internet, se for considerado necessário com base na necessidade financeira e se o programa online atender aos objetivos acadêmicos do estudante.

Você pode se perguntar sobre os instrutores das escolas virtuais. Eles devem ser certificados. São verdadeiros educadores e têm as mesmas credenciais acadêmicas que qualquer professor das instituições presenciais. Alguns professores também podem ser certificados em programas de qualidade e todos terão recebido instrução significativa e contínua sobre como lecionar online. Algumas escolas também têm programas estruturados de desenvolvimento profissional que se concentram não apenas em estratégias específicas para o ensino online, mas também em métodos de ensino baseados em pesquisa em geral.

Um exemplo clássico: A Escola Virtual da Flórida

Talvez, a escola online mais conhecida e há mais tempo funcionando (desde 1997!) seja a Escola Virtual da Flórida (FLVS, da sigla em inglês): `www.flvs.net`. Qualquer criança cujos pais sejam residentes do estado da Flórida pode ter aulas gratuitas lá — incluindo alunos de homeschooling que estejam registrados em seu distrito escolar. Desde 2020, a FLVS oferece mais de 180 cursos, e os alunos da escola concluíram 4,1 milhões de semestres de matérias.

Os alunos da FLVS selecionam cursos a partir de um currículo padrão que segue de perto os padrões estaduais. Por exemplo, o currículo inclui quatro níveis de inglês do ensino médio juntamente com dois cursos de inglês de colocação avançada. Os alunos ganham o mesmo meio crédito por semestre por curso que os alunos de escolas tradicionais.

Os estudantes podem frequentar em tempo integral ou aproveitar o modelo FLVS Flex, que lhes permite fazer cursos online além das aulas presenciais na escola de seu bairro, escola autônoma ou homeschooling. Os alunos podem trabalhar em ritmos variados, de acelerado (rápido) a estendido (lento). Mesmo dentro de uma determinada opção de ritmo, os alunos podem acelerar ou diminuir a velocidade conforme a necessidade, dependendo de como entendem o material. Embora o ritmo varie, os alunos não estão de forma alguma estudando por conta própria. Os professores estão proativamente envolvidos em seu aprendizado diário por meio de feedback de avaliação, discussões, telefonemas, e-mails, bate-papos e muito mais. Os alunos também podem se comunicar uns com os outros e com os professores por meio de painéis de discussão e reuniões síncronas online. A combinação de aprendizagem assíncrona e síncrona funciona de forma eficaz para a maioria dos alunos.

Um curso online típico na FLVS inclui algum tipo de apresentação multimídia, rica em visual. O método de apresentação envolve os alunos jovens que trazem expectativas sofisticadas para o aprendizado (veja um exemplo na Figura 18-2). É necessário parecer bom, ser relevante e conter um fator de diversão. À medida que o aluno faz as atividades de uma aula, ele se comunica com o instrutor ou com os colegas, seja por meio de painéis de discussão, seja por reuniões síncronas como webinars ou sessões de bate-papo.

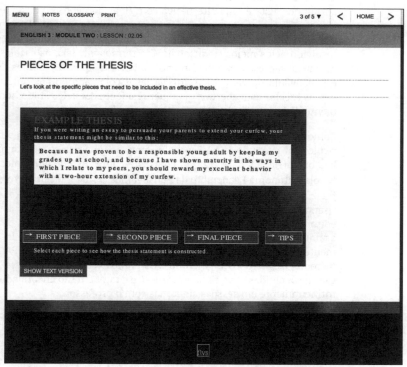

FIGURA 18-2: Exemplo de um curso online para alunos do ensino fundamental e médio.

Cortesia da Florida Virtual School

Instrução terceirizada e escolas autônomas

Outros estados dos EUA têm programas similares aos da FLVS para os alunos, mas eles podem terceirizar a instrução em vez de ter escolas estaduais dedicadas. Por exemplo, o estado do Arizona oferece oportunidades online gratuitas para crianças matriculadas em um distrito escolar. Entretanto, os cursos do Arizona são terceirizados para a empresa K-12. (www.k12.com), um grupo patenteado que desenvolve e vende currículos escolares. Assim como os cursos da FLVS, os cursos da K-12 têm o formato de autoaprendizado e incluem mídias. Aqui, a diferença está simplesmente em quem desenvolve os cursos. A qualidade da instrução e a experiência dos professores são consistentes.

Em alguns estados americanos, as escolas autônomas oferecem cursos online aos alunos. Esta é uma alternativa com financiamento público à escola tradicional. As escolas autônomas são frequentemente iniciadas por pais ou grupos comunitários preocupados e visam um problema que se acredita não ser resolvido pelos meios tradicionais. Em termos virtuais, as escolas autônomas estaduais são escolas online menores. Por exemplo, os estados de Wisconsin e Pensilvânia operam, cada um, várias escolas autônomas online. Cada uma dessas escolas está aberta a qualquer residente daquele estado, independentemente da proximidade com o endereço residencial.

Como as escolas autônomas têm menor em escala, elas podem diferir no currículo. Por exemplo, em Wisconsin, mais de uma das escolas autônomas utiliza os currículos da K-12. Em contraste com o uso de currículos próprios, a Escola Autônoma Leadership da Pensilvânica (PALCS, da sigla em inglês, www.palcs.org) utiliza currículos desenvolvidos por professores individuais. Usando recursos disponíveis nos livros impressos tradicionais, bem como em editores de mídia online, os instrutores personalizam as aulas de acordo com as notas e os padrões estaduais. Isso resulta em um método de instrução altamente personalizado. Como os outros programas, o programa PALCS combina métodos assíncronos e síncronos. Os alunos recebem uma lista de tarefas a serem concluídas até o final do trimestre e também são encorajados a se reunir rotineiramente em sessões síncronas com o professor.

LEMBRE-SE

Algumas instituições virtuais americanas são terceirizadas. O estado adere aos serviços de um grande fornecedor. Em muitos casos, isso funciona a seu favor porque você está vinculado a uma vasta rede de recursos e pessoal. No entanto, vale a pena perguntar a respeito, de modo que se sinta à vontade para que o programa educacional de seu filho corresponda aos padrões do seu estado e ao currículo esperado.

Escolas particulares online

Se o estado não tem uma escola virtual financiada publicamente ou se quiser procurar alternativas, as escolas particulares são uma opção. Nos Estados Unidos, as escolas particulares virtuais operam da mesma forma que as escolas públicas. Com uma combinação de aulas de autoaprendizado e ministradas por instrutores, ótimas mídias interativas e reuniões síncronas de rotina, a questão público/particular tem pouco a ver com diferenças qualitativas na educação e tudo a ver com bases de financiamento! Desde que você esteja disposto a pagar a mensalidade, não importa em que estado viva.

LEMBRE-SE

Com uma rápida busca online, encontrará muitas escolas online nos EUA, mas o que você deve considerar na tomada de decisões? Veja algumas diretrizes:

» **Certifique-se de que o programa é acreditado.** Esta deve ser uma informação óbvia no site da escola. Duas das principais agências de acreditação nos EUA são a Comissão de Faculdades da Associação de Faculdades e Escolas do Sul (SACS) e a Comissão de Credenciamento Internacional e Transregional (CITA, da sigla em inglês). (Consulte o Capítulo 5 para obter mais informações sobre o credenciamento.)

» **Pergunte sobre a história e a experiência da escola.** Quando se trata de educação online e seu filho, é importante saber que os desenvolvedores e professores já fazem isso há tempo suficiente para ter certeza de que funciona! As mesmas perguntas que mencionamos anteriormente sobre a qualidade dos professores, currículo e outros aspectos também se aplicam a essas escolas!

» **Reconheça que o tamanho às vezes é uma vantagem.** Nos Estados Unidos, uma das potências do ensino médio online, por exemplo, é a Insight Schools (https://wa.insightschools.net/). Ela pertence à mesma mantenedora da Universidade de Phoenix, o Grupo Apollo. Assim, a Insight pode aproveitar a experiência e os recursos da enorme universidade. Seu filho terá acesso a um currículo escolar baseado em pesquisas e às melhores práticas na instituição.

» **Pergunte sobre os materiais da escola.** Foram desenvolvidos internamente? Em caso afirmativo, estão alinhados aos padrões estaduais? Qual é a sua interatividade? Peça para ver uma demonstração. É importante que seja um curso altamente visual, fácil de navegar, cheio de interação e repleto de opções para os alunos "mostrarem o que sabem". Descubra também com que frequência o material didático da escola é atualizado. Os cursos online devem ser atualizados regularmente — isso faz parte da beleza de estar online!

» **Pergunte sobre a certificação e o treinamento dos professores.** Escolha um programa que dê apoio instrucional por meio de treinamentos específicos sobre educação online.

» **Descubra quais são os requerimentos presenciais, e certifique-se de que pode cumpri-los.** Tudo bem se não houver, mas busque um programa que, pelo menos, faça o possível para oferecer essa oportunidade.

» **Questione sobre os tipos de aprendizado oferecidos.** Procure um programa que ofereça uma combinação saudável de oportunidades de aprendizado síncrono e assíncrono. Muito tempo síncrono já pode ser um desafio para adultos, ainda mais para crianças pequenas que precisam de intervalos. Na mesma linha, é difícil permanecer motivado se todo o trabalho deva ser concluído de forma assíncrona.

DICA No contexto americano, se preferir o homeschooling por motivos religiosos, dê preferência a um currículo que se adapte às suas crenças. Programas online estão disponíveis, como o da The Morningstar Academy (www.themorningstaracademy.org.) Entretanto, ao procurar uma escola online, tenha a mesma cautela que mencionamos na lista anterior com relação ao credenciamento e à experiência.

DICA Se você adota o homeschooling para seu filho nos Estados Unidos e quer oportunidades online, há diversas para escolher. Por exemplo, a Khan Academy (www.khanacademy.org) oferece uma variedade de cursos em matemática, ciências e engenharia, artes e humanidades, e preparação para testes. Esses cursos têm o formato de autoaprendizado, sem instrutor. São organizados por idade e muitas vezes se alinham aos *padrões centrais comuns* de cada faixa etária — os objetivos que os alunos devem atingir no final de cada nível. Muitos outros sites educacionais também estão disponíveis e podem dar apoio aos alunos no aprendizado de digitação, leitura, ortografia e outro idioma. Esses programas geralmente exigem que o aluno crie uma conta para que o progresso seja acompanhado. Ao avaliá-los, verifique se disponibilizam um login para pais de modo que você também controle a conta de seu filho e acompanhe o progresso.

Fazendo a Matrícula no Ensino Fundamental e Médio Online

Se decidir que a educação online é adequada para seu filho, como fazer a matrícula no sistema educacional americano? As próximas seções detalham como você pode encontrar cursos para atender às necessidades de seu filho, confirmar os créditos e garantir a transferência conforme a necessidade.

LEMBRE-SE

A inscrição para uma escola de ensino fundamental e médio online nos EUA não é muito diferente da que descrevemos nos Capítulos 4, 5 e 6 para adultos. Você aprende sobre a escola e o programa online, solicita os documentos de matrícula e tem a oportunidade de conversar com uma pessoa real sobre a escola antes de se comprometer com qualquer coisa. A escola normalmente exige registros acadêmicos anteriores (semelhantes aos históricos escolares para adultos). Você também precisa fornecer uma certidão de nascimento e talvez registros de imunização. (Sim, mesmo para algumas escolas online!) Algumas escolas — por exemplo, a Escola Virtual de Illinois — exigem que você obtenha permissão de sua escola local durante o processo de inscrição/candidatura antes de ser aprovado para fazer cursos online. Nesse mesmo exemplo, os créditos do ensino médio não são concedidos pela escola virtual, mas podem ser aprovados pelo colégio local do aluno.

O consistente entre o ensino fundamental e médio e a educação para adultos é a necessidade de avaliar os programas credenciados e fazer perguntas. Se não está encontrando as respostas que precisa, busque outra opção!

Encontrando os cursos certos

Às vezes, um aluno chega ao final do ensino médio nos EUA e ainda precisa fazer um curso curto para se formar. A solução é normalmente a escola de verão, mas se esse aluno tem acesso a recursos online, uma alternativa pode ser compensar a falta de um curso por meio da educação online.

Ou, que tal um aluno de homeschooling que realmente quer fazer um curso eletivo em chinês, mas cujos pais não conseguem encontrar o material didático certo? A educação online pode preencher esse tipo de lacuna curricular.

Ao pesquisar o que está disponível em seu estado ou ao consultar currículos patenteados (como sugerimos anteriormente neste capítulo), é possível identificar programas online que possam ajudar o aluno a recuperar cursos que não fez para voltar aos trilhos ou fazer cursos que não estão disponíveis de outra forma.

LEMBRE-SE

Como as faculdades, no sistema educacional americano, as escolas virtuais mantêm catálogos de cursos. Esses catálogos descrevem as ofertas de cursos e o crédito associado que um estudante ganha para a conclusão. As escolas os disponibilizam gratuitamente aos consumidores interessados, mas, se não encontrar um catálogo de cursos prontamente disponível online, ligue para o número de contato e solicite.

As escolas virtuais também estão disponíveis para crianças que precisam completar *todas* as aulas online. Neste caso, você deve examinar o site da escola para procurar um *currículo completo* ou um *serviço completo* que leve a um diploma. Como é de se esperar, é preciso selecionar uma escola credenciada. Confie em nós: há muitas oportunidades para obter um diploma online.

Confirmando os créditos antes de fazer as aulas

Mencionamos o crédito várias vezes neste capítulo, e talvez devêssemos esclarecer o que isso significa. As instituições norte-americanas "contam" os créditos de acordo com o sistema Carnegie, um sistema bem estabelecido e aceito para o ensino fundamental, médio e superior. O crédito do ensino médio é contado em unidades completas ou em metades de acordo com o tempo que o aluno está na sala de aula — literalmente o tempo que o aluno fica na cadeira!

Uma unidade completa de crédito equivale a 120 horas de tempo de contato com um instrutor, portanto, em uma escola tradicional em que as aulas de inglês se reúnem por 50 minutos cinco dias por semana, leva cerca de um ano para ganhar um crédito. Um curso semestral, como um curso eletivo de mitologia, pode conceder metade de um crédito.

Obviamente, esse método de contagem de crédito é antiquado para a educação online, mas ainda é o sistema em uso. As escolas virtuais concedem o mesmo crédito que as presenciais, considerando quanto tempo o aluno está envolvido em atividades de aprendizado (online ou offline) e a quantidade de tempo que se espera que ele esteja em comunicação com o corpo docente ou outros alunos.

LEMBRE-SE

Antes de se inscrever em qualquer curso online, confirme quantos créditos esse curso concederá após a conclusão. Isso está disponível no currículo escolar. (Por exemplo, o inglês do terceiro ano do ensino médio concede um crédito.) O departamento de matrículas e admissões da escola pode fornecer, e deve ser completamente transparente para você como consumidor. Esteja certo de que está se inscrevendo em um curso que conta para seu objetivo acadêmico!

Entendendo os acordos de articulação

No sistema educacional americano, um *acordo de articulação* é um plano formal que detalha quais cursos serão aceitos em quais escolas e sob quais circunstâncias. Suponha que seu filho seja superdotado e queira fazer um curso de inglês avançado que ganhe crédito duplo para a faculdade e não esteja disponível no colégio rural local. Você descobrirá que esse curso está disponível gratuitamente por meio de uma escola autônoma em outro lugar em seu estado. Seria fácil presumir que seu filho poderia se matricular na escola autônoma e receber o crédito para a formatura em sua escola local. Não é assim! Antes de prosseguir, pergunte a ambos os colégios sobre o acordo de articulação para que você saiba que o crédito será contado. O secretário de qualquer uma das escolas é o responsável por esses documentos.

LEMBRE-SE

A verificação dos acordos de articulação é especialmente importante para os alunos do segundo e terceiro anos do ensino médio que desejam ganhar duplo crédito. Você deve verificar não apenas se a escola de ensino médio presencial aceitará o crédito online, mas também a futura faculdade. Não queremos fazer parecer que isto é problemático, mas o provérbio "Melhor prevenir do que remediar" vem à mente.

ADULTOS PODEM FAZER O ENSINO MÉDIO?

Se não ganhou um diploma do ensino médio de forma tradicional e agora quer compensar, você pode conseguir isso online. Entretanto, no contexto americano, as escolas virtuais para crianças tradicionais que discutimos neste capítulo, tais como as escolas autônomas com financiamento público, não podem aceitá-lo. Por serem financiadas pelo Estado, as disposições estão escritas em seus estatutos, permitindo que os alunos só se matriculem até uma certa idade. No entanto, algumas escolas online estão disponíveis para adultos completarem o ensino médio. Na maioria das vezes, é importante obter os conhecimentos necessários para fazer o teste do Diploma de Educação Geral (GED, da sigla em inglês). O crédito não é tão importante quanto a aprovação no teste.

No Brasil, a Resolução n°1/2021 do Conselho Nacional de Educação instituiu as diretrizes operacionais para a Educação de Jovens e Adultos (EJA) a distância. Você pode encontrar mais informações em https://www.gov.br/mec/pt-br/media/acesso_informacacao/pdf/DiretrizesEJA.pdf.

Comece entrando em contato com seu conselho estadual de educação para ver se há um programa online disponível para os residentes. Caso contrário, faça uma busca online digitando *educação online para GED*, e encontrará muitos programas e serviços. Não deixe de pesquisar bem para encontrar o tipo de programa que se adapte às suas necessidades.

> **NESTE CAPÍTULO**
>
> » **Determinando o nível de acessibilidade do curso online**
>
> » **Informando a instituição sobre sua deficiência**
>
> » **Usando tecnologia assistiva para cursos online**

Capítulo **19**

Acessibilidade na Educação Online

De acordo com a Associação Norte-americana de Faculdades Comunitárias, 20% de todos os estudantes matriculados em faculdades comunitárias em 2015-2016 nos EUA relataram ter uma deficiência. No Brasil, segundo o Censo da Educação Superior de 2020, mais de 55 mil estudantes matriculados em cursos de graduação presenciais e a distância em instituições públicas e privadas possuem algum tipo de deficiência. Quando se trata de acessibilidade para pessoas com deficiência, estamos sendo brutalmente honestos ao dizer que o campo da educação online ainda está trabalhando para acertar essa questão. Mesmo as instituições mais comprometidas dependem de professores individuais e fornecedores externos que nem sempre estão familiarizados com as estratégias de design e desenvolvimento mais adequadas para pessoas com deficiência. Entretanto, podemos dizer honestamente que esse é um tema polêmico dentro do campo e que mais leis estaduais e federais estão forçando as instituições a se tornarem mais conscientes sobre o assunto.

Isso significa que você não deve tentar fazer um curso online caso tenha uma deficiência? De jeito nenhum. Os benefícios da educação online, como explicamos no Capítulo 2, definitivamente se estendem às pessoas com deficiência. As leis federais proíbem qualquer instituição que receba financiamento federal, seja particular, seja pública, de discriminar com base na deficiência. Essas mesmas instituições também são obrigadas a fornecer acomodações razoáveis e apropriadas para garantir o acesso igualitário a todos os estudantes. Além disso, muitas tecnologias de assistência podem ajudar quando necessário.

DICA

Acreditamos que esse tópico é extremamente importante, e é por isso que incluímos este capítulo. Aqui, explicamos como descobrir a acessibilidade dos cursos que você deseja fazer e como informar a instituição selecionada sobre sua deficiência. Também descrevemos as opções de tecnologia de assistência para ajudá-lo durante as aulas. Entretanto, um único capítulo não é suficiente para abordar tudo o que temos a dizer sobre o assunto. Portanto, a lista a seguir descreve alguns recursos adicionais que podem ajudá-lo a compreender melhor seus direitos e responsabilidades em um ambiente acadêmico:*

» **Emenda à Lei sobre Norte-americanos com Deficiência de 1990 (ADA):**
A ADA proíbe a discriminação com base na deficiência por entidades públicas e tem normas adicionais para organizações públicas. (Falamos mais sobre a ADA no box "Definindo "deficiência" de acordo com a Lei dos Norte-americanos com Deficiência").
   `www.ada.gov`

» **Seção 504 da Lei de Reabilitação de 1973:** Proíbe a discriminação com base na deficiência por instituições que recebem fundos federais.
   `www2.ed.gov/about/offices/list/ocr/504faq.html`

» **Lei sobre os Direitos da Educação Familiar e de Privacidade (FERPA):** A FERPA protege sua privacidade. Essa lei permite que informações específicas de sua deficiência sejam compartilhadas somente com os professores e funcionários envolvidos no desenvolvimento e na implementação de um plano de acomodação.
   `www2.ed.gov/policy/gen/guid/fpco/ferpa/index.html`

» **Lei sobre a Educação de Pessoas com Deficiência (IDEA):** As regras e regulamentos da IDEA exigem que as instituições públicas forneçam a todas as crianças com deficiências elegíveis uma educação gratuita e apropriada no ambiente menos restritivo possível. Ela não se aplica ao ensino superior.
   `https://sites.ed.gov/idea`

---

*N. da E.: Veja um histórico da legislação brasileira sobre inclusão de pessoas com deficiência na educação no site a seguir: `https://todospelaeducacao.org.br/noticias/conheca-o-historico-da-legislacao-sobre-educacao-inclusiva/`.

Determinando se os Cursos Desejados São Acessíveis

Como promotores da autorrepresentação, fornecemos a você uma lista de perguntas específicas sobre acessibilidade e acomodações que pode fazer ao pessoal das instituições online às quais deseja se candidatar. Ao fazer as perguntas das seções seguintes, você pode descobrir rapidamente o nível de preparo da instituição para acomodar uma variedade de necessidades dos alunos. Infelizmente, o que você encontrar pode não lhe agradar, mas descobrir isso antes de se matricular pode lhe poupar muitas dores de cabeça.

DICA

Observe que, quando faz essas perguntas, seu orientador acadêmico talvez não saiba as respostas. Embora esperemos que o projeto pedagógico e o pessoal técnico estejam fornecendo algum nível de informação para aqueles que comercializam o programa e respondem às perguntas dos estudantes, este pode não ser o caso. Portanto, seja paciente se o orientador precisar descobrir as informações e entrar em contato com você. Por outro lado, se o orientador não responder em tempo hábil, você recebeu boas informações que lhe permitirão considerar eliminar essa instituição de sua lista. (Consulte o Capítulo 5 para ver mais perguntas que pode fazer ao orientador enquanto pesquisa instituições online.) Talvez também queira ver se a instituição tem um site de Departamento de Serviços a Pessoas com Deficiência com uma lista de serviços e apoio oferecidos aos estudantes. Por exemplo, a Universidade de Illinois tem um site extenso para sua Divisão de Serviços Educacionais e Recursos para Pessoas com Deficiência (www.disability.illinois.edu — em inglês).

O curso segue os padrões de acessibilidade?

Este é um tipo de pergunta reveladora. As instituições que estão empenhadas em tornar o conteúdo acessível a todos os estudantes são capazes de respondê-la facilmente. As diretrizes e os padrões para a criação de sites e conteúdo de cursos acessíveis são tão específicos que qualquer designer instrucional responsável pelo desenvolvimento de conteúdo pode fornecer exemplos específicos de como o conteúdo atende a esses padrões. É fácil para uma instituição dizer que é acessível. O nível de detalhe que ela pode lhe dar em termos de padrões aos quais adere é que conta a verdadeira história.

Diretrizes comumente usadas

As instituições são obrigadas a seguir as diretrizes federais ao desenvolver conteúdo online. Algumas organizações em particular estão à frente das outras quando se trata de criar padrões para a acessibilidade online. A lista a seguir as descreve (referentes aos EUA). Os sites estão em inglês:

» **Seção 508 dos Padrões de Acessibilidade de Tecnologia da Informação:** Uma lei federal que obriga as organizações com financiamento federal a fornecer aos funcionários e membros do público de PCD informações comparáveis às fornecidas aos funcionários e membros do público sem deficiências.

```
www.access-board.gov/guidelines-and-standards
```

» **Consórcio World Wide Web (W3C):** Um consórcio internacional no qual os colaboradores trabalham em conjunto no desenvolvimento de normas e diretrizes para a internet. A organização tem uma iniciativa específica para o desenvolvimento de padrões e diretrizes de acessibilidade online.

```
www.w3.org/standards
```

» **Diretrizes de Acessibilidade ao Conteúdo Online (WCAG):** Diretrizes recomendadas para a criação de conteúdo online mais acessível para pessoas com uma ampla gama de deficiências, incluindo cegueira e baixa visão, surdez e perda auditiva, deficiências de aprendizagem, limitações cognitivas, movimento limitado, deficiências de fala, fotossensibilidade e combinações dessas condições. Tais diretrizes fornecem três níveis de critérios de sucesso — conhecidos como níveis de conformidade — para cada uma de suas treze diretrizes. Os três níveis são A (mais baixo), AA e AAA (mais alto). Cada diretriz fornece estratégias para como os designers de conteúdo podem cumprir os padrões mínimos (A) ou os padrões mais altos (AAA) de acessibilidade. No estado de Washington, uma política tecnológica acessível foi desenvolvida e aprovada em março de 2016. O documento é um compromisso estadual para que toda a comunidade do estado de Washington e faculdades técnicas cumpram com o nível de conformidade AA.

```
www.w3.org/TR/WCAG
```

DICA

Os padrões anteriores são voltados somente para conteúdo online. Entretanto, seu curso online pode incluir links para conteúdo externo, como documentos de processamento de texto, apresentações em PowerPoint e clipes multimídia. Alguns estados já possuem diretrizes que abrangem esses tipos de conteúdo. Por exemplo, todas as agências e universidades de Illinois são obrigadas a implementar os padrões de acessibilidade à internet da Lei de Acessibilidade à Tecnologia da Informação de Illinois (IITAA, da sigla em inglês) para garantir que todo o conteúdo online, documentos, vídeos e outros recursos sejam acessíveis a pessoas com deficiências (`www.dhs.state.il.us/page.aspx?item=32765` — em inglês). Pergunte às instituições de seu interesse se todo o conteúdo é criado de forma acessível, especialmente se quiser frequentar uma instituição sediada em um estado que não tenha diretrizes similares às de Illinois. Para mais informações sobre as diretrizes que cada estado deve seguir, visite a página da ADA sobre Acessibilidade dos Sites do Estado e do Governo Local às Pessoas com Deficiência: `www.ada.gov/websites2.htm`.

DEFININDO "DEFICIÊNCIA" DE ACORDO COM A LEI DOS NORTE--AMERICANOS COM DEFICIÊNCIA

A Lei dos Norte-americanos com Deficiência (ADA) define a deficiência de um indivíduo como "uma deficiência física ou mental que limita substancialmente uma ou mais das principais atividades da vida de tal indivíduo". A lei fornece bons exemplos para determinar se a incapacidade de uma pessoa de fazer algo é devida a uma deficiência ou a outros motivos. Por exemplo, a incapacidade de uma pessoa de participar de um programa devido à falta de recursos financeiros não é considerada uma deficiência. Entretanto, uma pessoa incapaz de participar de um programa por causa de uma condição física ou mental documentada, como a dislexia, é considerada por lei uma pessoa com uma deficiência. Saiba mais sobre a lei `www.ada.gov` — em inglês.

Exemplos de acessibilidade

Nesta seção, damos alguns exemplos de como as instituições devem tornar o conteúdo acessível a todos os estudantes. Estes são os tipos de respostas que deve procurar quando fizer esta pergunta aos orientadores acadêmicos — veja a seção "Usando a Tecnologia Assistiva Online" para mais informações sobre estas opções:

» **Usando estilos de título nos documentos:** Os *estilos de título* são formatos de texto que destacam textos importantes. São usados para classificar um site por ordem de importância. Cada página do site deve ter um título 1, que serve como o título dessa página. O estilo de título 2 é usado para tópicos dentro da página, e o título estilo 3 é usado para informações subtópicas. Os estilos de título são úteis para os leitores de tela. (Falamos sobre os leitores de tela com mais detalhes posteriormente neste capítulo; por enquanto, basta saber que são ferramentas usadas por pessoas cegas ou deficientes visuais.) Com títulos formatados e um leitor de tela, você pode navegar rapidamente de tópico para tópico sem ter que ler uma página inteira. Isso é muito útil, sobretudo quando faz seu leitor de tela reler o mesmo documento várias vezes. Por exemplo, alguém que precisa verificar uma política de curso dentro do programa não quer ouvir o documento inteiro pelo leitor de tela — a pessoa está procurando títulos e subtítulos para encontrar a respectiva política rapidamente. É como um sumário invisível.

» **Fornecendo transcrições para arquivos de áudio:** Os arquivos de áudio dão um toque agradável a uma aula e muitas vezes reduzem a distância psicológica entre os alunos e o professor. Podem ser especialmente úteis para os alunos que aprendem melhor ouvindo. Entretanto, não são úteis para os alunos surdos ou com perda auditiva, portanto, os professores devem fornecer uma transcrição de cada arquivo de áudio usado na aula. As transcrições também podem ser úteis para alunos cuja língua materna não seja a usada no curso.

» **Disponibilizando legendas, audiodescrições e transcrições para vídeos:** Os vídeos são outra forma alternativa de fornecer conteúdo aos alunos e que estimula os alunos visuais. Entretanto, os estudantes cegos ou com perda de visão, além dos surdos ou com perda auditiva, não se beneficiam desses métodos de entrega. Legendar vídeos e fornecer uma transcrição acessível é um modo de tornar o mesmo conteúdo acessível a muito mais alunos. As audiodescrições são narrações intercaladas do que está acontecendo na tela. Isso ajuda a pessoa que escuta o vídeo a entender o contexto no qual o diálogo está sendo usado.

» **Fornecendo descrições para conteúdo que usa cores para transmitir informações:** A cor é outra maneira ótima de transmitir informações. Entretanto, ela não ajudará os alunos daltônicos. Por exemplo, gráficos de pizza que usam cor e uma legenda também devem adicionar títulos dentro do próprio gráfico para que fique claro o que cada seção representa. Caso contrário, cada seção do gráfico pode parecer a mesma para alguém que não consegue distinguir as cores. Falando em cores, o conteúdo online deve usar ferramentas como WebAim Contrast Color (`webaim.org/resources/contrastchecker`) para garantir que as escolhas de cor do texto, tamanho e cor de fundo tenham a melhor chance de ser lidas por pessoas com deficiências visuais.

PAPO DE ESPECIALISTA

Você provavelmente notou ao ler essa lista que o design acessível beneficia não apenas os estudantes com deficiências, mas também aqueles com uma variedade de preferências de aprendizado, ao fornecer múltiplas maneiras de acessar as mesmas informações. Por exemplo, alguém que prefere ler informações em vez de ouvi-las pode optar por prestar atenção às legendas durante uma sessão ao vivo em vez de prestar atenção à voz do professor. Ou ele pode baixar uma transcrição do vídeo em vez de assisti-lo. Esse é o objetivo do design universal.

Os cursos foram testados para acessibilidade?

As instituições que têm um processo centralizado para a concepção de cursos geralmente estabeleceram padrões para a criação e testagem de novos cursos. Em um mundo ideal, cada instituição testaria todos os cursos antes de entrar em contato com uma variedade de alunos. No entanto, não vivemos em um mundo ideal, e muitas instituições não têm um processo centralizado para os testes. Os cursos são em geral desenvolvidos por professores individuais com pouca ou nenhuma compreensão do design acessível. À medida que o credenciamento se torna mais específico para cursos online (veja mais informações no Capítulo), esses tipos de cursos estão se tornando menos comuns.

Perguntar se os cursos da instituição são testados quanto à acessibilidade ajudará a compreender o projeto e o processo de teste da instituição. Se o orientador acadêmico não souber, peça que o ajude a entrar em contato com alguém que saiba. Se o projeto do curso não for centralizado, é importante que você desenvolva, com o orientador acadêmico, um cronograma de todos os cursos que deseja fazer. Esse cronograma precisa ser fornecido a alguém que seja responsável pela coordenação de suas acomodações. Essa pessoa deve pesquisar sua lista de cursos para determinar quais serão os desafios e que acomodações serão feitas para superá-los. Se você não conseguir obter esse tipo de informação com a instituição e se o pessoal não o convencer de que a acessibilidade é uma alta prioridade, considere a possibilidade de consultar outras instituições.

DICA

Se descobrir que os cursos em que está matriculado não são tão acessíveis quanto pensava, contate seu professor, orientador acadêmico e líder da equipe de acomodação o mais rápido possível (veja a seção "Entendendo por que e quando é necessário informar" para obter mais informações sobre as equipes de acomodação). Forneça uma descrição detalhada das informações que são inacessíveis para você e explique o porquê. Nessa situação, talvez queira se oferecer para ajudar a testar as mudanças no conteúdo e/ou curso. Mesmo que não seja sua responsabilidade ajudar a instituição a testar o curso, você estaria fazendo um favor aos futuros alunos ao ajudar a instituição a criar um conteúdo mais acessível.

Como a instituição vai me ajudar se eu não puder acessar as informações do curso?

Dependendo de suas necessidades específicas, as instituições podem fornecer diversos tipos de assistência para acomodar suas necessidades de aprendizado. Qualquer que seja a estratégia adotada, deve ser baseada em uma revisão abrangente de sua deficiência, documentação e discussões entre você e a equipe de planos de acomodação. (Veja as seções "Entendendo por que e quando você precisa informar" e "Descobrindo que informações divulgar" para obter mais detalhes sobre esse processo.) Durante essas sessões, você deve compartilhar qualquer experiência que tenha tido e descrever o que funcionou melhor para você e por quê.

LEMBRE-SE

Veja alguns exemplos de acomodações que podem ser feitas para os alunos que fazem cursos online:

» **Tempo estendido para tarefas e quizzes/provas:** Para os alunos que precisam de mais tempo para acessar e absorver informações devido à sua deficiência, as instituições podem providenciar a extensão dos prazos de tarefas e os tempos de provas.

» **Acesso a serviços de tutoria:** Várias instituições assinam serviços de tutoria online que fornecem assistência acadêmica em uma variedade de áreas. Os tutores podem ser acessados 24 horas por dia, 7 dias por semana, pela internet.

» **Conteúdo em texto e com letras grandes, se necessário:** Para conteúdo que não esteja em forma de texto ou que não seja escalonável, documentos impressos e com letras grandes podem ser enviados por correio aos alunos que necessitam dessas acomodações.

» **Conteúdo em braile:** Para alunos cegos ou com baixa visão, versões em braile do conteúdo podem ser impressas e enviadas pelo correio, quando necessário.

» **Vídeos legendados ou com interpretação:** Alguns professores podem optar por utilizar vídeos criados por outra pessoa que não foram legendados. As faculdades podem trabalhar com fornecedores terceirizados e intérpretes de línguas de sinais para que o vídeo seja legendado ou interpretado em LIBRAS. A maioria das instituições determina isso com base em sua preferência como aluno. Essas duas opções também estão disponíveis para sessões síncronas que o professor possa optar em realizar. Leva tempo para organizar tais serviços, portanto, faça esses pedidos o quanto antes se souber que serão necessários.

» **Acesso antecipado a cursos online e aos materiais:** O acesso antecipado à sala de aula virtual proporciona aos alunos o acesso aos materiais do curso, tais como o conteúdo programático e o calendário. Ao acessar essas informações antecipadamente, os alunos podem começar a se organizar e determinar melhor quais acomodações adicionais podem ser necessárias.

» **Provas ou tarefas orais:** As instituições podem solicitar que os professores se reúnam com os alunos por telefone ou outro dispositivo de áudio para realizar entrevistas como forma de completar tarefas e provas oralmente. Durante essas sessões, o professor pode pedir ao aluno que responda perguntas sobre a tarefa para determinar se ele realmente entende o material. Mais uma vez, as datas das provas e os prazos das tarefas podem ser alterados dependendo de cada caso para os alunos cujas deficiências justifiquem tal acomodação.

DICA

É possível encontrar ferramentas de terceiros que podem ser integradas em sistemas de gestão de aprendizagem que ajudam os professores e outros criadores de conteúdo a testar a acessibilidade de suas páginas, imagens e vídeos. Por exemplo, a Faculdade Central de Seattle, onde Kevin trabalha, utiliza o Blackboard Ally, um programa que não apenas aponta pontos problemáticos, mas também ensina aos criadores de conteúdo como tornar o conteúdo mais acessível. (Você pode conferir no site em inglês `ally.ac`) A ferramenta também possibilita que alunos convertam certos conteúdos sob demanda. Por exemplo, um estudante que prefere ouvir o conteúdo pode converter um documento do Microsoft Word em um arquivo de áudio com apenas alguns cliques.

Informando uma Deficiência à Sua Instituição Online

Em qualquer ambiente acadêmico, incluindo um curso online, os alunos querem se sentir independentes e ser conhecidos por suas contribuições para a aula. Portanto, entendemos o desejo de evitar revelar uma deficiência aos colegas, professores ou mesmo ao pessoal administrativo. Entretanto, às vezes as acomodações que são necessárias só podem ser fornecidas se solicitadas. Esta seção apresenta algumas informações gerais sobre a revelação de uma deficiência e a elaboração de um plano para criar e implementar acomodações apropriadas e razoáveis de forma respeitosa e privada.

LEMBRE-SE

A propósito, as pessoas com deficiências temporárias não se qualificam para os serviços de deficientes nos termos da lei. Por exemplo, um estudante que quebra um braço e precisa de gesso na mão com que digita e escreve não é considerado com deficiência física. Nessa situação, você deve falar diretamente com o professor para ver se podem ser feitas acomodações temporárias, tais como provas orais ou apresentações gravadas.

Entendendo por que e quando é necessário informar

Simplificando, as instituições não podem fornecer serviços se não souberem que são necessários. Além disso, as acomodações não são retroativas. Portanto, se você receber uma tarefa ou nota de curso que reflita negativamente porque suas acomodações não estavam em funcionamento, a instituição não tem que mudar essa nota, mesmo que mais tarde você documente a presença de uma deficiência. Portanto, informar sobre sua condição é do seu melhor interesse, caso precise de acomodações. Por exemplo, na maioria das vezes, uma pessoa surda pode facilmente participar de um curso online sem revelar e sem precisar de acomodações. Mas o que acontece quando o professor quer usar uma ferramenta de áudio síncrona (em tempo real) para se reunir com os alunos ao longo do semestre? Muitas ferramentas de tecnologia síncrona têm o recurso de legendagem; no entanto, essas ferramentas não transcrevem automaticamente a voz para texto. Elas exigem que uma pessoa com habilidades de legendagem faça o login e digite usando um dispositivo semelhante ao que você vê nas salas de aula. Essas pessoas são em geral contratadas de fora e precisam de tempo para acessar o curso virtual, testar a tecnologia e se reunir com você para discutir a logística. (Descrevemos os vídeos legendados em mais detalhes posteriormente neste capítulo.)

SEU COLEGA DE SALA TEM UMA DEFICIÊNCIA

Se está em uma turma na qual uma pessoa lhe revelou pública ou privadamente que tem uma deficiência, você pode fazer algumas coisas para ajudar a criar um ambiente de sucesso:

- **Mantenha a privacidade da pessoa:** Se seu colega de classe revela publicamente ou em particular, é um direito dele. Manter a privacidade dele é importante. Não compartilhe nenhuma informação sobre deficiência ou histórico médico com ninguém — dentro ou fora da sala de aula virtual.

- **Concentre-se em seus estudos:** Por mais curioso que seja, o que é completamente natural, mantenha o foco em seu curso e abstenha-se de fazer perguntas pessoais sobre a deficiência de seu colega.

- **Não presuma nada sobre as habilidades do colega:** Lembre-se de que as qualificações para participar de seu programa são as mesmas para cada estudante. Você só se envergonhará se fizer suposições com base em conjecturas estereotipadas sobre as habilidades de seu colega em completar o trabalho designado. Se ele não estiver fazendo sua parte, aborde o assunto em particular e respeitosamente primeiro com ele, e inclua o professor quando apropriado.

- **Seja flexível e aceite pedidos especiais quando possível:** Se você for solicitado a se comunicar com os colegas de classe usando métodos alternativos, seja flexível e positivo no cumprimento dessa solicitação. Por exemplo, se pediu para se reunir de forma síncrona com um grupo por telefone sem saber que um membro do grupo é surdo, esteja disposto a conduzir a reunião usando um bate-papo de texto ou um serviço de intérprete. Pode demorar um pouco mais, mas é a coisa certa a fazer.

Ao participar de uma sessão síncrona na qual um intérprete ou legendador está presente, siga estas diretrizes de netiqueta:

- Fale em um ritmo "normal" e bem articulado.

- Repita seu nome a cada vez antes de falar.

- Se fizer referência a algo que foi perguntado na caixa de mensagens de texto, repita a pergunta e o nome do indivíduo que fez a pergunta antes de responder.

- Se aplicável, ao trabalhar em grupo, use apenas conversas de texto mediante solicitação. (O legendador não pode estar em todo lugar!)

Quando você *precisa* informar sobre sua deficiência? As instituições devem incluir uma declaração na matrícula ou na carta de aceitação que forneça informações sobre a divulgação de uma deficiência e o pedido de acomodações. Se você não encontrar a declaração ou se não estiver claro quem contatar, peça apoio ao orientador acadêmico. Ele pode lhe fornecer os formulários apropriados e indicar a política de envio.

362 PARTE 4 **Considerações Especias sobre o Aprendizado Online**

LEMBRE-SE

Se você souber que precisará de acomodações desde o início, informe o mais rápido possível. As instituições precisam de tempo para confirmar a documentação e se reunir com especialistas que possam rever sua situação específica e desenvolver um plano de acomodação apropriado (veja a próxima seção). Esse processo pode levar algumas semanas, dependendo do pessoal e dos recursos disponíveis. (Por exemplo, se você precisar de um legendador para sessões síncronas, pode levar duas semanas para encontrar uma pessoa disponível nas datas e horários das sessões.) Se esperar até que as aulas comecem para solicitar serviços, corre o risco de não recebê-los em tempo hábil e ficar para trás em seu progresso acadêmico.

CUIDADO

Se a pergunta fizer parte do processo de matrícula e você se sentir desconfortável em informar naquele momento, tudo bem. Esperar até que seja formalmente aceito é compreensível. Entretanto, a espera pode atrasar as acomodações e talvez sua data de início.

Na maioria dos casos, discutir sua situação primeiro com o orientador acadêmico é perfeitamente aceitável. Essa pessoa pode ajudá-lo a completar a documentação adequada ou indicar como obter ajuda adicional. E não se preocupe: qualquer pessoa a quem você revelar é obrigada por lei a compartilhar essa informação somente com o pessoal diretamente envolvido na criação e implementação das acomodações necessárias para que você seja bem-sucedido. (Veja a seção "Considerando a privacidade" para saber mais sobre esse tópico.)

LEMBRE-SE

A maioria das instituições exige que você solicite acomodações a cada período ou pelo menos uma vez por ano. Isso permite que a equipe de acomodação reavalie o plano de acomodação e veja se algo precisa ser modificado.

Descobrindo que informações divulgar

LEMBRE-SE

Na maioria dos casos, ao informar sobre sua deficiência, é preciso fornecer documentação formal a respeito dela. *Formal* significa que a informação é fornecida por um médico que esteja familiarizado com você e sua respectiva deficiência. A instituição acadêmica terá exigências específicas para documentar uma deficiência (divulgada no site da instituição ou descrita em um formulário de solicitação de acomodações fornecido por seu orientador acadêmico), mas a documentação pode incluir as exigências descritas nesta lista:

> » **Descrição diagnóstica da deficiência:** Isso ajuda a equipe acadêmica a compreender sua situação específica e lhes fornece a documentação adequada para justificar a realização das acomodações solicitadas.
>
> » **Histórico do diagnóstico:** Quando você fornece o histórico de seu diagnóstico, a equipe fica mais bem preparada para compreender os desafios específicos que você pode enfrentar. Por exemplo, um adulto que recentemente perdeu a visão pode precisar de mais assistência do que uma pessoa que é cega desde o nascimento.

» **Histórico acadêmico:** Ao disponibilizar seu histórico acadêmico, a equipe compreende melhor os desafios acadêmicos específicos que você pode enfrentar. Por exemplo, uma pessoa com autismo pode ser solicitada a mostrar resultados de avaliação formal em áreas de leitura e escrita juntamente com as acomodações fornecidas anteriormente e sua eficácia. O que você fornece depende de você, mas, quanto mais informações a instituição tiver, melhor poderá apoiar seu sucesso acadêmico.

» **Implicações funcionais de sua deficiência diagnosticada:** Essas informações extremamente importantes devem ser o mais detalhadas possível. Quando a equipe souber como a deficiência afeta sua vida diária, poderá desenvolver um plano de acomodação melhor, específico para suas necessidades.

Caso seja cego ou surdo, talvez não tenha precisado fornecer essa documentação no passado, devido à natureza óbvia da deficiência. Entretanto, as instituições online não são capazes de fazer tais julgamentos visuais e geralmente exigem que todos os estudantes que solicitam acomodações apresentem documentação formal emitida por um médico.

Considerando a privacidade

LEMBRE-SE

Especificamente para questões de saúde e educação, a Lei de Direitos de Educação e Privacidade da Família dos EUA (FERPA) protege a privacidade (veja a referência a esse recurso na introdução deste capítulo). Presumindo que a instituição siga os requisitos da FERPA e treine adequadamente os professores sobre como implementar um plano de acomodação de forma privada, suas informações serão apenas entre você e os profissionais encarregados de ajudá-lo a ter sucesso. De fato, o professor deverá conhecer apenas o plano de acomodação a ser implementado e poucos detalhes sobre sua ficha médica, a menos que você opte por compartilhar.

Também pode ser útil saber que suas informações não são compartilhadas com outros funcionários ou estudantes. Portanto, talvez sentirá a necessidade de divulgar sua deficiência quando os serviços que está recebendo não atendem às suas necessidades. Por exemplo, seus recursos em sala de aula podem estar acessíveis, mas os materiais de pesquisa encontrados ao realizar pesquisas na biblioteca não estão. Portanto, pode ser que seja solicitado a pedir ajuda a um bibliotecário para obter as informações necessárias em um formato mais acessível. Isso pode fazer com que seja necessário divulgar sua situação e fornecer à instituição a documentação adequada.

Em outros casos, às vezes você escolhe revelar a outros alunos de sua classe — por exemplo, se for surdo e precisar fazer um trabalho em grupo. Os membros do grupo postam que gostariam de se reunir de forma síncrona usando o telefone. Você pode considerar duas opções:

» **Sala de bate-papo:** Discretamente, tente persuadir o grupo a se reunir em uma sala de bate-papo.

» **Informe:** Esclareça aos colegas que é surdo e que sugere usar um serviço de interpretação de ligações telefônicas.

CUIDADO

Essas exigências e acomodações pressupõem que esteja frequentando uma instituição pública. Você pode encontrar um nível diferente de acomodações e apoio se estiver em uma instituição particular ou fazendo cursos de desenvolvimento profissional online de uma empresa privada. Sempre pesquise e faça perguntas sobre suporte antes de assinar o contrato.

A decisão cabe a você. Alguns podem interpretar isso como uma oportunidade de ensinar os colegas sobre a situação, enquanto outros podem querer se concentrar apenas na tarefa a fazer. Reunir-se com sua equipe de acomodação e discutir suas preferências nesses tipos de situações pode ajudar. Se o professor conhecê-las com antecedência, ele pode designar grupos e ditar as tecnologias a serem utilizadas sem que ninguém se sinta incomodado.

Usando a Tecnologia Assistiva Online

Tecnologia assistiva é o termo usado para descrever ferramentas que ajudam as pessoas a completar as tarefas diárias. Por exemplo, a verificação ortográfica em seu programa de processamento de texto é considerada uma tecnologia assistiva. Ela ajuda as pessoas a escrever mais rápido corrigindo automaticamente a maioria das palavras com erros e destacando aquelas que não conhece. Isso ajuda a acelerar o processo de escrita e edição.

As pessoas com deficiências podem se beneficiar da tecnologia assistiva quando fazem cursos online. As seções seguintes descrevem algumas ferramentas que as instituições devem fornecer e/ou projetar para os cursos.

LEMBRE-SE

Dependendo das acomodações que precisar, a instituição pode fornecer toda a tecnologia assistiva, ou parte dela, para você gratuitamente. Isso não significa que a instituição comprará seu computador para você, mas outros recursos podem estar disponíveis gratuitamente ou a um custo reduzido, se necessário. Essa é outra razão pela qual é importante comunicar-se abertamente com o funcionário encarregado de seu plano de acomodações.

Lendo sites com leitores de tela

Pessoas cegas ou com outras deficiências visuais em geral navegam na internet via som. Um aplicativo que roda em segundo plano, chamado de *leitor de tela*, lê as informações no site usando uma voz digitalizada. Os leitores de tela dependem de uma boa organização e design do site para permitir que o visitante entenda rapidamente cada site e navegue com mais eficiência. Essa tecnologia também é útil para estudantes com dislexia.

Pense em como as pessoas sem deficiência visual navegam em um site. Elas vão ao site, veem quais links estão na página e rapidamente clicam no que lhes interessa. Os links utilizados podem ser o primeiro item da página ou em uma barra de navegação no lado esquerdo da tela. Um leitor de tela vai para essa mesma página e começa a ler cada palavra no site, de cima para baixo. Se o site for projetado adequadamente, o usuário pode pedir ao leitor de tela que anuncie todos os links e títulos de navegação na página. (Para uma discussão de como isto funciona, veja nossos comentários sobre estilos de títulos na seção "Exemplos de acessibilidade", no início deste capítulo.) Um bom design permite que a pessoa navegue mais eficientemente na página e até os links escolhidos.

Os leitores de tela são aplicativos de software que ou vêm com seu computador ou que precisam ser comprados e instalados separadamente. Por exemplo, os computadores Mac têm um leitor de tela embutido chamado VoiceOver; você não tem nenhum custo adicional pelo recurso, e ele está pronto para uso. As máquinas Windows também têm ferramentas de acessibilidade embutidas, incluindo um leitor de tela. Entretanto, a robustez dessas ferramentas é às vezes questionável, exigindo que os usuários comprem e baixem um programa externo. Por exemplo, os usuários Windows podem comprar e baixar um leitor de tela chamado Jaws para Windows da Freedom Scientific (`www.freedoms-cientific.com/products/software/jaws`). Não é barato (US$1.000), mas se suas acomodações exigirem o uso de um leitor de tela, você poderá obter uma cópia do programa de sua instituição a um preço com desconto ou gratuitamente. Contate a pessoa encarregada de seu plano de acomodação para obter mais informações.

Transcrevendo e legendando arquivos de áudio e vídeo

A *transcrição* é um documento em texto que fornece um relato palavra por palavra do que foi dito em um arquivo de áudio ou vídeo separado. Fornecer uma transcrição para arquivos de áudio e vídeo é um método para tornar o conteúdo mais acessível aos estudantes com uma variedade de estilos de aprendizagem e necessidades especiais.

Outra opção para arquivos de vídeo é a legendagem, que apresenta texto sincronizado no vídeo em tempo real. Isso permite que os espectadores leiam o que está acontecendo enquanto veem uma imagem que coincide com o texto. Isso é útil para estudantes que não conseguem ouvir o áudio corretamente ou preferem aprender lendo, em vez de ouvindo. A Figura 19-1 ilustra um vídeo com legendas.

FIGURA 19-1: Exemplo de um vídeo legendado.

Cortesia do Campus Global da Universidade de Illinois

Cursos que são projetados com a acessibilidade em mente legendam os vídeos e adicionam links de transcrição diretamente dentro do curso, onde todos podem acessá-los facilmente. Por exemplo, você pode clicar em um link para um vídeo. Em uma situação ideal, o vídeo seria legendado, e um link para a transcrição do vídeo estaria diretamente abaixo dele. Se esse não for o caso, a instituição pode contratar um recurso interno ou externo para adicionar legendas ao vídeo ou transcrever o áudio no local. Uma vez completado, o vídeo é repostado e/ou a transcrição é fornecida pelo professor. Peça legendas ou transcrições se precisar delas e não esteja encontrando.

Considerando opções de acomodação para sessões síncronas

Uma pessoa com deficiência pode participar de uma sessão síncrona (em tempo real) utilizando qualquer uma das seguintes ferramentas de tecnologia assistiva:

CUIDADO

» **Legendas:** Os programas que requerem sessões síncronas devem fornecer um legendador para esses eventos ou um vídeo ao vivo de um intérprete de linguagem de sinais; essas opções beneficiam os estudantes com deficiências auditivas.

Os vídeos ocupam muita largura de banda e várias vezes são pequenos demais, dificultando a visualização do intérprete de LIBRAS.

» **Links para arquivos e transcrições:** Caso o aluno perca uma sessão síncrona ou precise rever a sessão para entender melhor um tópico discutido durante a aula, cada sessão deve ser gravada e um link deve ser fornecido a todos os estudantes do curso. Quando necessário, uma transcrição do evento também deve ser fornecida pelo professor.

» **Conexão telefônica:** Uma conexão telefônica permite que alguém se conecte a uma reunião pela internet, ligando para um número de telefone em vez de fazer o login em um computador. Por exemplo, se você for cego ou tiver outras deficiências visuais, a exibição da tela pode não ser importante para você. Uma conexão telefônica permite que ligue e ouça tudo o que está acontecendo sem ter que se conectar usando o computador.

5

A Parte dos Dez

NESTA PARTE...

Desmistifique os dez mitos mais comuns sobre o aprendizado online.

Domine as dez melhores práticas para ter sucesso no aprendizado online.

NESTE CAPÍTULO

» Expondo os mitos comuns sobre o aprendizado online

» Revelando a verdade sobre o aprendizado online

Capítulo **20**

Dez Mitos sobre o Aprendizado Online

Apesar da crescente popularidade dos cursos online, vários mitos relacionados ao aprendizado online ainda persistem. As pessoas não sabem como se decidir sobre o estudo e o aprendizado online. Neste capítulo, nós desmentimos dez dos mitos mais comuns sobre a educação online.

O Aprendizado Online Acontece em Qualquer Momento e Lugar

Os cursos assíncronos não têm horários de encontros, e você deve conseguir concluir suas tarefas sempre que lhe for conveniente. Em teoria, desde que tenha uma conexão decente com a internet, pode acessar os materiais do curso e enviar as tarefas a qualquer momento.

Dito isso, os alunos às vezes caem em uma armadilha com tal afirmação porque não reconhecem que mesmo um curso assíncrono segue um cronograma. O professor espera que você entregue as atividades dentro dos prazos estabelecidos. Por exemplo, talvez precise responder a uma pergunta na quarta-feira e depois ler e responder às mensagens enviadas por seus colegas até domingo. Embora possa escolher a hora do dia para fazer a postagem, se não seguir o cronograma de aulas, provavelmente ficará para trás com relação às notas.

A outra área na qual essa afirmação se torna problemática é a parte "em qualquer lugar". Em teoria, você pode viajar e fazer as atividades do curso desde que tenha uma conexão decente com a internet. No entanto, nossa experiência é que a educação online e as férias não se misturam! Se tirar férias de duas semanas em meio a um curso de oito semanas, considere a possibilidade de remarcar um dos dois. Mesmo que seu hotel tenha internet grátis, você vai mesmo querer parar de brincar na praia para entrar e fazer as tarefas? A realidade é que provavelmente não.

LEMBRE-SE

Há duas opções de cursos online: síncrono e assíncrono. Em um curso *síncrono* (em tempo real), você se encontra em horários prescritos usando software de conferência online. Em um curso *assíncrono*, você não tem encontros definidos, mas tem prazos. Você deve saber qual desses dois tipos de curso está fazendo antes de ter problemas; veja os Capítulos 2 e 4 para saber mais sobre a distinção entre aulas síncronas e assíncronas.

Além disso, lembre-se de que muita aprendizagem no local de trabalho mudou para um formato online. Os webinars são abundantes! Em alguns casos você pode assistir a uma gravação após o evento, mas descubra primeiro se é uma opção. Se sua empresa programar o treinamento anual de conformidade de segurança às 10h da manhã, planeje estar lá!

Só Crianças Fazem Cursos Online

Verifique as estatísticas de alguns dos maiores programas online e verá que o aprendiz online médio é de meia-idade. A conveniência de estudar enquanto equilibra trabalho e família atrai estudantes um pouco mais velhos para os cursos online. Os universitários mais jovens, de idade tradicional, também estão online, porém é mais provável que estejam misturando cursos online e tradicionais em uma faculdade presencial (ou foram forçados à modalidade online pela pandemia da Covid-19).

A noção de que os jovens sabem usar computadores a seu favor e que aqueles um pouco mais velhos não sabem é uma suposição equivocada. Não negligencie as habilidades computacionais dos profissionais. Poucos de nós completam o dia de trabalho sem e-mail, projetos compartilhados e colaboração. Essas são as mesmas habilidades necessárias no aprendizado online! O Capítulo 2 descreve grupos de todas as idades que podem se beneficiar com essa modalidade.

O Curso Online É uma Boa Maneira de Aprender a Usar Seu Computador

Essa afirmação pode ser verdadeira se estiver matriculado em um curso de desenvolvimento pessoal sobre o uso de computador. Entretanto, para os tipos de cursos que discutimos neste livro, fazer um curso online para aprender como usar o computador é uma má ideia. As pessoas que fazem isso gastam tanto tempo se concentrando em aprender a usar o computador que desperdiçam dinheiro não aprendendo nada sobre a área de conteúdo do curso. Por que pagar R$300 em um curso de geologia e não aprender sobre rochas?

Além disso, o professor pode não ter tempo ou paciência para acompanhá-lo em cada pequena tarefa relacionada ao curso. Mesmo que você tenha suporte técnico 24 *horas por dia*, o trabalho deles é ajudá-lo com software relacionado ao curso, e não lhe dizer como usar o computador.

LEMBRE-SE

Para ser justo com os outros alunos e seu professor, aprenda a usar o computador bem antes de se matricular em um curso online. O Capítulo 3 descreve a tecnologia e as habilidades tecnológicas necessárias para ter sucesso.

DICA

Entre em contato com a faculdade local ou com o departamento de educação continuada para ver que tipos de cursos básicos de informática eles oferecem. É bem provável que tenham um curso introdutório que seria perfeito para você!

É Preciso Ser um Gênio em Informática para Fazer um Curso Online

Você precisa entender o básico de como seu computador funciona, assim como encontrar arquivos (veja a seção anterior), mas não precisa ser um expert para sobreviver em um curso online! Veja uma pequena lista de habilidades que deve ter antes de se matricular. Você precisa saber

- » Ligar seu computador e abrir o navegador (o software que se conecta à internet).
- » Navegar na internet, incluindo abrir links em novas guias ou janelas.
- » Criar uma pasta em seu disco rígido para armazenar documentos do curso e saber como localizá-los para acesso posterior.
- » Abrir e responder e-mails com e sem anexos.

CAPÍTULO 20 **Dez Mitos sobre o Aprendizado Online** 373

» Baixar e instalar programas e plugins.

» Configurar basicamente áudio e vídeo, se estiver matriculado em um curso síncrono que exija essas ferramentas.

Consulte o Capítulo 3 para obter mais detalhes sobre as habilidades básicas necessárias para cursos online.

O Aprendizado Online É Mais Fácil que o Presencial

Algumas pessoas acham que o aprendizado online é mais fácil do que o método tradicional, em que você comparece a uma aula com um professor presencial, mas não sabemos o significado de *mais fácil*. Para alguns, isso significa menos atividades, mas adivinhe? Em um programa educacional credenciado, a quantidade de atividades esperada de um aluno é a mesma, seja o curso ministrado em uma sala de aula tradicional, seja online.

Veja um exemplo: se faz um curso oferecido uma vez por semana em uma sala de aula regular, o professor pode dar aulas ou orientar atividades por três horas e esperar que você estude por conta própria, completando leituras ou tarefas por mais seis horas, resultando em um total de nove horas de envolvimento ativo no aprendizado. O mesmo curso na modalidade online pode ter a aula ou as atividades por meio de ferramentas tecnológicas, mas as tarefas e os resultados são os mesmos. E, o mais importante, espera-se que você esteja engajado por aproximadamente nove horas no total.

Muitos programas online são acelerados, com o potencial de duplicar a carga de atividades por curso. Por exemplo, um curso presencial pode levar dezesseis semanas, enquanto online, o mesmo curso que aborda a mesma quantidade de material pode ter apenas de oito a doze semanas. Não conseguimos entender como isso é mais fácil. (O Capítulo 4 tem mais detalhes sobre cursos e programas acelerados.)

Concederemos, entretanto, que o aprendizado online possa ser muito mais conveniente, na medida em que você pode fazer as atividades quando for adequado ao seu estilo de vida e à sua agenda — desde que ainda cumpra os prazos estabelecidos pelo professor. (Explicamos isso na seção "O Aprendizado Online Acontece em Qualquer Momento e Lugar".)

Os Cursos Online Têm Menos Qualidade do que os Presenciais

No início da educação online, alguns cursos eram basicamente feitos por correspondência, com quase nenhuma responsabilidade pela qualidade do aprendizado dos alunos. Percorremos um longo caminho desde então, e os cursos online atuais oferecem os mesmos padrões e resultados que os tradicionais. As pesquisas não revelam a existência de diferenças estatísticas significativas entre os métodos online e tradicionais, tampouco que os cursos online são de qualidade inferior. Na verdade, instituições de renome revisam rotineiramente seus cursos usando padrões de qualidade aceitos. Os programas online também estão começando a participar de processos de credenciamento separados de agências credenciadoras.

Dito isso, quando a Covid-19 começou a atrapalhar faculdades, universidades e provedores de treinamento ao redor do mundo, alguns mudaram para a modalidade online sem ter tempo ou o luxo de redesenhá-los e treinar os professores. É verdade que o resultado não foi bom para o aluno. Porém, muito rapidamente, os padrões de qualidade foram aprimorados e a situação melhorou muito.

LEMBRE-SE

Busque um curso ou uma instituição credenciados. O Capítulo 5 mostra como descobrir sobre o credenciamento.

O Aprendizado Online É Sempre Independente

Embora possa fazer uma quantidade considerável de atividades de forma independente, como tarefas de leitura ou redação, a maioria dos cursos online exige que os alunos interajam uns com os outros de uma forma que está longe de ser independente. Esta lista descreve dois exemplos:

» **Em fóruns de discussão, os alunos leem as postagens uns dos outros e comentam ou respondem a elas.** Essa rica troca de ideias amplia a compreensão dos conceitos por todos. Tal maneira de aprender dificilmente é independente! Na verdade, isso não pode acontecer sem a participação de várias vozes, incluindo a do professor. (Falamos sobre as discussões e debates nos Capítulos 11 e 15.)

» **Há trabalhos em grupo, também.** Muitas vezes, os alunos colaboram com os colegas para criar um produto final. Essas situações podem exigir ainda mais tempo e compromisso específico para se comunicar com os outros do que os projetos tradicionais em sala de aula. (Vá para o Capítulo 13 para ver mais informações sobre o trabalho em grupo.)

LEMBRE-SE

Com bases diretas na forma pela qual as pessoas trabalham no século XXI (de forma remota e colaborativa), o trabalho em equipe, e não independente, parece prevalecer nos cursos online.

O Aprendizado Online É Menos Pessoal que o Tradicional

Um vídeo divertido da internet de meados de 2010 mostra um professor se recusando a aceitar uma prova atrasada de um aluno. O aluno pergunta: "Você sabe quem eu sou?", ao que o professor responde que não sabe. O aluno enfia sua prova no meio da pilha de provas, sorri e vai embora. Isso sim é impessoal!

LEMBRE-SE

Você não pode se esconder em um curso online. O professor conhecerá você e suas ideias possivelmente melhor do que se estivesse em uma sala de aula tradicional e não tivesse dito nada. Isto porque a maioria das aulas online exige participação — você não pode entrar e se esconder e não fazer as atividades. Na verdade, se tentar abordar o curso dessa maneira, no mínimo pode esperar ter algumas conversas particulares com o professor!

Há outra explicação para o fato de a educação online não ser impessoal. Você já notou que algumas pessoas se sentem livres para revelar informações sobre si mesmas a estranhos? Alguns professores relatam ocorrências semelhantes com estudantes online, indicando que os alunos ficam mais livres para compartilhar ideias e detalhes pessoais que apoiam os conceitos do curso do que se tivessem que enfrentar uma sala de aula cheia de pessoas ao vivo.

Além disso, qualquer pessoa que tenha vivido, trabalhado ou frequentado a escola durante a pandemia da Covid-19 presenciou, inevitavelmente, os filhos de seus colegas de trabalho, os cônjuges dos professores, cenas inadvertidas no banheiro ou similares. Não dá para dizer que isso não é pessoal!

Você Precisa de uma Webcam

Determinar a necessidade de uma webcam para um curso online depende. Por um lado, ninguém precisa vê-lo usando pijama no computador. Embora as webcams tenham vantagens reais para a comunicação, elas raramente são necessárias em cursos online. Para começar, você só a usa se tiver um componente síncrono com vídeo — por exemplo, uma hora de atendimento por meio de uma ferramenta de webconferência. Mesmo assim, como as webcams requerem maior largura de banda, os professores podem pedir que você as desligue. Entretanto, não custa nada comprar uma para aquelas sessões síncronas ocasionais.

Em ambientes profissionais, é bom ter a opção de ligar a câmera. Há algo reconfortante em ver os outros na sala. Como os notebooks vêm com câmeras incorporadas, raramente é um problema. Mas, de novo, pode ser menos importante usar sua câmera nos webinars comerciais, visto que o foco está nos tópicos que o orador está abordando.

DICA

A maior parte da comunicação em um curso online ocorre nos painéis de discussão ou via e-mail. Essas não são ferramentas de comunicação que requerem uma conexão em tempo real ou por vídeo. Se os colegas estiverem curiosos sobre a sua aparência, uma foto também funciona bem. O Capítulo 11 apresenta os fundamentos dos métodos de comunicação online.

Todo Mundo Cola Online

Não há evidências de que as pessoas colam mais na modalidade online do que em uma sala de aula presencial. Infelizmente, muita cola acontece em todos os lugares! Entretanto, professores online inteligentes agora projetam os cursos para minimizar a possibilidade disso e usam ferramentas para ajudar a detectar o plágio. Trapacear online simplesmente não compensa, porque a tecnologia está do lado do professor, como descrito nestes exemplos:

» **Envios parciais:** Os professores pedem que os principais projetos sejam apresentados em partes, mostrando primeiro rascunhos e revisões. Ou pedem projetos baseados em circunstâncias pessoais ou profissionais, sabendo que ninguém mais pode escrever sobre sua vida como você.

» **Software:** Algumas instituições usam softwares sofisticados que analisam tarefas escritas em busca de plágio.

» **Conversas individuais:** Alguns professores têm essas conversas com os alunos, nas quais fazem perguntas para ver se podem articular adequadamente os materiais do curso.

LEMBRE-SE

Uma definição funcional de plágio é apresentar as ideias de outra pessoa como sendo suas, sem dar o devido crédito. No Capítulo 15, apresentamos muitas ideias de como evitar o plágio, juntamente com excelentes links para que você possa saber mais sobre como escrever corretamente.

378   PARTE 5   **A Parte dos Dez**

NESTE CAPÍTULO

» Avaliando o que o diferenciará de seus colegas

» Destacando dicas de sanidade

Capítulo **21**

Dez Melhores Práticas para Alunos Online

S e você está lendo este livro e chegou até aqui, presumimos que quer ter sucesso. Também queremos seu sucesso! Neste capítulo, apresentamos alguns conselhos práticos sobre o que consideramos as melhores práticas quando se trata de ser um aluno online. Usamos também uma ótica sobre o autocuidado, pois você está fazendo um investimento em si mesmo. Assim, mostre a si mesmo um pouco de amor!

Trate o Aprendizado como um Trabalho

Aprender é trabalhar! Não há como contornar isso. Não importa quão envolvente um curso possa ser ou quão interessado esteja no que está aprendendo, há trabalho envolvido.

Portanto, veja isso como se fosse um novo emprego. Crie um cronograma. Comece e pare em horários específicos e decida se esse emprego é de dez horas por semana ou menos. Isso também significa que você precisa descobrir um pacote de compensação para si mesmo. Que recompensa vai motivá-lo a trabalhar? Pode ser um simples banho na hidromassagem.

DICA

Para alguns alunos, receber um certificado digital após um curso é um bônus e bastante gratificante. Especialmente para certificações profissionais, estas joias podem ser uma melhoria na carreira. No Capítulo 2, falamos sobre credenciais alternativas e os benefícios de tê-las em formato digital.

Falando em trabalho, onde fica seu escritório? Talvez valha a pena investir em uma cadeira ergonômica. Trabalhar em seu sofá com a cabeça inclinada para baixo não é sustentável!

LEMBRE-SE

Os cursos assíncronos, especialmente os de crédito acadêmico, geralmente informam quantas horas por semana deve esperar trabalhar. No Capítulo 12 explicamos isso, mas a maioria dos cursos de três horas de crédito consideram nove horas de trabalho por semana. Isso inclui leitura, tarefas, estudo e postagens.

Resistência — Não Velocidade

À medida que aborda cada curso que faz, perceba que ele pode fazer parte de um todo maior. Claro, existem programas de treinamento rápidos que pode completar online, mas, para a maioria dos cursos verdadeiros, não é possível entrar e completar o programa de uma só vez.

Relacionado a isso está o fato de que o aprendizado de qualidade requer algum tempo para deixar as ideias fluírem. Mesmo que pudesse completar um curso inteiro em um fim de semana, será que o aprendizado "pegaria"? Provavelmente não. Aproveite o lento processo de aprender algo novo, experimentando novas ideias e vendo como isso se relaciona com o próximo capítulo de sua vida. Na verdade, pode descobrir que, como conversa com outras pessoas (fora da sala de aula), isso ajuda a juntar tudo.

Caso precise de um precursor, no Capítulo 9 explicamos como os cursos às vezes são organizados por módulos ou unidades menores, e o professor revela um módulo por semana. A prática de liberar um pouco de conteúdo de cada vez é um marcapasso integrado. Para aulas em que o professor revela vários módulos de cada vez, você precisa criar seu próprio ritmo. A vontade de terminar pode estar lá, porém, mais uma vez, o que terá aprendido ao se concentrar apenas em terminar as tarefas?

Administre Suas Expectativas

A coautora Susan começou a correr anos atrás. Ela progrediu lentamente até completar 5km. No início, ela sempre parava antes. Não havia nenhuma expectativa de poder correr toda a distância, e não tinha nenhuma velocidade específica em mente. Ela conseguiu administrar as expectativas.

Isso não quer dizer que não deva tentar o seu melhor, mas, quando alguém é novo em uma situação como aprender online, todos precisam administrar as expectativas. É necessário tirar nota 10 o tempo todo? É possível que o feedback de seu professor possa ajudá-lo a melhorar? É bom o suficiente que você tenha dado o melhor de si e tentado?

Para nós, sim. Pegue leve e administre as expectativas. Caso contrário, a frustração pode vir e você nunca chegará aos 5km.

LEMBRE-SE

Preste atenção no programa e na forma como é avaliado. Procure oportunidades para reapresentar o trabalho se ficar desapontado com seu próprio desempenho, mas *não* se permita acreditar que não pode ser bem-sucedido. Falamos sobre o mindset de crescimento no Capítulo 8.

Calendário: Seu Melhor Amigo

No Capítulo 9, falamos sobre o calendário em um sistema de gestão de aprendizagem, e no Capítulo 16, reforçamos os prazos. Dito isso, ambos os autores têm visto estudantes maravilhosos fracassarem por não conseguirem cumprir os prazos. Desde o início, encontre uma forma de seguir o calendário e estabeleça prazos.

Susan usa o calendário no celular, e há lembretes para projetos de trabalho. Por exemplo, às 8h50 toda segunda-feira, ela recebe um alerta para verificar um projeto empresarial. Ela nunca se atrasa — o horário está bloqueado em seu calendário.

Se abordar o aprendizado como um trabalho e programar tarefas em seu calendário, nunca se atrasará. O truque é organizar tudo no início e depois respeitar o que o calendário diz.

Aprenda a sincronizar seu calendário pessoal e qualquer outro que possa estar dentro do sistema de gestão de aprendizagem. Você pode encontrar dicas e tutoriais sobre como fazer isso.

Lute a Seu Favor: Peça Ajuda

Se essa é sua primeira experiência com o aprendizado online, talvez tenha algumas perguntas. É claro, estamos felizes por ter investido neste livro, mas não pare por aí! Faça perguntas. Peça ajuda. Veja uma lista:

>> Se tiver dúvidas sobre como funciona seu curso específico depois de ler o conteúdo programático e outros documentos do curso, pergunte ao professor.

>> Se tiver dúvidas sobre a tecnologia — especificamente, o sistema de gestão de aprendizagem, procure tutoriais no site da instituição. Se não encontrar lá, recorra ao YouTube!

>> Se estiver tendo dificuldades para entender uma tarefa, apoie-se em seus colegas. Veja se há um recurso de comunicação entre alunos e peça ajuda.

Esteja Presente na Sala (E Deixe Seu Professor Saber Disso)

Vimos alguns posts inspiradores que diziam: "Entrar na sala é metade da batalha." Quando se trata de aprendizado online, é verdade! No entanto, "estar presente" parece um pouco diferente online. Isso em geral é mensurado pela frequência com que acessa o site. Certifique-se de fazer o login com frequência (pelo menos três vezes por semana). Dessa forma, verá os comunicados e terá mais chances de se manter em dia com as atividades.

Infelizmente, não se limite a estar presente. Deixe alguma evidência de que esteve na aula. Comente sobre a postagem de outro aluno ou envie tarefas. O professor estará atento ao seu nível de engajamento. O software do sistema de gestão de aprendizagem fornece aos professores dados como a frequência com que os alunos fazem login, quanto tempo permanecem e quais páginas visualizam. Você pode usar isto a seu favor.

Anteriormente, neste capítulo, comentamos sobre o calendário. Configure o seu para lembrá-lo de acessar o curso a cada dois ou três dias.

Dê Feedback Construtivo

No mundo do aprendizado online, não é raro ser solicitado a avaliar o trabalho de outros alunos. Talvez precise comentar um post de discussão ou dar feedback sobre um projeto de trabalho. Você pode desenvolver um jeito construtivo de dar feedback. Veja algumas diretrizes:

» **Encontre algo bom:** Compare o que está lendo com o que foi pedido. A pessoa seguiu as instruções, por exemplo? Ela foi criativa na resposta? Comece com algo que gostou no trabalho dela.

» **Seja honesto e dê sugestões:** Dar um feedback construtivo significa que está ajudando o autor a melhorar; você está ajudando-o a construir um produto melhor. Se acha que o indivíduo poderia se aprofundar mais em uma área, ou se notar alguns problemas com gramática, seja honesto, mas respeitoso. Nessa análise, não é seu papel consertar o trabalho, mas sinta-se à vontade para dar sugestões. Por exemplo, você poderia dizer: "Será que ajudaria ao leitor se você elaborasse um pouco mais sobre a diferença entre feedback construtivo e elogios?"

» **Não tem problema discordar:** Se tem um ponto de vista diferente, desde que o apresente com respeito, compartilhe-o! O mundo aprende sob diversas perspectivas.

» **Encerre com gentileza:** Por *gentileza*, não nos referimos a platitudes vazias. Pode ser um comentário simples como "Eu gostei de ler seu artigo/post. Obrigado por me dar a oportunidade de comentar". Ou, "Espero que isso o ajude enquanto desenvolve seu trabalho." As boas maneiras ajudam muito!

DICA

O mesmo método de dar feedback sobre as atividades dos alunos se aplica a comentários que talvez tenha para o professor.

Os Intervalos São Bem-vindos

Até aqui, enfatizamos a definição de cronograma, o uso de um calendário e o aprendizado como se fosse seu trabalho. Parecemos seus chefes, mas até mesmo os trabalhadores têm momentos de descanso! Às vezes, a melhor resposta a um aprendizado estressante é dar um tempo. Faça uma pausa.

Pode ser 5 minutos na cozinha ou 30 minutos jogando *Fortnite*. O foco em outra coisa melhora a concentração mais tarde. Além disso, diversas pesquisas sobre o cérebro mostram que ainda continuamos resolvendo problemas e pensando neles mesmo quando não estamos estudando na frente do computador.

A ideia de fazer uma pausa também pode ser aplicada ao curso em si. Se tentar equilibrar trabalho, casa e estudos está saindo do controle, talvez seja hora de pular o próximo período ou matricular-se em menos horas. É aqui que uma conversa sincera com o orientador acadêmico pode ajudar.

Há várias formas de intervalos. Para uma sessão de estudo de 2 horas, 15 minutos fazem sentido, mas 45, não.

Dormir É um Santo Remédio

Essa é a parte que Susan mais gosta do livro. Você sabia que, quando dorme, seu corpo se livra da acumulação de resíduos em seu cérebro? É incrível e verdadeiro. Isso deixa seu cérebro "limpo" para o dia seguinte e capaz de lidar melhor com novos aprendizados (pedimos desculpas aos cientistas do cérebro que têm explicações melhores).

Seu cérebro é um órgão incrível, e precisa dormir para se desenvolver. Ao abordar seu papel como aluno, considere como preservará um horário regular para dormir. Para a sua saúde, por favor, não seja mão de vaca. Sabemos que os filhos podem interromper seu sono, assim como os horários irregulares de trabalho. Entretanto, se conseguir estabelecer uma rotina de sono, terá um desempenho melhor em todas as áreas de sua vida.

Os especialistas recomendam um quarto silencioso, escuro e fresco com um uso mínimo de dispositivos eletrônicos antes de dormir. Claro, isso não se parece com a maioria dos lares que conhecemos! Um ventilador de ruído branco e tampões de espuma para os ouvidos são a salvação de Susan.

Agradeça

Não como se estivesse ganhando o Oscar, mas há muitas pessoas a quem talvez precise agradecer:

- » Sua família, por lhe dar tempo livre e recursos.
- » Seu professor, pela paciência.
- » Seu empregador, por lhe apoiar em sua jornada de aprendizado.
- » Seus colegas de sala, pelo encorajamento e camaradagem.

Devemos muito às muitas pessoas que trabalharam conosco em incontáveis cursos online. É bom ser lembrado; portanto, a certa altura de sua aventura online, diga "muito obrigado".

Índice

A

acessibilidade, 353–368

  exemplos, 357–358

  leis, 354

acordo de articulação, 352

alto-falantes, 51

alunos

  auditivos, 42

  cinestésicos, 42

  com deficiência, 23

  globais, 20

  visuais, 41

ambiente virtual de aprendizagem
(AVA), 165–184

anexos, 309

anotações, 239

antivírus, 54

aplicativo

  de compartilhamento, 256

  de software, 52

aprendizado

assíncrono, 28

ativo, 208

online

  vs educação tradicional, 26–30

síncrono, 29

artefatos, 317

artigo, 303–304

assédio virtual, 338

audiodescrições, 357

auxílio financeiro, 124

B

bancos de dados, 245

biblioteca, 242

  virtual, 242

bibliotecário, 194

bloqueador de pop-ups, 166

bolsas de estudo, 16

C

calendário, 173–176

cartas de recomendação, 119

certificação, 72

Chromebook, 51

ciberbullying, 338

ciberstalking, 338

citação, 286–289

    ferramentas da internet, 290

competência

    cultural, 268

    global, 268

    tecnológica, 45–66

compliance, 75

computação em nuvem, 58

comunicação, 205–224

    abreviações, 193

    entre alunos, 211

    escrita, 212

    exagero, 221

    online, 206–211

    pais e professores, 340

    privada, 209

comunicados, 207

conexão de alta velocidade, 272

conferências online, 257–259

conselheiro/orientador acadêmico, 105

Consórcio Cederj, 104

conteúdo programático, 172

credenciamento especializado, 99

crédito, 70

criação de sites online, 325

cronograma, 253

currículo, 116

    escolar, 344

curso

    acelerado, 87

    assíncrono, 372

    custo, 93

    de autoaprendizado, 27

    ênfase, 92

    estrutura, 82

    liberação gradativa de conteúdo, 84

    ministrado por professores, 83

    online abertos e massivos (MOOCs), 73

    semipresencial, 35

    síncrono, 372

custos

    calculando, 121–123

cyberbullying, 39

D

debate, 208

deficiência, 307
    alunos com, 23
    documentação formal, 363
    visual, 366
departamento de orientação
    profissional, 328
descrição para conteúdo com cor,
    358
Desenvolvimento Educacional Geral
    (GED), 341
design universal, 358
diferenças culturais, 270
Diigo, programa, 239
diretrizes, EUA, 355
dislexia, 366
download, 61
drama, 214

E

EdD, 188
Educação de Jovens e Adultos (EJA),
    352
educação online
    benefícios, 354
    características, 10–11
    vantagens, 11
educação tradicional

vs aprendizado online, 26–30
e-mail, 53
emoticons, 212
Enem, 120
envio de tarefas, 308–311
equipamento, 45–66
escola
    autônoma, 348
    Autônoma Leadership da
        Pensilvânica (PALCS), 348
    Virtual da Flórida (FLVS), 346
escrita acadêmica, 299–300
estereótipo, 283
estilo
    de título, 357
    editorial, 229
estudo
    offline, 248
    programação, 227
ética, 284–286

F

facilitador, 27
faculdade
    inscrição, 15
FAFSA, 126
família e amigos, 202

favoritos, 234

   ferramentas, 235

ferramentas de comunicação síncrona, 257

fiscal, 307

fontes, qualidade, 247

formato socioconstrutivista, 208

fórum de discussão, 206–211

fracasso, 148

funções, 252

fuso horário, 176

G

gestão de tempo, 226

Google, pesquisa, 199

grade curricular, 131

graduação, 71

H

hábitos de estudo, 19

HD, 50

histórico acadêmico, 115

homeschooling, 37

   assistência, 340

   força externa, 337

   segurança, 338

humor, 213

I

idosos, 36

incorporação, 327

infográficos, 312

informática, 373

inglês como segundo idioma (ESL), 268

inscrição, 114

   resultado, 129

   tecnologias, 136

intolerância, 269

J

Jaws, 366

L

legendagem, 367

Lei de Direitos de Educação e Privacidade da Família dos EUA (FERPA), 364

leitores de tela, 366

leitura

   anotações, 239

   controle, 240

líder, 252

livros

   didáticos, 142–146

digitais, 146

M

materiais de apoio, 237

matérias, vagas, 136

matrícula, 350

memória do computador, 50

mensagens ofensivas, 262

mentalidade de crescimento, 17

método Pomodoro, 149

mindset de crescimento, 148

modelo de aulas, 133

monitor, 50

N

navegando na internet, 230–236

netiqueta, 280–283

Normas Nacionais de Tecnologia
  Educacional (NETS), 344

notas, 176

notebook, 51

O

organização, 225–248

orientação, programa, 138

P

palavra-chave, 246

pensamento crítico, 302

perfis falsos, 339

PhD, 188

plágio, 286–293

portal, 208

portfólio, 318–332

  e-Portfólio, 318

    serviços de assinatura, 324

postagem de históricos, 321

presença virtual, 263

print, 153

problemas disciplinares, 337

processador de texto

  Microsoft Word, 54

PROCON, 108

professor

  exigências e qualificações, 187

  familiarização, 186

  particular, 201

programas

  avaliar, 14

  de orientação

    crédito, 141

projetos de grupo, 250–265

prova, 306

R

recurso educacional aberto (REA), 144

redação, 118

rede social, 222–224

    monitoramento, 339

relacionamento, 215

respeito online, 20

rubrica, 296–298

S

sala virtual

    pessoas nos bastidores, 186

    pessoas visíveis, 186

segurança online, 63–66

segurança pessoal, 66

senha, 65

simpatia, 213

sistema

    de gestão de aprendizagem (LMS), 150

Sociedade Internacional de Tecnologia na Educação (ISTE), 344

streaming, 327

suporte técnico, 195–198

T

tecnologia, 12–13

    assistiva, 365

    educacional, 197

testes, 358

texto reflexivo, 320

trabalho em grupo, 19

transcrição, 357

V

valentões, 339

velocidade

    da internet, 55

    do processador, 48

VoiceOver, 366

W

webcam, 51

Y

YouTube, 161

Z

Zoom, 258

Projetos corporativos e edições personalizadas
dentro da sua estratégia de negócio. Já pensou nisso?

Coordenação de Eventos
Viviane Paiva
viviane@altabooks.com.br

Contato Comercial
vendas.corporativas@altabooks.com.br

A Alta Books tem criado experiências incríveis no meio corporativo. Com a crescente implementação da educação corporativa nas empresas, o livro entra como uma importante fonte de conhecimento. Com atendimento personalizado, conseguimos identificar as principais necessidades, e criar uma seleção de livros que podem ser utilizados de diversas maneiras, como por exemplo, para fortalecer relacionamento com suas equipes/ seus clientes. Você já utilizou o livro para alguma ação estratégica na sua empresa?

Entre em contato com nosso time para entender melhor as possibilidades de personalização e incentivo ao desenvolvimento pessoal e profissional.

PUBLIQUE
SEU LIVRO

Publique seu livro com a Alta Books. Para mais informações envie um e-mail para: autoria@altabooks.com.br

 /altabooks /alta-books /altabooks /altabooks

CONHEÇA OUTROS LIVROS DA **ALTA BOOKS**

Todas as imagens são meramente ilustrativas.

Este livro foi impresso nas oficinas gráficas da Editora Vozes Ltda.,
Rua Frei Luís, 100 – Petrópolis, RJ.